Forum für Verhaltenstherapie und psychosoziale Praxis

Band 25

dgvt
Verlag

Praxis der Multimodalen Therapie

Systematische, umfassende und effektive Psychotherapie

Arnold A. Lazarus

dgvt Verlag

Deutsche Gesellschaft für Verhaltenstherapie
Tübingen
1995

Aus dem Amerikanischen übersetzt von Cathrin Steppuhn, Tübingen

Die Originalausgabe erschien unter dem Titel:
"The Practice of Multimodal Therapy" - Systematic, Comprehensive and Effective Psychotherapy
bei McGraw-Hill Book Company, New York

Die Deutsche Bibliothek - CIP-Einheitsaufnahme

Lazarus, Arnold A.:
Praxis der multimodalen Therapie/ Arnold A. Lazarus. -
Tübingen : DGVT-Verl., 1995
(Forum für Verhaltenstherapie und psychosoziale Praxis ; Bd. 25)
Einheitssacht.: The practice of multimodal therapy <dt.>
ISBN 3-87159-125-4
NT: GT

Deutsche Gesellschaft für Verhaltenstherapie (DGVT)
Postfach 13 43
72003 Tübingen

Umschlag: Cathrin Steppuhn, Tübingen
Satz: Iris Belz, Leinfelden-Echterdingen
Druck: Müller + Bass, Tübingen
Bindung: Buchbinderei Nädele, Nehren

ISBN 3-87159-125-4

Dieses Buch widme ich:

Ettye und Elias, Doreen und Isaac,
Leonard und Mary

Inhaltsverzeichnis

Dirk Zimmer

Vorwort zur deutschen Ausgabe

Auf der Suche nach einer Ausbildung in Verhaltenstherapie bewarb ich mich 1972 auf einen postgradualen Studienplatz bei Arnold Lazarus. Er schickte mir zunächst sein 1971 veröffentlichtes Buch "Behavior Therapy and Beyond",[1] um mir die Möglichkeit zu geben, noch einmal zu überlegen, ob ich wirklich zu ihm kommen wolle.

Seit damals ist Arnold Lazarus einer der großen Kliniker und Kritiker in der Verhaltenstherapie, der seine Leser polarisiert in Bewunderer auf der einen Seite und scharfe Gegner auf der anderen.

Der Beginn der siebziger Jahre war für die Verhaltenstherapie eine Phase des Aufbruchs. Nachdem in den großen Lehrbüchern eine Bestandsaufnahme der behavioristischen Experimente zu den lernpsychologischen Grundlagen vorgenommen worden war,[2] traten neue Ideen auf den Plan: Kanfer veröffentlichte seinen legendären Aufsatz mit dem Titel "Selfregulation: A Behavioristic excursion into the lions den" (1970 zusammen mit Paul Karoly). In der ersten Nummer der Zeitschrift Behavior Therapy argumentierte Aaron T. Beck für die Notwendigkeit der paradigmatischen Erweiterung und der Einbeziehung kognitiv-emotionaler Theorien. Und Arnold Lazarus sprengte auf seine Art die Grenzen der frühen Verhaltenstherapie.

Unter den großen Figuren der Verhaltenstherapie ist Arnold Lazarus der Nonkonformist, der Innovator, derjenige der ständig auf der Suche nach neuen Ideen blieb. In den frühen sechziger Jahren hatte er sich mit Josef Wolpe zusammengetan und nach einigen Jahren wieder zerstritten. Nach wie vor ist unklar, wer die ersten Erfahrungen mit der systematischen Desensibilisierung bei tatsächlichen Patienten machte. Meines Erachtens war dies Arnold Lazarus. Er war auch derjenige, der Methoden des Selbstsicherheitstrainings und des Rollenspieles ausprobierte bzw. wiederentdeckte. Sie wurden in den siebziger Jahren intensiv untersucht und bestätigt. Arnold Lazarus knüpfte früh die Fäden zu Albert Ellis in New York und scherte sich wenig darum, ob die frühen Behavioristen in der Verhaltenstherapie die Einbeziehung der kognitiven Therapiemethoden akzeptierten. Später stieß er in seiner eigenen Therapieerfahrung auf die Bedeutung von Phantasien und imaginativen Methoden. Die kreativen Ideen, die er auf dieser Ebene entwickelte, sind in dem spannenden Buch "Innenbilder"[3] veröffentlicht.

---

1 Deutsch: Verhaltenstherapie im Übergang, Reinhard Verlag 1978

2 Kanfer, F.H. und Philips, J.: Learning Foundations of Behavior Therapy, Wiley 1970; Bandura, A.: Principles of Behavior Modification, Holt, Rinehart & Winston, 1969

3 München, Pfeiffer 1980

Anfang der siebziger Jahre tobte der Streit, ob die Einbeziehung derartiger Methoden als Eklektizismus bedenklich sei. Arnold Lazarus und Perry London galten als Vertreter dieses Ansatzes, der von den klassischen Verhaltenstherapeuten strikt abgelehnt wurde. Aus heutiger Sicht und nach Kenntnis der inzwischen vorliegenden Forschungsliteratur erscheint der Streit müßig. Die Verfahren sind offensichtlich eine wesentliche Bereicherung.

Das Eigenbild der Verhaltenstherapie, v.a. wohluntersuchte und empirisch abgesicherte Modelle und Verfahren zu verwenden, stand nur scheinbar im Kontrast zu dem kreativen und erfrischenden klinischen Vorgehen von Autoren wie Arnold Lazarus. Er war nie forschungsfeindlich eingestellt. Forschung war aber nicht seine Sache. Nun muß man verstehen, daß er an der Ruttgers University Mitglied in einem Team war, das Arbeitsteilung ermöglichte. Hier arbeiteten Cyril Franks, einer der Autoren mit dem seinerzeit besten Überblick über die aktuelle Forschung in der Psychotherapie, seine Frau Violet Franks, eine engagierte Feministin und Psychotherapeutin,[4] und G. Terry Wilson, einer der prominenten Forscher zu den Grundlagen der Angst und von Eßstörungen. Innerhalb dieses Teams war Arnold Lazarus der kreative Kliniker.

Auf seine Art war Arnold Lazarus für mich dennoch das Idealbild des forschenden Praktikers. Grundsätzlich zeichnete er alle Therapien auf und sah viele Bänder mit seinen Studenten an. Seine rigorose Selbstkritik in der Reflexion ausgesprochen schwieriger Therapien und seine Bereitschaft, aus eigenen Fehlern zu lernen, haben ihn innovativ und beweglich gehalten.

Beeindruckt haben mich in der Zeit, in der ich als Co-Therapeut bei seinen Therapien dabei sein durfte, weniger die einzelnen verhaltenstherapeutischen Verfahren, die ich eigentlich bei ihm lernen wollte, als vielmehr sein Stil und seine Flexibilität. Einen Patienten brachte er morgens mit in sein Büro. Der Patient lebte über eine Woche bei ihm in der Familie, weil Lazarus meinte, daß diesem Patienten reale Erfahrungen in einer heilen Familie fehlen würden. Der Patient nannte ihn beim Vornamen. Der nächste Patient, der kam, sprach ihn statt dessen mit Professor Lazarus an. Ein dritter Patient der zehn Minuten zu spät kam, mußte 100 Dollar für die Stunde bezahlen, ohne daß sie stattfand. Nie habe ich eine derartige Breite und Flexibilität im Beziehungsangebot unterschiedlichen Patienten gegenüber erlebt. Viele Anekdoten und Fallbeispiele im vorliegenden Buch zeigen die Flexibilität und die Bemühungen, auf der Ebene der therapeutischen Beziehung dem Patienten wichtige neue Erfahrungen zu ermöglichen.

Rigoros und radikal war er, wenn es um den Einsatz für Menschen ging, die litten.

Einmal war ich zugegen, wie er einen potentiellen Ausbildungskandidaten durch die Räume der Ambulanz führte. Die Freundin dieses Psychologen war mit einem leichten grippalen Infekt im Büro von Lazarus geblieben und hatte sich mit dem Kopf auf den Armen über den Schreibtisch gelehnt und gedöst, als Lazarus und der Psychologe zurückkamen, um sich zu verabschieden. Unvermittelt schlug der Psychologe mit der flachen Hand auf den Schreibtisch und sagte: "Wir sind

---

[4] Was glauben Sie, warum die ersten Jahrgänge der 1970 gegründeten und von Cyril Franks herausgegebenen Zeitschrift *Behavior Therapy* violett waren.

fertig". Dieses uneinfühlsame und rücksichtslose Verhalten genügte Lazarus, um dem Psychologen auf der Stelle zu sagen, daß er ihn nicht als Ausbildungskandidaten akzeptieren werde und daß er ihn ohne längere Eigentherapie für den Beruf für ungeeignet halte.

Lazarus würde es vermutlich ablehnen, als Verhaltenstherapeut bezeichnet zu werden. Nun glaube ich nicht, daß sein Begriff der multimodalen Therapie überleben wird. Ich bin aber überzeugt, daß die hierin ausgedrückten Erfahrungen und Ideen einen wesentlichen Bestand in der Verhaltenstherapie haben werden.

Sicherlich sind die vielen einzelnen Ideen und Anregungen ein großer Gewinn für den Leser. Entscheidend aber bleibt das funktionale Denken: Aufgrund welcher Vorüberlegungen entscheiden wir uns bei diesem Patienten zu diesem Zeitpunkt für den Einsatz dieses oder jenes Vorgehens? Woran merken wir, ob wir uns dem gewünschten Ziel annähern?

Den Lesern wünsche ich viel Freude und Spaß bei der Lektüre dieses Buches. Ich hoffe, daß sie auch etwas von seinen wirklichen Stärken spüren, nämlich seiner Offenheit, seiner rigorosen Selbstreflexion, seiner Kreativität und vor allem vom liebevollen Engagement von Arnold A. Lazarus für seine Patienten.

Vorwort

Dieses Buch wendet sich an alle PraktikerInnen, die ein Interesse daran haben, in ihrer Arbeit mit den sie konsultierenden Menschen eine höhere Effizienz und Effektivität zu erzielen. Auch wenn intelligente Laien dem vorliegenden Werk genügend Selbsthilfeverfahren entnehmen und davon persönlich profitieren können, ist es doch hauptsächlich für ein Fachpublikum geschrieben. Die Zielgruppe, an die ich mich wenden möchte, sind PsychologInnen, PsychiaterInnen, SozialarbeiterInnen, BeraterInnen, KrankenpflegerInnen, die in der Psychiatrie tätig sind und andere Menschen, die in den "psychosozialen Versorgungsdiensten" arbeiten und an die Menschen herantreten, wenn sie emotionale Hilfe benötigen. Da ich einen Großteil meiner beruflichen Zeit mit der Ausbildung Studierender verbringe, die einen Doktortitel der Psychologie erwerben, habe ich dabei selbstverständlich auch besonders diese Gruppe als AdressatInnen im Blick. Selbst wenn erfahrenere und anspruchsvollere KlinikerInnen bestimmte Kapitel auslassen oder sie nur kurz überfliegen mögen, glaube ich dennoch, daß sich genügend anregende und provokative Ideen durch das ganze Buch hindurch ziehen, die auch 'erfahrenen Kämpfern' dienlich sein werden.

Schließlich ist das letzte, was wir brauchen, ein weiteres psychotherapeutisches System, welches den hunderten von anderen, die sowieso schon existieren, einfach auch noch hinzugefügt wird. Bei der Multimodalen Therapie handelt es sich allerdings auch nicht um ein bestimmtes *System*, sondern um eine besondere *Herangehensweise*, die eine Integration humanistischer Anschauungen und eine gewisse Systematisierung gewährleistet und einen verständlichen "Entwurf" für die Anamnese und die Durchführung einer Therapie liefert. Dabei werden die Fallgruben eines *theoretischen* Eklektizismus absichtlich vermieden, während die Tugenden eines *praktischen* Eklektizismus hervorgehoben werden sollen. Das Ergebnis ist dann ein Instrumentarium von über 36 spezifischen Verfahren, die dabei zum Einsatz kommen können (ein Glossar der am häufigsten verwendeten Techniken findet sich im Anhang 2). In jedem Fall besteht das Hauptziel bei einer multimodalen Herangehensweise darin, rasche und dauerhafte Ergebnisse zu erhalten, wobei die Betonung auf pragmatischen und empirischen Gesichtspunkten liegt.

Bei der Ausarbeitung dieses Buches hat es eine ganze Reihe von Menschen gegeben, die sehr darum bemüht waren, mir mit ihren kritischen Vorschlägen und konstruktiven Ideen zur Seite zu stehen. Seit 1972 hat die enge Zusammenarbeit mit Allen Fay, MD, einem brillianten und kreativen Psychiater und einem unentbehrlichen Freund, unermeßlich viel zu meinem klinischen Scharfblick und Behandlungsrepertoire beigetragen. Seine detaillierte und scharfsinnige Kritik des Manuskriptes stellte an und für sich schon eine grundlegende Lernerfahrung dar.

Eine weitere Quelle der Inspiration waren darüber hinaus meine KollegInnen an den verschiedenen Instituten, die Forschungen zur Multimodalen Therapie betreiben und die sich durch Offenheit sowie die Bereitschaft, sich mit mir über ihre Ideen, Methoden und Techniken auszutauschen, auszeichneten. Ich hielt den Mitgliedern der Institute aus Kingston, New Jersey und New York City wöchentliche Vorlesungen auf der Grundlage dieses Manuskriptes, bei denen sie mir aufmerksam zugehört und mir zahllose und wertvolle Rückmeldungen gegeben haben. Ich möchte darüber hinaus den MitarbeiterInnen des Multimodal Therapy Institute in Virginia Beach für ihre großzügige Unterstützung und Hilfe danken, die sie mir bei der Verbesserung des Fragebogens zur Lebensgeschichte (Anhang 2) haben zuteil werden lassen. Ich bedanke mich des weiteren bei Dr. Larry Minter für seine Mühe, mir einen ausführlichen und höchst informativen Brief zu schicken, nachdem er meinen anfänglichen Entwurf gelesen hatte. Darüber hinaus möchte ich auch meinen KlientInnen dafür danken, daß sie mir bereitwillig Bandaufzeichnungen von Sitzungen ausgeliehen haben, aus denen ich gerne einzelne Ausschnitte in dieses Buch aufnehmen wollte. (Ich habe, in Anlehnung an Albert Ellis, viele meiner KlientInnen dazu ermutigt, die Sitzungen auf Band aufzuzeichnen und die Aufnahmen als Hausaufgabe zwischen den einzelnen Treffen zu studieren. Wo immer es notwendig war, wurde Material aus Fallbeispielen modifiziert, um die Vertraulichkeit der Informationen und den Schutz der Identität der jeweiligen KlientInnen zu gewährleisten.) Ich möchte auch Edith Cohen, Alyce Koblan und Linda Provenzano meinen Dank aussprechen, welche die mühsame Aufgabe, diese Aufzeichnungen zu transkribieren, verläßlich durchgeführt haben. Schließlich möchte ich noch meiner Frau Daphne, meiner Tochter Linda und meinem Sohn Cliff dafür danken, daß sie für mich eine familiäre Basis bilden, die mich dazu ermutigt, Bücher zu schreiben.

Abgesehen von den AutorInnen, die ich in diesem Buch zitieren werde, haben auch eine Reihe von anderen KlinikerInnen Publikationen zu multimodalen Anwendungen veröffentlicht. Bei der multimodalen Behandlung von Agoraphobie haben beispielsweise Kwee und de Waal (1975) sowie Popler (1977) diverse Artikel in Holländisch und Englisch verfaßt. Kwee (1978) diskutiert multimodale Methoden bei neurotischen Depressionen und umreißt in einem einflußreichen Artikel (Kwee, 1979) die Entwicklung des multimodalen Gedankens, wobei er das Pro und Kontra dieses Ansatzes bei alltäglichen Symptomen und Problemen präsentiert. Richard (1976) befaßte sich aus einer multimodalen Perspektive heraus mit dem Gebiet der Verhaltensmedizin. Bair und Leventhal (1979) arbeiteten an einer multimodalen Behandlung von essentieller Hypertonie. Yokley und McCarthy (1980) haben den Einsatz von paraprofessionellen Ressourcen in der multimodalen Therapie beschrieben. Ich bin deshalb zuversichtlich, daß einfallsreichen KlinikerInnen und ForscherInnen viele Probleme und Settings begegnen werden, in denen das Schema des BASIC ID ihnen das Verständnis des Problems erleichtern und sich demzufolge in konstruktiven und dauerhaften Veränderungen niederschlagen wird.

Wir sind durch die eingeschränkten Lehren unserer eigenen Vergangenheit viel zu sehr mit Vorbehalten belastet, als daß wir es gelernt hätten, alle möglichen Behandlungsdimensionen effektiv zu nutzen. Ich hoffe diesbezüglich, daß ExpertInnen, die sich damit befassen, sinnvolle Veränderungen im Verhalten ihrer PatientInnen zu bewirken, auch in ihrem eigenen Verhalten nach ähnlichen Veränderungen suchen und diese gutheißen werden. Wir können dem Ziel einer multidimensionalen Behandlung nur dann näher kommen, wenn wir an unsere PatientInnen mit einer offenen Einstellung und dem bedingungslosen Vorsatz herangehen, die Problembereiche menschlichen Verhaltens zu untersuchen und uns mit ihnen zu konfrontieren.

Seymour L. Halleck,
THE TREATMENT OF EMOTIONAL DISORDERS

PsychologInnen, die auch im Jahre 2000 noch bestehen wollen, sollten dazu viel umfassender ausgebildet sein als jene hochspezialisierten Menschen, welche die Universitäten heute hervorbringen.

Gardner Murphy,
PSYCHOLOGY IN THE YEAR 2000

Entweder können TherapeutInnen Verhalten erfolgreich beeinflussen oder sie können es nicht, und sie haben wenig Wahlmöglichkeiten, worauf sie sich dabei berufen wollen. Wenn sie die Behauptung aufstellen, sie könnten es nicht oder sie könnten es zumindest in Bereichen, in denen der menschliche Bedarf am größten ist, nicht, und sie könnten daher keinesfalls für das Verhalten ihrer KlientInnen verantwortlich gemacht werden, dann muß man sich doch fragen, welches Recht sie haben, in einem solchen Beruf zu arbeiten.

Perry London,
THE MODES AND MORALS OF PSYCHOTHERAPY

Einführung

"Ich fühle mich völlig deprimiert. Ich werde bald 42, und was habe ich bisher in meinem Leben erreicht? Meine Frau sagt, ich behandele sie wie meine Mutter und hat mir angedroht, daß sie mich verlassen wird. Meine Kinder gehen mit mir um als wäre ich der letzte Dreck. Mein Job frustriert mich - um ehrlich zu sein, ich hasse meinen Chef. Manchmal, wenn es mir wieder einmal zu viel wird, habe ich sogar schon an Selbstmord gedacht. Mein Arzt hält mich für einen Hypochonder und nimmt nie irgend etwas ernst, was ich sage, aber seit neuestem bekomme ich immer diese schrecklichen Kopfschmerzen und ich habe gehört, daß das auch etwas Ernstes sein könnte."

Solche und ähnliche Beschwerdelitaneien bekommen KlinikerInnen im Monat mehrere dutzend Male zu hören. Dabei variiert die Art und Weise, in der diese Informationen aufgenommen, analysiert, festgehalten, verarbeitet, untersucht, interpretiert und hinterfragt werden, bzw. wie auf sie reagiert wird, bei den einzelnen TherapeutInnen enorm. Diejenigen, die sich der diagnostischen Klassifikation verschrieben haben, werden herausfinden wollen, ob dieser Mann wohl Anzeichen von affektiven Funktionsstörungen oder Angststörungen aufweist, oder ob er vielleicht die Konsequenzen seiner "abhängigen Persönlichkeit" zu spüren bekommt oder an einer anderen DSM-III-Kategorie leidet. Andere würden nach komplizierten medizinischen und neurologischen Untersuchungen verlangen, um eine organische Pathologie auszuschließen. Wieder andere dagegen sähen dies vielleicht als ein Problem der Familiendynamik an, welches eine Behandlung der gesamten Familie erfordere. Zweifellos würden auch noch viele andere Ansichten vorgebracht werden - ein Selbstbehauptungsproblem, eine mangelnde rationale Disputation, mangelhafte Integration der Ich-Zustände als Kind-Erwachsener-Vater oder eine beliebige andere der mehr als 250 verschiedenen gebräuchlichsten Therapien, die heutzutage angewandt werden (Herink, 1980). In anderen Worten, KlientInnen werden gewöhnlich entsprechend der speziellen Orientierung ihres Therapeuten oder ihrer Therapeutin befragt und behandelt, was nicht immer unbedingt das beste für den jeweiligen Menschen sein muß.

Die meisten TherapeutInnen würden wahrscheinlich zustimmen, daß es für diesen 42jährigen Mann erstrebenswert sei "sich selbst zu finden", um eine glücklichere Ehe und ein besseres Familienleben führen zu können, um Zufriedenheit bei der Arbeit sowie Erfüllung in seinem Leben zu finden und von seinem Unbehagen sowie seinen Schmerzen befreit zu werden. Wodurch kann dies nun am besten erreicht werden? Gibt es einen "richtigen" Weg, um Elend durch Zufriedenheit und Aufruhr durch Gelassenheit zu ersetzen? Sollte der Mann stationär behandelt, unter Beruhigungsmittel gesetzt, desensibilisiert, hypnotisiert, psychoanalysiert oder psychosynthetisiert werden? Ob sich die ExpertInnen der verschiedenen Schulen wohl jemals auf eine einzige dieser Methoden würden einigen können?

Letztes Jahr schickte ich den folgenden Brief an drei bekannte Therapeuten, die darüber hinaus auch Autoren, Forscher und Theoretiker sind - Dr. Albert Ellis, Dr. James Framo und Dr. Hans Strupp.

Lieber Kollege,

könnten Sie mir bitte ein paar Minuten ihrer wertvollen Zeit widmen, indem Sie mir bei der folgenden Untersuchung behilflich sind?

Problem: Sie werden gebeten, einen 19jährigen jungen Mann im Krankenhaus zu besuchen. Er hat einen ernsthaften Selbstmordversuch begangen, befindet sich aber jetzt körperlich auf dem Weg der Besserung. Auch wenn Sie für gewöhnlich keine KlientInnen im Krankenhaus besuchen, hat Sie in diesem Fall vielleicht eine dringende Bitte (vom behandelnden Arzt, einem Freund der Familie oder einem anderen Menschen mit großer Überzeugungskraft) dazu veranlaßt, diesen jungen Mann aufzusuchen, um seine Situation zu beurteilen und Behandlungsvorschläge zu unterbreiten.

Frage: Könnten Sie bitte im folgenden kurz Ihre Haupthypothesen über das skizzieren, was Sie dabei Ihrer Erwartung nach herausfinden würden? So könnte z.B. ein "Verhaltenstherapeut" die folgenden Möglichkeiten notieren: *Leidet wahrscheinlich unter mangelnder Selbstbehauptungsfähigkeit, die bei ihm zu erlernter Hilflosigkeit und einem Verlust positiver Verstärkung führten. Könnte auch übersensibel auf Kritik und Zurückweisungen reagieren. Wird nach Ausschluß organischer Faktoren (z.B. Drogenmißbrauch) wahrscheinlich von Desensibilisierungstechniken und Selbstbehauptungstraining profitieren.* Nach welcher Art von Ursachen und/oder Aufrechterhaltungsprozessen würden *Sie* suchen?

Hier sind die jeweiligen Antworten der Experten:

Dr. Albert Ellis: Vermutlich wertet der Klient sich selbst ab, ist voller Selbstmitleid und deprimiert und hat sich in diese Richtung entwickelt, weil er glaubt, 1) "Ich MUSS Erfolg haben und von meinen Bezugspersonen anerkannt werden; ist es nicht schrecklich, wenn ich das nicht tue; und was für ein schlechter Mensch muß ich sein, daß ich nicht so erfolgreich bin, wie ich nun einmal sein MUSS! und 2) Es MUSS mir möglich sein, unter einfacheren und besseren Bedingungen zu leben; ist es nicht schrecklich, wenn es nicht so ist; und was für eine schreckliche Welt ist dies, daß sie nicht so gut ist, wie sie eigentlich sein MUSS!" Er könnte von rational-emotiver Therapie profitieren, die das Einüben von sozialen Interaktionsfähigkeiten einschließt und ihm zeigt, wie er im Leben mehr erreichen kann, wenn er seine 'MUSSturbationsphilosophie' verändert.[1]

---

[1] Bitte nehmen Sie zur Kenntnis, daß meine Modellantwort hier eine statistisch wahrscheinliche ist, keine bestimmte oder absolute. Das heißt, daß die große Mehrheit (aber nicht alle) der männlichen suizidalen Jugendlichen, mit denen ich in den letzten 25 Jahren gearbeitet habe, ein solches MUSSturbationsdenken aufwiesen, und daß diese Art der Wahrnehmung sehr viel zu ihren Depressionen und Suizidversuchen beigetragen hat. Tatsächlich zeigen meine Aufzeichnungen, daß bei der Anwendung von RET (rational-emotiver Therapie) keiner der 300 schwer suizidgefährdeten Klientinnen und Klienten sich während der Therapie das Leben nahm. Meines Wissens haben auch nach der Therapie nur zwei Klienten einen Suizidversuch unternommen, einmal ein paar Monate später, und einmal ein Jahr, nachdem die Behandlung geendet hatte. Die Therapie bestand bei allen Klienten darin, sie zu veranlassen, gegen ihre MUSSturbatorischen Denkweisen vorzugehen. Dies geschah nicht nur mit jener rationalen Rekonstruktion, für die RET so berüchtigt ist (nämlich die aktive Bekämpfung von irrationalen Überzeugungen seitens der Klienten), sondern auch mit einer Reihe von anderen kognitiven, emotiven und behavioristischen Techniken, die dazu eingesetzt wurden, ihr absolutistisches Denken zu modifizieren. Ihre erfolgreiche Behandlung stützt die rational-emotive Hypothese, daß irrationales Vorstellungsvermögen wahrscheinlich eine (wenn auch nicht die einzige) Hauptursache von schweren Depressionen und Suizidalität ist.

Dr. James Framo: 1) Bei allen Selbstmordversuchen geht es meiner Meinung nach um eine Familienbeziehung bzw. um die Kommunikation mit einem Vertrauten. 2) Daher würde ich eine diagnostische Familiensitzung arrangieren, um festzustellen, was in dieser Familie vor sich geht. (Eine ausführlichere Erklärung findet sich in meinem Artikel, "Family theory and therapy", in: *American Psychologist*, 1979, *34*, 988-992).

Dr. Hans Strupp: Ich würde erwarten, auf eine kürzlich gemachte Erfahrung zu stoßen, die dem Selbstbewußtsein des Patienten einen verheerenden Schlag versetzt hat (Zurückweisung, Verlust, usw.). Bei der Untersuchung seiner Geschichte wird es sich wahrscheinlich herausstellen, daß sein Selbstbewußtsein aufgrund von schwer enttäuschenden und traumatischen Kindheitserfahrungen schon immer schwach ausgebildet war (feindselige, ablehnende, ihn ausnutzende Eltern). Ein weiterer wichtiger Faktor könnte starker Ärger auf eine Bezugsperson im gegenwärtigen Leben des Patienten sein, die einer vergleichbaren Wut auf einen Elternteil entspricht. Da er nicht dazu fähig ist, seinen Ärger nach außen zu richten, hat dieser sich schließlich gegen ihn selbst gewandt. Tiefe Verzweiflung und Hoffnungslosigkeit spielen dabei natürlich ebenso eine Rolle, genauso wie starke Ambivalenz gegenüber dem Liebesobjekt. Wahrscheinlich zeigen sich bei diesem Mann auch noch andere Anzeichen für eine schwache Egokontrolle, sowie eine Tendenz, sich auf destruktive Weise abzureagieren. Vom therapeutischen Standpunkt her würde ich versuchen, diese Dinge aus einer psychodynamischen Perspektive zu behandeln.

Nachdem ich diese Antworten erhalten hatte, stellte ich dieselbe Frage einigen anderen KollegInnen und erhielt noch unterschiedlichere Antworten. Lassen Sie uns einen solchen hypothetischen Fall nun einmal aus einer multimodalen Perspektive heraus erörtern.

Es kann unter Umständen genauso wirksam sein, diesen jungen Mann mit rational-emotiver Therapie zu behandeln, wie mit Familientherapie oder Psychoanalyse. Möglicherweise ist das einzige, was er braucht, die *Aufmerksamkeit* eines Experten bzw. einer Expertin oder auch nur eines unvoreingenommenen Außenstehenden. Bei seinem Selbstmordversuch kann es sich um einen fehlgeschlagenen Vorstoß gehandelt haben, mit dem er Menschen, die ihm etwas bedeuten, mitteilen wollte: "Zeigt mir, daß ihr mich mögt, und schickt mich zu einem Therapeuten." Wenn andererseits seine Familie stark dysfunktional sein sollte und er rational-emotive Therapie oder Psychoanalyse ohne aktive Mitwirkung des sozialen Netzes erhält, dann können seine Heilungschancen ebenfalls gering sein. Falls er sich im Anfangsstadium einer Schizophrenie befindet (möglicherweise braucht er Psycholeptika) und den Selbstmordversuch als Reaktion auf halluzinatorische Befehle unternommen hat, dann könnten sich bei ihm sowohl rational-emotive Therapie als auch Familientherapie und Psychoanalyse als zwecklos erweisen.

Vielleicht wird gerade dieser junge Mann am besten auf die Kombination von einer existentiellen Begegnungsgruppe und einem individuell abgestimmten Selbstbehauptungstraining ansprechen. Oder vielleicht kann er von der Hilfe eines Priesters oder anderen spirituellen Treffen mehr profitieren als von jeglicher vorschriftsmäßigen Form von Psychotherapie. Könnte die beste "Therapie" für ihn nicht auch aus einem Jahr in einem Kibbuz in Israel oder sechs Monaten auf einer Farm in Vermont bestehen? Oder sollte er sich besser Erhard Seminars Training (est) und Transzendentaler Meditation (TM) unterziehen?

Multimodale TherapeutInnen stellen sich dabei immer die Frage: *Wer oder was ist für dieses bestimmte Individuum am besten?* Es handelt sich also um einen ausgesprochen personenbezogenen und individualistischen Ansatz, bzw. eine Suche nach der individuellen Ausnahme von allgemeinen Regeln und Prinzipien. Mit Hilfe der Einschätzung von sieben "Persönlichkeits"-Parametern suchen multimodale TherapeutInnen nach den individuell geeigneten Interventionen für die jeweilige Person.

Eine multimodale Therapie kann daher vielleicht am besten als *systematischer Eklektizismus* beschrieben werden. Auf klinischem Gebiet sind strenge AnhängerInnen bestimmter Schulen inzwischen ja schon eine Minderheit und durch PraktikerInnen ersetzt worden, die eine breite Spannweite verschiedener Methoden und Theorien anwenden. Man kann sich bei alledem natürlich fragen, ob dies nun unbedingt einen Fortschritt darstellt, wobei eine solche Frage wohl immer gleichzeitig mit Ja und mit Nein beantwortet werden muß. Die Grenzen einer strengen Behandlungsorthodoxie zeichnen sich inzwischen jedoch deutlich ab, und es ist ermutigend, daß mehr und mehr TherapeutInnen dazu neigen, vor den praktischen Erfordernissen der Probleme ihrer KlientInnen die theoretischen Zwänge ihrer eigenen Ideologien in den Hintergrund zu rücken. Aber dadurch, daß sie dies tun - um den vielsagenden Eyseneck (1970) zu zitieren - haben viele TherapeutInnen "einen Mischmasch von Theorien, einen Kuddelmuddel von Vorgehensweisen, ein Durcheinander von Therapien und ein Gemisch von disharmonischen Aktivitäten, die auf keine vernünftigen Grundlagen aufbauen und sich weder testen noch bewerten lassen" angenommen. Typische eklektische TherapeutInnen wählen ihre Methoden, Theorien und Techniken hauptsächlich auf der Basis subjektiver Attraktivität aus: "Ich wähle, was immer mir sinnvoll erscheint und womit ich mich wohl fühle", ist ein diesbezüglich oft gehörter Satz. Wie ich jedoch seit Jahren betone (Lazarus, 1971, 1976a,b) kann eine solche Art von theoretischem oder unsystematischem Eklektizismus nur noch mehr Verwirrung hervorrufen.

TherapeutInnen, die bei einer weiten Spanne von Problemen und bei vielen verschiedenen Persönlichkeiten effektiv arbeiten wollen, sollten bei ihrer Arbeit flexibel, vielseitig und *technisch* eklektisch sein. Dabei beinhaltet technischer Eklektizismus die Verwendung vieler Techniken aus verschiedenen Quellen, ohne daß man notwendigerweise auch den Theorien oder Disziplinen angehören muß, die diese Methoden hervorgebracht haben. Man muß nicht unbedingt mit den Prinzipien der Gestaltlehre übereinstimmen, um Gestalttechniken anzuwenden, und man kann auch mit freien Assoziationen arbeiten, um an affektgeladenes Material heranzukommen, ohne sich dabei einem einzigen psychoanalytischen Grundsatz zu verschreiben. Technische EklektizistInnen versuchen, die grundlegende pragmatische Frage zu beantworten: Was wirkt bei wem, und unter welchen besonderen Umständen ist das der Fall?

In der wissenschaftlichen Forschung soll ein solcher Eklektizismus natürlich nicht entschuldigt werden - das kann auf diesem Gebiet nur in einer Unmenge von widersprüchlichen Ideen resultieren. In Laboratorien müssen ein oder zwei Variablen gleichzeitig getestet werden, um die passiven, unwirksamen und zufälligen

Bestandteile von den aktiven und typischen zu trennen. Es ist dabei auch notwendig, potentiell aktive Faktoren zurückzuhalten, zu isolieren oder aus dem Verkehr zu ziehen - nicht nur um herauszufinden was eigentlich wirkt, sondern auch, um herauszufinden *warum* es wirkt. Solche Verfahren - das Zurückhalten von möglicherweise hilfreichen Interventionen - sind in der klinischen Praxis allerdings unprofessionell und unmenschlich. Während strenge WissenschaftlerInnen es sich nicht leisten können, eklektizistisch zu sein, werden gute TherapeutInnen ihren KlientInnen keine möglicherweise nützlichen Techniken vorenthalten, egal welchen Ursprungs sie auch sein mögen.

Bedeutet das oben Angeführte nun, daß praktizierende TherapeutInnen keinen Beitrag zum wissenschaftlichen oder klinischen Fortschritt leisten können? Sie können es sehr wohl, aber bei ihnen geschieht dies hauptsächlich im nachhinein. Nach der jahrelangen Praxis von technischem Eklektizismus kann beispielsweise ein klinischer Therapeut, der ein systematischer und scharfer Beobachter bleibt, verschiedene Trends und "hilfreiche Cluster" entdecken. Diese Ergebnisse müssen dann erstens in einer Terminologie ausgedrückt werden, die wissenschaftlich überprüft werden kann, und sie müssen zweitens mit aktuellen wissenschaftlichen Erkenntnissen im Einklang stehen. Die multimodale Therapie ist diesen beiden Grundsätzen in ihrer Entwicklung stets gefolgt.

Die Multimodale Evolution: Eine persönliche Randbemerkung

Als Kind habe ich oft zugesehen, wie mein Vater, meine Onkel und meine älteren Cousins sorgfältig die Waren in ihren kleinen Einzelhandelsläden überprüften. "Welche Waren verkauften sich gut? Warum haben sie sich gut verkauft und was können wir tun, damit dies auch weiterhin so bleibt? Welche Waren sind Ladenhüter? Warum hat sie niemand gekauft und was können wir tun, damit sich das ändert?" Systematische Pläne, um gut gehende Produkte noch besser verkaufen zu können, wurden mit Vorschlägen zur Umsetzung von Ladenhütern gekoppelt. Diese "Bestandsaufnahme-Mentalität" hat offensichtlich auch auf mich abgefärbt, und ich habe schon während meiner Therapeutenausbildung immer sorgfältig Buch geführt. "Wer scheint von meinen Dienstleistungen zu profitieren? Wer scheint weniger Fortschritte zu machen? Wie kann ich die Gewinne der ersteren noch verbessern und die Verluste der letzteren verringern?" Über all die Jahre habe ich nie aufgehört, sorgfältig Buch zu führen. In mehr als einer Hinsicht stellt dieses Buch die Summe der Erfahrungen aus mehr als zwei Jahrzehnten einer solchen Buchführung dar, wobei ich mich den folgenden Fragen zuwende: Welche Methoden scheinen für welche Individuen, die an welchen Problemen leiden, am effektivsten zu sein? Bei wem sind sie am wirksamsten und wem helfen sie am wenigsten? Was genau kann man in den einzelnen Fällen tun, um mehr Erfolge und weniger Mißerfolge zu erzielen? Warum stellen sich manche Verfahren bei einigen als so hilfreich und bei anderen wiederum als so nutzlos heraus? Welche spezifischen Faktoren scheinen die Behandlungsergebnisse zu verbessern? Wie können wir eine langfristige Nachsorge mit positiven Ergebnissen gewährleisten?

Am Anfang meiner Ausbildung, als mein Interesse an einer beruflichen Laufbahn in der Psychotherapie wuchs, suchte ich eine psychologische Beratung auf.

Mein Grundproblem war, ob ich mein Ziel auf medizinisch-psychiatrischem Wege verfolgen sollte oder nicht. Mir wurde erklärt, daß eine medizinische Ausbildung mich, wenn ich nicht ein spezielles Interesse an biologischen Behandlungsmethoden entwickle, nicht zu einem kompetenteren Psychotherapeuten machen würde. Rückblickend hat mein Hintergrund in akademischer und klinischer Psychologie mich jedoch sehr wohl zu etwas geführt, nämlich mich stärker an behavioristischen Modellen als an Krankheitsanalogien zu orientieren. Die meisten meiner klinischen Fähigkeiten entwickelte ich eher anhand der Forschungsliteratur in Kombination mit meinen *persönlichen Beobachtungen* als aus der rein akademischen Lehre. So konnte ich kompetente TherapeutInnen bei der Arbeit beobachten und hatte oft die Gelegenheit, hinter einseitig verspiegelten Wänden an von ExpertInnen geleiteten Sitzungen teilnehmen zu können. In einigen Fällen bekam ich auch die Erlaubnis, als Co-Therapeut mitzuarbeiten und habe zusätzlich (in der guten alten Tradition der Inventur) die Wirkung meiner Person auf die Menschen, die ich behandelte, beobachtet. Meine anfängliche Orientierung in Richtung auf die nicht-direktiven Modelle von Freud und Rogers wich daher allmählich einem Therapieansatz, bei dem die Betonung auf einem aktiveren und stark humanistisch geprägten Lernen und Wieder-Erlernen lag (der psycho-edukativen Herangehensweise).

In meiner Studienzeit wurde mir klar, daß durch handlungsorientierte Methoden gewöhnlich höhere Erfolge erzielt wurden als durch rein verbale oder kognitive Herangehensweisen. Anfänglich war ich stark von Joseph Wolpe und seinem Kreis der VerhaltenstherapeutInnen beeinflußt. Während meine ProfessorInnen an der Universität und meine klinischen SupervisorInnen Verhalten als die äußerliche Manifestation von tieferliegenden psychischen Prozessen ansahen, beobachtete ich bald, daß Verhalten oft schon per se klinisch signifikant ist. Es war offensichtlich, daß Menschen oft Einsichten in bestimmte Überzeugungen gewinnen und diese auch verändern konnten, jedoch ihre damit verbundenen selbstzerstörerischen Verhaltensweisen nicht ablegten. Im Gegenteil, eine Verhaltensänderung führte oft zu einer dynamischen Umverteilung innerer Energien - erst nachdem die PatientInnen sich anders verhalten hatten, konnten sie sich auch anders fühlen und anders denken. Das psychiatrische Establishment jedoch sah Verhalten weiterhin als 'die Spitze des Eisbergs' an, als Symbol unbewußter Komplexe, als Symptom einer immanenten Krankheit. Um diese unglückselige Tradition auszugleichen und behavioristische Interventionen als essentiellen Teil einer effektiven klinischen Praxis zu legitimieren, führte ich die Termini 'Verhaltenstherapie' und 'Verhaltenstherapeuten' in die wissenschaftliche Fachliteratur ein (Lazarus 1958).

Anfänglich verpflichtete ich mich dabei zu stark auf die Verhaltenstherapie. Obwohl ich nie ein radikaler Behaviorist war, arbeitete ich dennoch mit animalischen Analogien und mit Gegenüberstellungen menschlicher und zwischenmenschlicher Funktionsebenen. Meine Sprache war stark vom Jargon der Literatur über klassische und operante Konditionierung geprägt, wobei ich einige wichtige Prozeßvariablen vernachlässigt und vor allem *Techniken* betont habe. Die Vielzahl neuer Techniken, die ich in die verhaltenstherapeutische Literatur eingeführt habe, umfaßt Methoden der Gruppendesensibilisierung (Lazarus, 1961), "emotive Imagination" (Lazarus & Abramovitz, 1962), Verfahren zur Desensibilisierung für präorgasmische Frauen (Lazarus, 1963), "Zeitprojektion" sowie andere Methoden zur

Überwindung von Depressionen (Lazarus, 1968b), Selbstbehauptungstraining für Gruppen (Lazarus, 1968a) und andere Varianten von Standardtechniken der Verhaltenstherapie (vgl. Wolpe & Lazarus, 1966).

Schon 1965 schrieb ich einen Artikel über die Notwendigkeit, Alkoholismus aus einer multidimensionalen Perspektive heraus zu behandeln (Lazarus, 1965a). 1966 war ich mißtrauischer geworden gegenüber dem, was ich später als "Verhaltenstherapie im engeren Sinne" bezeichnen sollte und veröffentlichte "Broad spectrum behavior therapy and the treatment of agoraphobia" (Lazarus, 1966). In diesem Artikel griff ich nicht nur eng gefaßte Reiz-Reaktions-Formulierungen an, sondern arbeitete auch mit der Annahme, daß dyadische Transaktionen oder interpersonale Systeme ein integraler Bestandteil der Entstehungsgeschichte und Aufrechterhaltung von Agoraphobie sind. Nachdem ich dann noch einige Folgeuntersuchungen gemacht hatte, stellte ich die Lebensdauer der Verhaltenstherapie im engeren Sinne ernsthaft in Frage. In meinem Buch "Behavior Therapy and Beyond" (Lazarus 1971, dt.: Verhaltenstherapie im Übergang), schlug ich in einem der ersten Texte der "kognitiven Verhaltenstherapie" (wie diese später genannt wurde), einen breit gefächerten Ansatz vor.

Der Grund für den zusätzlichen Einsatz von Techniken, die als außerhalb der Grenzen der traditionellen Verhaltenstherapie liegend betrachtet wurden, war, daß systematischere Folgeuntersuchungen eine enttäuschend hohe Rückfallquote für diejenigen Individuen aufwiesen, die ausschließlich mit verhaltenstherapeutischen Methoden behandelt worden waren. Ein Rückblick auf die Fallnotizen der PatientInnen, bei denen nachhaltige therapeutische Verbesserungen offensichtlich waren, ergab, daß "andere Ansichten und Lebensphilosophien sowie ein höheres Selbstwertgefühl, zusätzlich zu einer Reihe von interpersonalen und behavioristischen Fähigkeiten, wahrscheinlich ein Ergebnis der Therapie" gewesen seien (a.a.O., S. 18). Die Synergie verhaltenstherapeutischer und kognitiver Methoden wurde demnach immer offensichtlicher.

Die Bedeutung von Folgeuntersuchungen

Von den Anfängen der verhaltenstherapeutischen Literatur bis heute sind dort selten Folgeuntersuchungen von mehr als ein- bis zweijähriger Dauer angeführt worden. Systematische Untersuchungen der Langzeitfolgen sind bezeichnenderweise überhaupt nicht vorhanden, da es oft schon schwierig genug ist, KlientInnen drei bis fünf Jahre nach Beendigung ihrer Therapie zu befragen. Abgesehen von dem naheliegenden Umstand, daß viele Leute bis dahin umgezogen sein mögen und es schwer sein kann, sie ausfindig zu machen, sind manche KlientInnen auch der Meinung, daß Folgeuntersuchungen eine Verletzung ihrer Privatsphäre darstellten. Die Entwicklung langanhaltender wirksamer Behandlungsmethoden ist aber nun einmal fast ausschließlich von aussagefähigen Folgeuntersuchungsdaten abhängig. Wenn ich früher Folgeuntersuchungen durchgeführt habe, verließ ich mich dabei nahezu immer auf Fragebögen, inzwischen habe ich jedoch herausgefunden, daß diese oft dazu neigen, Ergebnisse zu beschönigen. Telefonische Anfragen bei früheren KlientInnen sind hierbei etwas verläßlicher, aber wo immer es möglich ist, ziehe ich persönliche Treffen vor, und ich versuche auch (selbstverständlich nur mit Einverständnis der KlientInnen) EhepartnerInnen und andere Familienangehörige zu befragen. Die Familienangehörigen, ArbeitgeberInnen, FreundInnen und GeschäftspartnerInnen der KlientInnen sind oft eher dazu bereit, eventuelle negative Befunde auch zuzugeben.

Meine therapeutischen Vorgehensweisen sind weitaus stärker von den Ergebnissen meiner Befragungen bei Folgeuntersuchungen der letzten zehn Jahre beeinflußt worden als von jedem anderen Faktor. Wann reichen verhaltenstherapeutische Techniken aus, um zufriedenstellende Ergebnisse zu erzielen? Welche Menschen mit was für Problemen scheinen Interventionen zu benötigen, die über den Rahmen einer Verhaltenstherapie hinausgehen? Wenn man die Grenzen der Verhaltenstherapie überschreitet, was für effektive "nichtverhaltenstherapeutische" Methoden können am besten in welche Art von spezifischen Behandlungsprogrammen für welche bestimmten Probleme, unter welchen Umständen und mit welchen Individuen, integriert werden? (vgl. Paul, 1967). Die Antworten auf einige dieser Fragen finden sich schon in den Ergebnissen von einigen Folgeuntersuchungen, die in den frühen 70er Jahren begonnen hatten. Um es einmal kurz zusammenzufassen, schien Verhaltenstherapie demnach in den folgenden Fällen angemessen zu sein: bei Menschen in situationsbedingten Krisen, bei bestimmten Anpassungsschwierigkeiten, bei begrenzten Phobien, bei diversen sexuellen Schwierigkeiten, bei gelegentlich auftretenden Gewohnheitsfunktionsstörungen, bei geringfügigen ängstlichen Störungen und Spannungszuständen sowie bei einigen psychobiologischen Störungen. Diejenigen, die Unterstützung in einer schwierigen Phase oder Bestärkung in schwierigen Lebensentscheidungen suchen, und diejenigen, denen Selbstbehauptung und andere soziale Fähigkeiten fehlten, schienen dauerhaft von solchen verhaltenstherapeutischen Interventionen wie Entspannung, Desensibilisierung, Einüben sozialer Fähigkeiten, Korrektur von fehlerhaften Vorstellungen und Verhaltensproben zu profitieren.

In diesem Zusammenhang wurde durch Folgeuntersuchungen auch deutlich, daß, während oft auch schwer beeinträchtigte Menschen durch eine Verhaltenstherapie beeindruckende Fortschritte erzielten, diese Gewinne jedoch normalerweise nicht sehr lange anhielten (N=19, wovon 13 innerhalb von drei Jahren rückfällig wurden). So profitierten z.B. KlientInnen mit schweren zwanghaften Obsessionen von "Reizüberflutung", bloß um innerhalb weniger Monate oder bestenfalls nach ein bis zwei Jahren wieder rückfällig zu werden. (Monatliche Auffrischungssitzungen erwiesen sich zwar in manchen Fällen als hilfreich, aber hier wurde die "Motivation" oft zum Problem, da die meisten Menschen keinen Grund dafür sahen, die Therapie fortzusetzen, nachdem es ihnen doch schon so viel besser ging.) Diejenigen KlientInnen, die unter in Abständen auftretenden Panikanfällen gelitten hatten, zeigten ebenfalls eine Tendenz zu Rückfällen nach beendeter Verhaltenstherapie, wie auch die gesamte Spannweite der PatientInnen mit Abhängigkeiten (z.B. Drogenabhängigkeit, Alkoholismus, Eßstörungen) bei einer Folgeuntersuchung nach drei Jahren ebenfalls sehr schlecht abschnitt.

Bei alledem sollte auch beachtet werden, daß ich normalerweise bestrebt bin, diagnostische Etikettierungen und nosologische Kategorien zu vermeiden. Es gibt einen ganzen Berg an Fachliteratur zur geringen Verläßlichkeit und zweifelhaften Gültigkeit psychiatrischer Etiketten. Ich verwende sie bloß, wenn ich Versicherungsformulare für meine KlientInnen ausfülle oder Anforderungen anderer Körperschaften an formale diagnostische Kriterien berücksichtigen muß (z.B. wenn sie zur gerichtlichen Verwendung bestimmt sind). In meiner eigenen Fachsprache wird alles, von situationsspezifischen Krisen bis zu geringfügigen, mittelschweren oder schweren psychologischen Störungen, anhand des Grades der Betroffenheit der jeweiligen Person in ihrem BASIC ID gemessen. Anhand dieses BASIC IDs werden Überschüsse oder Defizite bei Verhalten (*B*ehavior), Affekten (*A*ffect), Empfindungen (*S*ensation), Vorstellungen (*I*magery), Kognitionen (*C*ognition) und interpersonalen Beziehungen (*I*nterpersonal relationships), sowie bei biologischen und medizinischen Gegebenheiten (*D*rug-related issues) festgestellt.

Im allgemeinen hat es sich bei Folgeuntersuchungen auch herausgestellt, daß Verhaltenstherapie in den folgenden Fällen weniger wirksam war: bei weitreichenden interpersonalen (System-) Schwierigkeiten; wenn die kognitive Restrukturierung mehr erforderte als die Korrektur von falschen Vorstellungen oder die zielgerichtete Veränderung von negativen Selbstgesprächen; wenn zudringliche Vorstellungen eine düstere und sorgenvolle Zukunft heraufbeschworen und wenn affektive Reaktionen von Extremen gekennzeichnet waren (z.B. bei anhaltenden Angstzuständen in Verbindung mit Panikattacken, oder chronischer Schmerzunempfindlichkeit oder Gefühllosigkeit). Um es nochmals zu wiederholen, verhaltenstherapeutische Techniken haben bei dieser komplexen Problematik zwar zunächst auch häufig Abhilfe geschaffen, aber in mehr als zwei Drittel der Fälle wurden innerhalb von zwei Jahren Rückfälle verzeichnet.

Daher bleibt die Suche nach zusätzlichen systematischen Interventionen, mit denen langanhaltende positive Ergebnisse erzielen werden können, weiterhin das Hauptanliegen meiner professionellen Bemühungen. Seit ihren Anfängen (Lazarus, 1973b) hat der multimodale Ansatz dafür eine zwar umfassende, jedoch nicht unübersichtliche Orientierung geliefert, die offensichtlich beeindruckende Ergebnisse und ermutigende Folgeuntersuchungen aufzuweisen hat. In zwanzig "komplizierten Fällen", bei denen eine multimodale Therapie durchgeführt worden war (z.B. KlientInnen mit zwanghaften Störungen, extremer Agoraphobie, anhaltenden Angstzuständen und Panikattacken, Depressionen, Alkoholismus, oder verschiedenen partnerschaftlichen und familiären Problemen) ergab eine Folgeuntersuchung nach drei Jahren, daß vierzehn KlientInnen ihre Fortschritte halten konnten oder sogar ohne Therapie weitere Erfolge erzielt hatten; zwei brauchten ab und zu eine medikamentöse Behandlung, für die sie sich an ihre jeweiligen HausärztInnen wandten (eine hatte unter extremen Panikanfällen gelitten, die andere unter immer wiederkehrenden Depressionen); ein Mann schätzte sich selbst als "ziemlich gut" ein, während seine Frau sein Verhalten immer noch als "zwanghaft" beschrieb; und drei andere Fälle (eine anorexische Frau und zwei Alkoholiker) hatten ihre anfänglichen Erfolge nicht aufrechterhalten können. In der Summe sind zu 70% erfolgreiche Folgeuntersuchungen bei einer Reihe von komplexen und schwierigen Fällen, von denen einige zunächst unentwirrbar schienen, für den multimodalen Ansatz ein höchst ermutigendes Ergebnis. Irgendwann hoffen wir, auch mit Berichten von 10jährigen Folgeuntersuchungen von multimodalen KlientInnen aufwarten zu können, bei den dreijährigen Intervallen haben wir jedoch schon jetzt wenig Rückfälle bei KlientInnen mit direkten "neurotischen Störungen" zu verzeichnen.

In schwierigen oder komplizierten Fällen beträgt die durchschnittliche Dauer einer "vollen" multimodalen Therapie ca. 50 Stunden (d.h. eine wöchentliche Therapie von ungefähr einem Jahr). Anfangs kann es vorkommen, daß Menschen mit akuten Störungen oder mit speziellen Problemen häufigere Sitzungen benötigen, aber einmal pro Woche ist in den meisten Fällen das beste Intervall, weil dann die in der Theapie gestellten "Hausaufgaben" ihre volle Wirkung entfalten können. Darüber hinaus eignet sich der multimodale Ansatz allerdings auch sehr gut zur Krisenintervention und Kurzzeittherapie. Weniger als 25% der KlientInnen, die mich in meiner privaten Praxis aufgesucht haben, scheinen mehr als 50 Therapiestunden zu benötigen oder zu wünschen. Ein herausragendes Extrem bildet dabei ein einziger Klient, der sich schon seit fast vier Jahren in einer multimodalen Therapie befindet, wobei das erste Jahr fast völlig aus Zuwendung und Aufbau einer Vertrauensbeziehung bestand. Während ich persönlich mit Menschen in psychiatrischen Institutionen, in Tagesstätten oder mit geistig Behinderten keine multimodale Therapie durchgeführt habe, berichten andere von erfreulichen Ergebnissen bei der Verwendung von multimodalen Methoden in diesen Rahmen (z.B. Brunell, 1978; Brunell & Young, 1981; Pearl & Guarnaccia, 1976; Roberts, Jackson & Phelps, 1980).

Wie ich in diesem Buch weiterhin zu zeigen hoffe, übertrifft der multimodale Ansatz dabei die gewöhnlichen multifaktorialen oder multidimensionalen Behandlungs- und Therapieansätze. Die multimodale Therapie stellt ein systematisches Gerüst dar, das Verständlichkeit garantiert, ohne dabei auf Details zu verzichten und einen Kompaß bietet, sozusagen eine kognitive Landkarte mit kontinuierlichen Querverweisen, die der diagnostischen Genauigkeit und der therapeutischen Effizienz förderlich sind. Darüber hinaus gibt dieser Ansatz den TherapeutInnen vielfältige Möglichkeiten, "die ganze Person zu behandeln" und "die Sprache der KlientInnen zu sprechen". Vor allem aber werden in diesem Rahmen spezifische Vorgehensweisen zur Diagnose und Behandlung sowohl intraindividueller als auch interpersonaler (systematischer) Schwierigkeiten angeboten.

Parität als Lebensanschauung

Eine Überzeugung, die meinen Umgang mit Menschen schon seit jeher geprägt hat - unabhängig davon ob es sich bei ihnen um FreundInnen, Verwandte, KollegInnen, StudentInnen oder KlientInnen handelt - ist das Paritätsprinzip, d.h., daß wir alle im Grunde genommen gleich sind. Eine solche egalitäre Einstellung durchdringt alle interpersonalen Modalitäten. "Es gibt keine überlegenen menschlichen Wesen - weder Könige, Staatshäupter oder religiöse Führer, noch Vorsitzende von großen Unternehmen, berühmte Schauspieler, Sportler, Ärzte, Rechtsanwälte oder Lehrer" (Lazarus & Fay, 1975).

TherapeutInnen, die glauben, daß manche Menschen besser sind als andere, und besonders solche, die sich selbst für besser als ihre KlientInnen halten, werden logischerweise völlig andere Botschaften bezüglich Unter- und Überlegenheit aussenden als diejenigen von uns, die alle Menschen als verschieden und in der Tat einzigartig, jedoch im Grunde genommen gleich betrachten.

In einer Therapie können sich KlientInnen beträchtlich verändern, wenn man es schafft, ihnen zu vermitteln, daß manche Menschen zwar über mehr Fähigkeiten und Kenntnisse auf manchen Gebieten verfügen, daß sie dies jedoch nicht notwendigerweise zu besseren Menschen macht. Wie Ellis (1962, 1975, 1977c) über Jahre hinweg betont hat, sind wir alle fehlbare Wesen und haben einerseits unsere Grenzen, andererseits aber auch unsere Vorzüge. Wenn man durch das Leben geht und andere für ihre außergewöhnlichen Fähigkeiten zwar respektiert, sie deshalb jedoch nicht vergöttert, dann kann man auch die Erfahrungen anderer nachvollziehen und etwas daraus lernen, anstatt seine Mitmenschen zu beneiden und sich selbst herabzusetzen. Solange man jedoch an ein vertikales Modell menschlicher Überlegenheit glaubt, bei dem manche Menschen - menschlich - über anderen stehen, werden die eigenen interpersonalen Handlungen von Gewinnsucht, Machtstreben und Aggressionen bestimmt sein. Vom sprichwörtlichen Sockel aus zu jemandem hochzuschauen (bzw. auf jemanden herunter) wird dem eigenen Bewußtsein des *Seins*, das auf Liebe, Nähe und produktiven Aktivitäten basiert, auf keinen Fall förderlich sein.

Ganz offensichtlich sind die meisten KlientInnen, wenn sie eine Therapie beginnen, von unserer hierarchisch geprägten Gesellschaft einer solchen Gehirnwäsche unterzogen worden, daß sie wirklich glauben, manche Menschen seien besser als andere und sie selbst seien schlechter als die meisten. Viele werden die TherapeutInnen zu gottähnlichen Gestalten erheben (und viel zu viele TherapeutInnen werden dies unterstützen und, was noch viel schlimmer ist, es auch tatsächlich glauben). Anfänglich mag es unter Umständen auch nützlich sein, von einem solchen "Heiligenscheineffekt" zu profitieren und damit bestimmte KlientInnen zu produktiven Aktivitäten zu veranlassen, aber im Laufe einer Therapie ziehe ich es vor, den KlientInnen ihre verzerrten Vorstellungen bewußt zu machen, genauso wie man Menschen nach einem Experiment aufklärt, das auf einem Täuschungsmanöver beruhte.

Die Fähigkeit, eine Philosophie der Gleichheit zu erfassen und voll in sein Leben zu integrieren ist etwas, das gar nicht so einfach zu erreichen ist. Zum einen gibt es überall Leute, die Prestige verkaufen bzw. Menschen, die einen Status anstreben, und es ist auch ganz einfach, in eine solche Falle zu geraten. Zum anderen sind wir in unserer westlichen Zivilisation mit dem Modell einer vertikalen Erfolgsleiter sozialisiert worden, welches mit der Dichotomie unterlegen-überlegen einhergeht. Deshalb bin ich auch bei der Verbreitung der Gleichheitsphilosophie auf mehr Widerstand gestoßen als bei jedem anderen Unternehmen zuvor. Die häufigste Reaktion ist dabei die, daß man mir nicht abnimmt, daß ich es ernst meinen könne: "Du glaubst doch nicht wirklich, daß es keine überlegenen Menschen gibt." Ich möchte meine LeserInnen an dieser Stelle einfach dazu auffordern, einmal ernsthaft darüber nachzudenken, welche Bedeutung die durchgehende und grundsätzliche Annahme von Gleichheit als Lebensanschauung auf ihr Leben im allgemeinen und in der beruflichen Sphäre im besonderen haben könnte.

Die multimodale Therapie: Grundlagen und Vorgehensweisen

Das erklärte Ziel der multimodalen Therapie ist es, psychische Schmerzen zu lindern und persönliches Wachstum so rasch und so dauerhaft wie möglich zu fördern, wobei psychiatrische Etikettierung nach Möglichkeit vermieden werden und die Betonung auf der Notwendigkeit eines therapeutischen Pluralismus liegt. Indem wir der Tatsache, daß wenige, wenn überhaupt irgendwelche Probleme nur eine einzige Ursache haben oder auf sie ein einheitliches "Heilmittel" angewendet werden kann, eine besondere Bedeutung zumessen, erkennen wir an, daß menschliche Probleme meistens komplex und sehr vielschichtig sind. Aber anstatt diese Beobachtungen nur auf einer allgemeinen oder undifferenzierten Basis anzustellen, zerlegen PraktikerInnen der multimodalen Therapie die menschliche Persönlichkeit in einzelne Modalitäten oder Dimensionen, welche dann jeweils wieder interaktiv zu betrachten sind. Die Einschätzung eines jeden Individuums bezüglich jeder einzelnen dieser Modalitäten versetzt die TherapeutInnen in die Lage, ein gründliches und ganzheitliches Verständnis der Person und ihrer gesellschaftlichen Umgebung gewinnen zu können.

Die sieben Modalitäten

Wir Menschen sind Wesen, die sich bewegen, die fühlen und empfinden, die Vorstellungen und Gedanken haben und Beziehungen zueinander pflegen; im Grunde genommen also eine Summe von biochemischen/neurophysiologischen Erscheinungen. Unsere Persönlichkeiten sind die Produkte unserer Verhaltensweisen (**B**ehaviors), unserer Gefühle (**A**ffective processes), Empfindungen (**S**ensations), Vorstellungen (**I**mages), Kognitionen (**C**ognitions), zwischenmenschlichen Beziehungen (**I**nterpersonal relationships) und biologischen Funktionen (**B**iological functions). Die ersten Buchstaben dieser Modalitäten bilden zusammen das Akronym BASIC IB. Wenn wir jedoch die biologische Modalität mit "D" wie "Drogen und Medikamente" (Drugs) bezeichnen, dann können wir daraus das überzeugendere Akronym BASIC ID bilden. (Hier ist es wichtig, anzumerken, daß "D" für mehr als nur Drogen, Medikamente und pharmazeutische Interventionen steht, sondern auch Ernährung, Hygiene, körperliche Fitneß und die ganze Palette medizinischer Diagnosen und Interventionen, welche die Persönlichkeit beeinflussen, mit einschließt.) Beim BASIC ID (wie in "Identität"[1]) handelt es sich also ein alternatives Akronym, durch welches die "menschliche Persönlichkeit" ausgedrückt wird.

---

1 Die englische Abkürzung id steht einerseits für Identität im Sinne des Freudschen Es, andererseits in der kapitalisierten Schreibweise ID auch für einen Personalausweis [A.d.Ü.].

Die multimodale Therapie beinhaltet infolgedessen eine komplette Erfassung und Behandlung des "BASIC IDs". Auf diese Weise werden die KlientInnen *nicht* in ein vorgefertigtes "Behandlungsschema"gepreßt, und statt dessen wird vorgeführt, wie man die Behandlung auf die individuellen Bedürfnisse eines Klienten bzw. einer Klientin zuschneiden kann. Der Ausgangspunkt dabei ist immer die Grundannahme, daß das BASIC ID das gesamte Spektrum der menschlichen Persönlichkeit abdeckt und daß es kein Problem, kein Gefühl, keine Leistung, keinen Traum und keine Phantasie gibt, die nicht in das BASIC ID eingeordnet werden könnte.[2]

Die multimodale Therapie beschäftigt sich sowohl mit spezifischen Problemen oder Schwierigkeiten innerhalb einer gegebenen Modalität als auch mit den Interaktionen dieser Modalität mit jeder der sechs anderen. Nehmen wir einmal an, daß jemand starke affektive Reaktionen auf eine kognitive Beurteilung (z.B. eine wirkliche oder eingebildete Bedrohung seiner oder ihrer psychischen Integrität) zeigt. Dies wiederum wird sich auf das Verhalten, die Kognitionen und Vorstellungen, sowie den interpersonalen und biologischen Bereich auswirken. In anderen Worten, wenn eine Modalität betroffen ist oder aktiviert wird, dann wird dadurch auch jede andere Modalität beeinflußt, wenn auch vielleicht in einem unterschiedlichen Ausmaß. Eine detailliertere multimodale Fassung der Aussage, "Wenn Herr Schmidt Kopfschmerzen hat, macht er sich Sorgen, weil er ein Hypochonder ist", könnte demnach folgendermaßen aussehen: Wenn Herr Schmidt Kopfschmerzen hat, dann wird er still und verschlossen (Verhalten), erlebt den Schmerz als "innerliches Hämmern, wobei mir heiße Nägel in den Kopf getrieben werden" (Empfindung) und malt sich aus, wie er an einem Gehirntumor stirbt (Vorstellung), während er sich selbst einredet, daß die Ärzte wahrscheinlich etwas Schlimmes übersehen haben (Kognition). In solchen Situationen wird er dann immer einsilbiger, während seine Frau einen großen Wirbel um ihn macht (interpersonal), und schließlich greift er auf Aspirin und andere Schmerzmittel zurück (biologisch). Multimodale Beschreibungen von derartigen Problemen weisen nicht nur darauf hin, wer oder was wahrscheinlich die gegenwärtigen Schwierigkeiten aufrechterhält, sondern versetzen die TherapeutInnen auch in die Lage, logische Ansatzpunkte für eine Behandlung festzulegen, indem sie, nachdem sie das Problem erkannt haben, dessen interaktive Aspekte untersuchen können.

Selbst in den relativ seltenen Fällen, bei denen affektive Reaktionen ausschließlich auf biologische Funktionsstörungen zurückzuführen sind (z.B. ein Tumor, ein endokrinologisches Ungleichgewicht, ein neurologisches Defizit), ist nichtsdestotrotz das ganze BASIC ID davon betroffen. Ein Gehirntumor, der zu erhöhter Reizbarkeit und aggressiven Anfällen führt, wird Auswirkungen auf das

---

2 Soziokulturelle Elemente, politische Gegebenheiten und Umweltfaktoren werden im BASIC ID nicht berücksichtigt. Diese externen Faktoren beeinflussen die "Persönlichkeit" zwar auch, aber obwohl zwischen objektiven und subjektiven Ereignissen eine offensichtliche Wechselbeziehung besteht, sind soziologische Variablen kein Bestandteil des "individuellen Temperaments" und der "Persönlichkeit". Bei alledem ist es selbstverständlich trotzdem notwendig, den kulturellen Hintergrund einer Person zu kennen, bevor man versucht, sein oder ihr BASIC ID zu erfassen oder zu verändern. Beziehungsweise, wie Nathan und Harris (1980) mit Nachdruck betonen: "Psychopathologie und Gesellschaft sind untrennbar miteinander verbunden".

Verhaltensrepertoire, andere affektive Reaktionen, Empfindungen, Vorstellungen und Kognitionen der bzw. des Leidenden, sowie auf deren zwischenmenschliche Beziehungen haben. (Darüber hinaus ist es an dieser Stelle noch erwähnenswert, daß, falls eine multimodale Verhaltenserfassung große Lücken oder Widersprüchlichkeiten in den ersten sechs Kategorien des BASIC ID aufweist, eine besonders gründliche Untersuchung der D-Modalität angebracht ist. Wenn so vorgegangen wird, besteht in einer multimodalen Verhaltenserfassung kaum noch das Risiko, eventuelle organische Faktoren zu übersehen. In den Kapiteln zu Diagnose und Anamnese von Verhaltensweisen werde ich auf diesen Punkt nochmals detaillierter eingehen).

Wie Plutchnik (1980) gezeigt hat, werden Gefühle oder affektive Reaktionen durch einen Stimulus ausgelöst, der durch das Individuum kognitiv bewertet wird. Aus einer multimodalen Perspektive betrachtet könnte die Ereignissequenz, welche die emotionale Störung hervorruft, etwa folgendermaßen ablaufen:

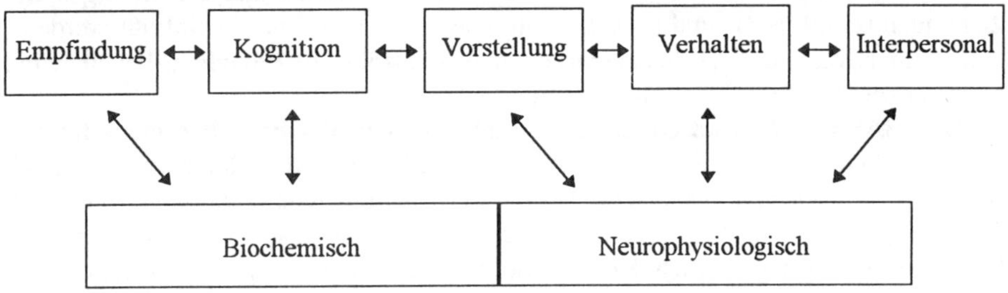

Anfänglich wird jemand vielleicht durch eines oder mehrere Sinnesorgane etwas wahrnehmen, also etwas hören, etwas berühren oder von etwas berührt werden, etwas sehen, riechen, oder schmecken, was dann kognitiv bewertet wird (d.h., beispielsweise als Gefahr oder Verlust empfunden wird). Dadurch werden dann Vorstellungen hervorgerufen (eine Folge von flüchtigen, jedoch lebhaften Bildern von Schwermut und Verhängnis), die in offenkundigen Verhaltensweisen zum Ausdruck kommen können (z.B. Flucht oder Kampf) und gewöhnlich zwischenmenschliche Auswirkungen haben (z.B. Vermeidung oder Kontrolle). Die biologische Modalität beeinflußt wiederum jedes Glied dieser Kette, indem sie verschiedene chemische Stoffe in das System einbringt (z.B. Adrenalin). Da bei dem gesamten Prozeß eine enge Beziehung zwischen den verschiedenen Modalitäten besteht, zeigen die Pfeile in der Abbildung auch jeweils in beide Richtungen.

Eine solche affektive Kette muß selbstverständlich nicht unbedingt gemäß der Sequenz sensorisch-kognitiv-imaginär-behavioristisch-interpersonal verlaufen, die "Zündfolge" kann mit jeder beliebigen dieser Modalitäten beginnen. So kann z.B. jemand einen Angstanfall in Gang setzen, in der er oder sie auf beängstigenden Gedanken und Vorstellungen beharrt, die zu unangenehmen Empfindungen führen (z.B. Herzflattern und Schwindelgefühle). Impulsive Menschen lösen oft affektive Reaktionen aus, indem sie etwas sagen oder tun, was sofortige interpersonale Auswirkungen hat: Jemand platzt z.B. auf einer Party mit einer dummen Bemerkung heraus. Die Gruppe verstummt plötzlich, und er bemerkt die allgemeine Mißbilligung. Er wird rot, fängt an zu schwitzen und stellt sich die Bemerkungen vor, welche die anderen wohl hinter seinem Rücken machen werden, woraufhin er aufsteht und den Raum verläßt. Die Zündfolge der Ereignisse wäre dann: Verhalten-Interpersoneller Bereich-Empfindung-Vorstellung-Verhalten gewesen. Auch wenn ich mich hier nicht in Trait-Theorien verlieren möchte, ist es an dieser Stelle doch erwähnenswert, daß viele Menschen relativ gut definierte und vorhersagbare 'Modalitäten-Zündfolgen' zu besitzen scheinen, die gewöhnlich in verschiedenen Situationen konstant sind. Wie wir noch sehen werden, spielt dies auch bei der Auswahl der angemessenen therapeutischen Techniken eine nicht zu unterschätzende Rolle.

Die Hauptelemente des BASIC ID von einer Person zu kennen (herausragende Verhaltensweisen, affektive und sensorische Reaktionen, Vorstellungen, Kognitionen, interpersonale und biologische Neigungen), bedeutet, eine Menge über dieses Individuum sowie sein bzw. ihr soziales Netzwerk zu wissen. Die Interaktionen der verschiedenen Modalitäten einzuschätzen - wie bestimmte Verhaltensweisen die Affekte, die Empfindungen, Vorstellungen, Kognitionen und die wichtigen Beziehungen beeinflussen und im Gegenzug wiederum von ihnen beeinflußt werden - heißt, ein Niveau der Vorhersagbarkeit und Kontrolle zu erreichen, bei dem nur noch sehr wenig dem Zufall überlassen bleibt.

Das BASIC ID repräsentiert die grundlegenden Vektoren der menschlichen Persönlichkeit, genau wie die Buchstaben ABCDEFGH die Noten in der Musik repräsentieren, es gibt dabei kein IJKLMNOP. Durch Kombinationen von ABCDEFGH (mit einigen Vorzeichen oder b's) kann alles ausgedrückt werden, vom "Flohwalzer" bis zu Mozarts Kompositionen. Oder nehmen wir als weiteres Beispiel die Primärfarben: rot, gelb und blau. Wenn man sie auf verschiedene Arten mischt, erhält man die sekundären Farben grün, orange, violett usw. Unsere Hypothese lautet hier also, daß jede Situation am menschlichen Leib und in der Seele ihre Ausprägung findet und mit dem BASIC ID erfaßt werden kann. Liebe, Hoffnung, Glaube, Ehrgeiz, Gier, Optimismus, Freude, Geschlechtstrieb, Selbstvertrauen, Enttäuschung, Erwartung, Ärger, Ekel, Angst, Trauer, Ekstase, Überraschung, Versagen, Ehrfurcht, Verachtung, Akzeptanz, Langweile oder welche andere Handlung, welches Gefühl, welche Empfindung, Vorstellung oder Idee, welche persönliche Bindung oder welchen körperlichen Faktor auch immer jemand erlebt, dies alles liegt im BASIC ID begründet. "Religiöse" oder "spirituelle" Komponenten beispielsweise können aus einer starken kognitiv-affektiven Verbindung entstehen. Hierbei sollte es allerdings nochmals betont werden, daß jede Modalität in mehr oder weniger großem Ausmaß auch in jeder anderen vorhanden ist, womit wir dann bei einer wahrhaft "dynamischen" Theorie der Persönlichkeit angelangt sind. Eine andere Person zu "kennen" oder zu "verstehen", bedeutet nach dieser Theorie, vollen Zugang zu seinem oder ihrem BASIC ID zu haben. Ebenso impliziert Selbsterkenntnis bei einem Menschen sowohl den Einblick in die Inhalte des eigenen BASIC ID, als auch Einsicht in die interaktiven Wirkungsweisen desselben.

Der Kern der multimodalen Verhaltenserfassung

Eine detaillierte und umfassende Verhaltenserfassung ist oft eine Conditio sine qua non für eine wirkungsvolle therapeutische Intervention. Der Gemeinplatz "Die

Diagnose sollte gewöhnlich der Behandlung vorausgehen" weist auf die naheliegende Tatsache hin, daß, sobald die wirklichen Probleme erkannt wurden, auch effektive Behandlungsmethoden angewandt werden können (sofern sie existieren). Um der ephemeren Natur der menschlichen Psyche und der Komplexität des menschlichen Denkens, Fühlens und Handelns gerecht zu werden, wurden einige äußerst komplizierte diagnostische Verfahren geschaffen. Diese sind für praktizierende KlinikerInnen oft nur von geringem Nutzen, da manche von ihnen so kompliziert sind, daß sie geradezu einen Zugang zu digitalen und analogen Computern erforderlich machen. Gibt es also eine detaillierte und umfassende Verhaltenserfassung, die erstens einprägsam und zweitens einfach anzuwenden ist und die TherapeutInnen darüber hinaus klare Hinweise auf effektivere Behandlungsinterventionen geben kann? Meiner Meinung werden diese drei Kriterien durch das Verfahren einer multimodalen Verhaltenserfassung vollständig erfüllt.

Lassen Sie uns diese Behauptung nun an einem Beispiel illustrieren. Nehmen wir an, wir hätten eine Stunde Zeit, um ein Individuum einzuschätzen, eine Zeitspanne also, in der zweifellos viele verschiedene Fragen gestellt werden könnten. Manche TheoretikerInnen mögen ihre Fragen dabei auf Kindheitserinnerungen, Hygieneerziehung und ähnliches ausrichten, andere werden mit objektiven Experimenten oder dem Rorschachtest arbeiten oder in-vivo-Exkursionen konstruieren. Eine multimodale Verhaltenserfassung dagegen würde sich etwa auf die folgenden Fragen konzentrieren:

1. Welche Verhaltensweisen von Ihnen stören Sie? Mit was für Dingen würden Sie gerne anfangen? Womit würden Sie gerne aufhören? Was würden Sie gerne mehr tun (steigern)? Was würden Sie gerne weniger tun (vermindern)? Was betrachten Sie als Ihre Hauptstärken oder Vorzüge?

2. Worüber lachen Sie? Worüber weinen Sie? Was macht Sie traurig, wütend oder froh? Wovor haben Sie Angst? Wie *verhalten* Sie sich, wenn Sie sich auf eine bestimmte Art fühlen (z.B. traurig, wütend, froh oder ängstlich)? Leiden Sie unter Angst, Ärger, Depressionen, Schuldgefühlen oder irgendwelchen anderen "negativen Gefühlen"?

3. Was sehen, hören, schmecken, berühren und riechen Sie besonders gerne? Was sehen, hören, schmecken, berühren und riechen Sie nicht gerne? Leiden Sie unter häufigen oder ständigen unangenehmen Empfindungen (wie Schmerzen, Schwindelgefühle oder Zittern)? Was regt Sie sinnlich und sexuell an und was lehnen Sie ab? Welche Wirkung haben Ihre Sinneseindrücke auf Ihre *Gefühle* und Ihr *Verhalten*?

4. Was für Tätigkeiten könnten Sie sich in der näheren Zukunft vorstellen? Wie würden Sie Ihr "Selbstbild" beschreiben? Was ist Ihr "Körperbild"? Was gefällt Ihnen an der Art, wie Sie sich selbst wahrnehmen, und was mögen Sie nicht? Wie beeinflussen diese Vorstellungen Ihr Verhalten, Ihre Stimmungen und Ihre Sinneswahrnehmungen?

5. Welches sind Ihre wichtigsten Überzeugungen und Werte? Welches sind Ihre zentralen Imperative des Sollens und Müssens? Welches sind Ihre maßgebenden intellektuellen Interessen und Ziele? Wie werden Ihre Gedanken durch Ihre Gefühle beeinflußt?

6. Wer sind die wichtigsten Personen in Ihrem Leben? Was erwarten andere von Ihnen? Was erwarten Sie von anderen? Wie beeinflussen Sie die wichtigen Menschen in Ihrem Leben? Wie werden Sie von diesen beeinflußt?

7. Machen Sie sich Gedanken über Ihre Gesundheit? Welche Gewohnheiten haben Sie beim Essen, in der Freizeit und bei körperlicher Betätigung? Nehmen Sie irgendwelche Medikamente oder Drogen?

Diese Fragen folgen mehr oder minder dem BASIC ID, und schon nach einer Stunde einer solchen Befragung wird man höchst zentrale und wichtige Informationen über die Persönlichkeit des Klienten oder der Klientin erhalten haben. Natürlich ist in der klinischen Praxis die Phase der Verhaltenserfassung nicht auf eine Stunde beschränkt, und darüber hinaus ist es möglich, einzelne Modalitäten viel tiefer und detaillierter zu durchleuchten und den Beziehungen zwischen ihnen auf den Grund zu gehen (Weitere Einzelheiten und ein breites Spektrum von Fragen, die das BASIC ID abdecken, können Sie dem Fragebogen zur Lebensgeschichte im Anhang 1 entnehmen).

Bei der Durchführung einer multimodalen Befragung ist es für geschickte KlinikerInnen einfach, falsche Aussagen, Verzerrungen und andere Widersprüchlichkeiten aufzudecken. Ein Überblick über den BASIC ID ermöglicht es den TherapeutInnen, die spezifischen Stärken und Schwächen der jeweiligen KlientInnen quer durch die interaktiven Dimensionen ihrer "Persönlichkeit" zu bestimmen. Auch der Grad der Selbstkenntnis der KlientInnen in jedem einzelnen Bereich ist bei dieser Methode klar ersichtlich.

Wie und wo aber werden Verhaltensweisen, affektive Reaktionen, sensorische Vorlieben und Abneigungen, Vorstellungen, Kognitionen und interpersonale Fähigkeiten und Defizite erworben? Diese Elemente werden hauptsächlich *erlernt* - durch vorhergehende Erfahrungen entwickelt und kultiviert sowie durch aktuelle Belohnungen aufrechterhalten. Stärken und Schwächen, Aktiva und Passiva im BASIC ID sind demnach die Produkte aus Lernvorgängen, Konditionierung, Modellernen und ähnlichen sozialen und psychologischen Prozessen. Diejenigen ExpertInnen, die nur auf Krankheitsanalogien und medizinischen Modellen zur Erklärung des BASIC ID bestehen, befinden sich dabei leider in einem bedauerlichen Irrtum, ebenso wie jene, welche die D-Modalität übersehen und so die medizinischen und gesundheitlichen Implikationen ignorieren, was selbstverständlich genauso gefährlich sein kann.

Ein klassischer Fall

Anfang 1974 bat mich ein Kollege, seinen Cousin zweiten Grades aufzusuchen, den er als "einen schwierigen Fall" charakterisiert hatte. Der Klient war 32 Jahre alt, lebte bei seiner Mutter und litt unter zahlreichen Phobien, unspezifischen Angst- und Panikanfällen, psychosomatischen Problemen, Obsessionen und Zwangsstörungen sowie Hypochondrie. "Er ist ein hoffnungsloser Fall, ein emotionaler Krüppel" lautete die Beschreibung meines Kollegen.

Die Mutter des Klienten begleitete ihn zur ersten Sitzung und erklärte, daß er "sehr nervös" wäre und fügte hinzu, daß er immer schon "empfindlich" gewesen sei. Der Klient war agoraphobisch und verließ das Haus nie ohne seine Mutter, wobei er von Panik überwältigt wurde, sobald er es doch einmal allein versuchte. Er litt unter spezifischen Krankheits- und Todesphobien und seine zwanghaften Wasch- und Reinigungsrituale waren mit Bakterienphobien verknüpft. Obwohl er angab, daß er "eigentlich sein ganzes Leben immer irgendwie Angst gehabt" hatte, war er gleichzeitig der Überzeugung, daß die meisten seiner Ängste angefangen hatten, als er 17 war und nach seinem Schulabschluß beabsichtigte, die Universität zu besuchen.

In seiner detaillierten Lebensgeschichte stellte es sich dann heraus, daß er ein Einzelkind mit einer überfürsorglichen Mutter war und sich von seinem Vater, der viel trank und oft gewalttätig wurde, schon früh in seinem Leben entfremdet fühlte. Als er älter wurde, spielte er die Rolle des Beschützers seiner Mutter und griff oft ein, wenn der Vater ihr gegenüber ausfällig wurde. Seine Mutter kommentierte dies ihm gegenüber oft mit: "Ich weiß nicht, was ich ohne Dich machen sollte". Mit 17 befand er sich folglich in einer verzwickten Lage: er wollte zwar gerne eine Universität besuchen, aber wie konnte er einfach seine Mutter im Stich lassen? Als die Panikanfälle und die durchdringenden Angstgefühle auftraten, hatte er die Mutter ganz auf seiner Seite: er war "zu krank, um von zu Hause wegzugehen". Damit schien das Fundament für eine paradoxe Beziehung gelegt worden zu sein, in welcher der Klient einerseits als der Beschützer seiner Mutter fungierte, während er andererseits eine infantile Abhängigkeit von ihr entwickelte.

Drei Jahre später starb sein Vater an einer Herzthrombose, worauf die verwitwete Schwester seiner Mutter zu ihnen zog. Der Klient übernahm nun die Rolle eines "doppelten Beschützers", er war "der Mann im Haus", der auf seine Mutter und seine Tante aufpaßte, obwohl er selbst das Haus niemals ohne seine Mutter verließ. Zu dieser Zeit begann er dann auch, sich über zahlreiche körperliche Beschwerden zu beklagen und machte, zusammen mit seiner Mutter, bei verschiedenen Spezialisten die Runde. Er unterzog sich Magen-Darm-Spiegelungen, neurologischen und endokrinologischen Tests sowie mehreren Routineuntersuchungen wie Röntgenaufnahmen und EKGs. Diese medizinischen Tests und Untersuchungen ergaben keinerlei organischen pathologischen Befund, und ein Jahr später (mit 21) überwies ihn sein Internist an einen Psychoanalytiker.

Der Vater hatte seiner Familie eine Lebensversicherung von $100.000 sowie eine Rente für Armeeangehörige und ein paar andere Vermögenswerte hinterlassen, die es dem Klienten ermöglichten, mehrmals in der Woche einen Analytiker aufzusuchen. Sechs Jahre und ungefähr $50.000 später hatte er das Gefühl, daß die Psychoanalyse ihm nicht half. Seine Familiensituation, seine Ängste, Phobien und Zwangsstörungen sowie seine somatischen Beschwerden blieben genau dieselben. Er hatte immer noch keine Freunde, war immer noch nicht unabhängig und konnte sich nicht frei bewegen. Er blieb zu Hause, sah fern, las, spielte mit seiner Tante Karten, ging mit seiner Mutter einkaufen und beschäftigte sich viele Stunden lang mit Badezimmerritualen.

Die Schwägerin seiner Tante hatte jedoch einen Sohn, der Psychologie studierte und ihm einen "Verhaltenstherapeuten" in der Gegend empfahl. Nach Aussage des Klienten setzte dieser Desensibilisierung in vivo, Gedankenstops und Entspannungsübungen ein, worauf er nach zwei Monaten immerhin in der Lage war, ohne seine Mutter zum Supermarkt und zurück zu gehen. Als er allerdings trotzdem noch einmal einen Panikanfall erlitt, flüchtete der Klient zurück nach Hause und beendete daraufhin die Verhaltenstherapie. In den nächsten Jahren wurde seine Situation zusehends schlimmer, außerdem litt er ständig unter Alpträumen, die mit Sterben zu tun hatten. Seine Zwangsstörungen sowie seine psychosomatischen Beschwerden nahmen immer mehr zu und er fing an, regelmäßig Wutanfälle zu bekommen, die sich gegen seine Mutter richteten. Als er an mich überwiesen wurde, hatte er - zusätzlich zur Psychoanalyse und seinem vorübergehenden Versuch mit der Verhaltenstherapie - sich einer medikamentösen Behandlung, einer Elektroschocktherapie, einer transaktionalen Analyse, transzendentaler Meditation und existentieller Therapie unterzogen. Er litt immer noch unter seiner Agoraphobie sowie zahlreichen anderen Ängsten und in seinem Verhalten spielten weiterhin die Badezimmerrituale und andere obsessiv-zwanghafte Schwierigkeiten eine Rolle.

Eine Anklage gegen die Branche?

Bevor wir die Details des multimodalen Ansatzes, mit dem bei diesem Klienten gearbeitet wurde, erörterten, standen wir zunächst einmal vor der Frage: Was geht hier vor? Handelt es sich um einen "hartnäckigen Patienten", der keine Besserung seines Zustandes zulassen will und verzweifelt kämpfen wird, um seinen Status quo beizubehalten? Oder einen "Therapeutenkiller", der weiter die Runde bei den verschiedenen TherapeutInnen und Therapien machen wird, um sie zu "besiegen" und seiner "Trophäen-Sammlung" mehr und mehr Systeme hinzuzufügen? Ist er ein "Therapiekonsument", dessen Lebensweise es inzwischen einfach erfordert, daß er "eine Therapie macht"?

Interessanterweise hat der Klient bei seiner Suche nach Hilfe stets Außenseitermethoden vermieden. Er konsultierte nur angesehene ÄrztInnen, PsychiaterInnen, einen sehr angesehenen Psychoanalytiker und staatlich anerkannte klinische PsychologInnen. Auch der Wert meditativer Übungen ist inzwischen von einem Harvard-Arzt (Benson, 1975) und einem Princeton-Psychologen (Carrington, 1977) dokumentiert worden. Warum hatte er dann aber keine Erleichterung von seinem Leiden erfahren? Wie kann sein erster Therapeut die $50.000 rechtfertigen, die er ihm abverlangte, während er ihn über sechs Jahre hinweg auf dieselbe Art behandelte, ohne daß sich je Anzeichen einer Besserung einstellten? (Dieser Therapeut weigerte sich, mir einen schriftlichen Bericht zukommen zu lassen, erklärte mir aber telephonisch, daß die Hauptprobleme des Klienten auf präödipale Konflikte zurückzuführen seien. Der Rest des Gesprächs war in ähnlichem Jargon gehalten und mit Trait-Theorien durchsetzt, die eine sinnvolle Kommunikation leider unmöglich machten.) Wenn, wie Janov (1972) behauptet hatte, Primärtherapie "das *einzige* Heilmittel" sei, das "alle anderen psychologischen Therapien überflüssig und ungültig" mache (S.19), dann dürfen wir wohl mit Recht die Frage stellen, warum unser Klient durch eine Primärtherapie nicht geheilt wurde? Oder hatte er etwa unqualifizierte Transaktionsanalytiker, existentielle Therapeuten oder Verhaltenstherapeuten usw. konsultiert? Wie lange werden wir uns solche Fragen noch stellen, bevor wir endlich zu dem Schluß kommen, daß in unserem Fachgebiet etwas ernsthaft nicht stimmt?

Einige TheoretikerInnen und TherapeutInnen haben die Gemeinsamkeiten verschiedener therapeutischer Ansätze immer wieder betont, wobei sie nach Ähnlichkeiten suchen und aufzeigen, in welchen Bereichen sich verschiedene Systeme und Methoden überschneiden. Dabei sollten die Unterschiede zwischen den verschiedenen Methoden natürlich auch nicht ignoriert werden, denn dies könnte bedeuten, signifikante Faktoren zu übersehen, die für eine kritische Varianz verantwortlich sein könnten. Die Multimodale Therapie hat sicher mit vielen anderen psychotherapeutischen Ansätzen manches gemeinsam, aber gibt es nicht vielleicht auch etwas, was an ihr einzigartig ist? Tun multimodale TherapeutInnen unter Umständen etwas, das sich davon, wie andere TherapeutInnen vorgehen, unterscheidet? Lassen Sie uns für die Beantwortung dieser Frage zu dem "klassischen Fall" zurückkehren.

Das multimodale Vorgehen: Art und Ansatzpunkt der Intervention

Das Erstinterview bestand im vorgenannten Fall hauptsächlich aus einer Anamnese der Daten des Klienten. Während ich Informationen über seine Schwierigkeiten und einige vorhergehende Faktoren erhielt, versuchte ich gleichzeitig, bei dem Klienten Hoffnung zu wecken, da seine Motivation nicht besonders hoch war. Seine Entmutigung ging so weit, daß er mit Recht als "depressiv" bezeichnet werden konnte, und er stand der Vorstellung, ein weiteres sinnloses Unterfangen in Angriff zu nehmen, sehr zögerlich gegenüber. Ich wies den Klienten darauf hin, daß manche TherapeutInnen behaupten würden, er habe ein persönliches Interesse daran, sich gegen Veränderungen zur Wehr zu setzen und ich fragte ihn, ob er vorhabe, sich gegen mich zu stellen, oder ob er sich vorstellen könne, mit mir zusammenzuarbeiten. (Mit dieser Frage wollte ich eventuelle opponierende Tendenzen aufspüren und ein Arbeitsbündnis vorschlagen.) Darüber hinaus empfahl ich ihm, es erst einmal mit vier Sitzungen zu versuchen, in denen wir feststellen könnten, ob er mit mir oder gegen mich arbeiten würde. Nach der ersten Sitzung bekam er einen Fragebogen zur Lebensgeschichte und nach der zweiten Sitzung entwarf ich das folgende Modalitätenprofil:

Verhalten:	Vermeidung gibt vor, krank zu sein fehlende Beweglichkeit oder Anteilnahme Badezimmerrituale
Affekte:	Angst Panik Beklemmungen rasende Wut Entmutigung/Depressionen
Empfindungen:	Schwindelgefühle/Herzklopfen Zittern Beschwerden/Schmerzen usw.

Vorstellungen:	negatives Selbstbild streitende Eltern Hänseleien eines sadistischen Lehrers
Kognitionen:	"Andere Leute halten mich für seltsam und wunderlich." "Keine Frau würde sich mir jemals nähern wollen." Gedanken über Ansteckungsgefahren ich müßte/ich sollte
Interpersonal:	schüchtern, unbeholfen, abgekaspelt
Medikamente/Biologie:	nimmt regelmäßig Valium, 10 mg ißt Fastfood schlapp, unsportlich, übergewichtig

Das Ausarbeiten dieses provisorischen Profils hat ungefähr 10-15 Minuten in Anspruch genommen. Ein Vorteil des schriftlichen Festhaltens spezifischer Probleme nach dem System des BASIC ID besteht darin, daß KlientInnen und TherapeutInnen damit ein "Konzept" für die Entwicklung von Behandlungszielen und die Bewertung von Fortschritten zur Verfügung gestellt wird. Es verfügt allerdings zudem noch über einen zweiten, ebenso wichtigen Vorteil: Ein solches Profil dient auch dazu, das Wissen der KlientInnen über den Behandlungsablauf zu erweitern, was wiederum dazu führt, daß die TherapeutInnen mit Hilfe der KlientInnen eine wohl überlegte Wahl aus einer weiten Spanne therapeutischer Strategien treffen können.

Was wäre bei dem Klienten aus unserem Beispiel nun ein sinnvoller Ansatzpunkt für eine Intervention? Nach der Durchsicht des Modalitätenprofils und der wiederholten Lektüre seines Fragebogens zur Lebensgeschichte entschloß ich mich, mit den beiden Modalitäten Vorstellung und Biologische Faktoren zu beginnen. Ich setzte meinen Plan um, indem ich den Klienten darauf hinwies, daß es mit seiner körperlichen Verfassung offensichtlich nicht zum besten stehe: Er hatte Übergewicht, da er nur zu Hause herumsaß und sich kaum bewegte. Ich betonte deswegen die Zusammenhänge zwischen Körper und Geist und erklärte ihm, daß es unter anderem auch ein unmittelbares Therapieziel sei, eine bessere körperliche Verfassung zu erreichen. Wir erörterten darüber hinaus die Rolle, die eine gute Ernährung dabei einnimmt, und ich trug ihm vor, inwiefern seine gegenwärtigen Eßgewohnheiten zu seinen emotionalen Problemen beigetragen haben könnten.

Bevor er sich einem körperlichen Trainingsprogramm unterzog, bestand ich darauf, daß er eine gründliche medizinische Untersuchung, einschließlich Bluttests und Streß-EKG durchführen ließ. "Ich möchte sicher gehen, daß mit ihnen alles in Ordnung ist", sagte ich zu ihm, "weil ich Sie beanspruchen werde wie ein Trainer, der einen Sportler oder einen Kämpfer für ein großes Ereignis fitmacht". Dieses Gespräch sollte mehreren Zwecken dienen. Ich hatte das Gefühl bekommen, daß der Klient unbedingt wollte, daß jemand für ihn "die Verantwortung übernimmt", und ich war dazu bereit, dies auch anfänglich zu tun, um bei ihm adaptive Verhaltensweisen zu mobilisieren. Das Bild eines Sportlers, der darauf trainiert wird, den "Großen Preis" zu gewinnen, hatte metaphorische Implikationen, die den Bedürfnissen und Vorstellungen des Klienten entsprachen. Er schien nicht zu wollen, daß ich ihm gegenüber eine beistehende oder onkelhafte Rolle einnahm; die Vorstellung eines schinderischen Armeevorgesetzten dagegen, der zwar hart mit seinen Männern umgeht, aber tief innen doch einen weichen Kern hat, stieß bei ihm auf positive Resonanz.[3] Diese Informationen hatte ich bekommen, als ich den Klienten bat, seine Beziehungen zu früheren TherapeutInnen zu beschreiben und zu skizzieren, wie er sich eine ideale Beziehung zwischen Therapeut und Klient vorstellte.

Die medizinischen Untersuchungen ergaben leicht erhöhte Cholesterin- und Triglyzeridwerte, was die Notwendigkeit, seine Eß- und Bewegungsgewohnheiten zu ändern, bestätigte sowie einen leicht erhöhten Blutdruck. Nach Abschluß der Untersuchungen wurde der Klient also Mitglied des örtlichen CVJM und begann dort, zunächst einmal um die Aschenbahn zu gehen und später zu laufen, während seine Mutter im Foyer strickte. Nach einer Weile fügte er seinem Trainingsprogramm noch Schwimmen und Bodybuilding hinzu. Dabei wurde die Betonung absichtlich auf eine umfassende kognitive Umbewertung gelegt: anstatt Herzklopfen mit Angst und Schrecken zu betrachten, assoziierte er damit nun Herzleistung, Kreislauffunktionen und kardiovaskuläre Aktivität.

Innerhalb eines Monats erschien er schon wesentlich leistungsfähiger, und die Zeiten und Strecken, die er joggte, begannen länger zu werden. Obwohl er sich immer noch über zahllose Schmerzen, Leiden und eingebildete Beschwerden beklagte, ignorierte ich diese konsequent, um seine hypochondrischen Tendenzen nicht wieder zu bestärken. Gleichzeitig mit seinem körperlichen Training und der Ernährungsumstellung (wobei es hauptsächlich darum ging, seinen Konsum von Fetten und Ölen, Fertigprodukten, Süßigkeiten und stark gesalzenen Gerichten einzuschränken, während Vollkornbrot und Getreide sowie frisches Obst und Gemüse an die Stelle seines Fastfoods traten) begann er ein systematisches Übungsprogramm von *Coping-Strategien* (Siehe Anhang 2).

Eine meiner psychologischen Grundannahmen ist die Überzeugung, daß Menschen gewisse Dinge erst in ihrer Vorstellung üben müssen, bevor sie diese in die Praxis umsetzen können. Eine logische Folge dieser Auffassung ist demnach auch, daß Menschen, wenn sie sich nicht vorstellen können, etwas zu tun, wahrscheinlich auch nicht dazu in der Lage sein werden. Wenn beispielsweise jemand, der das Rauchen aufgeben will, sagt, "Ich kann es mir nicht vorstellen, Nichtraucher zu sein", so wird es ihm vermutlich auch nicht gelingen, diese Gewohnheit aufzugeben, zumindest so lange, bis sich diese Vorstellung geändert hat. Der Klient in unserem Beispiel konnte sich nicht vorstellen, ein funktionsfähiges Individuum zu sein - sich frei zu bewegen, Freundschaften zu entwickeln, in einem Restaurant zu essen, mit einer Frau zu schlafen, auf eine Party zu gehen und natürlich auch nicht, seine Mutter sich selbst zu überlassen.

Wir konstruierten also eine Hierarchie von Situationen und fingen zunächst mit einigen einfachen Desensibilisierungsvorstellungen an (sich von seinem Haus zu entfernen, zunächst nur 50 Meter, dann immer weiter, so lange, bis der Klient sich vorstellen konnte, ohne seine Mutter zum Supermarkt, zum CVJM usw. zu fahren).

---

3 Sein Vater war "beim Militär" gewesen, jedoch ein *schlechter Sergeant*; er war verantwortungslos und schikanierte seine Untergebenen, ohne die ausgleichende Tugend des grundsätzlichen Mitgefühls als Basiseigenschaft zu besitzen

Dann fügten wir imaginäre soziale Situationen hinzu (Picknicks, Cocktailpartys, offizielle Abendeinladungen, usw.) und fingen an, mit Rollenspielen zu arbeiten, um verschiedene zwischenmenschliche Begegnungen durchzuspielen. Ich hatte zusätzlich zu seiner Einzeltherapie noch eine Gruppentherapie empfohlen, aber er stand dieser Idee ziemlich ablehnend gegenüber, und ich beschloß deshalb, nicht darauf zu insistieren, da ich ihn schon auf anderen Gebieten ziemlich hart behandelte.

Eine der Hauptängste des Klienten kreiste um das Leitmotiv des Alleinseins und Krankwerdens in einer fremden Stadt, worauf wir also in aller Ausführlichkeit die Tatsache erörterten, daß er in einem solchen Fall zum nächsten Krankenhaus gehen und sich dort vom Notarzt behandeln lassen könnte. Ich wollte ihm damit zu dem Erkenntnisgewinn verhelfen, daß die Welt voller wohlwollender anderer Menschen ist, die unter Umständen besser dazu ausgebildet seien, in Notfällen für ihn zu sorgen und dies auch besser könnten als seine Mutter. Deshalb konfrontierte ich ihn mit folgender Vorstellung: "Stellen Sie sich vor, Sie seien allein in Chicago. Sie werden dort krank und in eine Klinik eingeliefert... Stellen Sie sich die Szene im Krankenhaus vor... Die Ärzte stehen um Ihr Bett herum, reden miteinander, helfen Ihnen, kurieren Sie....". An diesem Punkt begann der Klient zu hyperventilieren, schluchzte, würgte, schnappte nach Luft und geriet in Panik.

Es stellte sich heraus, daß diese Vorstellung bei meinem Klienten eine "lang vergessene Erinnerung" heraufbeschworen hatte, welche dann diese starke Abwehrreaktion hervorrief. Als er sich schließlich beruhigt hatte, berichtete er von seinen lebhaften Erinnerungen an ein Ereignis, das als er 7 Jahre alt war stattgefunden hatte. Er befand sich nach einer Mandeloperation im Krankenhaus und war gerade dabei, aus der Narkose aufzuwachen, als er die Umrisse von einigen Menschen wahrnahm, die um sein Bett herumstanden. Seine Mutter redete gerade mit jemandem über seine zarte, kränkliche Konstitution und erklärte "Ich hoffe, er erlebt seinen 21. Geburtstag noch!". Ich fragte ihn, warum ihn seine Mutter als "zart und kränklich" bezeichnet hatte, und er erwiderte, daß es vielleicht daran lag, daß er als Kind sehr anfällig für Infektionen und hohes Fieber gewesen war, weshalb die Ärzte auch die Mandeloperation empfohlen hatten. Aber die Bemerkung, die seine Mutter wahrscheinlich nach der Operation über seinen empfindlichen Gesundheitszustand gemacht hatte -"Ich hoffe, er erlebt seinen 21. Geburtstag noch"- schien bei ihm einen unauslöschlichen Eindruck hinterlassen zu haben.

Als wir in den folgenden Sitzungen genauer untersuchten, welche Bedeutung die Einschätzungen seiner Mutter für den Klienten hatten, wurde es offensichtlich, daß seine somatischen und psychosomatischen Tendenzen auf ihre Überzeugungen zurückzuführen waren. Die Bemerkung, die seine Mutter machte, als er gerade aus der Narkose erwachte, schien in seiner Entwicklung eine zentrale Rolle zu spielen. Er befand sich 1. in einem halb bewußtlosen, unter Umständen stark beeinflußbaren postoperativen (traumatischen) Zustand, als 2. eine Autorität (seine Mutter) ihn als zart und kränklich bezeichnete, woraus wiederum 3. Unzulänglichkeit als zentrales Leitkonzept für sein Leben resultierte.

Unabhängig davon, ob diese kurze Analyse nun in allen Punkten zutreffend war oder nicht, den Klienten hatten diese wirklichen oder eingebildeten Ereignisse sichtbar mitgenommen und es mußte etwas getan werden, um seine Schmerzen zu lindern. Da wir in der multimodalen Therapie stets versuchen, das ganze BASIC ID abzudecken, wo immer dies möglich ist, wurden dem Klienten in unserem Beispiel die folgenden "Gegenmittel" verschrieben:

Verhalten:	Verwenden Sie sogenannte "Autosuggestive Techniken". Schliessen Sie mehrmals am Tag Ihre Augen, entspannen Sie sich und sprechen Sie sich dabei wiederholt vor: "Ich bin nicht zart und kränklich", "Ich bin niemals zart und kränklich gewesen".
Affekte:	Versuchen Sie, Gefühle wie Ärger oder Entrüstung anstelle von Angst zuzulassen.
Empfindungen:	Setzen Sie die Technik der "gesteuerten Muskelaktivität"- beispielsweise Einschlagen auf ein Schaumstoffkissen - als Übung ein, um Ihrem Ärger Luft zu machen.
Vorstellungen:	Stellen Sie sich vor, wie Sie in einer "Zeitmaschine" zurückreisen, so daß Sie, mit 32, "aus der Zukunft" auftauchen, um sich selbst damals, mit 7 Jahren im Krankenhausbett, zu beruhigen. Für jenen kleinen Jungen (Sie in der Vergangenheit) wird dieser 32 Jahre alte Mann (Sie in der Gegenwart) jemand besonderes sein, der ihn davon überzeugen kann, daß er nicht schwach und kränklich ist.
Kognitionen:	Versuchen Sie zu verstehen, daß Ihre Mutter ihre eigenen hypochondrischen Gefühle und Angstzustände auf Sie projiziert. Es gab und gibt dabei keine "objektive Wahrheit", auf der ihre Bemerkungen gründen könnten.
Interpersonal:	Reden Sie mit Ihrer Mutter über Ihre Erinnerung an dieses Ereignis. Konfrontieren Sie Ihre Mutter damit, aber greifen Sie sie deswegen nicht an und machen Sie ihr keine Vorwürfe. (bevor Sie sich an diese Aufgabe heranwagen, sollten Sie das Verhalten vielleicht vorher einüben).
Biologie/Medikamente:	Arbeiten Sie weiter an Ihrer körperlichen Fitneß und reduzieren Sie Ihren Valiumkonsum.

Während wir diese Empfehlungen dann diskutierten und einübten, kamen noch ganz andere Gefühle und Assoziationen zum Vorschein. So sprach der Klient beispielsweise über seine Todesangst und erörterte seine ambivalente Einstellung der Mutter gegenüber, wobei er besonders die antagonistischen Gefühle betonte. (Seine anfängliche Beschäftigung mit dem Tod schien nach einer Intervention, die fast schon banal erscheint, nachgelassen zu haben. Der Klient war 1942 geboren, und als ich ihn fragte, wo er 1941 gewesen sei, antwortete er: "Ich bin erst 1942 geboren." Darauf entgegnete ich: "Oh, Sie haben also 1941 noch nicht gelebt... Mit anderen Worten, wenn Sie 1941 oder 1931 oder 1921 nicht gelebt haben, dann bedeutet das, daß Sie in diesen Jahren tot waren. Sagen Sie mir einmal, war 1941 oder 1906 oder 1873 ein besonders schlechtes Jahr für Sie? Erinnern Sie sich daran, wie Sie 1920 gelitten haben und schrecklich unglücklich waren? Vielleicht werden Sie, wenn Sie sterben, in die Jahre 1941 oder 1901 oder 1899 zurückversetzt werden, was ist daran eigentlich so schlimm?").

Von Zeit zu Zeit ließ der Klient sich von Rückfällen sehr entmutigen. Ich bemerkte, daß er dabei kaum auf beruhigendes oder direkt moralisch beistehendes Verhalten ansprach, jedoch sofort aus seinen Depressionen auftauchte, wenn ich "paradoxe Behauptungen" aufstellte. Wenn ich beispielsweise sagte: "Ja, es ist schließlich allgemein bekannt, daß Sie ein zarter, kränklicher, schwacher Mensch sind, der nur aus Fehlern besteht, sich kurz vor dem Zusammenbruch befindet, auf Kosten anderer lebt und dazu noch minderwertig, verdorben und voller Mängel ist", dann lachte er daraufhin, ließ einige Kraftausdrücke vom Stapel und die Therapie konnte in eine positive Richtung fortschreiten.

Eine der Coping-Strategien, die wiederholtes Einüben erforderten, war eine Szene, in der er sich vorstellte, wie seine Mutter ihn anflehte, nicht von zu Hause wegzugehen und sie nicht zu verlassen. Anfänglich hatten wir auch drei oder vier Familientherapiesitzungen abgehalten, in denen der Klient in Begleitung seiner Mutter und seiner Tante zu mir kam, aber meiner Einschätzung nach sind diese Treffen nicht sehr produktiv gewesen. Etwa ein Jahr später - der Klient war inzwischen dazu in der Lage, ohne seine Mutter zu den Sitzungen zu kommen - begann diese, mir und der Therapie gegenüber eine extrem feindliche Einstellung einzunehmen. Sie weigerte sich, zu eventuellen weiteren Familiensitzungen mitzukommen und versuchte, ihren Sohn zur Beendigung der Therapie zu überreden.

Insgesamt dauerte die Therapie knapp zwei Jahre, also schätzungsweise hundert Stunden. Wir verwendeten eine Vielzahl von Techniken, während wir das BASIC ID durchgingen, darunter Selbstbeobachtung, imaginäre und in vivo Desensibilisierung, Gedankenstops, eine Vielzahl von Vorstellungstechniken, Streßbewältigung, kognitive Disputation, Rollenspiele sowie Gestalt- und Psychodramatechniken (wie z.B. die Leere-Stuhl-Technik, sowie die Vorstellungstechnik, zeitlich bis zu völlig "unverarbeitetem Material" zurückzugehen). Wir verbrachten auch mehrere Sitzungen damit, über Themen wie "Langzeit-Hedonismus" zu reden und die verschiedenen Effekte zu diskutieren, wenn man nach kategorischen Imperativen lebt (was Karen Horney 1950 als "Tyrannei des Sollens" bezeichnet hat). Die Badezimmerrituale des Klienten nahmen durch den Einsatz von Techniken wie Reaktionsverhinderung und Kontingenzverträge ab. (Wir vereinbarten, daß er, anstatt vier Stunden im Bad mit seinen Ritualen zuzubringen, diese Zeit auf zwei Stunden reduzieren solle, während er bei Nichtbeachtung dieser Vereinbarung eine ganze Woche lang auf seine Lieblingssendungen verzichten wollte. Danach wurde die Zeit systematisch verkürzt, bis sie von zwei Stunden auf 45 Minuten gesunken war.)

Nach ungefähr 19 oder 20 Monaten multimodaler Therapie waren die meisten der negativen Elemente im Modalitätenprofil des Klienten beseitigt worden. Zu diesem Zeitpunkt war er willens und fähig dazu, allein zu verreisen, und er hatte seine zahlreichen Befürchtungen, Zwangshandlungen und Ängste einigermaßen unter Kontrolle. Der Klient lebte jedoch immer noch bei seiner Mutter und ihrer Schwester, hatte sich noch niemals um Arbeit bemüht und sich auch noch nie mit einer Frau verabredet. Ihn dazu zu bringen, zu Hause auszuziehen, einen Job zu finden und gesellschaftlichen Umgang mit Frauen zu pflegen, stellte sich als extrem schwierig heraus. Ich verwendete fast mein gesamtes klinisches Repertoire darauf - Vorstellungen, Selbstbehauptungsübungen, Darstellungen, Kontingenzverträge, rationale Disputation und viele andere Techniken, einschließlich der "zwanghaften Überzeugung". Bei der letzteren Methode skizzierte ich ihm ein abschreckendes Bild von sich selbst als einem verwirrten, nervösen und inkompetenten Einsiedler, der wieder in seine neurotischen Zustände zurückfallen würde, wenn er sich weiterhin weigere, die drei entscheidenden Schritte - von Zuhause ausziehen, einen Job finden und mit Frauen ausgehen - in Angriff zu nehmen. Ich sollte vielleicht noch hinzufügen, daß seine Mutter ihm diese Aufgabe nicht leicht machte. Im Gegenteil, sie appellierte immer wieder an sein Verantwortungsgefühl und schaffte es auch mehrere Male, seine tiefsitzenden Zweifel und Ängste erneut zu schüren. Anscheinend bin ich dabei überzeugender und glaubhafter gewesen als seine Mutter, denn letztlich gewann ich die Oberhand. Er zog in eine eigene Wohnung, wurde von einer Firma angestellt, die bereit war, ihn für eine verantwortungsvolle Tätigkeit auszubilden, begann, mit einer der Sekretärinnen auszugehen und verlor schließlich im Alter von 34 Jahren seine Jungfräulichkeit.

In der Therapie des Klienten hatte es sich als sehr hilfreich erwiesen, die Modalitäten-Zündfolge, die meistens zu seinen Panikanfälle führte herauszufinden. Er begann, zu realisieren, daß seine Ängste gewöhnlich einer S-I-C-B-C Sequenz folgten. Zuerst wurde er sich einer nebensächlichen Empfindung (*sensation*) bewußt, beispielsweise eines leicht beschleunigten Herzschlags oder verspannter Gesichtsmuskeln. Dies löste bei ihm dann beängstigende Vorstellungen (*images*) aus, z.B. verschwommene Szenen von Operationsräumen und intravenösen Tropfinfusionen. Daraufhin signalisierten ihm seine Kognitionen (*cognitions*) "Gefahr!" und fügten ein "Was passiert, wenn?" hinzu, oft mit Fragen verbunden wie: "Was passiert wohl, wenn ich plötzlich schwer erkranke?". Auf der Verhaltensebene (*behavior*) zog sich der Klient dann zurück und verstärkte dadurch den Teufelskreis, in weiteren Kognitionen zu schwelgen, wie: "Mit mir muß etwas ganz schrecklich schiefgelaufen sein". Nachdem es uns in der Therapie gelungen war, die Reihenfolge dieser Ereignisse festzustellen, waren wir auch dazu in der Lage, effektive Maßnahmen dagegen zu ergreifen. Sobald sich bei dem Klienten eine negative Empfindung einstellte, wurde er dazu angehalten, Entspannungstechniken und Atemübungen, die ihm beigebracht worden waren, anzuwenden. Des weiteren wurde er aufgefordert, danach zu verschiedenen Coping-Strategien überzugehen, und sich zu suggerieren: "Ganz ruhig jetzt, bleib cool, laß diesen Schwachsinn".

In der Therapie kann es oft hilfreich sein, "die Sprache der KlientInnen zu sprechen", um dadurch seine oder ihre Modalitätenzündfolge (Erkennen sequenzieller Neigungen) besser identifizieren zu können, wobei eine A-B-S-C-Sequenz selbstverständlich eine andere Vorgehensweise erforderlich macht als eine B-C-S-A- oder C-S-A-B-Sequenz usw. Dieser Prozeß wird als *tracking* bezeichnet und später näher beschrieben (siehe Kapitel 5 und Anhang 2).

Informationen aus Folgeuntersuchungen

Im nächsten Jahr (der Klient hatte mich während dieses Jahres nur für einige "Auffrischungssitzungen" konsultiert, weil er sich nach etlichen kleineren Angstanfällen unnötig entmutigt fühlte) hatte er sein Arbeitsstelle gewechselt (er hatte nun ein regelmäßiges Einkommen zuzüglich Provisionen aus einer Tätigkeit als Versicherungsvertreter), war in eine bessere Wohnung umgezogen, genoß seiner Beschreibung nach "massenhaft Sex", hatte sich zu einem ausgezeichneten Squashspieler entwickelt und zusätzlich noch angefangen zu reiten. Auf der anderen Seite war er immer noch leicht phobisch - er vermied überfüllte Plätze und bestand darauf, im Kino einen Sitz neben dem Gang zu haben. Meiner Einschätzung nach machte er sich immer noch zu viele Gedanken über seine Gesundheit, und obwohl er bemerkenswert schlank und fit aussah, schien er es mit der gesunden Ernährung und dem Joggen etwas zu übertreiben.

Bei einer weiteren Folgeuntersuchung nach vier Jahren stellte sich heraus, daß er seine Fortschritte aufrechterhalten konnte. Seine neueste Leidenschaft war nun Wasserskilaufen und er hatte zwei Reisen nach Acapulco unternommen. Abgesehen davon trug er sich jetzt mit dem Gedanken, "seßhaft zu werden und zu heiraten", gab aber auch an, daß er noch "auf der Suche" sei. Er hatte eine Auszeichnung als "Versicherungsvertreter des Jahres" bekommen und war tatsächlich kühn genug, den Versuch zu unternehmen, mir während des Folgeuntersuchungsinterviews eine Versicherung aufzuschwatzen! Darüber hinaus trainierte er gerade für einen 42 Kilometer-Marathon und "versuchte sich als Vegetarier". Obwohl er sich an überfüllten Orten immer noch unbehaglich fühlte, gab er an, weniger klaustrophobisch zu sein. Interessanterweise war seine Mutter angesichts des Behandlungsergebnisses der Ansicht, daß ihr Sohn korrumpiert worden war. Der Klient hatte zufällig gehört, wie sie jemandem erzählte, daß er "so ein guter Junge" gewesen sei, aber seit dieser "schreckliche Psychologe" an ihm herumgedoktert habe, hätte er angefangen, sich mit Frauen herumzutreiben und auch anderweitig seien bei ihm lose Sitten eingekehrt. "Aber wir kommen gut miteinander klar", erzählte er mir, "weil sie gelernt hat, bestimmte Themen einfach nicht mehr anzusprechen".

Diskussion

Im oben angeführten Fall gibt es meines Erachtens nach keinen Zweifel daran, daß bei dem Klienten gewisse konstruktive Ziele erreicht worden sind. Manche mögen dabei der Ansicht sein, diese Fortschritte hätten sowohl mit als auch ohne multimodale Therapie stattfinden können, andere werden vielleicht sogar behaupten, daß sich diese positiven Ergebnisse trotz der Therapie eingestellt haben. Als ich diesen Fall auf einer Tagung zum ersten Mal KollegInnen vorstellte, behauptete ein Psychoanalytiker, daß diese Therapie "oberflächlich" gewesen sei und prophezeite, daß die grundsätzliche Unfähigkeit des Klienten, verantwortungsvolle Beziehungen einzugehen, ihn innerhalb von drei bis fünf Jahren erneut in ernsthafte Depressionen stürzen würde. Ich fand diese Bemerkung extrem kurzsichtig, besonders wenn man die Tatsache berücksichtigt, daß der Klient unter anderem auch sechs Jahre lang in psychoanalytischer Behandlung gewesen war, ohne daß sich irgendwelche Anzeichen einer Besserung gezeigt hätten.

Aber wie kann ich denn behaupten, daß ausgerechnet meine Therapie die aktive Komponente war, die die beobachteten Verbesserungen hervorgebracht hat? Vielleicht brauchte dieser Klient sechs Jahre Psychoanalyse, plus Verhaltenstherapie, plus medikamentöse Therapie, Elektroschocktherapie, Primärtherapie, Transaktionsanalyse, Transzendentale Meditation und Existentielle Therapie. Vielleicht dienten ja all diese Behandlungen nur seiner Vorbereitung auf Therapie Nummer Neun, auf die er dann auf jeden Fall reagiert hätte, unabhängig davon, welche Therapieform dies auch sein sollte. Hätte er solch positive Ergebnisse nicht auch erzielen können, wenn er sich keiner vorherigen Behandlung unterzogen hätte? Oder hätte er vielleicht nur zwei Jahre gebraucht, um die meisten seiner Ängste zu überwinden, wenn er schon 1964 eine multimodale Behandlung erfahren hätte?

Diese Fragen lassen sich so natürlich nicht beantworten. Von einem streng wissenschaftlichen Standpunkt aus kann ich keine definitiven Beweise erbringen, daß die multimodalen Interventionen für die erzielten Erfolge verantwortlich waren. Wenn ich dieses Buch jedoch mit lauter Fällen von KlientInnen füllen würde, die keinen Nutzen aus anderen Behandlungen gezogen haben, ihre Therapieziele jedoch durch multimodale Interventionen erreichten, dann würden meine LeserInnen mir doch wohl schließlich zustimmen, daß sie ihre Phantasie schon überstrapazieren müßten, wenn sie die meisten unserer positiven Ergebnisse dem reinen Zufall zuschreiben wollten. Ob ich also der Meinung bin, daß die vorhergehenden Therapien den Klienten aus unserem Beispiel für die multimodale Therapie zugänglicher gemacht haben? Im Gegenteil, es erforderte eher Techniken des "Verlernens", um Vorstellungen, die ihm von anderen TherapeutInnen eingeflößt worden waren, zu korrigieren. Ich betone dies vor allem deshalb, weil ähnliche Fälle, bei denen es keine vorherige Behandlung gab, dazu neigten, rascher auf multimodale Methoden anzusprechen.

In gängiger statistischer Terminologie ausgedrückt heißt das, daß in den vergangenen sieben oder acht Jahren über 75% der KlientInnen, die mich konsultierten, ihre wichtigsten Therapieziele erreicht haben. Folgeuntersuchungen nach drei Jahren haben eine Rückfallquote von unter 5% ergeben. Während der multimodale Ansatz keine spezifischen oder kontinuierlichen Erfolge bei stark regressiven Individuen, soziopathischen Persönlichkeiten, SuchtpatientInnen und KlientInnen mit starken Widerständen oder "extrem geringer Motivation" aufweisen kann, so ist es bei einigen dieser schwierigen Fälle doch schon als Erfolg zu werten, wenn zwischen KlientIn und TherapeutIn Übereinstimmung besteht und die Kunst der letzteren sich mit den Ergebnissen aus dem BASIC ID deckt. Wie Menschen, deren Überschüsse und Defizite quer durch das BASIC ID starr, verkrustet und undurchdringlich sind, dennoch erreicht werden können, das hängt stark von der Sensibilität, der Weisheit und dem Talent einzelner TherapeutInnen ab. Deshalb wird dieses Buch sich auch mit den beiden Aspekten einer effektiven Therapie befassen, sowohl dem der therapeutischen Kunst als auch dem der Wissenschaft.

Diejenigen meiner klinischen KollegInnen, welche die multimodale Therapie praktizieren, berichten oft von erfreulichen Behandlungsergebnissen bei Menschen, die von anderen Methoden nicht profitiert hatten. Statistiken des Multimodal Therapy Institute in Kingston, New Jersey, an dem qualifizierte multimodale TherapeutInnen und Auszubildende in den letzten fünf Jahren mehr als 700 Fälle behandelt haben, zeigen eine durchgehende 75 -80%ige Erfolgsrate, und das oft bei Fällen, die kaum von vorhergehenden Behandlungen profitiert hatten.

Die klinischen Erfolge, die von meinen KollegInnen und mir erzielt worden sind, bilden das Hauptargument für die Entstehung dieses Buches, in dem noch einmal detailliert gezeigt werden soll, wie wir an das Unterfangen einer effektiven Psychotherapie herangehen. Ich werde darin nicht ausführen, *warum* ich der Meinung bin, daß unsere Interventionen erfolgreich sind; statt dessen werde ich betonen, *welche* Interventionen bestimmten Individuen unter gegebenen Umständen zu helfen scheinen. Theoretische Ausflüge auf die Gebiete der ultimativen Begründung von psychologischen Problemen und definitive Erklärungen therapeutischer Erfolge und Mißerfolge haben größtenteils spekulativen Charakter und bleiben unproduktiv. Die Geschichte der Wissenschaft zeigt, daß es schon zu viele falsche Pfade gab, die begeistert verfolgt wurden - oft von Denkern, die ihren persönlichen Beobachtungen ausgefeilte Theorien vorzogen. Der derzeitige Stand des psychologischen Wissens erlaubt es nicht, die Entwicklung einer akkuraten Theorie des menschlichen Funktionierens in Angriff zu nehmen. Selbst in der Medizin haben sich sogenannte "Was-Fragen" als äußerst nützlich erwiesen: ÄrztInnen wissen oft, was sie bei bestimmten Krankheiten tun müssen, ohne deren Entstehungsgeschichte oder den genauen Wirkungsmechanismus des erfolgreichen Heilmittels zu kennen. Die exakte Wirkungsweise unzähliger Medikamente ist noch unbekannt, ungeachtet der Tatsache, daß vielleicht schon Millionen davon profitiert haben. So gibt auch die multimodale Therapie nur einen Überblick über das, was getan werden kann und was nicht, wann man es tun sollte und wann nicht und wie sich die Wirkung der Interventionen nachprüfen läßt.

Bevor ich im folgenden präzisere und detailliertere Verfahren zur Verhaltenserfassung schildere, mag es jedoch nützlich sein, erst die allgemeinen Begriffe und Konstrukte, mit denen multimodale TherapeutInnen in ihrem konzeptuellen Rahmen arbeiten, näher zu beschreiben.

Grundkonzepte für die Anwendung der multimodalen Therapie

Wenn es um die Ursachen von psychischen Störungen geht, werden die Ansichten von KlinikerInnen zu einem Großteil auch ihre Auswahl therapeutischer Techniken bestimmen. Diejenigen, die glauben, daß den meisten Verhaltensproblemen unbewußte Konflikte zugrunde liegen, werden dabei geneigt sein, die Aufmerksamkeit ihrer KlientInnen von ihren offensichtlichen Reaktionsweisen abzulenken. Statt dessen werden sie sich auf fundamentale intrapsychische Störungen konzentrieren. Andere wiederum werden beispielsweise, wenn sie die Besessenheit durch Dämonen postulieren, den Exorzismus als Methode wählen. Die therapeutische Ansicht, daß emotionale Störungen zu einem beachtlichen Teil von fehlangepaßter Konditionierung herrühren, macht Dekonditionierungstechniken erforderlich. Die Überzeugung, daß den meisten psychologischen Störungen fehlangepaßte Denkweisen zugrunde liegen, verweist auf die kognitive Disputation als wichtigste Stütze der Therapie. PraktikerInnen, die ihren Schwerpunkt auf organische Ursachen legen, werden dagegen medizinische oder chemische Interventionen bevorzugen.

Welche spezifischen Konstrukte, Prinzipien, Theorien, Begriffe und Konzepte sind aber nun notwendig, um die Gesamtheit aller Facetten des menschlichen Verhaltens erfassen zu können? Müssen wir die Existenz des Unbewußten, der Seele, psychischer Energie, ödipaler Wünsche, organischer Einschränkungen, Archetypen, Abwehrmechanismen, Triebabfuhr, Aktualisierungstendenzen, Extinktion, Ich-Zustände oder verschiedenste angeborene Triebe und Instinkte alle als gültige Modelle anerkennen? Wenn PsychotherapeutInnen nach dem Gesetz von Occams Klinge handelten (welches besagt, daß erklärende Prinzipien nicht unnötig vermehrt werden sollten) und wenn sie dem Grundsatz der Sparsamkeit folgten (und in der Annahme vorgingen, daß von zwei gleich haltbaren Hypothesen die einfachere vorzuziehen sei), dann hätte unser gesamter Berufszweig einen völlig anderen Ruf. Gegenwärtig verwenden jedoch verschiedene Therapieschulen dieselben Begriffe auf unterschiedliche Arten und produzieren ununterbrochen Neologismen, die einen gruppeninternen Zusammenhalt auf Kosten der allgemeinen Verständigung fördern.

Meiner Meinung nach ist es unnötig, anmaßend und unproduktiv, ständig neue Vokabeln zu erfinden, um angeblich bahnbrechende Erkenntnisse bezüglich psychotherapeutischer Theorien oder Techniken darzulegen. Ich stehe dem "Psychogebabbel", das in unserem Fachgebiet Mode geworden ist (Psychobabble, Rosen, 1977), äußerst mißtrauisch gegenüber, und habe mit Schrecken feststellen müssen, wie viele meiner KollegInnen eifrig immer den neuesten neurophysiologischen Kauderwelsch auswendig lernen und verschiedene Schlagworte nachplappern. Wissenschaftlicher Fachjargon scheint dabei hauptsächlich aus drei Gründen benutzt zu werden: Erstens kann damit die eventuelle Ignoranz des Sprechenden verdeckt und für Außenstehende eine Mauer der Gelehrsamkeit errichtet werden. Zweitens kann eine solche Fachsprache als Mittel zur Gruppenidentifikation dienen. Und drittens wird dadurch der ganze Themenkomplex mit einer gewissen Aura von Mystik umgeben, was viele verlockend finden, obwohl wissenschaftlicher Fortschritt dabei oft durch komplexe, abstruse oder unklare Begriffe verhindert wird. Es gibt zahlreiche Fälle, in denen PsychotherapeutInnen ihre Überzeugungen oft mit bewundernswerter Präzision mitteilen könnten, wenn sie nur auf die Alltagssprache anstelle eines esoterischen Fachjargons zurückgreifen würden. Dagegen könnte man selbstverständlich auch einwenden, daß bestimmte Fachbegriffe für eine rasche und knapp gefaßte Verständigung sehr nützlich sein können, aber könnten diese denn nicht einfach auf ein Minimum reduziert werden?

Nachdem ich in den vorhergehenden Äußerungen meinen Gefühlen gegenüber dem wissenschaftlichem Fachjargon Luft gemacht habe, möchte ich nun zu meiner ursprünglichen Frage zurückkehren: "Welche Begriffe, Konzepte, Theorien, Konstrukte und Prinzipien sind für die Durchführung einer multimodalen Therapie notwendig?" Sehr vereinfachend ausgedrückt sind wir Menschen Produkte aus dem Zusammenspiel unserer genetischen Ausstattung, unserer physikalischen Umgebung und den Erfahrungen unseres sozialen Lernens. Die Feststellung, daß *Lernen* eine zentrale Rolle bei der Entstehung und Lösung unserer emotionalen Probleme spielt, ist dabei relativ nichtssagend. Was genau bedeutet "Lernen" denn eigentlich? Gelten für den Erwerb von Bewegungen, Gewohnheiten, Reaktionen, Erwartungen und Werten immer dieselben "Lerngesetze"? Wie, wann, wo und warum genau werden bestimmte Verhaltensweisen, Einstellungen, Einsichten, Vorstellungen und interpersonale Muster erworben? Auch wenn es in den Theorien und Metatheorien der "Lerntheoretiker" viele Lücken gibt und einige ihrer Hauptannahmen und Schlußfolgerungen ebenfalls logische Inkonsistenzen aufweisen, so würde doch kaum jemand der Behauptung widersprechen wollen, daß *Assoziationen* bei allen Lernprozessen eine Schlüsselrolle spielen. Um eine Verbindung zwischen verschiedenen Ereignissen herstellen zu können, müssen gleichzeitig oder in rascher Folge dazu Assoziationen in Erscheinung treten. Für unsere Zwecke können wir die Flut von Studien, die sich mit der genauen Rolle von Kontiguität, Verstärkung, Latenz, usw. befassen hier vernachlässigen und brauchen nur feststellen, daß zwei Stimuli, die häufig in enger zeitlicher Nähe auftreten, auch mit hoher Wahrscheinlichkeit miteinander assoziiert werden. Dabei kann dann von einer Assoziation gesprochen werden, wenn die Reaktion auf einen bestimmten Reiz vorhersagbar und verläßlich der Reaktion auf einen anderen Reiz ähnelt. (V.M. Bekhterev hat diesen Prozeß ursprünglich mit "Assoziationsreflex" bezeichnet. Später wurde der Begriff "konditionierter Reflex" eingeführt und dann in "konditionierte Reaktion" umgeändert.) In diesem Zusammenhang stellen auch *die klassische und die operante Konditionierung* zwei ganz zentrale Konzepte dar.

Ich möchte an dieser Stelle jedoch nochmals darauf hinweisen, daß wir uns durch die Verwendung dieser Konzepte nicht unbedingt in die theoretischen Kontroversen hineinziehen lassen müssen, von welchen diese umgeben sind. Es gibt beispielsweise überzeugendes Beweismaterial dafür, daß in menschlichen Wesen ein Großteil der Konditionierung nicht automatisch stattfindet, sondern kognitiv vermittelt wird (Bandura, 1974; Brewer, 1974; Mahoney, 1974). Nichtsdestotrotz möchte ich hier anführen, daß, wenn mir eine Frau erzählt, sie trinke nie Orangensaft, weil ihre Mutter in ihrer Kindheit versucht hätte, den bitteren Geschmack einer bestimmten Medizin durch Mischen mit Orangensaft zu vertuschen, ich mir diese Abneigung dennoch mit dem Konzept "klassische Konditionierung" erkläre. Wenn ein Junge über häufige Kopfschmerzen klagt, für welche die Ärzte keine organischen Ursachen entdecken können und ich stelle fest, daß seine Mutter immer einen großen Wirbel um ihn macht und ihn sofort in den Arm nimmt, wenn es ihm nicht gut geht, dann denke ich dabei in den Begriffen von "operanter Konditionierung". In einer Therapie wird der Versuch gemacht, zur Überwindung von Problemen, deren Ursache in "klassischer Konditionierung" liegt, bewußt neue Assoziationen einzuführen (etwa bei Desensibilisierungstechniken, die den KlientInnen helfen sollen, Coping-Strategien und Gelassenheitsgefühle an die Stelle von Ängsten zu setzen). Schwierigkeiten, die von "operanter Konditionierung" herrühren, erfordern dagegen eine Reorganisation bestehender Verhaltensweisen.

Verwandte Konzepte, die eng mit klassischer und operanter Konditionierung zusammenhängen, wie etwa "Reizgeneralisierung", "Reaktionsgeneralisierung", "Diskrimination", "hierarchische Konditionierung", "Löschung", "Spontanremission", "positive Verstärkung", "negative Verstärkung", "Bestrafung oder aversive Stimuli", "Stimuluskontrolle", "intermittierende Verstärkung", "Selbstverstärkung" und verschiedene detaillierte "Verstärkungsmuster" sind eingeführt worden, um die Erfassung einer großen Spannweite von menschlichen Erfahrungen und Begegnungen zu ermöglichen. (Verständliche Zusammenfassungen über die Anwendung dieser Prinzipien in der Modifikation anomalen Verhaltens finden sich bei Redd, Porterfield & Anderson, 1979; Rimm & Masters, 1979; und Wilson & O'Leary, 1980). Wenn wir uns nun aber lediglich auf die Phänomene der klassischen und operanten Konditionierung stützen würden, um menschliche Gedanken, Gefühle und Verhaltensweisen zu erklären, wie weit würden wir damit wohl kommen? Die Antwort lautet: überraschend weit, aber nicht weit genug. Schon Bandura (1969) hat betont, daß, wenn wir uns für all unsere erlernten Reaktionen allein auf die Konditionierung stützen würden, Fehler, die während der Erwerbsphase verschiedener Fähigkeiten gemacht wurden, extrem gefährlich sein müßten. Wenn wir uns beispielsweise bei Tätigkeiten wie Schwimmenlernen oder Autofahren lediglich auf das Ausprobieren oder auf allmählichen Erwerb verlassen würden, dann könnte das schnell tödliche Folgen haben. Bei der Erfüllung dieser sowie zahlreicher anderer komplexer Erfordernisse des beruflichen und sozialen Lebens hängt der Erfolg dagegen oft von Nachahmung, Lernen durch Beobachtung und Identifikation ab, von Bandura (1969, 1977) unter *Modeling and vicarious Processes* (Lernen durch Vorbilder und stellvertretende Prozesse) zusammengefaßt. Das menschliche Überleben wird durch unsere Fähigkeit, neue Reaktionen zu erwerben, indem wir andere Menschen erst bei einer Tätigkeit beobachten und es dann selber versuchen, stark erleichtert. So können wir lernen, was wir tun sollen und was nicht, indem wir die negativen Konsequenzen beobachten, die andere erleben, wobei manche von uns gefährliche Reize sogar durch das Beachten symbolischer Hinweise vermeiden (z.B. "Warnung: Der Bundesgesundheitsminister informiert: Rauchen gefährdet Ihre Gesundheit".)

Kognitionen und verschiedene Bewußtseinsebenen

Bei all diesen verschiedenen Herangehensweisen könnte man berechtigterweise auch die Frage stellen, ob wir der klassischen (respondenten) Konditionierung, der operanten (instrumentellen) Konditionierung und dem Lernen durch Vorbilder und stellvertretende Prozesse denn unbedingt noch andere Arten hinzufügen müssen? KlinikerInnen, die versucht haben, sich auf diese Triade zu beschränken, wird im Umgang mit ihren KlientInnen bald klarwerden, daß Menschen dazu fähig sind, sich über die wohlüberlegtesten Pläne bezüglich Kontiguität, Verstärkung und Vorbildern einfach mit ihrer eigenen Denkweise hinwegzusetzen. Dies macht es demnach erforderlich, dem Pool der Grundkonzepte noch die Variable *persönliche Erfahrungen* (Gedanken, Gefühle, Bilder und Empfindungen) hinzuzufügen.

Menschen reagieren nicht auf die *wirkliche* Umgebung, sondern auf eine von ihnen *wahrgenommene* Umgebung (vgl. Beck, 1976; Ellis, 1962; Ellis & Grieger, 1977; Mahoney, 1974; Mischel, 1973). Die kognitive Forschungsrichtung befaßt sich mit dem je besonderen Gebrauch von Sprache, mit individueller Semantik, mit Problemlösekompetenzen, mit Chiffrierung und selektiver Aufmerksamkeit, mit Erwartungen, Zielen und Leistungsmaßstäben, wie auch mit der speziellen Bedeutung der jeweiligen Überzeugungen, Werte und Einstellungen für offensichtliches Verhalten. Wie Banduras (1978) mit dem Prinzip des "reziproken Determinismus" betont hat, reagieren Menschen auf äußere Stimuli nicht automatisch, sondern es wird durch ihre diesbezüglichen *Gedanken* mitbestimmt, welche Stimuli überhaupt bemerkt werden, wie sie wahrgenommen werden, wie stark sie bewertet werden und wie lange sie einem Individuum im Gedächtnis bleiben.

Sobald wir uns auf das Gebiet der persönlichen Erfahrungen begeben - hoffentlich ohne uns dabei in den Fallstricken des Intellekts oder des dualistischen Denkens zu verfangen - wird uns klarwerden, daß verschiedene Menschen auch unterschiedliche Bewußtseinsgrade und -niveaus haben. Daher gelingt es ihnen auch immer wieder, zahlreiche Gedanken, Gefühle und Impulse zu verleugnen, zu verdrängen und zu bestreiten. Darüber hinaus konnte auch demonstriert worden, daß in veränderten Bewußtseinszuständen Zugang zu Erinnerungen und Fähigkeiten möglich ist, zu denen sonst keine bewußte Verbindung besteht. Ein überzeugendes Beispiel hierfür ist von Wachtel (1977) geliefert worden, der von der Erfahrung einer Freundin und Kollegin berichtete, die, als sie aus einer Narkose erwachte, plötzlich angefangen hatte, ungarisch zu sprechen. Sie war zwar in Ungarn geboren worden, in ihrer frühen Jugend jedoch nach Amerika ausgewandert und konnte in vollständig wachem Zustand kein Wort Ungarisch. In den Worten von Wachtel: "Nachdem sie vollständig aus der Narkose erwacht war, begann sie wieder, ausgezeichnetes Englisch zu sprechen und hat bis zum heutigen Tag im normalen Leben nicht die geringste Ahnung, wie man in Budapest nach der Uhrzeit fragt". Entscheidend ist bei alledem jedoch die Beobachtung, die auch von zahlreichen KlinikerInnen gemacht wurde, nämlich daß Erinnerungen, obwohl sie dem bewußten Denken nicht so einfach zugänglich sind, dennoch Verhaltensweisen beeinflussen können.

Wenn wir unserer Ansammlung von Grundkonzepten also auch unbewußte Prozesse und defensive Reaktionen hinzufügen, bedeutet das dann, daß wir im Sumpf

Freudscher Fiktionen versinken müssen? Sind diese Konzepte denn nicht identisch mit dem "Unbewußten" und den "Verteidigungsmechanismen"? Nein, das sind sie ganz gewiß nicht. Bei den psychoanalytischen Vorstellungen vom "Unbewußten", mit seinen topographischen Grenzen, verschiedenen Abgrenzungen, mutmaßlichen Komplexen und intrapsychischen Funktionen handelt es sich um ein kompliziertes Mosaik unüberprüfbarer Schlußfolgerungen voller unhaltbarer Struktur-, Entwicklungs- und Persönlichkeitstheorien. Während die psychodynamische Theorie "Abwehrmechanismen" als Veränderungen der Wahrnehmung, Einstellung oder Aufmerksamkeit sieht, die dem Ego helfen, herrische Es-Impulse zu neutralisieren, ist unser Begriff "Abwehrreaktion" eine einfache und direkte Anerkennung der empirischen Tatsache, daß Menschen dazu in der Lage sind, ihr eigenes Bewußtsein zu begrenzen, sich selbst zu täuschen, ihre affektiven Reaktionen falsch zu benennen und sich selbst (und andere) auf eine ganze Reihe von Arten nicht richtig zu erfassen. Menschen versuchen oft, Dinge rational und intellektuell zu verstehen. Dabei verleugnen sie, um Dissonanzen zu reduzieren, oft das Offensichtliche und schreiben fälschlicherweise einige ihrer Gefühle anderen zu (Projektion). Genauso kann es vorkommen, daß sie ihre Aggressionen einfach an anderen Menschen, Tieren oder Dingen auslassen (indem sie z.B. ihre Kinder anschreien, die Katze treten oder die Türen knallen, anstatt ihren Partner oder ihre Partnerin anzugreifen).

Wie unterscheidet sich denn nun ein Konzept wie das des "unbewußten Prozesses" von "dem Unbewußten"? Wenn wir heute von "dem Unbewußten" reden, dann sprechen wir schon fast über ein eigenständiges Wesen. Natürlich machen selbst die enthusiastischsten PsychoanalytikerInnen keinen autonomen Homunculus daraus, aber die bloße Idee, daß es etwas wie "das Unbewußte" gibt, führt zu dessen Reifikation. Der Begriff "unbewußte Prozesse" dagegen beinhaltet lediglich, daß 1) Menschen über verschiedene Bewußtseinsgrade verfügen und daß 2) unerkannte (unterschwellige) Stimuli die bewußten Gedanken, Gefühle und das jeweilige Verhalten beeinflussen können, auch wenn es dabei an Bewußtsein oder bewußtem Verständnis mangelt. Shevrin und Dickman (1980) haben diverse empirische Forschungsgebiete untersucht und experimentelles Material gesammelt, aufgrund dessen es naheliegt, "unbewußte psychische Prozesse" zu einer konzeptionellen Notwendigkeit zu erklären. Ihre Studien zeigen, daß sowohl bewußte Erfahrungen als auch unbewußte psychische Prozesse notwendig sind, um ein umfassendes Verständnis davon zu erlangen, wie Menschen etwas verstehen, etwas lernen oder wie sie sich verhalten.

Im wissenschaftlichen Fachjargon werden defensive Reaktionen gerne als "Vermeidungsreaktionen" bezeichnet. Was genau wird aber nun vermieden? Die Antwort muß lauten: Schmerzen, Unbehagen und negative Gefühle wie Ängste, Depressionen, Schuldgefühle oder Scham. Wenn wir dabei gewissenhaft alle überflüssigen Bedeutungen vermeiden, mit denen die psychodynamische Theorie solche Verteidigungsmechanismen bedacht hat und uns strikt an empirische Beobachtungen halten, dann können wir damit auch die Fallen umgehen, in denen sich unter anderem auch diejenigen wiederfinden, welche die ausschließliche Gültigkeit psychoanalytischer Prinzipien postulieren. Demnach sollten wir "Sublimation" auch nicht als "die Übersetzung und Modifizierung von Impulsen/Wünschen in Vorgänge, welche für das Ich und das Über-Ich bewußt akzeptierbar sind" (Reid,

1980, S. 84) bezeichnen, sondern sie eher als ein Ablenkungsmanöver betrachten, bzw. als das Kanalisieren von Bemühungen und als Konzentration auf eine bestimmte Tendenz anstelle einer anderen. Ein junger Mann beispielsweise, der wissen wollte, wie er mit seinen sexuellen Bedürfnissen im Endstadium der Schwangerschaft seiner Frau umgehen sollte, bekam den Ratschlag, zu masturbieren und/oder zu sublimieren. In diesem Kontext bezog sich "Sublimation" einfach nur auf die Tatsache, daß seine sexuellen Bedürfnisse weniger zwingend wären, wenn er Sport treiben, laufen ginge oder andere Aktivitäten verfolgte, von denen er stark in Anspruch genommen würde.

Beispielsweise wären bei einem multimodalen Therapeuten auch folgende Beobachtungen über einen Klienten denkbar: "Er tendiert dazu, viele Eigenschaften seiner Mutter auf seine Frau zu projizieren, woraufhin er sich zu deren Ärger dann oft auch wie ein bockiges Kind verhält. Viele seiner Schwierigkeiten haben mit Vorstellungen von einer behüteten Kindheit zu tun, die der Verantwortung eines Erwachsenen entgegenstehen. In anderen Worten, er befindet sich in einem Konfliktzustand, in dem es darum geht, diejenigen seiner Verhaltensmuster abzulegen, die kindisch, Aufmerksamkeit fordernd und gewissenlos sind". Wenn ein Transaktionsanalytiker das Vorhergehende hören würde, dann könnte er behaupten, daß wir auf verschiedene *Ich-Zustände* sowie auf *Spiele, Transaktionen* und *Skripte* anspielten, welche die *Archäopsyche* oder den Kindich-Zustand reflektierten (Berne, 1961), und an die *Fürsorge eines Elternteils* appellierten. Ein Freudscher Psychoanalytiker könnte das noch knapper ausdrücken und in der Hauptsache auf einen *unbewußten Konflikt* hinweisen, der zu der Einstellung des Klienten gegenüber seiner Frau geführt hat. Auf der rein deskriptiven Ebene haben sowohl der Transaktionalsanalytiker wie auch der Psychoanalytiker recht. In vielen der Transaktionen mit seiner Frau spielt der Klient kindische Spiele, und er scheint dabei einem Skript (oder dem, was Adler einen *Lebensplan* nannte) zu folgen, das beträchtliche elterliche Zuwendungen und Fürsorge einfordert. Das Wesen seines gegenwärtigen Konflikts (wobei viele Elemente des Konfliktes selbst außerhalb seines Bewußtseins liegen) besteht dabei in der Aktivierung der inkompatiblen Reaktionstendenzen des Jungen gegenüber denen des Mannes. Aufgrund solcher und ähnlicher Sachverhalte ist oft argumentiert worden, daß die Hauptunterschiede zwischen verschiedenen psychologischen Schulen lediglich ein semantisches Problem seien. Diese Vorstellung halte ich jedoch für falsch und irreführend.

Es ist nicht weiter schwierig, widersprüchliche Begriffe und voneinander abweichende Standpunkte auszumachen, wenn wir die Theorien, Metatheorien und Annahmen näher untersuchen, die den transaktionalen, psychoanalytischen und Adlerschen Darstellungen der Persönlichkeit und des menschlichen Funktionierens zugrundeliegen. TransaktionsanalytikerInnen stützen sich dabei, im Gegensatz zu PsychoanalytikerInnen, nicht auf eine Theorie tiefer unbewußter Prozesse. Das Adlersche Konzept eines Lebensplans oder eines Lebensstils wiederum ist nicht dasselbe wie die Vorstellung eines Skripts in der Transaktionsanalyse. Adlerianer betrachten den Lebensplan als zum größten Teil unbewußt, wie im folgenden beschrieben: "Der Lebensplan bleibt im Unbewußten, so daß der Patient glauben kann, daß ein unerbittliches Schicksal am Werk ist und nicht ein lange vorbereiteter und gut durchdachter Plan, für den er allein verantwortlich ist."(Adler, 1963).

Dagegen betonte Berne (1972), daß "1. der Lebensplan gewöhnlich nicht unbewußt ist; und 2. die Person auf keinen Fall allein dafür verantwortlich ist". In der Tat würde eine schrittweise Analyse der Art und Weise, auf die ein Lebensplan erworben wird, nach Adlerschen Prinzipien und transaktionalen Ideologien jeweils ziemlich unterschiedlich ausfallen. Diejenigen, die glauben, daß die Hauptunterschiede zwischen verschiedenen psychologischen Schulen rein terminologisch sind, übersehen dabei einige grundsätzliche und signifikante Unterschiede. Es ist natürlich einfach, einzelne Elemente aus den Theorien von Adler, Berne, Freud und Jung und vieler anderer heranzuziehen, solange man die essentiellen Unterschiede der einzelnen Theorien dabei einfach unter den Teppich kehrt. Das Ergebnis kann dann allerdings auch nur eine Ansammlung inkompatibler und widersprüchlicher Begriffe sein. Ich stehe den Vorstellungen einer Wiederannäherung zwischen Psychoanalyse und Verhaltenstherapie sehr skeptisch gegenüber und vertrete die Ansicht, daß Birk (1970), Feather und Rhoads (1972), Marmor (1971), Wachtel (1977), Woody (1971) und viele andere sich im Irrtum befinden, wenn sie eine "Integration" suchen und sich für eine "Psycho-Verhaltenstherapie" und "psychodynamische Verhaltenstherapie" stark machen. Verhaltenstherapeutische und psychodynamische Ansichten über die Entwicklung, den Stellenwert und die Funktionen des Menschen beruhen schließlich auf ganz unterschiedlichen epistemologischen Grundsätzen (vgl. Messer & Winokur, 1980).

Auf der anderen Seite scheint es schon fast reaktionär, wenn nicht sogar undemokratisch zu sein, sich einer "Integration" zu widersetzen. Es klingt schließlich so einleuchtend, dynamischen PsychotherapeutInnen zu raten, behavioristisches Lernen in Betracht zu ziehen und VerhaltenstherapeutInnen zu ermutigen, "die Art und Weise, in der unbewußte Prozesse und Konflikte dieses Lernen beeinflussen können, nicht zu ignorieren" (Marmor & Woods, 1980). Vielleicht entspringt die ganze Verwirrung auch nur der irrigen Annahme, daß phänotypische Ähnlichkeiten genotypische Gemeinsamkeiten widerspiegeln müssen. Wodka und Wasser können ja zunächst auch identisch erscheinen, zumindest solange, bis man sie probiert hat. Dementsprechend weisen auch Psychoanalyse und Verhaltenstherapie viele oberflächliche Ähnlichkeiten auf, bei genauerem Hinsehen kommen jedoch auch grundsätzliche paradigmatische Unterschiede zum Vorschein (Messer & Winokur, 1980), wobei mir ein psychodynamischer Behaviorismus ungefähr genauso sinnvoll erscheint wie demokratischer Faschismus. Aber, werden Sie jetzt vielleicht einwenden, handelt es sich bei der multimodalen Therapie denn nicht um ein ebensolches Konglomerat von Psychoanalyse, Verhaltenstherapie und vielen anderen Systemen? Dies muß jedoch strikt verneint werden. Multimodale PraktikerInnen nutzen zwar effektive Techniken aus vielen verschiedenen Quellen, schließen sich dabei jedoch keiner der Theorien an, die diesen zugrunde liegen.

Lassen Sie mich dies noch einmal näher erläutern, indem ich abermals das Beispiel des Klienten heranziehe, der sich im Konflikt damit befand, seine kindlichen Einstellungen und Verhaltensweisen abzulegen. Wenn wir den Begriff "Konflikt" verwenden, dann scheinen wir uns zunächst im Einklang mit PsychoanalytikerInnen zu befinden, da "die Psychoanalyse im Grunde genommen eine Psychologie des Konfliktes ist" (Arlow, 1979). Diese phänotypische Ähnlichkeit erstreckt sich sogar auf die Tatsache, daß sowohl die Psychoanalyse als auch die multimodale

Therapie die Lösung des Konfliktes als entscheidend für ein erfolgreiches Behandlungsergebnis ansehen. Beide stimmen weiterhin darin überein, daß hier ein Widerspruch zwischen bewußten und unbewußten (nicht bewußten) Impulsen besteht. An diesem Punkt jedoch trennen sich unsere Wege. In der psychoanalytischen Theorie wird angenommen, daß unbewußte Impulse von vorbestimmten dynamischen Systemen und Kräften innerhalb der Psyche ausgehen, die dann auf eine bestimmte Art und Weise mit den Funktionen von Es, Ich und Über-Ich sowie anderen topographischen Klassifikationen zusammenwirken. Des weiteren, daß die gegenwärtigen Konflikte des Klienten ihre Wurzeln in der frühen Kindheit haben, und die Vermutung angestellt, daß die Basis der meisten seiner gegenwärtigen ehelichen und sexuellen Interaktionen in einem ungelösten Ödipuskonflikt zu suchen ist. Wenn ich dagegen von "unbewußten Prozessen" rede, dann meine ich damit einfach, daß Menschen sich bestimmter Zusammenhänge zwischen vergangenen und gegenwärtigen Ereignissen nicht unbedingt bewußt sein müssen, daß diese Verbindungen jedoch ihr derzeitiges Verhalten, ihre Wahrnehmungen und Emotionen dennoch beeinflussen können. Dies beinhaltet weder zusätzliche psychische Mechanismen noch dynamische Kräfte, und demnach sind wir auch keine versteckten AnalytikerInnen.

Es bleibt uns also immer noch die Frage, ob wir unserem Glossar von Grundkonzepten noch mehr Begriffe hinzufügen müssen? Zusammenfassend hatten wir folgende Elemente aufgezählt: *klassische und operante Konditionierung, Modellernen, persönliche Erfahrungen, unbewußte Prozesse* und *defensive Reaktionen.* Diese psychologischen Konstrukte reichen aus, um einen Großteil unserer Verhaltensweisen, affektive und sensorische Reaktionen, geistige Bilder und kognitive Prozesse zu erklären. Sobald wir uns jedoch in der interpersonalen Modalität bewegen und verschiedene dyadische und komplexere Interaktionen untersuchen, würde die Kommunikation zusammenbrechen (im wörtlichen wie im übertragenen Sinne), wenn wir nicht noch andere erklärende Konzepte hinzufügt werden. Hier wurden von FamilientheoretikerInnen und -therapeutInnen die notwendigen Ergänzungen geliefert.

Familiensysteme

FamilientherapeutInnen gehen davon aus, daß "Symptome" oder "Probleme" nicht als individuelle Attribute gesehen werden sollten, sondern als Mittel, um die Integrität eines Familiensystems nicht zu gefährden, während sie gleichzeitig durch das System aufrecht erhalten werden. Nach Ansicht mancher TherapeutInnen geht eine Einzeltherapie, genauso wie eine Paartherapie, am ganzen System vorbei, indem sie sich nur auf ein oder zwei Teile davon beschränkt. Nach der Ansicht von FamilientherapeutInnen wird jedoch jede Einheit von jeder anderen beeinflußt und wirkt sich im Gegenzug auch wieder auf alle anderen aus. Aus einer multimodalen Sichtweise dagegen ist es ein schwerer Fehler, die *ganze* Aufmerksamkeit weg von dem gestörten *Individuum* auf dysfunktionale *Systeme* zu richten. Dabei kommt die Forderung, nur die größere Einheit (die Familie) in den Mittelpunkt der therapeutischen Aufmerksamkeit zu rücken, weil Individuen einen integralen Teil eines Familiensystems bilden, der Behauptung gleich, daß wir unsere therapeutische Aufmerksamkeit allein auf das Ökosystem richten sollten, weil die Familie ein Teil der Nachbarschaft ist, die wiederum einen Teil der Gemeinde bildet, die wiederum Teil der Gesellschaft darstellt. Multimodale TherapeutInnen meinen dagegen, daß raschere, mühelosere und langfristigere Erfolge erzielt werden können, wenn TherapeutInnen sich abwechselnd mit dem Individuum und dessem Komponenten und mit dem Individuum und dessem sozialen Hintergrund befaßten. Die Frage sollte dabei nicht lauten, *ob* das Individuum oder die Familie zu behandeln ist, sondern *wann* man sich auf das eine oder andere konzentrieren sollte. Obwohl Haley (1976) festgestellt hat, daß "die Befragung eines Individuums ein Weg sein kann, um in einer Familie zu intervenieren" (S. 11), besteht er gewöhnlich darauf, daß die gesamte Familie anwesend sein sollte: "Der Therapeut sollte darum bitten, daß jeder, der in dem betreffenden Haushalt lebt, auch zum Erstgespräch kommt" (S. 15). Multimodale TherapeutInnen bevorzugen es jedoch, mit den "vorhandenen KlientInnen" und ihren "vorhandenen Beschwerden" zu beginnen, um danach festzustellen, ob der Klient oder die Klientin die Person auch wirklich ist, die eine Therapie am notwendigsten braucht, und ob die vorhandenen Beschwerden auch die "tatsächlichen" Probleme sind. Fay (1980) betont, daß diejenige Person, die in die Sprechstunde kommt, nicht unbedingt "der Patient" ist. "*Patient ist die Person, die eine Veränderung will* und die professionelle Hilfe sucht" (S. 34, kursiv im Original). Wenn Familienmitglieder sich Sorgen um ein Individuum machen, dann sind sie zunächst die PatientInnen, da sie um das Wohlergehen ihres Verwandten besorgt sind (und/oder um ihr eigenes). Nach unserer Erfahrung können "NichtpatientInnen" auch leicht verscheucht werden, wenn man darauf besteht, daß anfangs alle anwesend sein sollten, obwohl sie sonst vielleicht eine konstruktive Allianz mit den TherapeutInnen eingegangen wären, bevor das wirklich problematische System zum Gegenstand der Therapie geworden wäre.

Nachdem ich zunächst meine Haupteinwände gegen Familientherapie per se ausgedrückt habe, möchte ich nun dennoch den FamilientheoretikerInnen meinen besonderen Dank aussprechen; unter ihnen vor allem den StrukturalistInnen (z.B. Minuchin, 1974) und denjenigen, die strategische Interventionen verwenden (z.B. Haley, 1976; Watzlawick, Weakland & Fisch, 1974). Diese TheoretikerInnen haben die Tatsache herausgestellt, daß Menschen nicht nur "kommunizieren", sondern daß dabei auch eine "Metakommunikation" stattfindet (d.h., Menschen sich über ihre Kommunikation austauschen). So können Menschen, die sich miteinander befassen und miteinander kommunizieren, oft auch zurücktreten und die Inhalte und den Verlauf ihrer eigenen Beziehungen und Kommunikationsmuster untersuchen. (Die Fähigkeit zur Metakommunikation ist ein Merkmal aller wichtigen Beziehungen zwischen Freunden, Verwandten und Liebenden). Da Sprache nun einmal so eng mit Gedanken und Handlungen verknüpft ist (siehe z.B. Korzybski, 1933; Hayakawa, 1964; Postman, 1976), muß es uns auch möglich sein, über Sprache zu reden, was demnach eine Metasprache erforderlich macht, wenn nicht gar eine Metametasprache (Watzlawick, Weakland & Fisch, 1974).

Im folgenden möchte ich ein verdeutlichendes klinisches Beispiel für den Gebrauch der Metakommunikation anführen. Frau Meier, 49 Jahre alt, war nach dem Tod ihrer Mutter vor eineinhalb Jahren fast immer angespannt und ängstlich. Obwohl sie "eine gute Ehefrau und Mutter" war, hatte sie sich dabei ständig auf den

Rat und die Führung ihrer eigenen Mutter verlassen. Sie war noch mehrere Monate nach dem Hinscheiden ihrer Mutter "traurig und deprimiert" gewesen, und obwohl sie sich jetzt von diesen Gefühlen erholt hatte, war sie immer noch ängstlich und angespannt. Zum ersten Mal in ihrem Leben hatte sie Panikanfälle, fürchtete, daß sie verrückt werden könnte und stellte mir die Frage: "Bin ich schizophren?". Ich versicherte ihr, daß ihre Gedanken, Handlungen und Gefühle nichts Psychotisches an sich hätten und wir begannen, mit Hilfe eines Kurses zur Einübung sozialer Fertigkeiten sowie eines "Selbstständigkeitstrainings" an ihren Ängsten und Spannungszuständen zu arbeiten, während wir gleichzeitig ihre gegenwärtigen Beziehungen und die Entwicklung ihrer Abhängigkeit erörterten. Sie machte sich jedoch auch noch weiterhin große Sorgen um ihren "Geisteszustand", wobei ich sie immer wieder beruhigte. Ich nahm kurzzeitig sogar die Position ein, daß sie sich vielleicht im geheimen wünschte, verrückt zu werden, aber diese Annahme stellte sich als unproduktiv heraus. Als sie mich in der fünften oder sechsten Sitzung erneut fragte: "Sind Sie sicher, daß ich nicht schizophren bin?", beschloß ich, einen anderen Kurs einzuschlagen. "Um ehrlich zu sein, Sie sind sogar noch viel mehr als schizophren", sagte ich. "Sie sind in Wirklichkeit sogar eine perfekte Kandidatin für die staatliche Anstalt der total Nervösen, Verwirrten und Konfusen". Sie kicherte daraufhin und erklärte: "Ich meine es ernst", worauf ich antwortete: "Ich auch". Im Anschluß daran brach sie in Gelächter aus und wechselte das Thema.

Die Metakommunikation, die hinter meiner übertriebenen Ironie steckte, hatte der Klientin verdeutlicht, daß ich es mir nicht leisten könnte, mich über ihre Sorgen lustig zu machen, wenn sie tatsächlich psychotisch oder auch nur im Anfangsstadium psychotisch wäre. Der Gebrauch einer Übertreibung in diesem Kontext beruhigte sie viel mehr als die ständige Wiederholung von "Ich versichere Ihnen, Frau Meier, daß Sie keine Angst haben müssen, psychotisch zu sein oder es zu werden". Es gibt eine Vielzahl an Literatur über den Gebrauch des Paradoxen in der Therapie (Fay, 1978; Frankl, 1960, 1978; Haley, 1973; Rabkin, 1977; Watzlawick, Weakland & Fisch, 1974), und diese Paradoxien beziehen ihre Wirkung immer aus dem Prozeß der Metakommunikation.

Kurz gefaßt, wird die menschliche Persönlichkeit also von unseren Assoziationen (klassische und operante Konditionierung) und von unseren Imitationsmustern (Lernen durch Vorbilder und stellvertretende Prozesse) geformt und aufrechterhalten. Oft sind wir uns dabei motivierender Faktoren nicht bewußt und neigen dazu, unangenehme Stimuli durch eine Vielzahl von Vorgehensweisen zu vermeiden (unbewußte Prozesse und defensive Reaktionen) während wir versuchen, unsere Gedanken, Gefühle, Bilder und Empfindungen (persönliche Erfahrungen) zu integrieren. Schließlich hat auch unser Gebrauch von Sprache und unsere Fähigkeit, auf innere Kommunikation zu reagieren oder über Kommunikation (mit Metakommunikation) zu antworten, einen zusätzlichen Einfluß. Im Grunde genommen können unsere emotionalen Probleme dabei auf die Tatsache reduziert werden, daß wir aufgrund von falschen oder nicht ausreichenden Informationen handeln, wobei allerdings auch berücksichtigt werden muß, daß wir im wesentlichen biochemische/neurophysiologische Wesen sind. Denjenigen LeserInnen, die an den psychobiologischen Grundlagen der Psychotherapie interessiert sind, sei an dieser Stelle die Lektüre von Schwartz (1978) sehr empfohlen.

Lassen Sie uns im folgenden die spezifische Anwendung dieser Konzepte auf klinischem Gebiet erörtern. Dabei kommt dem Erstgespräch eine besondere Bedeutung zu, weil es Art und Inhalt der therapeutischen Beziehung stark beeinflussen wird und es ermöglichen sollte, die Erwartungen von KlientInnen und TherapeutInnen zu ermitteln. Das nächste Kapitel wird sich deshalb damit auseinandersetzen, was in der ersten Sitzung erforderlich ist, und worauf besser verzichtet werden sollte.

Das Erstgespräch

Während des Erstgesprächs ähnelt die Vorgehensweise multimodaler TherapeutInnen derjenigen von vielen anderen PraktikerInnen, die ebenfalls daran interessiert sind, eine therapeutische Beziehung herzustellen, vorhandene Beschwerden zu erkennen und auszuwerten und daraufhin die beste Behandlungsmethode auszuwählen. Multimodale TherapeutInnen gehen dabei jedoch von ganz bestimmten Grundvoraussetzungen aus. In diesem Kapitel sollen daher sowohl die Gemeinsamkeiten als auch die Unterschiede zwischen der multimodalen Therapie und anderen Methoden herausgearbeitet werden.

Bevor man einem Klienten bzw. einer Klientin in einem Erstgespräch gegenübersitzt, kommt einem zunächst einmal eine ganze Palette von Fragen in den Sinn. Was für ein Mensch wird diese Person wohl sein? Worin mögen seine oder ihre Schwierigkeiten liegen? Was wird dabei alles nicht zur Sprache kommen? Welche allgemeinen Erwartungen hat der Klient oder die Klientin an eine Therapie? Wird es viele versteckte Anliegen geben? Wieviel Starrheit, Abwehrmechanismen, Widerstand oder Ressentiments sind zu erwarten? Wird es möglich sein, mit diesem Menschen eine konstruktive therapeutische Beziehung aufzubauen?

Am Ende eines Erstgesprächs sollte man meiner Meinung nach von allen kompetenten KlinikerInnen erwarten können, daß sie dazu in der Lage sind, die meisten der folgenden Fragen zu beantworten:

1. Lagen Anzeichen einer "Psychose" vor (z.B. Denkstörungen, Wahnvorstellungen, affektive Störungen, äußerst bizarres oder unangemessenes Verhalten)?
2. Worin bestanden die Beschwerden und was waren deren Hauptauslöser?
3. Gab es bei dem Klient/der Klientin Indizien für Selbstbeschuldigungen, Depressionen oder einen Drang zu Mord bzw. Selbstmord?
4. Wie erschien ihnen der Klient/die Klientin in bezug auf körperliche Merkmale, Erscheinung, Sprechweise und Haltung (z.B. freundlich, feindselig, mürrisch, duldsam)? Lagen irgendwelche motorischen Störungen vor (z.B. nervöse Ticks, Manierismen, steife Haltung, Ruhelosigkeit)?
5. Was schienen ihnen signifikante vorausgehende Faktoren im Leben dieser Person gewesen zu sein?
6. Durch welche Personen oder Ereignisse schien das fehlangepaßte Verhalten des Klienten/der Klientin aufrechterhalten worden zu sein?
7. War es klar ersichtlich, was der Klient/die Klientin von der Therapie erwartet?
8. Gab es klare Indikationen oder Gegenindikationen für die Anwendung eines bestimmten therapeutischen Stils? (schien z.B. vorzugsweise eine direktive oder eine nondirektive Grundhaltung ratsam zu sein? Mit welcher Geschwindigkeit sollte die Therapie am besten fortschreiten?)
9. Kann eine beidseitig annehmbare Beziehung aufgebaut werden oder sollte der Klient/die Klientin an jemand anderen überwiesen werden?

10. Worin liegen die Stärken und positiven Eigenschaften des Klienten/der Klientin?
11. Warum sucht der Klient/die Klientin gerade jetzt therapeutische Hilfe - warum nicht letzte Woche, letzten Monat, letztes Jahr?
12. Konnten Sie in dem Klienten/der Klientin die berechtigte Hoffnung auf eine Besserung wecken?

Wenn wir von KlinikerInnen erwarten, diese Fragen nach einem ersten Gepräch beantworten zu können, dann denken wir hierbei natürlich nicht an zu behandelnde Individuen, die stark zurückgeblieben, sprachlich nicht mitteilungsfähig oder schwer behindert sind und bei denen Betreuung, ständige Beaufsichtigung oder ausgesprochen intensive Zuwendung erforderlich sein können. Wir haben dabei auch nicht diejenigen KlientInnen im Sinn, die nur das Bedürfnis nach der schweigenden Anwesenheit eines anderen menschlichen Wesens haben. Bei anderen KlientInnen jedoch wird eine Beachtung dieser zwölf Punkte ganz klare Konsequenzen haben, denn bei einem Erstgespräch werden schließlich nicht nur signifikante Trends, Probleme und funktionale Verbindungen identifiziert, sondern es wird gleichzeitig auch ein Rahmen gesteckt für die Erfassung der Gesamtstruktur sowie die Folge von Interaktionen, die dem Erstgespräch folgen werden.

Die ersten vier Punkte der obigen Aufzählung sind dabei diejenigen, die noch am ehesten objektiv sind, da sie sich auf vorhandene Beschwerden, das Vorliegen bzw. die Abwesenheit psychotischer Symptome, aggressive oder selbstzerstörerische Tendenzen und die Gesamterscheinung bzw. das Verhalten insgesamt beziehen. Um KlientInnen bezüglich dieser Punkte einschätzen zu können, bedarf es einer beachtlichen Aufnahmefähigkeit sowie einer genauen Beobachtungsgabe. Der nächste Punkt (signifikante vorausgehende Faktoren) impliziert jedoch zusätzlich die Suche der TherapeutInnen nach Kontinuität, Kontexten und Hintergrundthemen. Dazu ist oft Wissen um das prämorbide Stadium unbedingt erforderlich. Weiterhin ist es hier von vorrangiger Bedeutung, einschlägige Erlebnisse und ihre Auswirkungen auf gegenwärtige Ereignisse genau festzuhalten, was dann auch gleich zum nächsten Punkt überleitet (welche Personen oder Ereignisse scheinen die Probleme aufrechtzuerhalten?). Indem TherapeutInnen feststellen, auf welche Art wichtige Bezugspersonen auf die Schwierigkeiten einer Klientin bzw. eines Klienten reagieren, kann auch ermessen werden, in welchem Ausmaß Systeme oder interpersonale Faktoren vorrangig vor individuellen oder intrapersonellen Vorgängen zu behandeln sind. (Auf diesen Punkt werde ich noch an verschiedenen Stellen näher eingehen, siehe z.B. Kapitel 4, 5 und 8).

Der siebte Punkt (die Frage, was sich jemand von einer Therapie erhofft) bezieht sich auf die Tatsache, daß die versteckten Anliegen und uneingestandenen Motive von KlientInnen gutgläubige oder unerfahrene TherapeutInnen leicht dazu verleiten können, sich vom Thema ablenken zu lassen. (In den klinischen Anmerkungen, die ich später noch anfüge, werden verschiedene Techniken beschrieben, wie man dabei "am Ball bleiben" kann). Weiterhin ist es wichtig, die Wünsche des Klienten oder der Klientin bezüglich der Art des persönlichen Kontaktes einzuschätzen. Dabei wird beispielsweise ein aktiver, gesprächiger, direktiver Therapeut bei einem Klienten, der sich eher einen guten und aufmerksamen Zuhörer wünscht, auf nicht viel Gegenliebe stoßen. Auch die Bedürfnisse und Aktivitäten der KlientInnen können stark auseinandergehen, wobei manche KlientInnen die Übungen, die sie zu Hause durchführen sollen, mit großem Eifer und Elan absolvieren, wohingegen andere sich dadurch überfordert fühlen und ein sehr viel langsameres Interaktionstempo benötigen. Die TherapeutInnen sollten sich dabei immer fragen: "Kann ich dieser Person genau das bieten, was er oder sie allem Anschein nach braucht?" Falls das nicht der Fall sein sollte, dann ist eine wohlüberlegte Überweisung an einen Kollegen oder eine Kollegin angebracht.

Eine weitere wichtige Basis, auf der zusätzliche adaptive Fähigkeiten entwikkelt werden können, bildet der Punkt 10 (Stärken und positive Eigenschaften des Klienten bzw. der Klientin). Wenn die TherapeutInnen wissen, welche Überzeugungen für die jeweiligen KlientInnen Gültigkeit haben, dann sind sie auch eher in der Lage, diesen dabei zu helfen, sich realistische Ziele zu setzen. Dies wiederum trägt dazu bei, den TherapeutInnen die Wahl geeigneter Techniken zu erleichtern. Beispielsweise braucht ein extrem schüchterner Mensch gewöhnlich erst ein paar Desensibilisierungsübungen, bevor er ein Selbstbehauptungstraining in vivo beginnen kann. Der elfte Punkt schließlich (warum gerade zu diesem Zeitpunkt Hilfe gesucht wird) kann TherapeutInnen Einsicht in die unmittelbar vorhergehenden oder auslösenden Faktoren verschaffen.

Der letzte Punkt (Hoffnung wecken) wird von manchen Theoretikern als ein Kernpunkt von therapeutischen Veränderungen angesehen (Frank, Hoehn-Saric, Imber, Liberman & Stone, 1978). Frank et al. führen an, daß Menschen sich nicht hauptsächlich deswegen in eine Psychotherapie begeben, um Erleichterung von bestimmten Symptomen zu finden, sondern sie suchen Hilfe, weil sie demoralisiert sind: Ein Mensch ohne Hoffnung ist ein Mensch ohne Zukunft. Weil es jedoch den Schmerz der KlientInnen nur vergrößern würde, wenn man in ihnen falsche Hoffnungen weckte, muß es ein Kernaspekt der Kunst effektiver Psychotherapie sein, bei KlientInnen nur berechtigte Hoffnungen zu wecken. Wie aber kann dies erreicht werden?

Hoffnungen wecken

Es ist oft betont worden, daß Menschen erst dann TherapeutInnen konsultieren, wenn ihre eigenen Coping-Strategien sich als ineffektiv erwiesen haben. Unabhängig davon, wie ängstlich, deprimiert oder zwanghaft KlientInnen sein mögen oder in welchen Schwierigkeiten sie sich befinden, die Frage: "Was kann ich mir von dieser Behandlung erhoffen?" ist dabei explizit oder implizit immer präsent. Die Frage als solche erfordert daher auch eine Antwort, welche auch wiederum explizit oder implizit gegeben werden kann und ein Teil des Erstgesprächs sein sollte, wobei ich im allgemeinen explizite, zielgerichtete Aussagen für am wirksamsten halte. Im folgenden ein typischer Auszug aus einem Gespräch zwischen Klient (K) und Therapeut (T):

K: Wenn ich über meine Situation nachdenke, dann ist da bloß so eine Leere, eine Art Schwärze, ohne daß ich irgendwo ein Licht am Ende des Tunnels sehe.

T: Wenn Sie an alles gleichzeitig denken, dann muß es ja wie ein unüberwindbarer Berg vor Ihnen liegen.

K: (verzweifelt) Ja. Es gibt einfach so viel in meinem Leben. Ich wüßte nicht, wo ich anfangen sollte... Es ist einfach zu viel.

T: Wie wäre es, wenn Sie immer nur eine Sache gleichzeitig angehen. Zum Beispiel Ihren neuen Job.

K: O Gott! (legt die Hände in den Nacken und beugt sich vor) Der Job!

T: Das erschreckt Sie?

K: (nickt bestätigend)

T: Was ist denn daran so schlimm?

K: (zuckt mit den Schultern und schüttelt den Kopf)

T: Ganz langsam, machen Sie immer nur einen Schritt auf einmal. Was werden Sie denn an Ihrer neuen Arbeitsstelle machen?

K: Ich weiß nicht, ob ich damit klarkomme (schüttelt immer noch den Kopf).

T: Sagten Sie nicht, daß Sie Haushaltswaren verkaufen werden?

K: (wie von weit her) Mhm. Und Gartenmöbel.

T: Gut. Stellen Sie sich einmal vor, Sie sind an Ihrem Arbeitsplatz und arbeiten. Dann kommt ein Kunde und sagt zu Ihnen: "Ich brauche einen Hammer und einen Klappstuhl". Können Sie damit umgehen? Ich meine, können Sie dem Kunden mehrere Hämmer zeigen, damit er sich einen auswählen kann? Und können Sie dann den Preis in die Registrierkasse eintippen? Und danach dasselbe bei dem Stuhl tun? Können Sie sich vorstellen, das zu machen? Nun? Können Sie das?

K: Na ja, wenn Sie das so formulieren ...

T: Na, so sieht die Sachlage eben aus. Indem Sie kleine Schritte machen, indem Sie etwas Schreckliches wie Ihren neuen Job in bestimmte Handlungen zerlegen, machen Sie es sich selber klar, daß Sie damit umgehen können und dies auch tun werden. Und so sollten wir auch in den ganzen anderen Situationen vorgehen ... einfach Schritt für Schritt.

K: Bei Ihnen klingt das immer so unproblematisch.

T: Manches davon wird auch wirklich ganz leicht sein und anderes wiederum überhaupt nicht. Aber trotzdem gelten dabei immer dieselben Prinzipien. Wir werden Schritt für Schritt vorgehen, und wir werden jedes Problem auseinandernehmen und sicherstellen, daß wir mit jeder einzelnen Einheit davon fertig werden können.

K: (sieht etwas gelassener aus) Könnten wir auch noch über Susannes Schwangerschaft reden?

T: Natürlich können wir darüber reden. Nur immer langsam, Schritt für Schritt.

Es gibt natürlich verschiedene Möglichkeiten, bei KlientInnen Hoffnungen zu wecken, wobei ein Großteil der Vermittlung auch durch nonverbale Zeichen stattfindet. Wenn ein Therapeut beispielsweise die Aussichten eines Klienten eher als schlecht einschätzt, dann wird diese pessimistische Voreinschätzung mit höchster Wahrscheinlichkeit auch übertragen werden, ungeachtet etwaiger ermutigender Worte des Therapeuten. Es ist deshalb für TherapeutInnen sehr wichtig, sich auch über eventuelle negative Erwartungen oder düstere prognostische Indikationen im Klaren zu sein. Dabei würde ich KlientInnen gegenüber nicht äußern, daß ich ihn bzw. sie als einen hoffnungslosen Fall betrachte, sondern allenfalls durchblicken lassen, daß ich persönlich nicht sehr optimistisch sei, eine wirkliche Veränderung bewirken zu können. Dabei würde ich immer betonen, daß jemand anders vielleicht über Fähigkeiten und Mittel verfügen könnte, die dort Erfolg versprechen, wo ich mit den meinen scheitern könnte.

Lassen Sie uns nun noch ein paar andere wichtige Themen ansprechen, die gewöhnlich während des Erstgesprächs aufkommen.

Die Ein-Wort-Technik

Normalerweise unterhalte ich mich am Anfang eines Erstgesprächs mit meinen KlientInnen und versuche damit, ihnen erst einmal ihre Befangenheit zu nehmen. Während ich mir solch formale Einzelheiten wie Name, Adresse, Telefonnummer, Familienstand und Beruf notiere, haben die KlientInnen die Gelegenheit, sich erst einmal an die Sprechzimmerumgebung zu gewöhnen. Darüber hinaus werden sie durch den dabei stattfindenden verbalen Austausch auf die detaillierte Befragung, die daraufhin folgen wird, vorbereitet. Im Anschluß an diese Preliminarien hat sich die folgende Technik, vor allem bei sehr redseligen oder besonders zurückhaltenden KlientInnen, oft als sehr hilfreich erwiesen.

Ich frage meine KlientInnen: *"Wenn Sie Ihre Probleme mit einem einzigen Wort beschreiben sollten, welches Wort würden Sie denn wählen?"*

Die Auswahl dieses Wortes kann dabei äußerst aufschlußreich sein. Angst, Depressionen, Schuldgefühle, Gleichgültigkeit, Ärger, Verzweiflung, Frustration, Verwirrung, Nervosität, Erschöpfung, Unbehagen, Sorgen, Langeweile, Trauer, Bitterkeit und Unzufriedenheit sind ein paar der am häufigsten genannten Beispiele. Eine Person, die das Wort "Unbehagen" wählt, wird sich dabei wahrscheinlich auf einer vergleichsweise anderen klinischen Schiene befinden als ein Mensch, der "Panik" angibt. Zwei äußerst "schwierige" Klienten wählten neulich das Wort "Opfer".

Als nächstes können Sie den Klienten oder die Klientin bitten, mit dem gewählten Wort einen ganzen Satz zu bilden.

"Ich verspüre ständig dieses Gefühl von *Unbehagen*, egal wo ich mich befinde, und wenn ich mich noch dazu körperlich nicht wohl fühle, dann wird es sogar noch schlimmer."

"In puncto Männer, Ehe und Sex gibt es in meinem Leben eine ganze Menge *Verwirrung*."

"Ich bin zur Zeit öfter *depressiv* als sonst."

"Ich bin bei der Arbeit immer völlig *frustriert* und ertappe mich dabei, daß ich die ganze Welt hasse."

"Ich bin ein typisches *Opfer;* ein Sündenbock für alle, auf mir wird einfach immer nur herumgetrampelt."

Dieses eine Wort kann im Zusammenhang mit dem Satz, in dessen Kontext es steht, für den Verlauf der Therapie schon eine beträchtliche Weiterentwicklung bedeuten und in der Aufforderung münden: "Erzählen Sie mir mehr von Ihrem Ärger und Ihrer Frustration." Neben dem verbalen Inhalt ist es dabei auch interessant, die latenten Faktoren im Auge zu behalten. Ein Mensch, der zwei Minuten benötigt, um das Wort "unausgefüllt" auszusprechen, unterscheidet sich völlig von einer Person, die dieses Gefühl innerhalb von zwei Sekunden zu verbalisieren vermag.

Wenn ich die Ein-Wort-Technik nicht verwende, dann stelle ich in der Regel Fragen wie die folgende: "Worin besteht Ihr Problem?" oder "Könnten Sie mir über Ihre Schwierigkeiten ein bißchen detaillierter berichten?" oder ich sage einfach, nachdem ich die formalen Details notiert habe: "Jetzt sind Sie an der Reihe".

Auf der Suche nach vorhergehenden und aufrechterhaltenden Faktoren

Zunächst einmal ist es wichtig, die vorhandenen Beschwerden in einen sinnvollen Kontext zu bringen. Die zwei Hauptfragen in diesem Zusammenhang lauten demnach: 1. Was hat zu der gegenwärtigen Situation geführt? und 2. Wer oder was erhält diese Situation aufrecht?

K: Ich fühle mich manchmal so schrecklich, als ob ich im nächsten Moment platzen würde - bin völlig verkrampft.

T: (Sie betont die sensorische Modalität ziemlich stark. Ich werde deshalb diesem Punkt erst einmal eine Weile nachgehen.) Können Sie mir mehr über diese Gefühle erzählen?

K: Na ja, es liegt alles an meiner Nervosität. Ich habe diese Verspannungen im Nacken und in den Schultern, und an schlechten Tagen oft auch Kopfschmerzen, oder mir tut der ganze Kiefer weh.

T: (um eine zeitliche Einordnung vornehmen zu können) Wie lange leiden Sie schon unter diesen Spannungszuständen?

K: Ich weiß nicht genau, es scheint schon eine Ewigkeit so zu gehen. Ich bin kurz vor der Periode schon immer sehr angespannt gewesen, in dieser Zeit des Monats schnappe ich einfach über. Dazu habe ich auch noch ziemliche Krämpfe und es fühlt sich oft an, als ob meine Haut einfach zu eng für meinen Körper sei. Wenn es soweit ist, dann geht auch prompt alles schief. Ich meine, normalerweise esse ich unheimlich gerne, aber wenn ich wirklich angespannt bin, dann schmeckt mir sogar das Essen nicht mehr.

T: (Sie kostet ihre sensorischen Wahrnehmungen wirklich aus, ich möchte versuchen, diesbezüglich eine genauere Zeitvorstellung zu bekommen.) Haben Sie sich schon als Kind so gefühlt, oder haben Sie diese Nervosität beispielsweise erst bemerkt, als Sie die Grundschule schon verlassen hatten? Können Sie sich an eine Zeit erinnern, in der Sie nicht so angespannt waren?

K: Nun, ich bin schon als Kind immer als "übermäßig nervös" bezeichnet worden, aber diese Spannungszustände... ich würde sagen, daß die erst in den letzten paar Jahren wirklich extrem zugenommen haben. Ich bin deshalb auch schon bei verschiedenen Ärzten gewesen, aber die haben mir immer nur Tabletten verschrieben. Die haben mir dann zwar meistens auch geholfen, aber ich möchte nicht von ihnen abhängig sein.

T: (Ich frage mich, was ihr in den letzten zwei Jahren passiert ist, aber zuerst möchte ich mehr über diese eingenommenen Medikamente wissen) Was für Tabletten haben Sie denn genommen? Können Sie sich an deren Namen und die Dosierungen erinnern?

K: Der eine Arzt hatte mir ein Mittel zur Muskelentspannung verschrieben. Aber jetzt nehme ich Valium, die kleinen gelben, ich glaube, es sind 5 mg.

T: Wie oft nehmen Sie die?

K: Der Arzt hat gesagt, ich sollte drei pro Tag einnehmen, bevor ich meine Tage bekomme. Aber ich habe Angst, daß ich davon abhängig werde, deshalb nehme ich eigentlich nie mehr als zwei am Tag. Normalerweise nehme ich nur eine, oft auch einfach, um besser einschlafen zu können. Ich denke immer, wenn ich gut schlafe, dann werde ich auch am nächsten Tag weniger angespannt sein.

T: Sie haben gesagt, daß Ihre Nervosität in den letzten zwei, drei Jahren besonders schlimm geworden ist?

K: Mhm. Ja... Eigentlich die letzten beiden Jahre.

T: Was meinen Sie, womit könnte das denn vor zwei Jahren angefangen haben? Was ist um diese Zeit passiert? Fällt Ihnen da irgend etwas ein?

K: Darüber habe ich auch schon oft nachgedacht. Man kann so etwas ja immer auf alles Mögliche schieben. Ich bin beispielsweise vor zwei Jahren vierzig geworden, vielleicht hatte ich Angst vor dem Älterwerden. Vor zwei Jahren ist auch mein jüngster Sohn ausgezogen, um an die Uni zu gehen, vielleicht bin ein Opfer des "leeren Nestes". Aber, um ganz ehrlich zu sein, glaube ich nicht, daß es mit irgendeinem dieser Faktoren etwas zu tun hat. Ich weiß es auch nicht.

T: (Diese Faktoren könnten eine größere Rolle spielen, als sie zugibt, darauf werde ich später noch einmal ausführlicher zurückkommen. Ich möchte erst einmal sehen, worauf sie es sonst noch alles zurückführt.) Wenn Sie nun eine Vermutung anstellen müßten, worauf würden Sie diese Nervosität zurückführen.

K: Glauben Sie mir, ich habe schon viel darüber nachgedacht. Mir fällt einfach nichts ein.

T: Überhaupt nichts?

K: Nun ja, wie ich gesagt habe, man kann sich immer etwas ausdenken. Ich habe immer gesagt, daß ich, wenn meine Kinder erst einmal ausgezogen sind, wieder auf die Universität gehen würde. Vielleicht habe ich auch davor Angst und benutze meine Nervosität als Ausrede. Wer weiß?

T: (Darauf würde ich gerne etwas näher eingehen. Mal sehen, wie die Klientin auf eine Vorstellungsübung reagiert) Lassen Sie uns einmal ein Experiment machen. Schließen Sie bitte die Augen und versuchen Sie, sich Ihren Entschluß, wieder auf die Uni zu gehen, zu vergegenwärtigen. Stellen Sie sich vor, wie Sie im Seminarraum sind... Was sehen Sie?

K: Mhm, ja... Ich sehe mich, wie ich gerade aus einem Seminar komme... Ich sammle meine Bücher ein und gehe den Gang hinunter... Um mich herum sehe ich viele Leute, einige jung, andere nicht mehr so jung... Aber wollen Sie auch wissen, was ich in meinem Innersten fühle? Daß ich da eigentlich gar nicht sein möchte.

T: Wo wollen Sie denn lieber sein?

K: Das ist die Frage. Was möchte ich gerne werden, wenn ich einmal erwachsen bin?

T: Sehen Sie, da haben wir vielleicht schon die Ursache Ihrer Nervosität. Vielleicht fühlen Sie diese Anspannung, weil Sie für sich keine klare Orientierungsrichtung haben?

K: Müssen wir denn unbedingt die genaue Ursache herausfinden, um diese Nervosität loswerden zu können?

T: Nein, das müssen wir nicht. Wir können auch mit Entspannungsübungen arbeiten, oder Biofeedback oder Meditation. Aber wenn wir nun schon einmal eine Vorstellung entwickelt haben, worum es hier geht, oder vielleicht sollte ich sagen, worum es Ihnen geht, dann sollten wir schon gründlicher vorgehen. (Wir scheinen hier nicht auf präzise vorhergehende Faktoren zu stoßen, also sollten wir nach möglichen Belohnungen oder aufrechterhaltenden Faktoren suchen.) Lassen Sie uns noch etwas ausprobieren. Ich möchte mit Ihnen einen einfachen Assoziationstest machen, das heißt, ich sage etwas und Sie sollten einwerfen, was Ihnen dazu als erstes in den Sinn kommt, in Ordnung?

K: Einverstanden.

T: Also gut. Sind Sie bereit? Das Gute an Nervosität ist... Schnell, sagen Sie das erste, was Ihnen durch den Kopf geht. Das Gute an Nervosität ist...

K: Dann nehmen sie von einem Notiz.

T: Wenn sie von einem Notiz nehmen... Schnell, sagen Sie etwas...

K: Dann wissen sie, daß du existiert.

T: Gut. Können Sie sich auf diese beiden Satzenden irgendeinen Reim machen?

K: Na ja, eigentlich habe ich dabei an meinen Mann gedacht.

T: (Ich werde die Schlußfolgerung aussprechen, die am offensichtlichsten zu sein scheint und sehen, was dann passiert.) Möchten Sie damit sagen, daß Ihr Mann Ihnen mehr Aufmerksamkeit widmet, wenn Sie angespannt sind? Sonst beachtet er Sie nicht?

K: Nein, ganz so einfach ist das nicht... Aber, wenn ich so darüber nachdenke, greife ich manchmal vielleicht doch irgendwie auf meine Nervosität zurück, nicht nur bei Gary, sondern auch bei meinen Freunden.

T: (Das könnte wichtig sein. Gehen wir zu einigen spezifischen Verhaltensweisen über) Können Sie mir genauer sagen, was Sie dann tun und wie die anderen darauf reagieren?

K: Hm. Ich habe darüber noch nie nachgedacht und ich muß ein bißchen herumraten, aber, um ehrlich zu sein, vielleicht sind die Leute dann... äh... sagen wir, ein bißchen freundlicher... ähm... weniger fordernd, nachdem ich ihnen sage, daß ich vor lauter Anstrengung Kopfschmerzen habe. Es könnte schon sein, daß ich das für etwas benutze.

T: Gut. Wenn wir gerade schon einmal dabei sind, können Sie mir auch sagen, aus welchen Gründen Sie zu solchen Entschuldigungen Zuflucht nehmen müssen?

K: Vielleicht ist es ein Ausweichmanöver, ich habe keine Ahnung. Ich meine, es ist oft einfacher, sich aus etwas herauszureden, weil es einem nicht gut geht, als es ohne triftigen Grund abzulehnen. Verstehen Sie, was ich damit meine?

Randbemerkung

Bei einem Fall wie diesem kann es nur allzu leicht vorkommen, daß man aus den Angaben vorschnelle und falsche Schlüsse zieht. Die Klientin hat durchaus recht, wenn sie sagt: "Man kann sich immer etwas ausdenken". Ist ihre Anspannung wohl auf ihre Angst vor dem Altern zurückzuführen? Hat sie etwas damit zu tun, daß sie jetzt zuviel Zeit zur Verfügung hat? Mangelt es ihr an Zielen und Perspektiven? Verstärken ihr Mann und ihre Freunde absichtlich oder ungewollt ihre Beschwerden? Ist ihr Durchsetzungsvermögen so gering, daß sie ihre Beschwerden als Ausrede gebrauchen muß, um nein sagen zu können? Die oben angeführten Gedanken können dabei nur als vorläufige Anhaltspunkte betrachtet werden. Demnach führen multimodale TherapeutInnen, wenn sie beim Erstgespräch nur solche vagen Hinweise anstelle von präzisen Fakten erhalten haben, gewöhnlich eine BASIC ID-Analyse durch. Sie gehen jede einzelne der Modalitäten kurz durch, wie bereits in Kapitel 1 vorgeführt, wodurch sich ein solches Bild dann abrunden läßt. Darüber hinaus kann das Ausfüllen des multimodalen Fragebogens zur Lebensgeschichte (siehe Anhang 1) dazu dienen, weitere Klarheit in das klinische Bild zu bringen.

Im wesentlichen besteht eine genaue Anamnese darin, Pseudoprobleme von wirklichen Problemen zu trennen, relevante vorhergehende Faktoren und die jeweiligen bestehenden Konsequenzen aufzuspüren und danach die angebrachten Interventionen zu wählen. Wenden wir uns also zunächst einmal der Unterscheidung von Pseudoproblemen gegenüber wirklichen Problemen zu.

Von Visitenkarten zu wirklichen Problemen

Für TherapeutInnen ist es erfordlich, bei einer gründlichen Anamnese ihrer KlientInnen aufmerksam darauf zu achten, *was* gesagt wird und *wie* es vorgebracht wird. Dabei ist es oft viel wichtiger, der Art und Weise, wie jemand etwas sagt, Aufmerksamkeit zu schenken, weil dies unter Umständen einen höheren Informationsgehalt haben kann als der verbale Inhalt der Äußerungen. Menschen haben oft eine ganz charakteristische Art, bestimmte Dinge zu *erzählen* oder sie zu *verbergen*. Das Ziel der TherapeutInnen ist es dabei, die jeweilige Person und deren Probleme möglichst genau einzuschätzen. Ich möchte hier trotzdem noch einmal wiederholen, daß es gewöhnlich am besten ist, mit dem zu beginnen, was der Klient bzw. die Klientin erzählen möchte. Es ist darüber hinaus aber auch wohlbekannt, daß KlientInnen ihren TherapeutInnen oft eine "Visitenkarte" in Form von Problemen oder Symptomen präsentieren, über die sie leichter reden können. Wenn beispielsweise der Therapeut den KlientInnen als ein Mensch erscheint, dem sie trauen oder dem sie sich anvertrauen können, dann werden sie irgendwann auch zu zentraleren oder für sie relevanteren Themen übergehen. Dabei kann dieser Fortschritt von TherapeutInnen natürlich auch ohne weiteres beschleunigt werden, wie der folgende Auszug aus dem Erstgespräch mit einer 19jährigen Frau zeigt:

T: Ihr Arzt hat also gesagt, daß alle Ihre Kopfschmerzen auf Nervosität zurückzuführen sind. Wo tut Ihnen der Kopf denn weh? Wie oft haben Sie diese Schmerzen?

K: (bedeckt ihren Scheitel mit der Hand) Hier, und dann geht es den ganzen Nacken hinunter. Ich habe diese Kopfschmerzen fast jeden Tag.

T: Wird Ihnen dabei schlecht? Wird Ihnen schwindlig oder sehen sie Sterne?

K: Nein, eigentlich nicht. Aber ich kann mit diesen Kopfschmerzen nicht lesen und ich kann mich auch nicht konzentrieren. Ich nehme zwar Aspirin, aber ich glaube nicht, daß das auf die Dauer so gut ist.

T: Wann haben Ihre Kopfschmerzen denn angefangen?

K: Diesen Sommer.

T: Vor zwei oder drei Monaten also? Was ist denn in letzter Zeit alles in Ihrem Leben passiert?

K: Nichts eigentlich. Ich hatte einen Ferienjob in einem Badeort. Ich bin viel mit Jamie ausgegangen. Ich nehme an...(sie sieht plötzlich niedergeschlagen aus und verstummt)

T: Haben Sie mit Jamie Schluß gemacht?

K: Nein.

T: (einer Eingebung folgend) Haben Sie vor Jamie schon einmal mit jemand anderem geschlafen?

K: Sie denken jetzt wahrscheinlich, ich bin blöd oder altmodisch oder sonstwas, wenn ich Ihnen sage, daß er der erste war, aber ich halte eben nichts von frühem Sex.

T: Was immer Sie darüber denken finde ich vollkommen in Ordnung, so lange Sie sich dabei wohlfühlen!

K: Glauben Sie denn nicht an Gut und Böse?

T: Nun, es gibt natürlich Dinge, die ich für ein großes Unrecht halte, wie zum Beispiel Töten, Stehlen, Vergewaltigung oder jemandem anderweitig Schaden zuzufügen. Meiner Ansicht nach ist es auch ganz entschieden falsch, eine Person absichtlich zu verletzen. Aber was hat das mit Liebe, Genuß, Sex und Intimität zu tun?

K: Na ja, ich bin nun einmal nicht so aufgewachsen. Ich bin anders erzogen worden und bei solchen Dingen kann ich einfach nicht anders, als mich dafür schuldig zu fühlen, wissen Sie. Ich meine, das ist ja nichts worüber man einfach beim Abendessen reden kann. Mm, vielleicht könnten *Sie* das. Aber ich meine, bei mir zu Hause, bei meinen Eltern...

T: Und Jamies Eltern?

K: Keine Ahnung. Aber das ist sein Problem. Ich meine, ich fühle mich eben einfach miserabel, weil ich gegen den Willen meiner Mutter verstoßen habe. Das ist so ein bißchen, als ob ich meine Familie verraten hätte, wenn Sie verstehen, was ich damit meine.

T: Sie fühlen sich schuldig, weil Sie mit Jamie geschlafen und damit den Grundsätzen Ihrer Familie zuwidergehandelt haben?

K: Das verstehen Sie nicht!

T: Wer würde es denn verstehen?

K: Ein Pfarrer vielleicht.

T: Wollen Sie, daß ich mich verhalte wie ein Pfarrer und Ihnen erzähle, daß Sie gesündigt hätten?

K: (lachend) Ich weiß nicht genau, was ich will. (Lange Pause) Kann ich Ihnen einmal eine dumme Frage stellen?

T: Nur zu.

K: Vielleicht denken Sie dann wirklich ich sei bescheuert. (Pause) Glauben Sie, daß ich trotzdem noch in den Himmel kommen kann?

T: Ich glaube nicht, daß dem etwas im Wege steht, sofern Gott ein guter Psychologe und kein übelgesinnter Geistlicher ist.

Nach diesem Gespräch habe ich von dem jungen Mädchen nie wieder Klagen über Kopfschmerzen gehört, aber wir konnten uns nun auf Gebiete konzentrieren, die von zentralem Interesse waren. In den folgenden Sitzungen befaßten wir uns mit weiteren Schuldgefühlen der Klientin sowie ihrer Umgehensweise damit und sprachen auch über orthodoxe Moral. Der Schwerpunkt der Therapie verlagerte sich dann auf das Einüben sozialer Fertigkeiten und ihr Bedürfnis, die Verpflichtungen gegenüber ihrer Familie zwar zu lockern, gleichzeitig aber trotzdem noch befriedigende Familienbindungen beizubehalten.

Kurz zusammengefaßt könnte dies auch lauten: Wenn man zuerst das aufnimmt, was der Klient bzw. die Klientin vorbringt, dann ist es meistens relativ einfach, eine Beschreibung des Beginns und der Entwicklung verschiedener Probleme sowie ihrer Beziehung zu allgemeinen Streßfaktoren in der gegenwärtigen Umgebung des Klienten oder der Klientin zu erhalten.

Die Strategie des innersten Kreises

Ein einfaches Verfahren, das sich schon oft als sehr wirksam erwiesen hat, um zentrale und bedeutsame Informationen zu erhalten, wurde zwar an anderer Stelle schon einmal beschrieben (Lazarus, 1971), ist jedoch trotzdem wert, hier noch einmal dargestellt zu werden. Wie wir im vorangehenden Abschnitt gesehen haben, zögern viele KlientInnen, persönliche Informationen offenzulegen, und andere wiederum sind sich unsicher, welche Art von Informationen sie den TherapeutInnen mitteilen sollen. Dabei ist es oft erforderlich, die KlientInnen in ihr persönliches Zentrum zu führen, weil sie sich sonst eher mit situationsbedingten oder peripheren Aspekten ihres Lebens beschäftigen. Wenn KlientInnen dabei wiederholt abweichen oder sich auf Dinge konzentrieren, die mit ihren Grundproblemen nichts zu tun haben, oder wenn ihre Neigung, die TherapeutInnen "auf Armlängenabstand" zu halten, mit den Behandlungszielen in Konflikt gerät, dann erweist sich die *Strategie des innersten Kreises* oft als wertvoll.

Dabei wird den KlientInnen die folgende Figur aufgezeichnet:

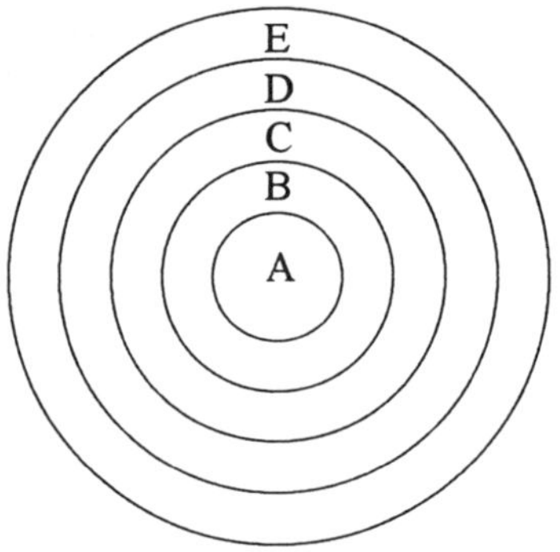

Dieses Diagramm kann dann von den TherapeutInnen folgendermaßen erläutert werden: "Hier sind verschiedene Schichten der Privatsphäre eines Menschen dargestellt. Der kleine innere Kreis, in dem das A steht, repräsentiert das privateste und persönlichste Territorium einer Person. Manche Menschen behalten alle Informationen in ihrer A-Zone für sich und es gibt keinen anderen, mit dem sie diese Gedanken, Handlungen, Gefühle oder Wünsche teilen. Andere dagegen lassen vielleicht eine wichtige Bezugsperson, die sie für hundertprozentig vertrauenswürdig halten, an A oder bestimmten Bereichen von A teilhaben. Kreis B des Schemas ist für die engsten FreundInnen und Vertrauenspersonen reserviert, während andere FreundInnen vielleicht nur bis zum Kreis C vordringen dürfen. Flüchtige Bekannte kommen nicht weiter als bis zum Kreis D, ihnen ist der Zugang zu den Kreisen C, B und A verwehrt. Die E-Zone schließlich stellt den oberflächlichen Kontakt eines Menschen mit der Welt dar und enthält nur derartige Informationen, die schon mit minimalen sozialen Interaktionen erschlossen werden können."

Nachdem ich das Diagramm auf diese Art erklärt habe, betone ich meistens noch, daß eine gute Therapie sich in der A- und B-Zone abspielen wird. Einem Klienten beispielsweise zu sagen: "Ich habe das Gefühl, daß Sie mich im Kreis C festhalten", kann oft den Fluß von bedeutsamen Informationen erleichtern. Abgesehen davon kann es auch sinnvoll sein, den Klienten zu fragen: "Sind Sie der Meinung, daß Sie mir Zugang zu Ihrer B- oder A-Zone gewährt haben?"

Es kann sich ebenfalls als hilfreich erweisen, KlientInnen gegenüber durchblikken zu lassen, daß manche Menschen ausgedehnte und streng bewachte (verbarrikadierte) A-Zonen haben, wie in dem folgenden Diagramm abgebildet,

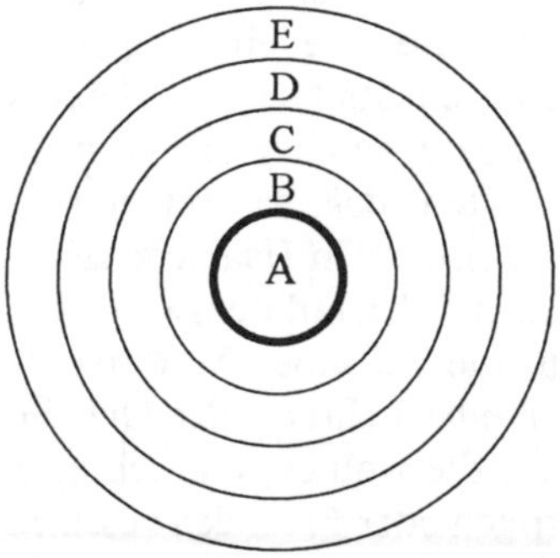

worauf dann auch die möglichen Auswirkungen diskutiert werden können, welche das Einnehmen einer solch undurchsichtigen und gut verteidigten Position haben kann. Als Ergebnis dieser Hinweise stellt sich gewöhnlich eine größere Bereitschaft seitens der KlientInnen ein, das "Risiko" einzugehen und Dinge vorzubringen, die den TherapeutInnen sonst eventuell vorenthalten worden wären.

Jenseits von Fragen und Antworten

Bei alledem ist es natürlich sehr wichtig, auf die dahinterstehende Einstellung, den Bezugsrahmen, eines Klienten oder einer Klientin zu achten, während er bzw. sie sich mit den einzelnen Ereignissen auseinandersetzt. Dabei sollten die TherapeutInnen auf die jeweilige besondere Empfindsamkeit und Verletzbarkeit, sowie auf die allgemeine Art und Weise achten, in der die KlientInnen sich ausdrücken (was sie beschönigen, ignorieren oder auswählen, um darüber zu reden). Darüber hinaus ist es erforderlich, das Sprechtempo zu beobachten (Zögern, Abblocken, Verwirrung) und festzustellen, ob die Tonhöhe und das Timbre der Stimme sich oft ändern, wenn bestimmte Themen angeschnitten werden. Mimik, Körperposition, Haltung, Bewegungen und Gestik der KlientInnen können dabei von ebenso großer Bedeutung sein wie Erröten, Erbleichen, Schwitzen, feuchte Hände, Tränen, häufiges Schlucken, trockener Mund und erweiterte Pupillen. Des weiteren ist es auch wichtig, zu beobachten, ob sich die Atmung zu bestimmten Zeiten beschleunigt oder verlangsamt. Es kann auch vorkommen, daß man auf einen zentralen Anhaltspunkt aufmerksam wird, weil man bemerkt hat, daß sich jemand am Kopf kratzt oder sich die Augen reibt oder dazu neigt, den Blick zu senken, was auf charakteristische Merkmale hinweisen kann, wie Menschen versuchen, ihre Angst zu verdecken. *Diese kleinen Details sind daher äußerst wichtig.*

Die TherapeutInnen sollten sich darüber hinaus selbstverständlich auch bewußt sein, wie sie selbst von den KlientInnen wahrgenommen werden. Beispielsweise wird die äußere Erscheinung eines Therapeuten, sein Geschlecht, sein Alter, seine Sprechweise, seine Haltung usw., auch mit dazu beitragen, die Reaktion eines Klienten zu beeinflussen. Im wesentlichen werden sich die KlientInnen bei der Therapie immer fragen: "Was kann ich diesem Menschen sinnvoll erweisen und gefahrlos offenbaren?" Abgesehen davon wird auch die Rolle, welche die TherapeutInnen jeweils einnehmen, eine Therapie in entscheidendem Maße beeinflussen. Wirkt ein Therapeut beispielsweise wie eine Autoritätsperson, ein Polizist, ein Lehrer, ein Trainer, ein Pfarrer, ein Richter, ein Geschäftsmann (beziehungsweise deren weibliche Pendants)? Abgesehen davon sollte man auch immer die einleuchtende Tatsache im Kopf behalten, daß wir selten so gesehen werden, wie wir "wirklich" sind. Als beispielsweise mein Haar vor zehn Jahren vorzeitig ergraute, habe ich festgestellt, daß mein "Verstärkungswert" ganz offensichtlich für jene KlientInnen angestiegen war, die auf eine "Vaterfigur" ansprachen oder die sich wünschten, daß ich bei Ihnen eine Lehrer- oder Onkelrolle einnehmen sollte. Bei jüngeren KlientInnen dagegen, die wollten, daß ich eine brüderliche Lücke füllen oder die Rolle von Gleichaltrigen oder Freunden besetzen würde, hatte ich weniger Erfolg. Es ist wichtig, die Wirkung, die man selbst auf die KlientInnen hat, auch mit diesen zu erörtern, besonders, wenn man darin eventuelle Rollenkonflikte vermutet. So hat beispielsweise einer meiner schwarzen Kollegen einmal zu mir gesagt: "Du darfst nicht farbenblind sein". Ein weißer liberaler Therapeut, der vorgibt, so wenig rassistisch zu sein, daß er noch nicht einmal bemerkt, daß die Hautfarbe seines Klienten so völlig von seiner abweicht, wird sich dabei höchstwahrscheinlich in seiner eigenen Schlinge verfangen. Wenn ich einen Klienten habe, der kein Weißer ist, dann frage ich ihn normalerweise, wie er dazu steht, sich einem weißen Mann anzuvertrauen, weil eine effektive Psychotherapie nun einmal auf Vertrauen basiert. Ich halte dieses Thema für so entscheidend, daß ich es gewöhnlich schon in den ersten zehn Minuten des Erstgesprächs anspreche. Manchmal ist ein Klient nicht dazu in der Lage, sich jemandem anvertrauen, der eine andere Hautfarbe hat, oder die eigene Sprache nicht fließend beherrscht, usw. In diesen Fällen ist die Überweisung an qualifizierte KollegInnen oft die beste Methode!

Meiner Erfahrung nach zahlt es sich für TherapeutInnen immer aus, wenn sie sich von Anfang an zu ihrer eventuellen "Fehlbarkeit" bekennen, anstatt zu versuchen, einem Bild von zwanghaftem "Professionalismus" zu entsprechen. Es wird zweifellos die therapeutische Beziehung gefährden, sich als der perfekte Retter, das kluge, absolut unabhängige Wesen oder in einer anderen unzutreffenden Rolle darzustellen. Ich ziehe es meistens vor, zu erklären, daß ich, wie jedes andere menschliche Wesen auch, nicht perfekt bin. Ich habe zwar Einblick in bestimmte Tatsachen und habe Fähigkeiten erworben, die sich in einer Therapie als wirksam erweisen können. Dabei kann ich mich aber auch irren, und wenn ich das tue, dann werde ich nicht versuchen, meinen Fehler zu vertuschen. Den Standpunkt einzunehmen, daß man auch einmal Fehler machen kann, erspart es TherapeutInnen darüber hinaus, im Falle einer Fehleinschätzung irgendwelche Manöver einleiten zu müssen, um ihr Gesicht zu wahren.

Wo immer es angebracht ist, kann es auch hilfreich sein, KlientInnen bewußt zu machen, daß sie in einer Therapie ein Beziehungsangebot erhalten, wie es in den meisten anderen sozialen Beziehungen normalerweise nicht erhältlich ist. Sie können beispielsweise von der Erkenntnis profitieren, daß ihre Kritik gegenüber den TherapeutInnen *nicht* auf die normalerweise üblichen defensiven Vergeltungsreaktionen stößt. Es ist dabei wichtig, daß TherapeutInnen mit konstruktiver Kritik aufwarten, ihre eigene Selbstöffnung genau dosieren, nichtwertendes Interesse und Verständnis für ihre KlientInnen zeigen und diese vollständig akzeptieren (was allerdings nicht mit Zustimmung zu allem, was diese sagen und tun, gleichzusetzen ist). Meiner Erfahrung nach sind die besten TherapeutInnen im wesentlichen freundliche und sanfte Menschen mit spürbarer Flexibilität und Humor.

Während einer Sitzung mache ich mir gewöhnlich Notizen (ich schreibe mir, zusätzlich zu den Empfehlungen, die ich gebe, rasch ein paar Schlüsselworte und -sätze auf), tue dies jedoch nicht, wenn es den Gesprächsfluß zu hemmen scheint. Ich halte nichts davon, KlientInnen in einer langen, angespannten Stille schmoren zu lassen, sondern ziehe es vor, das Gespräch in Bahnen zu lenken, die für sie weniger schmerzhaft sind. Ich steuere den Dialog dann oft erst später zu affektgeladenem Material zurück, wenn die KlientInnen eher bereit sind, mit relevanten Informationen herüberzukommen. Wenn es beispielsweise wichtiger zu sein scheint, einem Klienten beim Überwinden einer Hürde zu helfen, anstatt das Gespräch von dieser wegzusteuern, dann kann es manchmal nützlich sein, einfach zu sagen: "Gibt es etwas, das es Ihnen schwer macht, mit mir über diese Angelegenheit zu reden? Wenn ja, können Sie mir sagen, was das ist?" Manchmal kann man sogar eine Vermutung anstellen, was sich hinter dem Zögern des Klienten, dieses Thema zu erörtern, verbergen könnte: "Vielleicht haben Sie Angst davor, was ich von Ihnen denken könnte?" Gelegentlich kann dabei auch eine paradoxe Frage wichtige Informationen an den Tag bringen: "Wenn Sie darüber sprechen könnten, was würden Sie mir dann erzählen?"

Bei alledem ist es wichtig, immer möglichst *spezifische*, *konkrete* Informationen zu bekommen. Wenn ein Klient beispielsweise sagt: "Meine Mutter war gemein zu mir", dann sollte ein Therapeut bzw. eine Therapeutin daraufhin nach konkreten Beispielen für diese Gemeinheit fragen. Um diese spezifischen Informationen zu bekommen, empfiehlt es sich zunächst, die gewöhnlichen Was-, Wann-, Wo-, Wer- und Wie-Fragen zu stellen. "Was ist danach passiert?" "Wer war damals dabei?" "Wie haben Sie sich dabei gefühlt?" "Wann genau ist das gewesen?" "Wo waren Sie, als das geschah?" Dabei liegt es in der Verantwortung der TherapeutInnen, die Richtung des Gesprächs zu lenken. Einer meiner Ausbilder erzählte mir einmal, daß es kontraproduktiv sei, KlientInnen zu unterbrechen: "Was auch immer der Klient sagen mag, es ist für diese Person wichtig und bedeutsam." Welch ein Unsinn! KlientInnen schweifen oft ab oder reden endlos über Dinge, die für sie eigentlich irrelevant sind. Unter Umständen sprechen sie wie durch eine Milchglasscheibe über triviale Dinge und versuchen dabei, die wirklichen Themen zu verdrängen oder zu verstecken. Dabei gibt es jedoch sanfte, gleichzeitig aber auch sehr wirkungsvolle Wege, einen solchen Redestrom zu unterbrechen: "Mir ist aufgefallen, daß Sie viel Zeit darauf verwenden, mir von Donna und Fred zu erzählen. Mir ist es dabei nicht klar, warum die beiden für Sie jetzt gerade so wichtig sind." Eine solche überbrückende Bemerkung bietet dann auch die Gelegenheit, nach relevanten Informationen zu fragen: "Bitte erzählen Sie mir etwas über Ihre Ehe." "Was hat denn dazu geführt, daß Sie den Arbeitsplatz gewechselt haben?"

Die Betonung des pädagogischen Effekts

Wenn man sich mit Verhalten, Affekten, Empfindungen, Vorstellungen, Kognitionen und interpersonalen Faktoren befaßt (und genauso, wenn man sich mit Details in der Ernährung, Bewegung und Gesundheit in der D-Modalität beschäftigt) liegt die Betonung im wesentlichen auf dem pädagogischen Effekt. Im allgemeinen sind unsere erfolgreichen KlientInnen gewillt, Entspannung, Meditation und andere empfohlene Übungen durchzuführen; sie sind dazu bereit, ihnen empfohlene Bücher und andere Materialien zu lesen; sie fertigen Übersichtspläne über ihre Aktivitäten an, wenn es angebracht ist; und sie teilen den TherapeutInnen ihre Gedanken und Gefühle offen mit. Die TherapeutInnen wiederum versuchen, störende Verhaltensweisen zu modifizieren, bieten Beratung, gewähren Betreuung, übermitteln Informationen, korrigieren falsche Vorstellungen und geben ihren KlientInnen genau das Maß an Unterstützung und Ermunterung, das diese brauchen, um ihre Ziele erreichen zu können. Dabei betonen wir immer, daß ein Großteil der Verantwortung für den Erfolg einer Therapie bei den KlientInnen liegt, bzw. ihrer Bereitschaft, zwischen den Sitzungen mitzuarbeiten. Damit setzt man einen pädagogischen Schwerpunkt, der oft schon im Erstgespräch thematisiert wird. Im folgenden ist ein kurzer Auszug aus dem Erstgespräch mit einem intelligenten jungen Autor dargestellt, der unter "blockierter Kreativität" litt und aus einer vorhergegangenen Therapie keinerlei Nutzen gezogen hatte:

K: Bitte, fassen Sie es nicht falsch auf, wenn ich Sie das frage, aber ich war schon bei drei Ärzten... Ich bin bei Dr. R. über zwei Jahre in Therapie gewesen und es geht mir immer noch nicht besser.... Ich wollte Sie also fragen, warum Sie glauben, daß Sie bei mir Erfolg haben werden, wo es den anderen doch auch nicht gelungen ist. Ich hoffe, daß ich Sie damit nicht vor den Kopf stoße.

T: Nein, überhaupt nicht. Sie möchten offensichtlich gerne wissen, ob ich über irgendwelche besonderen Fähigkeiten verfüge, die meine KollegInnen nicht besitzen. Das ist eine völlig berechtigte Frage.

K: Es geht mir nicht um irgendwelche magischen Fähigkeiten...

T: (sehr behutsam) Ich glaube schon, daß es ihnen darum geht. So, wie Sie die Frage formuliert haben, klang es, als ob ich mit Ihnen etwas tun oder etwas nicht tun könnte, wodurch Ihre Probleme dann gelöst wären oder eben auch nicht.

K: Ich verstehe nicht, worauf Sie damit hinaus wollen...

T: Lassen Sie uns die Frage einmal anders formulieren. Wenn Sie und ich zusammenarbeiten, wenn wir kooperieren und unsere Energien kombinieren, wie stehen denn dann die Chancen, daß viele der Schwierigkeiten sich verringern? Wenn Sie mir dagegen nicht vertrauen, wenn Sie es vermeiden, emotionale Risiken einzugehen, Gründe und Entschuldigungen dafür finden, die Übungen, die Sie zu Hause durchführen sollten, nicht zu machen, Ihre Sitzungstermine verpassen, Informationen zurückhalten....

K: Ach, hören Sie schon auf, wenn ich so eine Einstellung hätte, dann wäre ich ja schließlich nicht hier. Aber bei Ihnen hört sich das so an, als ob *ich* hier die ganze Arbeit leisten müßte.

T: Ich habe schon vielen Menschen erklärt, daß ein Therapeut eigentlich ein Trainer oder Lehrer ist. Wenn man die Therapie demnach als Training oder Ausbildung betrachtet, dann kann man Ihre Situation mit jemandem vergleichen, der eine neue Sprache oder ein Musikinstrument lernen oder sein Tennisspiel verbessern will.

K: Das glaube ich aber ganz und gar nicht! Hier geht es schließlich um mein Leben, das ist für mich keine Freizeitbeschäftigung.

T: Das ist natürlich nur als Analogie gemeint, ich will die Bedeutung Ihrer Situation überhaupt nicht herunterspielen. Nichtsdestotrotz versuche ich, Ihnen zu vermitteln, daß ein Veränderungsprozeß immer auch ein *pädagogischer* Prozeß ist. Dabei muß ich mich natürlich auch fragen, wie sehr Sie versucht haben, Dr. R. zu unterstützen, sprich: wie sehr Sie versucht haben, ihm dabei zu helfen, Ihnen zu helfen. Verstehen Sie, was ich damit meine?

K: Ich bin nie unkooperativ gewesen...

T: Aber welche aktiven Unterstützungsversuche haben Sie dabei übernommen? Vielleicht haben Sie die Therapie nicht behindert, aber haben Sie auch Verantwortung dafür übernommen, daß sie überhaupt funktionieren konnte?

K: Ich bin mir nicht sicher, ob ich Sie richtig verstehe, die Herangehensweise von Dr. R. war da wohl traditioneller. Ich meine, die meisten Hausaufgaben bestanden bei ihm darin, daß ich meine Träume aufschreiben sollte.

T: Haben Sie das denn getan?

K: Um ganz ehrlich zu sein, nach einer Weile habe ich darin einfach keinen Sinn mehr gesehen. Ich meine...

T: Haben Sie das Dr. R. jemals erzählt? Haben Sie ihm ins Gesicht gesagt, daß Sie in diesen Aufgaben keinen Sinn sehen?

K: Mm, nicht direkt.

T: Gut. Genau das ist es nämlich, was ich meine, wenn ich von Mitarbeit oder Verantwortung spreche. Ich würde von Ihnen erwarten, daß Sie sich mit mir auf eine Stufe stellen, und zwar die ganze Zeit, hundertprozentig. Wenn ich Ihnen einen Vorschlag mache oder eine Empfehlung gebe, die Sie für irrelevant oder fehl am Platze halten, dann möchte ich Ihre ehrlichen Gefühle dazu hören, sowie etwas von Ihren Handlungen und Reaktionen erfahren. Sie können gleich damit anfangen, indem Sie mir offen rückmelden, was Sie von dem halten, was ich Ihnen eben gesagt habe.

K: Es klingt logisch.

T: Was halten Sie davon?

K: Wie ich schon gesagt habe, es gefällt mir. Es klingt vernünftig. Ich werde nichts vor Ihnen verbergen.

T: Ich wünschte, ich könnte es glauben.

K: Vertrauen Sie mir denn nicht?

T: Nun, Sie waren nicht ehrlich zu Dr. R., weshalb sollte es bei mir anders sein?

K: (lachend) Weil Sie ein verfluchter Mistkerl sind.

Kommentar: Zusätzlich dazu, daß ich dem Klienten damit meinen Standpunkt einer pädagogischen Herangehensweise vermittelt hatte, habe ich ihm auf diese Weise auch an einem praktischen Beispiel gezeigt (bzw. ihn instruiert), daß er mir gegenüber ruhig ehrlich sein konnte. Durch die Betonung der Tatsache, daß Ehrlichkeit in unserer Beziehung eine Notwendigkeit sei, war ich auch in der Lage, dies positiv zu nutzen, wann immer ich Grund zu der Annahme hatte, daß er Gefühle oder Information zurückhielt. Ich fragte ihn dann: "Stehen Sie jetzt mit mir auf einer Stufe?" und, um diesen Punkt nochmals zu betonen, fügte ich manchmal auch hinzu: "oder behandeln Sie mich wie Dr. R.?" Unsere Beziehung entwickelte sich ausgezeichnet und die Therapie verlief ausgesprochen glatt.

Eine Vielfalt von Vorgehensweisen

Bei einer multimodalen Herangehensweise werden therapeutische Flexibilität und Vielseitigkeit vor alle anderen Faktoren gesetzt. Schon allein das Prinzip menschlicher Individualität spricht für die Tatsache, daß es keinen einheitlichen Weg geben kann, um menschliche Probleme anzugehen. Ein Therapeut beispielsweise, der bei allen KlientInnen Wärme und Einfühlungsvermögen ausstrahlt, wird dennoch diejenigen Menschen brüskieren, die eine distanziertere, formelle und geschäftsmäßige Interaktion bevorzugen - oder zumindest bei ihnen weniger Erfolg haben. Das Erstgespräch sollte daher auf eine möglichst tolerante, neutrale und offene Art und Weise geführt werden. KlinikerInnen mit Gespür werden dabei schon bald beurteilen können, wie die therapeutische Beziehung am besten gestaltet werden kann. Es gibt beispielsweise Menschen, die äußerst geringschätzig auf Sympathiebezeugungen von TherapeutInnen reagieren. Eine Klientin, die mich mit: "Hören Sie auf, mich immer so zu verhätscheln!" anfauchte, als ich voll ehrlichen Mitgefühls zu ihr gesagt hatte: "Das tut mir wirklich leid für Sie", reagierte dagegen sehr positiv, nachdem ich für den Rest der Therapie einen rauhen, fast unsensiblen Ton angeschlagen hatte. Ein mitfühlendes und einfühlsames Echo bewirkte bei ihr nur Selbstmitleid, wohingegen die Botschaft "Reißen Sie sich zusammen!" sie dazu brachte, konstruktive Veränderungen vorzunehmen.

Bei manchen KlientInnen kann es erforderlich sein, ihre affektiven Reaktionen zu untersuchen, wobei eine klientenzentrierte, reflektive Atmosphäre in der Therapie genau das richtige sein kann. Andere brauchen eher eine direkte Konfrontation, also kognitive Disputation. Menschen mit offensichtlichen Verhaltensdefiziten brauchen vielleicht aktives Modellernen oder Anleitung zu und Einüben von sozialen Fertigkeiten. In vielen Fällen sind die TherapeutInnen auch dazu aufgefordert, ihre KlientInnen einerseits mit Einfühlungsvermögen sowie Mitgefühl und in anderen Situationen wiederum mit hartem Pragmatismus zu behandeln. Es ist daher eben wesentlich schwieriger, ein multimodaler Therapeut bzw. eine multimodale Therapeutin zu sein, und dabei Vielseitigkeit und Anpassungsfähigkeit zu besitzen, als nur einer bestimmten Schule zu folgen und einfach zuzulassen, daß damit eine "natürliche Auslese" von KlientInnen stattfindet.

Wenn mich diverse KollegInnen, die mit meinem therapeutischen Ansatz nicht vertraut sind, bei verschiedenen KlientInnen beobachteten, dann würden ihre Meinungen angesichts der Bitte, meine therapeutische Richtung zu identifizieren, stark voneinander abweichen. Der eine würde vielleicht behaupten: "Er ist bestimmt ein Rogerianer. Er hat eine ganze Stunde lang nur die affektiven Aussagen des Klienten reflektiert." Eine andere würde vielleicht behaupten: "Er verbindet Alfred Adler mit Jay Haleys Problemlösungstherapie". Ein dritter Beobachter könnte zu dem Schluß kommen: "Er muß ein Gestalttherapeut sein, er hat schließlich Psychodrama und Imaginationstechniken verwendet". "Ich kann Ihnen da nicht zustimmen", könnte wiederum eine andere einwenden, "er hat mich sehr an Albert Ellis erinnert". Es dürften dabei auch noch unzählige andere Beobachtungen gemacht werden, einschließlich: "Er ist so eklektisch, daß ich überhaupt keine bestimmte Orientierung feststellen konnte", oder: "Er ist ganz offensichtlich ein Verhaltenstherapeut - die Stunde bestand hauptsächlich aus einer Desensibilisierung, gefolgt von einem Selbstbehauptungstraining". Es ist sogar möglich, daß jemand zu dem Schluß kommt: "Er ist ein psychodynamischer Praktiker. Er hat den Großteil der Stunde nur mit Zuhören verbracht und gelegentlich Kommentare zu Kindheitsereignissen abgegeben".

Noch einmal - und das kann gar nicht oft genug betont werden - möchte ich darauf hinweisen, daß man, nur weil man mit den Erkenntnissen von Freud, Rogers, Ellis, Perls oder irgendeiner anderen Persönlichkeit arbeitet, deswegen noch keine ihrer Theorien oder Grundprinzipien akzeptieren muß. Wenn ich (als technischer Eklektizist) beispielsweise die Träume eines Klienten bespreche, dann muß ich mich dabei nicht auf den Freudschen oder Jungschen Symbolismus verlassen und auch nicht glauben, daß Träume die majestätische Straße darstellen, die ins Unbewußte führt. Gelegentlich können Träume jedoch Einblick in die Vorstellungsmodalität geben, und das wiederum kann zur Anwendung von bestimmten verhaltenstherapeutischen oder interpersonalen Techniken führen. Dies gilt insbesondere für wiederkehrende Träume. Als eine Klientin mir beispielsweise berichtete, daß sie ständig träumte, "wie eine Sardine in einer U-Bahn eingequetscht" zu sein, benutzten wir die Technik der assoziierten Vorstellung (siehe Anhang 2) und kamen zu dem Schluß, daß sie sich von ihrem Freund "eingeengt" fühlte. Dementsprechend wurden für sie Verhaltenserprobungen und Selbstbehauptungstraining ausgewählt.

Die Spanne von KlientInnen, bei denen einzelne TherapeutInnen Erfolg haben können, ist wahrscheinlich direkt proportional zum Ausmaß ihrer Flexibilität und Vielseitigkeit. Multimodale Therapie setzt andere Fähigkeiten voraus als die traditionellen Ansätze der Psychotherapie und wird vermutlich auch andere Menschen anziehen. Ein Therapeut beispielsweise, der lieber lernt, ein oder zwei Dinge besonders gut zu machen, wird wahrscheinlich kein effektiver multimodaler Praktiker werden. Aus der klinischen Erfahrung läßt sich hierbei jedoch feststellen, daß es gewöhnlich besser ist, sieben Gebiete relativ gründlich abzudecken, als sich nur mit ein oder zwei Modalitäten bis ins letzte Detail zu beschäftigen.

Es gibt darüber hinaus noch einen weiteren Punkt, der in dieser Abhandlung über das Erstgespräch aufgeführt werden sollte: Für TherapeutInnen ist es dabei unbedingt erforderlich, die eigenen Gefühle während und nach der Sitzung zu reflektieren. Wenn wir unser eigenes "Gefühl im Bauch" anschauen, dann finden wir dabei häufig Hinweise auf zentrale Probleme, die sich anderen Untersuchungsweisen weitgehend entziehen. Indem wir versuchen, unsere Gefühle den KlientInnen gegenüber zu verstehen, können wir, wenn wir dabei ehrlich und objektiv bleiben, auch die subtilen Hinweise empfangen, die von diesen ausgesendet werden. Wenn ich beispielsweise bemerke, daß ein Klient in mir ein Gefühl der Nervosität oder des Unbehagens hervorruft, dann sage ich ihm dies auch, vorausgesetzt ich habe das Gefühl, daß der Klient meine Kritik nicht nur negativ auffassen wird. "Ich möchte Ihnen gestehen, daß ich mich bei Ihnen nicht locker und entspannt fühle. Irgend etwas an Ihnen macht mich ziemlich nervös." Als ich dies zu einem 26jährigen Ingenieur sagte, der mich wegen häufiger Zusammenstöße mit seinen ArbeitskollegInnen aufsuchte, antwortete er: "Ich bin auch nicht hier, um Sie zu unterhalten oder sich entspannen zu lassen. Ich bezahle Sie ja schließlich, damit Sie mir helfen, ein paar Schwierigkeiten zu überwinden". Ich lächelte und entgegnete: "Jetzt weiß ich auch, warum ich mich in Ihrer Gegenwart unbehaglich fühle, ich spüre dabei nämlich, daß Sie meine Gefühle ignorieren oder sogar auf Ihnen herumtrampeln könnten. Ich frage mich, ob das auch bei anderen Menschen so ist, und ich muß mich natürlich auch fragen, ob dies für Ihre Probleme am Arbeitsplatz von Belang sein könnte". Er sah nachdenklich aus und fragte dann: "Was an mir ist es denn genau, was diese feindseligen Gefühle hervorruft?" Ich erwiderte: "Das ist eine ausgezeichnete Frage, lassen Sie uns schauen, ob wir sie gemeinsam beantworten können".

Effektive PsychotherapeutInnen hüten sich dabei immer davor, ihre KlientInnen in ein Behandlungsschema zu pressen. Ein Hauptzweck des Erstgesprächs ist es, festzustellen, wie man statt dessen die Behandlung auf die jeweiligen KlientInnen zuschneiden kann. Wenn wir dabei mit den Normen und Annahmen arbeiten, die wir aus der wissenschaftlichen Literatur entnehmen können, dann müssen wir unsere allgemeinen klinischen Kenntnisse trotzdem noch so zurechtschneidern, daß sie auf ein gegebenes Individuum passen. Was die KonsumentInnen erhalten, hängt also meistens davon ab, was die jeweiligen TherapeutInnen wissen - ein biologisch orientierter Psychiater wird sich beispielsweise kaum gründlich mit der Familiendynamik befassen, und eine Psychoanalytikerin wird kaum verhaltenstherapeutische Techniken verwenden. Indem sie jedoch einen pluralistischen Standpunkt einnehmen, haben multimodale TherapeutInnen dabei ständig das Zusammenspiel biologischer, psychologischer und soziologischer Variablen im Auge. Statt die Probleme der KlientInnen nur mit ein oder zwei Objekten zu betrachten, verwenden multimodale PraktikerInnen stets sieben. Dadurch wird es vermieden, in Dichotomien zu denken (es wird beispielsweise nicht gefragt: "Ist das ein systemisches oder ein individuelles Problem?", weil sich von einem multimodalen Standpunkt aus persönliche und interpersonale Prozesse auf fast alle Lebensbereiche auswirken). Darüber hinaus wird Wert auf den "Spezifitätsfaktor" gelegt (d.h.: wer ist am besten ausgerüstet, um eine spezielle Therapie für dieses besondere Problem, das diese bestimmte Klientin in verschiedenen Situationen hat, zu bieten?). Hierbei sollte auch nochmals betont werden, daß eine wohlüberlegte Überweisung manchmal wirklich das Beste sein kann.

Eine mögliche Anamnese- (Diagnose-) sequenz

Wir haben nun schon verschiedene wichtige Facetten des Erstgesprächs vorgestellt, wobei es entscheidend ist, sich darüber im Klaren zu sein, daß die Bedürfnisse der jeweiligen KlientInnen den Aufbau des Erstgesprächs (sowie auch aller folgenden) bestimmen sollten. Nichtsdestotrotz kann man in den meisten Fällen einer relativ typischen Sequenz folgen.

Phase 1. Identifizieren Sie die vorhandenen Beschwerden des Klienten bzw. der Klientin, und schätzen Sie deren Gewichtigkeit und Dauer ein. Achten Sie dabei auf Funktionsstörungen quer durch alle Modalitäten des BASIC ID. Nehmen Sie sich bestimmte Verhaltensweisen gezielt vor (wobei alles Meßbare, alles was gezählt werden kann, brauchbar ist), da diese oft Ansatzpunkte für sinnvolle Hausaufgabenübungen liefern, wodurch wiederum die zentralen Probleme greifbarer werden können. (Indem ich beispielsweise eine offensichtlich schüchterne Klientin bat, zu zählen, wie oft sie am Tag "Ich kann das nicht" sagte, konnte ich ihr verdeutlichen, wie sie passiven Widerstand als interpersonale Waffe einsetzte.)

Phase 2. Suchen Sie nach unmittelbar vorhergehenden Ereignissen und schätzen Sie sorgfältig die präsymptomatische Umgebung (Einflußgröße der Umwelt unmittelbar vor Auftreten des Sympotms) ein. Versuchen Sie festzustellen, welche unmittelbaren Faktoren den Klienten oder die Klientin in die gegenwärtige Notlage gebracht haben. Falls eine deutliche Diskrepanz zwischen der offensichtlichen präsymptomatischen Belastung und der Gewichtigkeit der gegenwärtigen Funktionsstörung besteht, sollten Sie den biologischen Faktoren besondere Aufmerksamkeit widmen.

Phase 3. Führen Sie eine möglichst umfassende Anamnese der postsymptomatischen Umgebung durch. Welchen anderen Behandlungen hat sich der Klient oder die Klientin schon unterzogen und mit welchen Ergebnissen? Bei der Untersuchung der postsymptomatischen Umwelt lautet eine Schlüsselfrage: "Wer oder was scheint die Probleme aufrechtzuerhalten?"

Phase 4. Führen Sie in Zweifelsfällen eine formelle Untersuchung des mentalen Zustandes des Klienten bzw. der Klientin durch. Bei einer konventionellen Untersuchung der geistigen Verfassung kann gewöhnlich die Orientierung der KlientInnen bezüglich Ort (z.B.: Wie heißt die Stadt, in der wir uns befinden?), Zeit (z.B.: Was für ein Datum ist heute?) und Personen (Wie heißen Sie? Wer bin ich?) festgestellt werden. Das Erinnerungsvermögen für kürzlich Geschehenes kann dabei ebenfalls eingeschätzt werden (z.B.: Was haben Sie gestern zu Abend gegessen? Was hat in der letzten Zeit Schlagzeilen in der Zeitung gemacht?). Ein Verfahren, das schon sehr lange klinische Verwendung findet, ist die Reihensubtraktion von 100 minus 7 (die Versuchsperson wird gebeten, 7 von 100 abzuziehen, dann wiederum 7 vom verbleibenden Rest, usw.). Dabei können Sie sich notieren, ob dies länger als 1 1/2 Minuten dauert und die Anzahl der Fehler festhalten (wobei 4-6 Fehler nicht ins Gewicht fallen). Wenn die Untersuchung des mentalen Zustandes auf eine Beeinträchtigung des Gehirns hindeuten sollte, dann ist zusätzlich eine gründliche Untersuchung des Begriffsvermögens, der Aufmerksamkeit, der Auffassungsgabe, der Argumentationsweise und des Urteilsvermögens des Klienten bzw. der Klientin vorzunehmen.

(Studentische LeserInnen können vielleicht Ian Stevensons Kapitel zu "The Psychiatric Interview" in The American Handbook of Psychiatry (2. Auflage) Bd. 1, Kapitel 53, 1974, New York: Basic Books, zu Rate ziehen. Ein ausgezeichnetes Kapitel (8) findet sich auch in "Examination of the patient" in L.C. Kolbs Modern Clinical Psychiatry (9. Auflage), Philadelphia: Saunders, 1977.)

Am Ende des Erstgesprächs übergebe ich meinen KlientInnen gewöhnlich den multimodalen Fragebogen zur Lebensgeschichte (siehe Anhang 1) und bitte sie, ihn auszufüllen und zur zweiten Sitzung wieder mitzubringen. Wenn ich mit KlientInnen arbeite, die den Fragebogen entweder nicht ausfüllen können oder wollen, benutzen wir diesen als Leitfaden für das Gespräch, um einen gründlichen Überblick über den Hintergrund des Klienten bzw. der Klientin - frühe Entwicklung, Familiengeschichte sowie schulische, sexuelle, berufliche und partnerschaftliche Erfahrungen - zu gewinnen.

Die Verbindung zwischen multimodaler Anamnese und Therapie

Franks und Wilson (1980) sprechen für einen Großteil der professional community, wenn sie feststellen: "Auch wenn künstlerische Fähigkeiten erforderlich sein mögen, kommen sie dennoch erst an zweiter Stelle zur Geltung; es ist der *wissenschaftliche* Scharfblick, der von herausragender Bedeutung ist". Ich kann mich dieser Meinung allerdings nicht anschließen. Selbst, wenn praktizierende TherapeutInnen im Vergleich zu heute die zehntausendfache Menge an wissenschaftlichen Fakten zur Verfügung hätten, würde künstlerisches Geschick beim Einsatz der therapeutischen Techniken immer noch eine wichtige Rolle spielen. Manche DenkerInnen haben sogar den Wert des wissenschaftlichen Modells, dem sich Franks und Wilson verschrieben haben, ernsthaft in Frage gestellt. Goldman (1976) forderte beispielsweise eine Revolution in der Therapieforschung und bezog sich dabei auf die im Grunde genommen trivialen, ausgesprochen partikularen Informationen, die in der Laborforschung erzielt wurden. Andere (z.B. Koch, 1980; Rausch, 1974) haben ebenfalls in diese Richtung argumentiert, daß das Wissen aus der akademischen Forschung als Grundlage oder Richtlinie der professionellen Praxis nur von begrenztem Wert sein könne. Dies sollte natürlich nicht als Forderung mißverstanden werden, unsere kontinuierliche wissenschaftliche Suche nach Vorhersagbarkeit und Kontrollierbarkeit aufzugeben, es gibt jedoch nichtsdestotrotz viele Aspekte der "psychotherapeutischen Grammatik", die von der Wissenschaft bislang nicht erhellt werden konnten. Wachtel macht (1980) die Beschränkungen einer experimentellen Methode deutlich, fordert deshalb eine "stärkere Gewichtung der Beobachtung... [und] eine größere Vielfalt von Methoden und Denkweisen". Colby (1962) bezeichnete die Psychotherapie als "eine angewandte Kunst, ein Handwerk wie die Landwirtschaft oder die Medizin oder die Weinherstellung, in denen sich der Handwerker auf ein unvollständiges, bruchstückhaftes Wissen und empirisch ermittelte Regeln stützt, die traditionell vom Meister an den Gesellen weitergegeben werden."

Tatsächlich sind TherapeutInnen in der täglichen Praxis oft auf ihren eigenen spontanen Einfallsreichtum angewiesen. Ungewöhnliche Fälle und anspruchsvolle Probleme erfordern von ihnen eine Menge an klinischem Scharfblick und ein innovatives Gespür, wobei sie selbst bei relativ unkomplizierten emotionalen Problemen eine ganze Reihe von klinischen Entscheidungen fällen müssen. Daher hat schon vor vielen Jahren Erickson (1953) betont, daß "was als Wesen und Charakter in einem einzelnen Befund steckt oft viel informativer und wertvoller sein kann als eine voluminöse Anhäufung von Daten, deren Bedeutung von statistischen Manipulationen abhängig ist". Wir wollen dabei jedoch die Tatsache nicht bestreiten, daß manche TherapeutInnen einfühlsamer, intuitiver und verständnisvoller sind als andere. Hervorragende KlinikerInnen bei der Arbeit zu beobachten kann ein Genuß sein, vergleichbar mit dem Erlebnis, einem virtuosen Geiger zu lauschen. Auch wenn wir in einer Therapie vielleicht nicht alle eine solche "spezielle Note" unser eigen nennen dürfen, so können wir doch dadurch, daß wir multimodal vorgehen, zumindest eine umfassende Behandlung sicherstellen, bei der einige wichtige Dinge ans Licht gebracht werden, die sonst unentdeckt geblieben wären.

Die Verwendung von Strukturprofilen

Viele TherapeutInnen, deren Herangehensweisen als facettenreich oder multidimensional bzw.multifaktoriell beschrieben werden könnte, widmen Verhaltensproblemen, affektiven Reaktionen, Empfindungen, Vorstellungen, Kognitionen, interpersonalen Beziehungen und biologischen Prozessen zumindest ein gewisses Maß an Aufmerksamkeit. Was multimodale PraktikerInnen dabei von anderen breitgefächerten Ansätzen oder vielschichtigen Herangehensweisen unterscheidet, ist das sorgfältige und systematische Studium des BASIC ID Wie schon in Kapitel 3 erwähnt, halten wir es für unbedingt notwendig, Beschwerden in ihrem breiteren Kontext zu sehen und festzustellen, auf welche Modalität oder Modalitäten des BASIC ID sich diese erstrecken. Die Aussage: "Ich bin angespannt, frustriert und unzufrieden, sowohl bei der Arbeit als auch zu Hause", deutet beispielsweise auf sensorische, affektive und interpersonale Faktoren hin. Wie wir noch zeigen werden, untersuchen multimodale TherapeutInnen dabei, wie andere KlinikerInnen auch, vorhandene Beschwerden hinsichtlich ihrer vorausgehenden Faktoren und nachfolgender Konsequenzen, aber zusätzlich dazu gehen sie bei jedem Problem auch den interaktiven Einflüssen quer durch alle Bereiche des BASIC ID nach. Es gibt jedoch Beschwerden, bei denen es schwierig ist, sie einer bestimmten Modalität zuzuordnen: "Ich möchte mit meinen Gefühlen in Berührung kommen" kann z.B. kaum als sensorische Beschwerde betrachtet werden! Normalerweise können solche vagen Probleme jedoch durch eine sorgfältige Befragung auf einzelne Schwierigkeiten quer durch das BASIC ID reduziert werden, was später in diesem Kapitel bei der Erörterung einiger Fallbeispiele noch deutlicher werden wird.

Bevor wir nun mit einer *inhaltlichen* Analyse des BASIC IDs beginnen, sollten wir noch Ferrise (1980) erwähnen, der die Bedeutung einer *strukturellen* Anamnese zu Beginn der Therapie betont hat. In einfaches Alltagsvokabular übersetzt könnte das etwa heißen, daß manche Menschen hauptsächlich "Tatmenschen" sind, während andere eher als "Kopfmenschen" oder "Gefühlsmenschen" oder auf andere ausgerichtete "Beziehungsmenschen" usw. bezeichnet werden könnten. Er konstruiert dabei eine 10-Punkte-Skala für jede Modalität und bittet seine KlientInnen, zu bewerten, in welchem Maße sie sich selbst als handelnd, fühlend, empfindsam, imaginativ, denkend und beziehungsorientiert wahrnehmen. Er bittet sie darüber hinaus auch, zu bewerten, in welchem Maße sie auf "gesunde Gewohnheiten" achten und diese auch ausüben - regelmäßigen Sport treiben, sich gesund ernähren, Zigaretten, Drogen und übermäßigen Alkoholkonsum vermeiden usw., wobei eine hohe Bewertung in der D-Kategorie auf ein stark gesundheitsorientiertes Individuum hindeutet. Die Ergebnisse in den einzelnen Modalitäten können dabei in einfachen Balkendiagrammen festgehalten werden.

Die Fälle A und B (siehe Seite 76) sind sich auf den ersten Blick relativ ähnlich. Sie weisen beide die höchste Punktzahl bei "Handeln, Denken und Beziehungsorientierung" auf, wobei das "Gesundheitsbewußtsein" von A höher bewertet ist als das von B. Die Tatsache, daß A "Tatmensch, Beziehungsmensch und Kopfmensch" ist, während B "Tatmensch, Kopfmensch und Beziehungsmensch" ist, kann jedoch zu einigen vorhersehbaren Unterschieden in ihrem Ansprechen auf die Therapie führen. So werden z.B. sowohl A als auch B wahrscheinlich gut auf behavioristische, kognitive und interpersonale Techniken ansprechen, aber es könnte sein, daß A mehr Aufgaben im interpersonalen Bereich braucht oder wünscht, und diese den Methoden der kognitiven Restrukturierung vorzieht, während B wahrscheinlich eher kognitiven Interventionen zugänglich sein wird. Im Fall von C, wo "Verhalten" und "Kognitionen" die am niedrigsten bewerteten Modalitäten sind und in der Selbsteinschätzung ein "Gefühls-, Sinnes-, Phantasie- und Beziehungsmensch" dargestellt wird, würden sich gewöhnliche kognitiv-behavioristische Verfahren wohl als weniger effektiv erweisen als beispielsweise Gruppentherapie in Form der T-Gruppen (Golembiewski & Blumberg, 1977) und Therapie zur Beziehungsveränderung (Guerney, 1977).

Anhand eines kurzen Transkriptes soll nun gezeigt werden, wie ein Strukturprofil erstellt werden kann. Der Klient in diesem Beispiel ist ein sehr erfolgreicher Vorstandsvorsitzender mit "Eheproblemen".

T: Manche Menschen könnten als "Tatmenschen" bezeichnet werden - sie sind ausgesprochen tätigkeitsorientiert, haben gerne viel zu tun, erledigen ihre Angelegenheiten zügig und nehmen gleichzeitig mehrere Projekte in Angriff - während andere mehr dazu neigen, "Kopfmenschen" zu sein - sie planen gerne, stellen sich Dinge vor, entwerfen etwas oder reflektieren darüber und wägen es ab. Bei anderen wiederum überwiegen ihre "Gefühle und Emotionen", sie sind Tagträumer, haben viele Phantasien und ein lebhaftes Vorstellungsvermögen. Ich möchte nun, daß Sie sich selbst in Hinblick auf verschiedene Punkte auf einer Skala von 0 bis 10 einschätzen. Lassen Sie uns mit "Verhalten" beginnen. Wo auf einer Skala von 0 bis 10 würden Sie ihre Neigung einordnen, aktiv zu sein, ein Tatmensch, jemand, der seine Energie hauptsächlich in Handlungen auslebt?

K: Jawohl, das paßt haargenau auf mich! Ich erledige Dinge am liebsten gleich. Wir wollen einmal den Tatsachen ins Auge schauen, ich hätte doch all das, was ich erreicht habe, nie geschafft, wenn ich nicht so wäre.

T: Welche Zahl sollen wir also nehmen?

K: Eine 9 oder 10. Sagen wir 10.

T: Gut. Lassen Sie uns jetzt "Gefühle und Emotionen" bewerten. Wie emotional sind Sie? Wie stark sind Ihre Gefühle?

K: Nun, das kommt immer darauf an. Sehen Sie, wenn Sie mich fragen, wieviele Gefühle ich *ausdrücke*, dann müßte ich mich ziemlich niedrig einstufen. Meine Frau beklagt sich, daß ich meine Gefühle nicht zeige, und sie hat recht. Ich finde es schwierig, meinen Gefühlen Luft zu machen, aber innerlich habe ich schon starke Gefühle.

T: Dann können wir auch einfach zwei Werte angeben, einen, der wiedergibt, wie viele Gefühle Sie ausdrücken, und einen, der die Stärke Ihrer inneren Gefühle wiederspiegelt.

K: Ich würde 2 sagen, bzw. 7 oder 8.

T: Gut. Wie steht es mit "Empfindungen"? Für manche Leute sind sensorische

A

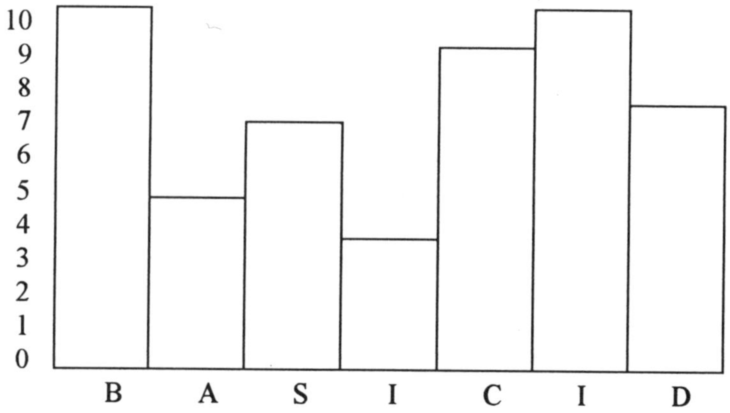
10
9
8
7
6
5
4
3
2
1
0
B A S I C I D

B

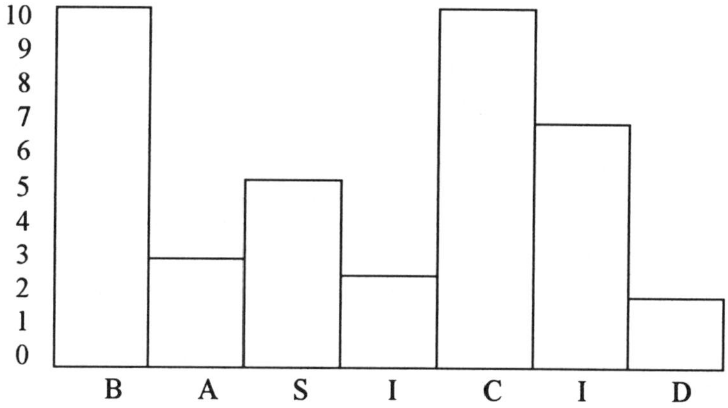
10
9
8
7
6
5
4
3
2
1
0
B A S I C I D

C

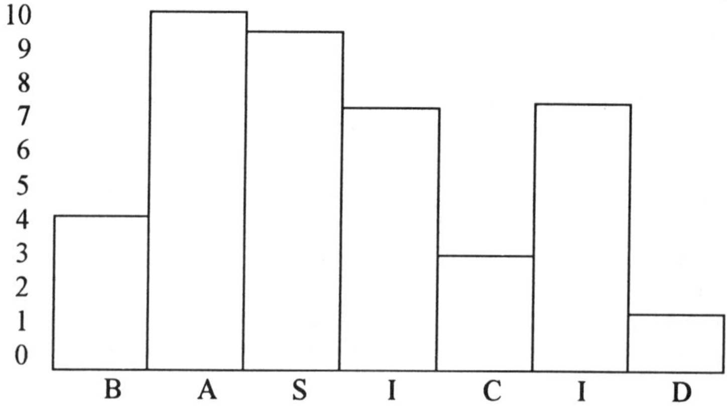
10
9
8
7
6
5
4
3
2
1
0
B A S I C I D

Dinge von Sex bis hin zu Essen, Musik, Kunst und anderen Genüssen unheimlich wichtig, sie konzentrieren sich stark auf ihre Empfindungen.

K: Ich mag gewisse Musikstile sehr gern und ich kann auch einen schönen Sonnenuntergang genießen. Ich weiß nur nicht, wie ich das bewerten soll.

T: Nun, wie sehr konzentrieren Sie sich im allgemeinen auf die Schmerzen oder die Genüsse, die Ihnen von den Augen, Ohren, Geschmacksknospen, Genitalien usw. übermittelt werden?

K: Sagen wir 5. Mein Bruder dagegen ist ein Hypochonder, der jeden kleinen Schmerz und jedes Wehwehchen zur Kenntnis nimmt, dem würde ich eine 10+ geben.

T: Nun gut, das muß ja auch nicht unbedingt negativ sein. Manche Menschen sind eben sehr auf Ihre Sinne eingestellt und haben sehr viel Freude an ihren körperlichen Funktionen, ästhetischen Genüssen usw.

K: Bleiben wir trotzdem bei 5.

T: Kommen wir also zu "Vorstellungen". Wie oft haben Sie Phantasien oder geben sich einfach nur Tagträumen hin? Die Frage hat jetzt nichts mit Denken oder Planen zu tun, das werden wir erst als nächstes erörtern. Was ich hier von Ihnen wissen möchte, betrifft Träume oder Tagträume, das "Denken in Bildern", die Vorstellung von Gesprächen in Ihrem Kopf, das Umherschweifenlassen Ihrer Phantasie.

K: Nein, ich bin nicht sehr phantasievoll und ich hänge auch selten irgendwelchen Träumen nach. Ich bin immer eher als "mit beiden Füßen fest auf dem Boden stehend" beschrieben worden. Ich durchdenke gerne etwas, aber dabei träume ich weniger davon, sondern plane es lieber. Ich verdiene ganz sicher eine 10 in der Kategorie Denken und Planen.

T: Okay, wir werden Ihnen also eine 10 bei Kognitionen geben, aber wie würden Sie denn jetzt an diesem Punkt Ihre Vorstellungen einstufen?

K: Bei 2 oder 3.

T: Jetzt fehlen uns nur noch zwei Kategorien, eine davon heißt zwischenmenschliche Beziehungen. Wie wichtig sind andere Menschen für Sie? Hier ist Ihre Bewertung als soziales Wesen gefragt, es geht um enge Freundschaften, den Wunsch, mit anderen Menschen zusammen zu sein, den Wunsch nach Intimität.

K: Ich brauche andere Leute nicht sonderlich, ich habe lieber meine Ruhe. Ich fühle mich allein sehr wohl und ziehe es vor, mich mit meiner Briefmarkensammlung zu beschäftigen, anstatt auf Partys zu gehen oder andere soziale Kontakte zu pflegen. Meine Frau nennt mich einen "Eigenbrötler".

T: Das klingt nach weniger als 5.

K: Machen Sie eine 3 oder 4 daraus.

T: Zum Schluß möchte ich noch, daß Sie sich in der medizinischen Modalität bewerten. Damit meine ich Ihr Gesundheitsbewußtsein und die Vermeidung schlechter Angewohnheiten wie Rauchen, hoher Alkoholkonsum, zu viel Kaffee, übermäßiges Essen, usw. Treiben Sie regelmäßig Sport, bekommen Sie genug Schlaf, vermeiden Sie Fastfood, und achten Sie normalerweise auf Ihren Körper?

K: Mein Gesundheitszustand ist hervorragend. Ich rauche und trinke nicht, und ich ernähre mich vernünftig. Das einzige, woran es mir fehlt, ist Bewegung, da könnte ich ein bißchen mehr gebrauchen. Machen Sie also 7 oder 8 daraus.

Es dauert nur wenige Augenblicke, ein Balkendiagramm zu skizzieren, das dann sofort als griffbereite, praktische Erinnerungshilfe für die hauptsächlichen Neigungen des Klienten dienen kann. Wie wir in Kapitel 9 noch zeigen werden, kann dies besonders in einer Paartherapie von großem Nutzen sein.

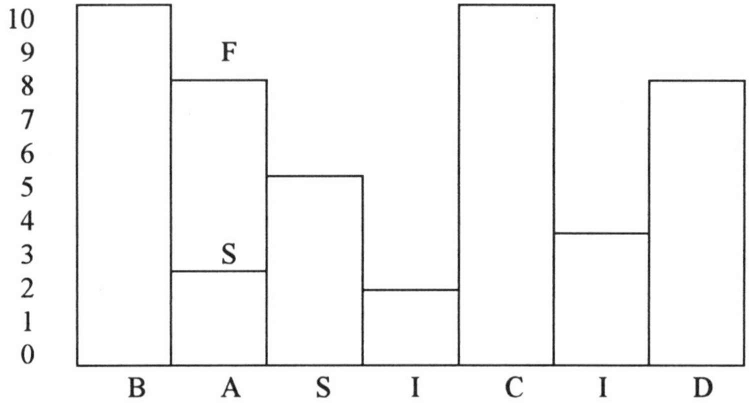

Wenn ein Mann wie dieser Vorstandsvorsitzende, dessen Selbsteinschätzung bezüglich Verhalten und Kognitionen sehr hoch, bei affektivem Ausdruck, Vorstellungsvermögen und zwischenmenschlicher Nähe dagegen jedoch ausgesprochen niedrig liegt, nun mit einer Frau verheiratet ist, die sich selbst in Verhalten und Kognitionen niedrig einstuft, ihren affektiven Ausdruck und das Bedürfnis nach engem menschlichen Kontakt bzw. guten Freundschaften jedoch als groß beschreibt, dann kann unter Umständen das Maß an Inkompatibilität der beiden zueinander eine "Scheidungsberatung" gegenüber einer "Eheberatung" als realistischere Option erscheinen lassen (Lazarus, 1981). Wie in jeder anderen Therapie kreisen auch hier die wichtigsten Überlegungen um den genauen Inhalt des Problems in der jeweiligen Modalität sowie die interaktiven Effekte. Lassen Sie uns also im Folgenden erörtern, wie Modalitätenprofile konstruiert werden können.

Das Erstellen eines Modalitätenprofils (bzw. eines BASIC ID Diagramms)

Ein typisches Kennzeichen der multimodalen Therapie ist das BASIC ID Diagramm oder Modalitätenprofil, welches dabei als Kompaß, Konzept und kognitive Landkarte dient. Wir werden manchmal gefragt, ob die Erstellung eines Modalitätenprofils denn wirklich notwendig ist und ob es sich dabei nicht nur um eine weitere psychologische Pflichtübung handelt. Das Aufschreiben der herausragenden Aspekte des BASIC ID eines Klienten oder einer Klientin erleichtert jedoch die systematische Informationsverarbeitung im Kontext einer Therapie ungemein. Durch das schriftliche Festhalten dieser Aspekte kann ein klarer Zusammenhang zwischen Diagnose und Behandlung hergestellt werden, indem die Funktionen der Anamnese, der Zielsetzung und der Auswahl der therapeutischen Techniken in ein Konzept integriert werden.

Um zu zeigen, wie ein solches Modalitätenprofil erstellt werden kann, wollen wir den Fall eines 40jährigen Mannes heranziehen, der als Beschwerden "Angst und Panikanfälle" angab, die sich in den letzten vier oder fünf Jahren stetig verschlimmert hatten. Bei dem Klienten handelte es sich um einen erfolgreichen Manager; er war gutaussehend, präsentierte eine gepflegte Erscheinung, wirkte nach außen hin entspannt und zeigte keinerlei Anzeichen einer ernsthaften Anomalie. Anfangs war es schwierig, bei ihm vorhergehende Faktoren und aufrechterhaltende Konsequenzen zu erkennen. "Es fing vor ungefähr fünf Jahren an, ich bekam immer diese Anfälle, ohne daß es dafür irgendeinen Anlaß gegeben hätte. In meinem Leben geht eigentlich alles glatt, es gibt keinen Grund dafür, daß ich mich so fühlen sollte. Ich habe eine wundervolle Frau, zwei großartige Kinder und einen sehr guten Job." In den letzten ein oder zwei Jahren hatte er begonnen, seinen Bewegungsradius einzuschränken: "Ich war früher dauernd unterwegs und bin geschäftlich überallhin gereist, aber jetzt habe ich oft Angst, mich weiter als eine Stunde von zu Hause zu entfernen, falls ich wieder so einen Anfall kriegen sollte." In der Folge mußte er daher auch Geschäftsverluste hinnehmen, was wiederum dazu führte, daß er oft deprimiert war. Darüber hinaus hatte er im vergangenen Jahr wegen einer ganzen Reihe von Beschwerden verschiedene SpezialistInnen aufgesucht, hauptsächlich wegen Kopf- und Magenschmerzen, und war in den letzten drei Jahren bei einem Psychiater in Behandlung gewesen. Seine Situation hatte sich dennoch weiter verschlechtert. Am Ende der ersten Sitzung bekam er den Fragebogen zur Lebensgeschichte (siehe Anhang 1) ausgehändigt, den er zu Hause ausfüllen sollte. Dies tat er dann auch sorgfältig und gab ihn mir zu Beginn der zweiten Stunde zurück.

Während der zweiten Sitzung überflog ich seinen ausgefüllten Fragebogen zur Lebensgeschichte und stellte ihm Fragen zu Dingen, die mir unklar oder mehrdeutig erschienen. Am Ende dieses zweiten Treffens war ich dann mit Informationen aus unseren beiden Sitzungen und seinem Fragebogen zur Lebensgeschichte ausgerüstet. Meine eigene Hausaufgabe vor unserer dritten Begegnung war es nun, dieses Material durchzugehen und ein vorläufiges Modalitätenprofil zu skizzieren, wobei sich die folgenden Problemgebiete herausstellten:

B phobische Vermeidung
Kontrollverlust
bleibt im Bett, wenn er sehr ängstlich ist (täuscht Krankheit vor)

A ängstlich
panisch
depressive Anfälle

S Magenkrämpfe
Kopfschmerzen
Schwindelgefühl
Herzflattern
Anspannung
Benommenheit
Zittern
trockener Mund
rascher Herzschlag

I Vorstellungen von Hilflosigkeit
sieht sich handlungsunfähig werden, die Kontrolle verlieren, versagen
Erinnerungen an Tod und Begräbnis seines Vaters
Bilder von seinem eigenen Tod mit 44, wie sein Vater

C Überbewertung der protestantischen Arbeitsethik
befaßt sich oft mit Gedanken an Sterben und Tod
"Mein Leben wird von äußeren Faktoren bestimmt."
"Es ist sehr wichtig, anderen Leuten zu gefallen."

I Überidentifikation mit dem Vater
Ehefrau "bemuttert" ihn bei somatischen Beschwerden, steht seinen "Ängsten" kritisch gegenüber

D Nimmt Beruhigungstabletten
Darmkrämpfe
Raucht ca. 20 Zigaretten am Tag
Allergische Reaktion auf Tofranil (von Psychiater zur Bewältigung von Panikattacken verschrieben)

Das Durchlesen des Fragebogens zur Lebensgeschichte sowie der Notizen, die ich mir in den ersten beiden Sitzungen gemacht hatte, und das anschließende Erstellen eines Modalitätenprofils nahm ungefähr eine halbe Stunde in Anspruch. Eine Überprüfung der einzelnen Punkte des BASIC IDs läßt auf relativ typische Angst- und Panikzustände schließen - der Klient fühlt sich ängstlich, von Panik ergriffen, die Kontrolle verlierend, mit einem ganzen Heer von sensorischen und physiologischen Begleiterscheinungen. Wenn man das Profil überfliegt, um die Frage "Wer oder was scheint die Probleme aufrechtzuerhalten?" zu beantworten, dann fallen einem dabei vor allem die *Vorstellungs*modalität, die *kognitive* Modalität und die *interpersonale* Modalität ins Auge. Die Überidentifikation mit seinem Vater, einem außerordentlich erfolgreichen Manager, der mit 44 an einem Herzschlag gestorben war (der Klient war damals 22), scheint dabei am signifikantesten zu sein. Er war dem "Skript" seines Vaters gefolgt und fragte sich nun ganz offensichtlich, wie sehr er dessen Vorbild nacheifern würde ("Mein Vater ist nie so krank gewesen, daß er auch nur einen einzigen Tag nicht arbeiten gegangen wäre!"), wobei er sich offensichtlich in einer Zwickmühle befand. Da seine Frau die Ängste zwar als eine "Schwäche" betrachtete, ihm jedoch bei seinen somatischen Beschwerden Unterstützung gewährte, konnte seine "Symptomwahl" möglicherweise mit dieser dyadischen Transaktion verbunden sein.

Das Studium des Modalitätenprofils führt demnach oft zu weiteren "Arbeitshypothesen", die ich den KlientInnen gewöhnlich auch mitteile. Natürlich wird uns bei manchen KlientInnen auch unser klinischer Scharfblick dazu veranlassen, gewisse Themen nicht anzusprechen, bis eine stärkere therapeutische Beziehung aufgebaut worden ist, aber, im Gegensatz zu "Interpretationen" (bei denen die TherapeutInnen angeblich am besten Bescheid wissen), werden diese "Hypothesen" durch die darauffolgenden Diskussionen modifiziert, revidiert oder erhärtet werden. Dabei sollte es sich von selbst verstehen, daß multimodale TherapeutInnen "Interpretationen" vermeiden und statt dessen lieber ihre "Eindrücke", "Annahmen", "Beobachtungen" und "Gefühle" mit den KlientInnen teilen. Kann ein Therapeut oder eine Therapeutin aber einem Klienten einerseits bescheiden und mit wissenschaftlicher Zurückhaltung begegnen, und ihm andererseits trotzdem kompetent, vertrauenswürdig und qualifiziert erscheinen? Multimodale TherapeutInnen haben die Überzeugung gewonnen, daß dies möglich ist. In der Regel wirkt Dogmatismus in einer Therapie für KlientInnen äußerst abschreckend, mit Ausnahme von Menschen, bei denen das Bedürfnis nach Passivität und Abhängigkeit derart überwiegt, daß sie bei absoluten und unwiderlegbaren Wahrheiten aufzublühen scheinen.

Nachdem ein Therapeut bzw. eine Therapeutin also ein solch vorläufiges Modalitätenprofil erstellt hat, wird jeder Punkt mit den KlientInnen erörtert, um Mehrdeutigkeiten auszuschließen. Jedes einzelne Problem wird bezüglich der vorhergehenden Faktoren und der Konsequenzen analysiert, so daß seine funktionale Signifikanz abgeschätzt werden kann. Bevor ich diesen Prozeß näher beschreibe, möchte ich allerdings erst noch einen weiteren Punkt erörtern - die Frage, ob KlientInnen ihr eigenes BASIC ID Profil erstellen können.

KlientInnen erstellen ihr eigenes Modalitätenprofil

Ist es eigentlich unbedingt notwendig, daß der Therapeut oder die Therapeutin ein vorläufiges Modalitätenprofil erstellt? Inwieweit könnten denn nicht auch die meisten KlientInnen in der Lage sein, ihr eigenes Profil zu entwerfen? Kann es von Vorteil sein, wenn TherapeutIn und KlientIn jeweils getrennt ein Modalitätenprofil erstellen und die beiden dann miteinander vergleichen?

Wir haben festgestellt, daß die meisten erwachsenen KlientInnen durchaus in der Lage sind, ihre eigenen Modalitätenprofile zu entwerfen, und es ist oft sehr hilfreich, wenn TherapeutIn und KlientIn diese Übung getrennt durchführen und dann ihre Aufzeichnungen zusammen besprechen. Um ihr Profil erstellen zu können, brauchen die KlientInnen eine kurze Erläuterung der einzelnen Begriffe des BASIC ID Meine KlientInnen erhalten dazu ein maschinengeschriebenes Anleitungsblatt mit den folgenden Beschreibungen der einzelnen Modalitäten:

Verhalten: Hier ist hauptsächlich sichtbares Verhalten gemeint; Handlungen, Gewohnheiten, Gesten, Verhaltensweisen und Reaktionen, die beobachtbar und meßbar sind. Schreiben Sie sowohl Handlungen, Gewohnheiten, usw. auf, die Sie weiterentwickeln möchten, als auch solche, die sie gerne abbauen wollen. Womit würden Sie gerne anfangen? Womit würden Sie gerne aufhören?

Affekte: Diese Frage bezieht sich auf Gefühle, Stimmungen und starke Empfindungen. Welche Gefühle verspüren Sie am häufigsten? Bitte notieren Sie auch Ihre unerwünschten Gefühle (z.B. Angst, Depressionen, Schuldgefühle, usw.). Darüber hinaus sollten Sie in dieser Kategorie vermerken, was Sie gewöhnlich *tun*, wenn Sie sich in einer bestimmten Weise fühlen.

Empfindungen: Sehen, Hören, Berühren, Schmecken und Riechen sind Ihre fünf grundsätzlichen Sinne. Erstellen Sie nun bitte eine Liste aller negativen Wahrnehmungen (Anspannung, Schmerz, Schwindelgefühl, Schwitzen, Erröten, Schmetterlinge im Bauch, usw.), die auf Sie zutreffen. Wenn Sie durch einen dieser Sinneseindrücke veranlaßt werden, sich auf eine bestimmte Art und Weise zu fühlen oder zu handeln, dann vergessen Sie nicht, dies unter "Affekt" oder "Verhalten" zu notieren.

Vorstellungen: Schreiben Sie hier bitte alle wiederkehrenden Träume auf, und alle lebhaften Erinnerungen, die Ihnen lästig sind oder Sie stören. Schreiben Sie auch alle negativen Merkmale auf, die Sie an sich selbst - in Ihrem "Selbstbild" - sehen. Wir suchen dabei nach "Bildern" - aus der Vergangenheit, der Gegenwart oder der Zukunft - die Ihnen Schwierigkeiten bereiten. Dabei sind auch "akustische Bilder" - z.B. Melodien oder Geräusche - von Interesse, sofern Sie sie öfter hören und sie ein Problem darstellen. Halten Sie hier alle lebhaften Szenen aus Ihrer Vergangenheit, Gegenwart oder Zukunft fest. Wenn Ihre Vorstellungen dabei irgendwelche signifikanten Handlungen, Gefühle oder Sinneswahrnehmungen auslösen sollten, dann vergessen Sie nicht, dies unter "Verhalten", "Affekt" oder "Empfindungen" zu notieren.

Kognitionen: Welche Ideen, Werte, Meinungen und Einstellungen verhindern, daß Sie glücklich sind? Machen Sie bitte eine Liste all der negativen Dinge, die Sie oft zu sich selbst sagen (z.B. "Ich bin dumm" oder "Ich schäme mich über mich selbst" oder "Ich bin schlecht oder schuld".) Zählen Sie ruhig Ihre irrationalsten Ideen auf. Vergessen Sie dabei nicht, aufzuschreiben, wie diese Gedanken und Ideen Ihr Verhalten, Ihre Gefühle, Sinneswahrnehmungen und Vorstellungen beeinflussen.

Interpersonale Beziehungen: Bitte geben Sie hier alle Probleme mit anderen Menschen an (FreundInnen, PartnerInnen, Verwandte, Vorgesetzte, Bekannte, etc.) die Sie beschäftigen. Hier sollten auch alle Bedenken auftauchen, die Sie hinsichtlich der Art und Weise haben, in der andere Menschen mit Ihnen umgehen. Gehen Sie die Punkte unter Verhalten, Affekte, Empfindungen, Vorstellungen und Kognitionen noch einmal durch und versuchen Sie, festzustellen, wie diese Ihre zwischenmenschlichen Beziehungen beeinflussen oder von diesen beeinflußt werden.

Medikamente/Biologie: Erstellen Sie bitte noch eine Liste aller Medikamente, die Sie einnehmen, unabhängig davon, ob sie Ihnen vom Arzt verschrieben wurden oder nicht. Führen Sie hier auch alle Gesundheits- und medizinischen Probleme auf sowie Krankheiten, an denen Sie leiden oder gelitten haben.

Im folgenden Fall treten die Vorzüge eines Modalitätenprofils gegenüber traditionellen psychologischen Tests und formalen psychiatrischen Diagnosen ganz offensichtlich zutage.

Eine 33jährige Innenarchitektin, die mehrere Jahre lang einen traditionellen Therapeuten aufgesucht und auch einige positive Ergebnisse erzielt hatte, wurde mir zur Behandlung überwiesen, wobei sowohl sie selbst als auch ihr Therapeut einmal einen Versuch mit einem anderen Ansatz befürworteten. Im Überweisungsschreiben Ihres früheren Therapeuten wurde sie folgendermaßen beschrieben: "Ihre Persönlichkeit setzt sich zum größten Teil aus einer Kombination von narzißtischen und theatralischen Persönlichkeitsmerkmalen mit bulimischen Episoden zusammen... Es liegen einige offensichtlich obsessiv-zwanghafte Merkmale vor und vielen ihrer somatischen Symptome liegt eine atypische depressive Störung zugrunde". Im selben Schreiben fand sich auch eine detaillierte Auswertung zweier projektiver Tests, aus der hier ein Auszug folgt: "Ihre Hauptabwehrmechanismen bestehen in Verschiebung, Ersetzung und Verdrängung. Introjektion spielt ebenfalls eine herausragende Rolle, und ihre Vorliebe für Isolation erzeugt bei ihr Einsamkeitsgefühle und Verzweiflung. Wenn sie sich von diesen Gefühlen bedroht fühlt, nimmt sie Zuflucht in eine Überintellektualisierung und wehrt sich so gegen Realitätserfahrungen... Aufgrund der Beziehung zu ihrem Vater sind die meisten ihrer Interaktionen mit Männern auf eine Identifikation mit dem Aggressor gegründet". Vergleichen Sie diese Aussagen nun mit dem Modalitätenprofil, das die Klientin nach unserer ersten Sitzung für sich selbst erstellt hatte:

B Nachlässigkeit
Freßanfälle und ungesunde Eßgewohnheiten
ich rede oft aus Nervosität übermäßig viel
ich kriege bei der Arbeit nichts geregelt

A Depressionen, Angst und Panikzustände
Schuldgefühle bezüglich der Arbeit
Unsicherheit bei allem, was ich anhabe, besitze, tue oder sage
Angst vor Zurückweisung

S Verspannungen - vor allem im Gesicht, Nacken und Rücken
völlig entspannt bin ich nur beim Sex
manchmal habe ich das Gefühl, mein Kopf ist bis oben voll und verwirrt

I ich finde mich dick und mag meinen Körper nicht
mein Körpergefühl hängt von meinem Verhalten beim Essen und Sport ab
ich stelle mir häufig vor, daß ich alt und häßlich bin
ich habe viele pubertäre romantische Träume und Phantasien

C ich kann X,Y,Z nicht - variiert
ich werde nie eine Lösung für meine emotionalen Probleme finden
ich brauche das Einverständnis meines Vaters
ich kann es mir nicht leisten, Fehler zu machen

D ich nehme 5-10 mg Valium am Tag
schädliche Eßgewohnheiten
ich treibe nur sporadisch Sport, eigentlich fast nie

Selbst durch eine solche vorläufige Liste werden sofort ein paar Leitgedanken ermöglicht, an welchen Punkten eine Therapie ansetzen könnte, wobei die Informationen aus dem Fragebogen zur Lebensgeschichte und den ersten Interviews sowie Therapiesitzungen noch zusätzliches Material zur Vervollständigung des Modalitätenprofils liefern. Das Profil aus obigem Beispiel ist allerdings detaillierter als die meisten, da die Klientin psychologisch interessiert war und aus ihrer vorherigen Therapie schon einige Einblicke gewonnen hatte.

Als weiteres Beispiel möchte ich hier noch ein Modalitätenprofil anführen, das ein 22jähriger Krankenpfleger erstellte, der seine Probleme mit "Schüchternheit bei Frauen", "viel Streit mit meiner Mutter" und "ständiger Frust und Depressionen" umschrieb.

B mit dem Rauchen aufhören
anfangen, Sport zu treiben
anfangen, mit Frauen auszugehen
ich habe Angst vor attraktiven Frauen

A Depressionen
Ärger
Angst

S Nervosität
rot werden

I ich stelle mir vor, wie Frauen sich hinter meinem Rücken über mich lustig machen
viele einsame Bilder
ich sehe meine Mutter, wie sie sagt: "Was glaubst Du, wer Du bist?"

C ich bin nicht gut genug
attraktive Frauen halten mich für häßlich und langweilig
ich bin ein Versager

I meine Mutter glaubt, daß ich immer noch zehn Jahre alt bin
unbeholfen und schüchtern bei attraktiven Frauen
nicht genug Freunde

D rauche 1 1/2 - 3 Päckchen Zigaretten am Tag

Lassen Sie uns nun im folgenden kurz erörtern, wie man zusätzliches Material erhalten und das BASIC ID durch Gegenproben und Nachprüfen kontrollieren kann.

Das Ergänzen der verschiedenen Modalitäten

In Kapitel 3 ist schon einmal erwähnt worden, daß alle Beschwerden einer funktionalen Analyse unterworfen werden sollten, um (1) vorhergehende Stimuli, (2) organisch bedingte (vermittelnde) Variablen, (3) Reaktionsvariablen (sofern solche beobachtet wurden) und (4) deren Konsequenzen bestimmen zu können (vgl. Kanfer & Saslow, 1969). Dabei werden Was?-Wo?-Wann?-Wer?-Wie?-Fragen gestellt, z.B.: "Was ist unmittelbar, bevor das Problem oder das Symptom auftrat, geschehen? Wo waren Sie zu dieser Zeit? Wann genau haben Sie es zum ersten Mal bemerkt? Wer war in dieser Situation bei Ihnen? Wie haben Sie anfänglich reagiert? Was haben Sie daraufhin unternommen? Wohin sind Sie gegangen? An wen haben Sie sich gewandt? Wie sind Sie damit zurechtgekommen?" Diese und weitere Was-Wo-Wann-Wer-Wie-Fragen führen zu präzisen Reaktionen und Antworten, die ein klareres Bild der vorausgegangenen Ereignisse, bestehenden Verhaltensweisen und aufrechterhaltenden Konsequenzen vermitteln können. (Unter Umständen kann man dabei auch fragen, *warum* bestimmte Faktoren auftauchten oder noch bestehen, aber man sollte sich darüber im Klaren sein, daß diese Warum-Fragen oft Antworten wie: "Ich weiß nicht" oder irreführenden Rationalisierungen mit sich bringen).

Bandler und Grinder (1975) haben die Vorteile von Was-Fragen während der Anamnese mit Nachdruck unterstrichen. Wenn ein Klient beispielsweise sagt, "In der Öffentlichkeit muß man sich anständig benehmen", und die Therapeutin ihn fragt, "Warum muß man sich in der Öffentlichkeit anständig benehmen?", dann wird sie höchstwahrscheinlich eine Antwort bekommen, welche die soziale Etikette und Pedanterie widerspiegelt. Die Frage, "Was würde denn passieren, wenn Sie sich nicht richtig verhielten?" würde dagegen mit großer Wahrscheinlichkeit klinisch relevante Informationen an den Tag bringen. Andere Beispiele für eine solche Fragestellung wären auch die folgenden:

K: Ich muß aufpassen, daß ich da nicht zu tief hineingerate.
T: Was würde denn passieren, wenn Sie zu tief hineingeraten würden?
K: Niemand kann mehr als einen Menschen gleichzeitig lieben.
T: Was hält Sie davon ab, mehr als einen Menschen gleichzeitig zu lieben?
K: Niemand versteht mich.
T: Was hindert die anderen denn daran, Sie zu verstehen?

Wie schon in Kapitel 3 erörtert worden ist, sollten die Überschüsse und Defizite quer durch das gesamte BASIC ID untersucht werden. Wann immer es möglich ist, sollte man versuchen, bezüglich der Häufigkeit, Intensität und Dauer quantitative Daten zu erhalten. Die Hauptfrage lautet dabei jedesmal: Was soll verstärkt und was abgebaut werden?

Es kann darüber hinaus auch äußerst informativ sein, spezifische Angaben zu *gegenteiligen* Reaktionen zu erhalten. "Wann reagieren Sie nicht so?" "Unter welchen Bedingungen fühlen Sie sich eher selbstsicher als befangen?" "Wann sind Sie *nicht* schüchtern?" Durch solche Fragen können oft die *Stärken und Vorzüge* eines Menschen hervortreten, die dann von den TherapeutInnen gefördert werden sollten. Dies ermöglicht es den KlientInnen wiederum, zu lernen, diese Fähigkeiten auch auf Gebieten anzuwenden, auf denen sie bisher Defizite hatten.

Viele meiner KollegInnen haben in ihren Modalitätenprofilen eine separate Spalte für Stärken und Vorzüge angelegt, was unter Umständen auch sehr hilfreich sein kann, obwohl ich persönlich es vorziehe, mir separate Notizen der positiven Seiten meiner KlientInnen zu machen und das Modalitätenprofil auf spezifische

Problembereiche zu beschränken, die eine Behandlung erforderlich machen. Hammond & Stanfield (1977) haben ein Schema zur multidimensionalen Anamnese und Behandlungsplanung entworfen, in dem das BASIC ID abgedeckt wird, wobei auch Stärken und Vorzüge, Defizite und Überschüsse, vorhergehende Ereignisse und Situationen, Konsequenzen und Gewinne, Behandlungsziele, Interventionen und Prioritäten sowie die Evaluationsmethode aufgelistet werden. Meiner Ansicht nach wird durch die Eingliederung einer solchen Menge von Daten in ein einziges Instrument das Endprodukt zu einem überwältigenden und gewaltigen Dokument, welches dann eher eine beschreibende Collage als eine methodische Anleitung darstellt.) Bei der Anamnese von Ressourcen, Stärken und Vorzügen kann es jedoch hilfreich sein, wenn man dabei einen allgemeinen Eindruck davon bekommt, inwieweit die jeweiligen KlientInnen dazu fähig sind, *Selbstkontrolle und Selbstmanagement* (Thoresen & Mahoney, 1974) auszuüben. Ein weiteres Konzept, das dabei klinische Informationen liefern kann, ist Rotters Entwurf von der "Erwartung innerer Kontrolle" im Gegensatz zur "Erwartung äußerer Kontrolle" (1966), also interne vs. externe Verstärkungskontrolle, was generell als *wahrgenommener* Kontroll-Ort (locus of control) bezeichnet wird.

Im wesentlichen ist die sogenannte "Selbstkontrolle" meistens eng mit der Fähigkeit einer Person verbunden, mit Frustrationen umgehen zu können, wobei auch häufig die Ansicht vertreten wird, daß unsere jeweilige Frustrationstoleranzschwelle angeboren sei. Unabhängig davon, wie es sich damit tatsächlich verhalten mag, habe ich festgestellt, daß KlientInnen mit einer schwachen Impulskontrolle gewöhnlich am schwersten zu behandeln sind. Es gibt stapelweise Literatur, die sich mit spezifischen Methoden beschäftigt, KlientInnen zu einer besseren Selbstkontrolle zu verhelfen (z.B. Kanfer, 1971; Thoresen & Mahoney, 1974; Watson & Tharp, 1972). Für die Anamnese ist es jedoch viel nützlicher, herauszufinden, welche spezifischen Selbstkontrolltechniken bereits zum Reaktionsrepertoire eines Klienten oder einer Klientin gehören: "Wie sind Sie denn in der Vergangenheit damit umgegangen?" "Was hat bei Ihnen dazu beigetragen, *nicht* auf diese Art zu reagieren?"

Während es spezifische Tests und Fragebogen gibt, um den wahrgenommenen Kontroll-Ort zu messen, erfordert eine multimodale Anamnese keine quantitativen Indizien, um festzustellen, ob KlientInnen das, was ihnen passiert, ihren eigenen Aktionen oder äußeren Ereignissen zuschreiben. (Menschen, die zu *innerer Kontrolle* neigen, werden versuchen, positive und/oder negative Ereignisse auf ihr eigenes Verhalten zurückzuführen und sie demnach als Konsequenzen ihrer eigenen Handlungen zu sehen. Im Gegensatz dazu denken Menschen, die der Überzeugung sind, positive und/oder negative Ereignisse hätten keinerlei Bezug zu ihrem eigenen Verhalten, in Begriffen *externer Kontrolle* und neigen dazu, ihre Probleme als etwas zu betrachten, was außerhalb ihrer Kontrolle liegt.) Der wahrgenommenen interne-externe Kontroll-Ort kann in einer multimodalen Therapie leicht erforscht werden, indem man die KlientInnen bittet, diejenigen Faktoren zu nennen, die sie für ihre derzeitigen Schwierigkeiten verantwortlich machen. Menschen, die sich als "Opfer der Umstände" sehen, sind gewöhnlich schwerer zu behandeln als KlientInnen, die erkennen, daß sie zu einem Großteil auch selbst für den Umgang mit ihren Problemen verantwortlich sind. Gleichzeitig kann es allerdings auch vorkommen, daß die Behandlung solcher "innerlich Kontrollierter", die sich für alles, was schief geht, grundsätzlich selbst beschuldigen und sich daher ihrem Selbsthaß und ihrer Selbstverachtung hingeben, genau so schwierig sein kann wie diejenige ihrer extremen Pendants, die jegliche Verantwortung kontinuierlich auf andere abwälzen.

Um es also kurz zusammenzufassen: Alle Punkte des Modalitätenprofils sollten auf vorhergehende Stimuli, organismische Variablen, Reaktionsvariablen und Konsequenzen untersucht werden, wobei auch versucht wird, festzustellen, welche Elemente verstärkt und welche abgebaut werden sollten. Darüber hinaus versucht man, Überschüsse von Defiziten zu trennen, antagonistische Reaktionen festzustellen und auf die Stärken und Vorzüge sowie die Fertigkeiten und Ressourcen eines Menschen zu achten. Lassen Sie uns diese Schritte nun näher erläutern, indem wir die ersten beiden Punkte des zuvor erwähnten Modalitätenprofils der 33jährigen Innenarchitektin untersuchen - Nachlässigkeit bzw. das Aufschieben von Dingen sowie Freßgelage und schädliche Eßgewohnheiten.

Nachlässigkeit: Was versteht die Klientin unter "Nachlässigkeit"? Wann hat sie angefangen, Dinge aufzuschieben? Worin genau besteht ihre Nachlässigkeit? Was für Auswirkungen hat diese auf ihre Gefühle, Gedanken und Vorstellungen? Hat Ihre Nachlässigkeit etwas mit anderen Menschen zu tun? Wenn ja, was für Auswirkungen hat dies auf ihre Beziehungen? Welches sind die Hauptkonsequenzen, unter denen sie als Folge ihrer Nachlässigkeit leidet? Was hat sie davon? Unter welchen Umständen schiebt sie Dinge nicht auf? Führt sie ihre Nachlässigkeit größtenteils auf innere oder äußere Ereignisse zurück?

Freßorgien und schädliche Eßgewohnheiten: Hier möchte ich den Dialog zwischen Klientin und Therapeut rekonstruieren, um diesen Punkt etwas genauer zu beleuchten:

T: Können Sie mir bitte genauer beschreiben, was Sie mit "Freßgelagen" meinen?

K: Ab und zu kriege ich einfach einen Anfall, und dann esse ich so ziemlich alles, was mir in die Finger kommt.

T: Wie oft ist "ab und zu"? Meinen Sie damit einmal im Monat oder zweimal die Woche oder dreimal am Tag?

K: Ich habe solche Freßanfälle mindestens dreimal die Woche.

T: Wie lange geht das nun schon so?

K: Ein paar Jahre.

T: Wodurch ist das bei Ihnen ausgelöst worden?

K: Bill und ich hatten Schluß gemacht. Ich kann mich auch noch daran erinnern, daß ich in der Zeit, in der ich mit Bill liiert war, immer ziemlich auf mein Gewicht geachtet habe. Nachdem wir uns dann getrennt hatten, habe ich als Trost ständig gegessen, und abgesehen davon war mir sowieso alles ziemlich egal. Wenn es mir nicht gelungen war, meinen Mann zu halten, obwohl ich schlank war, warum sollte ich mich dann noch weiter damit herumquälen?

T: Was essen Sie denn genau, wenn Sie Ihre Freßanfälle haben?

K: Oh, ich kann dann zwei Schachteln Schokoladenkekse essen, eine Familienpackung Eiskreme, eine Tüte Süßigkeiten und ein ganzes Glas Erdnußbutter oder irgend etwas anderes, solange es süß ist und dick macht. Wenn es zu solchen Extremen kommt, dann zwinge ich mich dazu, mich zu erbrechen, aber manchmal schlinge ich auch bloß ein paar Schokoladenriegel oder eine Pakkung Kekse in mich rein, dann tue ich das nicht.

T: Wie kommt es, daß Sie manchmal nach ein paar Süßigkeiten oder Keksen aufhören können und manchmal nicht?

K: Es kommt immer darauf an, was ich vorhabe. Die meisten meiner Freßanfälle kriege ich nachts. Wenn ich mich nicht gut fühle und nichts vorhabe und anfange, mich selbst zu bemitleiden, dann fresse ich bis ich fast platze und übergebe mich dann. Wenn ich mich aber gut fühle und mich auf irgend etwas freue, dann kann ich entweder nicht so viel essen oder ich beschließe, an einem bestimmten Punkt aufzuhören.

T: Es hängt also alles davon ab, wie Sie sich fühlen und wie aktiv Sie sind.

K: Es hängt auch davon ab, wie nervös ich bin. Sex oder eine Freßorgie sind tatsächlich sehr gut dazu geeignet, Nervosität abzubauen. Was mich aber auch noch zu Freßanfällen treiben kann, ist Kritik von meinem Vater.

T: Haben Sie es jemals erlebt, daß Sie sich nicht gut fühlten, nichts vorhatten und dann noch von Ihrem Vater kritisiert wurden, und trotzdem keinen Freßanfall bekamen?

K: Ja. Wenn ich einen vernünftigen Ernährungsplan befolge, regelmäßig Sport treibe und eine gute sexuelle und persönliche Beziehung zu einem Mann habe, dann kann ich meinen Freßwahn ganz gut kontrollieren.

T: Wie machen Sie das dann?

K: Nun, zum einen habe ich keine Süßigkeiten oder Ähnliches im Haus, wenn ich mich gesund ernähre. Und wenn ich regelmäßig Sport treibe, dann kann ich, anstatt zu essen, auch einfach rausgehen und joggen.

T: Ich möchte Sie bitten, in den nächsten paar Wochen eine Liste zu führen, in der Sie Auslöser, Häufigkeit, Intensität, Dauer und Ergebnisse dieser Freßanfälle festhalten. Unter "Auslöser" notieren Sie bitte, was Sie in dieser Situation zu dem Freßanfall veranlaßt hat. Bei "Häufigkeit" können Sie einfach immer ein Kreuz machen, wenn Sie einen solchen Anfall haben, so daß wir deren Häufigkeit über zwei Wochen hinweg feststellen können. Bei "Intensität" geben Sie bitte eine Zahl an, die anzeigt, ob es ein kleiner Freßanfall (1 oder 2), ein mittlerer (3) oder ein extremes Freßgelage (4 oder 5) war. Würden Sie darüber hinaus bitte auch noch festhalten, wie lange diese Anfälle anhalten, und sich dies unter "Dauer" notieren? Als letztes möchte ich Sie noch bitten, das "Ergebnis" anzugeben - in anderen Worten, ob Sie sich entspannt fühlten und/oder schuldbewußt oder was auch immer Sie nach dem Freßanfall fühlen. Ich werde Ihnen all diese Katagorien kurz auf einer Karte aufschreiben. Könnten Sie sich das dann bitte alles genau notieren?

K: Ja, selbstverständlich.

T: Außerdem haben Sie neben Ihren Freßanfällen noch "ungesunde Eßgewohnheiten" aufgeführt. Was genau verstehen Sie darunter?

K: Das bezieht sich auf die Tatsache, daß ich mich von Zeit zu Zeit auch von Fastfood oder einfach nur Süßigkeiten ernähre, auch wenn ich gerade keine Freßanfälle habe. Ich esse zum Beispiel ein Eis und dann Schokolade oder irgend etwas anderes Süßes.

T: Wie oft kommt das denn bei Ihnen vor? (Danach wird auch für diesen Punkt eine genaue Bestimmung von vorausgehenden Faktoren, Verhaltensweisen und Konsequenzen durchgeführt.)

Eine solche Problemerkennungssequenz ermöglicht es den TherapeutInnen, die funktionale Rolle zu verstehen, die jeder einzelne Punkt im Modalitätenprofil spielt. Während die TherapeutInnen eine solche Befragung durchführen, erschließt sich ihnen oft auch die Wahl der therapeutischen Techniken, die im jeweiligen Fall zweckmäßig erscheinen. Bezüglich der "Freßanfälle" der obengenannten Klientin beispielsweise mußten verschiedene Techniken ermittelt werden, durch die sie lernen konnte, ihre allgemeine Anspannung zu reduzieren (Entspannungstraining Selbsthypnose, Meditation, Biofeedback, regelmäßige Bewegung und verschiedene Übungen zu positiven Vorstellungen sind am besten dazu geeignet, Nervosität abzubauen). Die Klientin hatte auch angegeben, daß sie bereits eine Art von Reizkontrolle mit Erfolg eingesetzt hatte (nämlich, keine Süßigkeiten etc. im Haus zu haben), und könnte daher von einer Anleitung zu von weiteren Reizkontrollverfahren profitieren. Eine weitere Strategie, die sich für die Klientin als nutzbringend erweisen könnte, wäre die Organisation von Aktivitäten für ihre Abendstunden, die mit Freßanfällen nicht vereinbar sind. Darüber hinaus erfordert auch die Vater-Tochter-Beziehung erhöhte Aufmerksamkeit, und in der Folge könnte sich eventuell eine Desensibilisierung der Klientin gegenüber der väterlichen Kritik als Behandlungsziel ergeben. Während ich mich in Kapitel 8 genauer mit den verschiedenen therapeutischen Techniken beschäftigen werde, soll an diesem Punkt nur kurz erwähnt werden, daß die Wahl einer bestimmten Strategie am besten zusammen mit den KlientInnen getroffen werden sollte. In diesem Fall beschrieb ich der Klientin verschiedene Methoden, um ihre Nervosität zu reduzieren, und bat sie anschließend, sich diejenigen auszusuchen, die ihr am geeignetsten erschienen.

Selbstverständlich wird eine Voraussage, mit welchen Techniken, Methoden und Strategien sich wahrscheinlich der beste Effekt erzielen läßt, den TherapeutInnen umso leichter fallen, je mehr sie über eine Person wissen. Jede Menge Bücher (z.B. Hersen & Bellack, 1976; Mash & Terdal, 1976; Ciminero, Calhoun & Adams, 1977; Haynes & Wilson, 1979; Nay, 1979) sind der verhaltenstheoretischen Diagnostik gewidmet, und darüber hinaus befassen sich noch eine ganze Reihe von Zeitschriften mit diesem wichtigen Thema (*Behavioral Assessment, Journal of Behavioral Assessment* und *Behavioral Analysis*). Die meisten KlinikerInnen werden sich angesichts der Vielzahl an Literatur wahrscheinlich überwältigt fühlen, besonders dann, wenn manche multidimensionalen Systeme auch noch mindestens 24 Kategorien aufweisen (Cone, 1978). Deshalb scheint es fast ratsam zu sein, Kosten-Nutzen-Rechnungen und Rentabilitätsanalysen der jeweiligen vorgeschlagenen Anamneseschemata vorzunehmen, und es kann gar nicht oft genug betont werden, daß PraktikerInnen ein Schema brauchen, welches sowohl umfassend als auch einfach verständlich, einprägsam und leicht anwendbar sein sollte. Für diesen Zweck stellt das BASIC ID mit seinen eigenständigen und interaktiven Komponenten sowohl quantitative als auch qualitative Informationen über das menschliche Funktionieren zur Verfügung und bietet damit ein *Vademecum* für eine umfassende und spezifische Behandlung psychologischer Funktionsstörungen an.

Das Erstellen eines sekundären BASIC IDs

Einige typische Charakteristika einer multimodalen Herangehensweise beinhalten:

1. Das Erkennen und Erfassen der Persönlichkeit der KlientInnen durch das BASIC ID.
2. Die Einsicht, daß jede einzelne Modalität eine Wirkung auf alle anderen sechs Modalitäten hat und auch wiederum von diesen beeinflußt wird.
3. Die Überzeugung, daß eine genaue Erfassung/Evaluation (komplette Diagnose) eine systematische Anamnese jeder einzelnen Modalität und der Interaktionen zwischen den sieben Modalitäten des BASIC ID erforderlich macht.
4. Die Auffassung, daß eine umfassende Therapie das Angehen jedes einzelnen Problems quer durch das ganze BASIC ID erfordert.

Es sollte hier noch erwähnt werden, daß viele Menschen die therapeutische Unterstützung suchen, um Klarheit, emotionalen Beistand, eine Krisenintervention oder sofortige Hilfe in schwierigen Situationen zu bekommen. Dabei ist in manchen Fällen eine schnelle, vollständige multimodale Anamnese weder notwendig noch möglich. Nichtsdestotrotz kann sich auch die weniger detaillierte Auswertung des BASIC ID eines Klienten oder einer Klientin in solchen Situationen als hilfreich erweisen, selbst wenn es sich um akute situationsbedingte Reaktionen handeln sollte.

Wir haben uns bis hierher hauptsächlich mit einer "Inhaltsanalyse" des BASIC ID beschäftigt. Nach den anfänglichen zwei oder drei Sitzungen, bei denen man vielleicht die Vorstellungs-Technik 'Einsame Insel' (Kapitel 6) eingesetzt und den ausgefüllten Fragebogen zur Lebensgeschichte (Anhang 1) durchgelesen hat, sollte man demnach in der Lage sein, mit oder ohne Mithilfe des Klienten oder der Klientin ein Modalitätenprofil zu erstellen. Dies gilt besonders für erwachsene KlientInnen, die gewöhnlich auf eigene Initiative hin die therapeutische Hilfe gesucht haben, während eine multimodale Herangehensweise für Kinder, Jugendliche und stationäre PatientInnen in Kapitel 11 noch eingehender behandelt werden wird.

Im Moment sollten wir also potentiell mißtrauische oder Widerstand leistende Individuen, die unter Umständen der Therapie gegenüber eine unkooperative und unkommunikative Haltung an den Tag legen, noch beiseite lassen. Es kann jedoch auch bei den kooperativsten und hochmotiviertesten Menschen vorkommen, daß ihre Selbstkenntnis Lücken aufweist und sie zu verschiedenen Aspekten ihres BASIC IDs keinen Bezug haben. Tatsächlich besteht ein Teilziel der Therapie darin, bestimmte, bis dahin unerkannt gebliebene Faktoren zu entdecken und sie einer oder mehreren Kategorien des BASIC IDs zuzuordnen (es handelt sich dabei also um eine Art "Erkenntnis"). Wenn eine Therapie sich nun in einem fortgeschritteneren Stadium befindet, dann machen KlientInnen oft Beobachtungen wie die folgenden: "Mir ist nie klargeworden, wie sehr mein Bruder meine beruflichen Entscheidungen beeinflußt hat und immer noch einen Großteil meines Lebens bestimmt. Das sollten wir bei den interpersonalen Faktoren dazuschreiben." "Mir ist aufgefallen, wie schnell ich mich selbst als Versager sehe. Das sollte noch zu den anderen Punkten unter Vorstellungen hinzugefügt werden." "Ich habe immer diese Alpträume und wache dann schweißgebadet auf. Gehört das nun zu Vorstellungen oder Empfindungen?" Dabei stehen Anamnese und Behandlung in einer wechselseitigen Beziehung zueinander, was sich auch durch die ganze Therapie fortsetzt.

Das ursprüngliche BASIC ID oder Modalitätenprofil gibt demnach einen *makroskopischen* Überblick über die "Persönlichkeit". Beim Durchlesen der verschiedenen Punkte eines Modalitätenprofils und dem Versuch, deren interaktive Wirkungen einzuschätzen, bekommt man eine recht umfassende Vorstellung von den intrapersonellen und interpersonalen Schwierigkeiten einschließlich der Faktoren, die sie aufrechterhalten. Danach kann durch das Erstellen eines sekundären BASIC IDs jeder einzelne Punkt des ursprünglichen Modalitätenprofils vergrößert und detaillierter (sollen wir es wagen, dies *mikroskopisch* zu nennen?) untersucht werden. Ich möchte dies an einem Beispiel näher erläutern: Im Modalitätenprofil einer Klientin erscheint beispielsweise der Punkt "Nervöse Kopfschmerzen" in der sensorischen Modalität. Daraufhin wurden bei dieser Klientin ein Entspannungs- und Biofeedbacktraining angewandt, wobei sich jedoch nur minimale Erfolge einstellten. Eine unserer Regeln lautet dabei ja, Probleme zunächst mit den logischsten und naheliegendsten Verfahren anzugehen; wenn sich diese jedoch als nur wenig erfolgreich erweisen sollten, dann kann auch eine Re-Evaluation, wie beispielsweise ein sekundäres BASIC ID, angemessen sein. Wie der Begriff schon andeutet, besteht ein "sekundäres BASIC ID" darin, jeden Punkt des ursprünglichen Modalitätenprofils noch einmal einer detaillierteren Untersuchung zu unterziehen, wiederum jeweils im Hinblick auf Verhalten, Affekte, Empfindungen, Vorstellungen, interpersonale Faktoren sowie Drogen, Medikamente oder biologische Erwägungen. "Wenn Sie diese nervösen Kopfschmerzen haben, was tun Sie dann gewöhnlich? Wie beeinflussen sie Ihr Verhalten? Was für Gefühle haben Sie normalerweise, wenn Sie diese Kopfschmerzanfälle haben? Können Sie die Art der Schmerzen beschreiben und wo sie genau sitzen? Abgesehen von den Kopfschmerzen, welche anderen Empfindungen haben Sie dabei noch? Gibt es irgendwelche Bilder oder Vorstellungen, die Ihnen in den Sinn kommen, wenn Sie starke Kopfschmerzen haben? Wie beeinflussen Ihre Schmerzen den Umgang mit anderen Menschen? Nehmen Sie irgendwelche Medikamente außer denen, die Sie schon aufgezählt haben? Leiden Sie noch unter anderen Störungen, wie beispielsweise Erbrechen oder Schlaflosigkeit?"

Sekundärer BASIC ID der nervösen Kopfschmerzen

B zieht sich zurück
hört auf zu arbeiten
legt sich in verdunkeltem Zimmer nieder
A ängstlich
traurig
S Kopf dröhnt, Augen schmerzen
Schmerz zieht sich bis in den Nacken
"inneres Zittern"
I versucht, sich ruhige Szenen und entspannte Muskeln vorzustellen
vage Erinnerungen an eine Masernerkrankung als Kind
C "Und wenn es nun ein Gehirntumor ist?"
"Ich muß mich entspannen"

I weigert sich, an sozialen Interaktionen teilzunehmen
neigt zu Jähzorn und Reizbarkeit
D nimmt selten mehr als Aspirin, manchmal jedoch auch Kodein oder muskelentspannende Mittel, wenn der Schmerz "sehr stark" ist.

Sekundäre BASIC IDs können oft Hinweise auf Faktoren geben, welche die spezifischen Probleme, die untersucht werden, aufrechterhalten. Einige der Punkte, die den "nervösen Kopfschmerzen" der Klientin im sekundären BASIC ID einen anderen Charakter und eine andere Bedeutung geben könnten, sind beispielsweise ihr Grad an Selbstverhätschelung, ihre katastrophalen Kognitionen, die nur noch mehr Spannung und Angst erzeugen, und die interpersonalen Komponenten. Besteht bei dieser Klientin eine Verbindung zwischen den nervösen Kopfschmerzen und der Kindheitserinnerung an die Masern? Ist Encephalitis im Leben der Klientin jemals ein Thema gewesen? Ist die Klientin damals übermäßig verzärtelt worden? Hat sie irgendwann einmal anstelle einer ausdrücklichen Antwort nervöse Kopfschmerzen als Ausrede verwendet (z.B., "Ich würde X,Y,Z gern tun, wenn ich nicht so schreckliche Kopfschmerzen hätte")? Die Antworten auf all diese Fragen könnten ein völlig anderes Licht auf die funktionelle Bedeutung der "nervösen Kopfschmerzen" werfen und unter Umständen auch erklären, warum sich durch Entspannung und Biofeedback in diesem Fall keine großen Verbesserungen erzielen ließen. Schließlich kann das sekundäre BASIC ID auch noch Hinweise auf alternative Behandlungsmethoden geben, die mehr Aussicht auf Erfolg haben könnten.

Manche meiner KollegInnen haben darüber hinaus auch "tertiäre BASIC ID-Analysen" durchgeführt. Der Prozeß der "Vergrößerung" ist dabei natürlich zumindest theoretisch fast unbegrenzt, ich persönlich habe es jedoch nie für erforderlich gehalten, über sekundäre BASIC ID-Analysen hinauszugehen. Die zusätzlichen Informationen, die man mit diesem Verfahren erhält, sollten genügen, um zentralere und produktivere therapeutische Bahnen einzuschlagen zu können. Es muß dabei allerdings immer wieder betont werden, daß eine multimodale Anamnese zwar über das einzigartige Charakteristikum gründlicher BASIC ID- und sekundärer BASIC ID-Analysen verfügt, wir jedoch zusätzlich auch auf standardisierte Tests und andere Instrumente zurückgreifen, wenn es angebracht sein sollte. So kann beispielsweise die Anwendung projektiver Tests das Verständnis der Vorstellungsmodalität eines Klienten oder einer Klientin erhöhen, und die Verwendung von Standardintelligenztests kann (besonders bei Kindern) die einwandfreie Anamnese spezifischer kognitiver Defizite erleichtern. Vereinzelt können auch diverse Messungen von "organischen Faktoren" oder Gehirnschäden, Auge-Hand-Koordination, Begabungen und besondere Fähigkeiten erfolgreich eingesetzt werden. Darüber hinaus ist auch die Verwendung zahlreicher Checklisten zur Einschätzung verschiedener Ziele und Funktionen möglich: das Verhalten von Kindern in Klassenzimmern (O'Leary & O'Leary, 1972); Ehemann-Ehefrau-Verhalten zu Hause (Carter & Thomas, 1973); Erwachsene-Kind-Interaktionen (Wahler, 1975); heterosexuelle Fähigkeiten (Barlow, Abel, Blanchard, Bristow & Young, 1977) und viele andere mehr. Wenn wir Grund haben, an der Richtigkeit unserer Einschätzungen zu zweifeln, dann werden wir darüber hinaus auch noch weitere Beobachtungen anstellen (sowohl in einer natürlichen als auch in einer strukturierten Umgebung, wie beispielsweise der Videoaufnahme eines Paares beim dem Versuch, einen Konflikt zu lösen). Bei der Behandlung von komplexen sexuellen Störungen ist die Wirksamkeit einer Kombination aus Beobachtung und psychophysiologischer Anamnese ausgesprochen beeindruckend (Rosen & Kopel, 1978). Es würde allerdings den Rahmen dieses Buches sprengen, auch noch all diese zusätzlichen Maßnahmen vorstellen zu wollen.

Lassen Sie uns statt dessen nun die interaktiven Aspekte quer durch das BASIC ID erörtern und dabei demonstrieren, wie sich bei vielen Maßnahmen, die getroffen werden müssen, ein unnötiges Rätselraten verhindern läßt. Es handelt sich dabei um so wichtige Entscheidungsprozesse wie 1) Identifizierung von Primär- und Sekundärproblemen, 2) Klärung von Zielen und Vorgehensweisen und 3) Auswahl und Einsatz angemessener Techniken.

Das Bestimmen von BASIC ID Interaktionen

Wenn ein Klient beispielsweise äußerte: "Ich leide unter Angstattacken", dann würde ein multimodaler Therapeut bzw. eine Therapeutin zunächst die sensorische Modalität untersuchen, um festzustellen, was dieser Mensch denn genau unter "Angstattacken" versteht. Das Spektrum und die Divergenzen der sensorischen Begleiterscheinungen liefern wichtige Hinweise für die Entwicklung einer Differentialdiagnose, wobei als erstes organische Faktoren ausgeschlossen werden sollten. Bei KlientInnen, deren "Angstzustände" sich in starkem oder unregelmäßigem Herzschlag, Schmerzen in der Brust und Atemlosigkeit äußern, könnte es sich u.U. schlicht um eine chronische Hyperventilation handeln (Lum, 1976), dieser Gedanke kann jedoch erst dann ernsthaft in Betracht gezogen werden, wenn festgestellt worden ist, daß keine Kardiopathie vorliegt. Die üblichen sensorischen Begleiterscheinungen, die man mit Angst verbindet - trockener Mund, beschleunigter Herzschlag, Schwitzen, leichtes Schwindelgefühl, Unwohlsein im Magen, ein inneres Zittern - können auch einfache "Nervosität" sein, oder das Ergebnis einer leichten Infektion, oder ein Zeichen einer Schilddrüsenüberfunktion oder aber auch ein Ausdruck verschiedenster organischer Funktionsstörungen. Wie läßt sich nun der Diagnoseprozeß, in dem festgestellt wird, ob die biologische Modalität (D) primär oder sekundär mit einem Merkmal in Zusammenhang steht, bei einer multimodalen Herangehensweise beschleunigen?

Aus einer multimodalen Perspektive kann ein Fall nur dann als ein "psychologisches Problem" betrachtet werden, wenn deutliche Hinweise auf Verhalten, affektive Reaktionen, Empfindungen, Vorstellungen, Kognitionen und interpersonale Handlungen des jeweiligen Individuums vorliegen, die hinsichtlich vorausgehender Faktoren und Konsequenzen konsistente Muster aufweisen. In anderen Worten, wenn sich die Schwierigkeiten eines Menschen auch nach eingehenden Bemühungen quer durch die verschiedenen Modalitäten des BASIC IDs nur schwer erklären lassen und widersprüchlich bleiben, dann sollten auf alle Fälle die organischen Faktoren (die D-Modalität) einer genaueren Analyse unterzogen werden. Zur Verdeutlichung dieses wichtigen Punktes hier ein kurzer Auszug aus einem Fallbeispiel.

Eine 42jährige Frau beklagte sich über "chronische Nervosität".

T: Können Sie genau beschreiben, was sie bei dieser "Nervosität" fühlen?

K: Ich bin völlig aufgedreht und bebe innerlich die ganze Zeit, und ich kann kaum eine Minute stillsitzen. Ich habe die ganze Zeit das Bedürfnis, mich zu bewegen. (Sie schien dabei angespannt und hyperkinetisch zu sein.)

T: Wie lange geht das schon so?

K: Ich würde sagen, es ist in den letzten zwei oder drei Wochen immer schlimmer geworden.

T: Hat sich in den letzten Wochen oder Monaten irgend etwas in Ihrem Leben verändert?

K: Meine jüngste Tochter ist vor einigen Wochen ausgezogen, weil sie ein Studium angefangen hat. Ich habe mich schon gefragt, ob ich eine besorgte Mutter bin, die unter dem "leeren Nest" leidet.

T: Und zu welchem Schluß sind Sie dabei gekommen?

K: Macht es Ihnen etwas aus, wenn ich ein bißchen herumlaufe? Wenn ich dasitze und rede, dann werde ich nur noch ruheloser und nervöser.

T: Nur zu.

K: (indem sie im Sitzungszimmer hin- und herläuft) Wo waren wir gerade? Ach so, bei meiner Tochter. Nein, eigentlich nicht. Ich war eigentlich nie eine Mutter, die sich sonderlich an ihre Kinder geklammert hat, aber wenn es einem so schlecht geht, dann sucht man natürlich nach irgendwelchen Gründen. Ich bin auch selber wieder an die Universität gegangen und habe mich für ein Weiterbildungsprogramm in Sozialarbeit eingeschrieben - ich dachte, daß das vielleicht auch ein Grund für meine Angstzustände sein könnte. Ich weiß es einfach nicht. Sehen Sie, ich bin so ruhelos, ich kann überhaupt nicht im Seminar sitzen.

T: Haben Sie jemals in der Vergangenheit ähnliche Gefühle erlebt?

K: Oh, sicher. Ich hatte schon ab und zu Hummeln im Hintern, wer hat das nicht? Aber es war noch nie so wie jetzt. Ich habe versucht, mich zu entspannen, und meine Schwester hat mir ein Beruhigungsmittel gegeben, aber nichts hilft. Ich habe übrigens auch mit meinem Cousin darüber gesprochen, er ist Psychiater, und seine Meinung war, daß ich diese Angstzustände dazu benutze, um meinen Ärger auf meinen Mann auszudrücken.

T: Sie sind wütend auf Ihren Mann?

K: Das muß bei mir ganz tief im Unbewußten sitzen. Manchmal bin ich natürlich schon wütend auf ihn, besonders, wenn er seinen männlichen Chauvinismus mal wieder herausläßt.

T: Und wie gehen Sie dann damit um?

K: Ich bin keine Zimperliese, ich sage ihm dann schon, was los ist.

(Schon nach diesem kaum zweiminütigen Gespräch schien es klar zu sein, daß in diesem Fall durch die weitere Untersuchung der BASIC ID-Modalitäten kaum etwas gewonnen werden konnte, es sei denn die Klientin versteckte oder verzerrte eine größere Anzahl von Faktoren. Daher wandte ich mich der D-Modalität zu.)

T: Nehmen Sie irgendwelche Medikamente ein?

K: Ich habe einen leicht erhöhten Blutdruck, das liegt in der Familie. Meine Mutter und mein Vater haben beide einen hohen Blutdruck. Mein Bruder auch. Mein Arzt hat mir vor ungefähr sechs Monaten ein blutdrucksenkendes Mittel verschrieben.

T: Hat Ihnen Ihr Arzt letzten Monat noch irgend etwas anderes verschrieben?

K: Nein. Ich habe aber jeden Tag eine Diuriltablette genommen.

T: Haben Sie mit Ihrem Arzt über diese Ruhelosigkeitssymptome gesprochen? Weiß er davon?

K: Nein, er hält nicht viel von Psychologie. Ich meine, er ist ein guter Internist, aber er ist einer von der alten Schule, wenn Sie wissen, was ich meine. Ich habe einmal etwas über Biofeedback gelesen. Verwenden Sie das?

T: Ich möchte Ihnen sagen, was ich denke. Selbstverständlich kann man aus allem einen Fall machen und Ihre psychologischen Probleme von allen möglichen unbewußten Kräften herleiten. Meiner Meinung nach sind Sie eine äußerst vernünftige Frau mit "normalen" Ängsten, mit Ausnahme Ihrer Rastlosigkeit, Anspannung und Übersensibilität in den letzten Wochen. Da ich keine offensichtliche psychologische Erklärung dafür sehe, und da es für diese Art von Symptomen manchmal auch medizinische Ursachen gibt, würde ich vorschlagen, daß Sie Ihren Arzt noch einmal um eine gründliche Untersuchung bitten. In manchen Fällen können solche Symptome auf ein Ungleichgewicht im Elektrolythaushalt infolge des Diuril zurückzuführen sein. Es kann also sein, daß es sich bei Ihnen einfach um eine Unverträglichkeitsreaktion auf Diuril handelt. Wenn das der Fall sein sollte und Ihr Arzt damit einverstanden ist, dann würde ich gerne herausfinden, ob ein Meditationskurs Ihren Bluthochdruck auch ohne Medikamente normalisieren könnte.

Die Klientin beriet sich daraufhin mit ihrem Arzt, der ein paar Bluttests bei ihr durchführte. Die ursprüngliche medikamentöse Behandlung wurde abgebrochen und sie bekam statt dessen Kalziumtabletten verschrieben, woraufhin ihre "chronische Nervosität""nnerhalb weniger Tage verschwand. Zusätzlich nahm sie an einem klinisch standardisierten Meditationskurs (Carrington, 1977) teil und litt während der letzten zwei Jahre weder unter übermäßigen Ängsten noch unter Bluthochdruck. Hier handelte es sich selbstverständlich um einen einfachen Fall, mit dem die meisten TherapeutInnen wahrscheinlich ähnlich umgegangen wären; er zeigt jedoch die Schnelligkeit, mit der eine BASIC ID-Konzeptualisierung die Diagnose und Behandlung zu erleichtern vermag. In weniger offensichtlichen Fällen kann es natürlich auch länger dauern, bis die Auswirkungen der übrigen sechs (BASIC ID-) Modalitäten erforscht sind und man zu dem Schluß kommt, daß wahrscheinlich organische Faktoren im Spiel sind. Abgesehen davon ist es natürlich auch bei jeder ernsten somatischen Beschwerde erforderlich, medizinische Ursachen auszuschließen, bevor die anderen Modalitäten überprüft werden. Betrachten wir nun einmal etwas näher, wie bei einer multimodalen Anamnese nach den interaktiven Faktoren gesucht wird, welche die "emotionalen Probleme" ausmachen.

Was sind Gefühle?

Im ersten Kapitel haben wir schon einmal eine multimodale Grundannahme erwähnt, nach der affektive Reaktionen eine Funktion der Interaktion zwischen den anderen sechs Modalitäten - Verhalten, Empfindungen, Vorstellungen, Kognitionen, interpersonale Prozesse und biologische Faktoren - darstellen. In seinem kurz gehaltenen Überblick über verschiedene wichtige Experimentalstudien zu Emotionen betonte Woolfolk (1976), daß Affekte, obwohl sie als Manifestationen von Interaktionen zwischen anderen Modalitäten gesehen werden können, dennoch auch "als ein separates Reaktionssystem betrachtet werden müssen". *Mit Begriffen wie "Affekte" oder "Gefühle" kann jedoch nur indirekt gearbeitet werden.* Wenn es ausdrücklich und unmittelbar um Verhalten geht, dann können wir ohne weiteres jemandem zeigen, wie er oder sie handeln und reagieren könnte, was getan oder gesagt werden sollte usw. Die sensorische Modalität ist dabei für direkte Interventionen auf allen Gebieten offen: sehen Sie dies, hören Sie das, schmecken Sie dies, riechen Sie das, fühlen Sie das. In der interpersonalen Modalität dienen direkte und unmittelbare Interventionen als Grundlagen von Methoden wie Rollenspiel, Imitation und Modellernen. Die biologische Modalität dagegen ist logischerweise durch Drogen, Medikamente, Operationen und eine Vielzahl von Substanzen, die dem Körper zugeführt werden können, beeinflußbar.

Wie kann man also unmittelbar mit Affekten oder Emotionen umgehen? Die Antwort muß hier lauten: Man kann es eben nicht! "Ich erwecke unmittelbare Emotionen bei den Menschen, indem ich sie anweise, zu schreien und mit den Fäusten auf Schaumstoffkissen einzuschlagen", erzählte mir ein Therapeut. "Nein", erwiderte ich, "Sie erwecken Emotionen über Verhaltensweisen (Schreien und Auf-etwas-Einschlagen sind keine Emotionen) und indem sie Empfindungen und Vorstellungen hervorrufen". Selbst wenn man Emotionen weckt, indem man Elektroden in ein Gehirn pflanzt, bedeutet das immer noch, daß man direkte biologische Mittel einsetzt, um Verhaltensweisen hervorzurufen (z.B. Wutanfälle). Über viele Jahre hinweg haben die Untersuchungen von Richard S. Lazarus und seinen MitarbeiterInnen (Lazarus, R., 1968; Lazarus, R., Speisman, Mordkoff & Davison, 1962; Lazarus, R. & Opton, 1966; Lazarus, R., Kanner & Folkman, 1980) die Rolle betont, die kognitive Faktoren und andere phänomenologische Bindeglieder in der Affekterzeugung, besonders in Reaktion auf Streß, spielen. Multimodal ausgedrückt, werden Gefühle durch die Interaktion von biologischen Prozessen mit vorhandenen Bildern und Kognitionen erzeugt und aufrechterhalten, welche wiederum sensorische Begleiterscheinungen und eine Vielzahl von Verhaltensweisen produzieren. Die meisten der aufrechterhaltenden Faktoren hängen dabei von interpersonalen Auswirkungen ab (Zuwendung oder Bestrafung von anderen).

Die Sichtweise, daß affektive Reaktionen Verhaltensweisen, Empfindungen, Vorstellungen und Kognitionen umfassen, die oft um interpersonale Zusammenhänge kreisen - welche wiederum auf einer biologischen Grundlage beruhen - hat dabei für therapeutische Entscheidungen eine unmittelbare und direkte Bedeutung. Wann immer multimodale TherapeutInnen es mit einer "emotionalen Störung" zu tun haben, werden sie jede der sechs Modalitäten, die in einen "Affekt" eingehen, untersuchen, um genau festzustellen, welche Modalitäten im jeweiligen Fall eine zentrale Rolle spielen. Wir haben es schon mit vielen Fällen von allgemeinen Angstzuständen zu tun gehabt, die unimodal behandelt wurden. Den KlientInnen wurden Tranquilizer verabreicht, oder sie wurden angewiesen, mit Meditationsübungen anzufangen oder einen Kurs in moderner Entspannungstherapie zu machen. Ich möchte es hier noch einmal betonen: in der multimodalen Therapie werden alle affektiven Reaktionen als ein Produkt von Reiz und Reaktion innerhalb und zwischen den B-,S-,I-,C-,I- und D-Modalitäten betrachtet. Man kann nicht erwarten, daß Entspannung, Meditation und die Verabreichung von Tranquilizern helfen können, Verhaltensdefizite, negative Bilder, falsche Kognitionen oder interpersonale Vorgänge abzubauen, die dazu dienen, "fehlerhafte Emotionen" auszulösen und aufrechtzuerhalten. Selbst bei der Behandlung bipolarer affektiver Funktionsstörungen, bei denen Lithiumkarbonat als die einzig sinnvolle Behandlung angesehen wird, würden multimodale TherapeutInnen zunächst versuchen, negative Kognitionen, Empfindungen, Affekte, Vorstellungen und interpersonale Reaktionen auszuschließen, die den Klienten oder die Klientin beeinflussen könnten, das Medikament nicht einzunehmen. Danach würden die Auswirkungen bei der Einnahme von Lithium (einer potentiell tödlichen Chemikalie, die verschiedene negative Nebenwirkungen haben kann) entlang der verschiedenen Modalitäten des BASIC IDs untersucht.

Dem BASIC ID folgen, oder: Die Sprache der KlientInnen sprechen

Auch wenn man sich deshalb nicht gleich auf starre Trait-Theorien oder Typologien festlegen muß, sollte doch festgestellt werden, daß Menschen dazu neigen, manche Modalitäten stärker anzuerkennen, sich eher auf sie zu verlassen und sie öfter einzusetzen als andere. Demnach gibt es Menschen, die mit Problemen eher kognitiv (intellektuell) umgehen, während andere affektive (Gefühls-) Lösungen bevorzugen. Die "emotionalen Phantasiemenschen" (diejenigen mit einer Vorliebe für Affekte und Vorstellungen) erfahren eine andere Art interpersonaler Interaktionen als die "Kopfmenschen und Tatmenschen" (d.h., Menschen, die Kognitionen und Verhalten den Vorrang geben). All dies sind selbstverständlich keine absoluten und eigenständigen Kategorien, die alle Situationen umfassen und immer konstant bleiben. Nichtsdestotrotz zeigen Menschen aber unter vorhersehbaren Umständen eine deutliche und ziemlich konsistente Neigung zu bestimmten Modalitäten. Betrachten Sie hierzu einmal die folgenden Beispiele:

K: Heute morgen hatte ich einen fürchterlichen Streit mit meinem Mann.
T: Würden Sie mir bitte mehr darüber erzählen?
K: O Gott! Ich bin dermaßen wütend, daß ich es schon im Bauch spüre. Ich zittere immer noch am ganzen Körper. Er bringt mich so auf die Palme. Mein Kopf hämmert und mein ganzer Körper ist kurz davor, zu explodieren.

Vergleichen Sie diese Reaktion einmal mit der folgenden:

K: Ich sehe immer noch sein Gesicht vor mir, rot wie eine Rübe. Er sah aus, als ob ihm gleich die Augen aus dem Kopf fallen würden. Er schob seine Unterlippe vor wie ein Baby, das gleich anfängt zu schreien.

Sehen wir uns noch eine weitere Antwort an:

K: Das Problem mit Peter ist, daß er in seiner Argumentation von falschen Annahmen ausgeht. Abgesehen von seinen offensichtlichen Syllogismen, die mich in den Wahnsinn treiben, sind die meisten seiner Schlüsse wegen des grundsätzlichen logischen Fehlers des "petitio principii" sowieso hinfällig. Mit anderen Worten: man kann aufgrund seiner fatalen unlogischen Argumentation nie zu einem befriedigenden Schluß kommen - seine Schlußfolgerungen sind immer schon in seiner ursprünglichen Annahme enthalten.

Im ersten Beispiel ist eine *sensorische* Reaktion eines Menschen dargestellt, im zweiten eine *imaginative* und im dritten schließlich eine *kognitive*. Einer der häufigsten Fehler, den meine Auszubildenden machen, ist es, eine andere Modalität ins Spiel zu bringen als diejenige, die bei dem Klienten bzw. der Klientin dominiert. So wird beispielsweise ein Therapeut, der auf eine der drei obengenannten Antworten etwa mit: "Versuchen wir doch mal ein kleines Rollenspiel, um ihrem Problem auf die Schliche zu kommen" reagiert, dabei vermutlich auf Widerstand stoßen, da es sich bei einem Rollenspiel um eine Verhaltensintervention handelt. Meiner Erfahrung nach ist es wichtig, sich auf die von den KlientInnen präsentierte Modalität einzustellen. Bei "Gefühlsmenschen" kann ein Therapeut bzw. eine Therapeutin z.B. erwidern: "Erzählen Sie mir mehr darüber, welche Gefühle gerade in Ihnen vorherrschen". "Phantasiemenschen" könnte man mit der Aufforderung begegnen: "Stellen Sie sich vor, wie Sie eine Zoomlinse auf seine Augen richten und sehen Sie, was für Botschaften sie darin lesen können". "Kopfmenschen" könnten aufgefordert werden: "Beschreiben Sie bitte einige der falschen Annahmen und tautologischen Schlußfolgerungen, mit denen Peter arbeitet". Wenn die TherapeutInnen sich dabei auf die Gebiete der jeweiligen KlientInnen einlassen, dann werden sie von diesen wahrscheinlich auch eher gehört, verstanden und anerkannt werden. Daraufhin kann es auch leichter werden, zu einer anderen Modalität überzugehen: "Lassen Sie es uns jetzt einmal mit einem Rollenspiel versuchen", wobei der gesamte Prozeß als *bridging* bezeichnet wird.

Wenn ich dabei von "Gefühlsmenschen", "Phantasiemenschen" oder "Kopfmenschen" spreche, dann will ich damit keinesfalls ausdrücken, daß bestimmte KlientInnen immer in einer gegebenen Modalität reagieren müssen. Klinisch gesehen haben wir jedoch bei den meisten Menschen eine Tendenz festgestellt, ein oder zwei Modalitäten zu bevorzugen. Bandler und Grinder (1976) haben darauf hingewiesen, daß zwischen der Bemerkung "Ich *sehe*, was Sie sagen" und "Ich *höre*, was Sie sagen" ein entscheidender Unterschied besteht. Erstere weist gewöhnlich auf eine Person hin, die auf seine oder ihre Umgebung hauptsächlich mit Bildern reagiert und sie auch danach ordnet - in diesem Fall ist das bevorzugte Repräsentationssystem visuell. Visuell orientierte Menschen neigen dazu, das Gehörte "in Bilder umzusetzen"; oder, um es in den Begriffen der Hirnhemisphärenforschung (Sperry, Gazzaniga & Bogen, 1969; Galin, 1974; Kimura, 1973) auszudrücken, ist bei Menschen, welche die imaginative Modalität bevorzugen, wahrscheinlich die rechte Hemisphäre dominant, wohingegen bei denen, die kognitiv reagieren, es möglicherweise die linke ist.

Bandler und Grinder (1976) beschäftigen sich nur mit der sensorischen Modalität, wobei sie betonen, wie wichtig es ist, sich auf das Repräsentationssystem der KlientInnen einzustimmen. Während sie sich nur mit Menschen befassen, die kinästhetisch, visuell und akustisch reagieren, ist es weiterhin notwendig, über propriozeptive, visuelle und auditive Reaktionen hinaus auch die gustatorischen und olfaktorischen Wirkungen näher zu betrachten. Seligman (1972) dokumentierte die starken Konditionierungseffekte von Geschmacks- und Geruchsstimuli, und Watzlawick (1978) betonte, daß "olfaktorische Wahrnehmungen besonders stark zur mentalen Rekonstruktion und dem erneuten Durchleben vergangener Ereignisse in ihrer Ganzheit beitragen". Metaphern, die auf gustatorischen und olfaktorischen Reaktionen basieren, tauchen in unserer Sprache genauso häufig auf wie solche, die auf kinästhetischen, visuellen und auditiven Wirkungen beruhen. "Das hat bei mir einen schlechten Nachgeschmack hinterlassen" und "Ich finde, die Sache stinkt zum Himmel" sind zwei häufig vorkommende Beispiele. Ich habe auch mit Menschen gearbeitet, deren sexuelle Abneigungen ihren Ursprung in einer übelriechenden Begegnung hatten und bei denen eine Voraussetzung für sexuellen Genuß darin bestand, daß ihre PartnerInnen auf gründliche Körperhygiene achteten. Meiner Erfahrung nach ist es dabei wenig sinnvoll, wenn man versucht, eine bestimmte olfaktorische Überempfindlichkeit einer Person abzuschwächen. Als eine Frau mir gegenüber erwähnte, daß ihr Mann "schmollte und gehässig wurde", weil er ihre Parfümsorte nicht mochte und hinzufügte: "Ich werd' den Teufel tun und mich so von ihm herumkommandieren lassen! Ich benutze das Parfüm, das mir gefällt!", erklärte ich ihr, daß sie damit einen ernsten Fehler begehen könnte, falls ihr Mann ein "primärer Geruchsmensch" sei.

Es kann dabei allerdings nicht oft genug betont werden, daß multimodale TherapeutInnen immer das gesamte BASIC ID im Blick haben sollten, was sowohl jede einzelne Modalität als auch die Interaktionen zwischen den einzelnen Modalitäten einschließt. Wenn beispielsweise festgestellt wurde, daß eine Klientin sehr "visuell" orientiert ist und lebhafte Vorstellungen entwickelt, die praktisch jeder Begegnung vorausgehen und sie begleiten, dann würden wir uns als nächstes fragen, welche Auswirkungen dies auf jede einzelne Modalität hat. Darüber hinaus würden wir noch versuchen, die genaue Sequenz aufzuspüren, nach der die einzelnen Modalitäten ins Spiel gebracht werden, worauf wir im folgenden noch etwas näher eingehen wollen.

Die Zündfolge der Modalitäten

Lassen Sie uns einmal annehmen, daß zwei Klienten unter "Ängsten und Panikanfällen" leiden. Beide werden gebeten, besonders auf die Stimuli und Ereignisse zu achten, die solchen Anfällen vorauszugehen und diese zu begleiten scheinen. Ihre eigenen subjektiven Beobachtungen und die detaillierte Untersuchung des BASIC IDs durch die Therapeutin bringen dabei die folgenden Reaktionsmuster an den Tag:

Fall 1: "Normalerweise ist bei mir alles völlig in Ordnung, bis mir dann plötzlich bewußt wird, daß es mir eigentlich ganz gut geht. Meist neige ich dann dazu, das zu hinterfragen, nur um doppelt sicher zu sein, daß alles o.k. ist. Und da fängt es dann an. Ich stelle unweigerlich fest, daß irgend etwas nicht ganz in Ordnung ist - sei es eine kleine Überempfindlichkeit im Magen oder ein leichtes Schwindelgefühl. Sofort fängt mein Herz an, wie eine Trommel zu schlagen.

Fall 2: Ich kriege diese dummen Gedanken und Vorstellungen - die kommen mir einfach so in den Kopf. Letzte Woche im Supermarkt, z.B., fing ich an zu denken, *was passiert, wenn du jetzt ohnmächtig wirst?* Ich habe mir dann die Szene vorgestellt, wie ich auf dem Boden liege und fing an, die Gänge entlangzurennen, nur um so schnell wie möglich mit dem Einkaufen fertig zu werden. Plötzlich wurde mir schwindlig und wackelig und ich ließ meinen Einkaufswagen einfach stehen und bin aus dem Laden rausgerannt.

Im ersten Fall sehen wir, wie "Angst und Panik" in der *sensorischen* Modalität angefangen haben.

Der zweite Fall dagegen begann in der *kognitiven* Modalität, gefolgt von der *Vorstellungs*modalität. Die Kognitionen und Vorstellungen riefen dann ein Verhalten hervor ("Ich fing an, die Gänge entlangzurennen"), welches wiederum zu *sensorischen* Reaktionen führte ("Mir wurde schwindlig"), und schließlich in *Vermeidungsverhalten* gipfelte ("Ich... bin aus dem Laden rausgerannt").Wir haben im zweiten Fall also eine C-I-S-B-Modalitätensequenz oder "Zündfolge" (Kognition-Vorstellung-Empfindung-Verhalten).

Wenn beide Fälle mit Entspannungstraining behandelt würden, profitierte der Klient im zweiten Fall wahrscheinlich weitaus weniger davon als derjenige vom ersten. Aus unseren klinischen Befunden lassen sich genügend Hinweise darauf ableiten, daß es notwendig ist, die jeweiligen Techniken auf den auslösenden Reiz abzustimmen: sensorische Reaktionen mit sensorischen Techniken zu behandeln, kognitive Reaktionen mit kognitiven Techniken, usw. Der Klient im Fall 2 würde wahrscheinlich positiv auf Gedankenstops, Einüben von Coping-Strategien oder Vorstellungstechniken und eine rationale Disputation reagieren. Natürlich würde auch ein multimodaler Therapeut bzw. eine Therapeutin sich im Verlaufe einer Therapie nicht unbedingt nur auf diese Techniken beschränken, hier soll jedoch die Auswahl einer angemessenen ersten Technik im Vordergrund stehen.

Im ersten Fall scheinen "Angst und Panik" also in der sensorischen Modalität zu beginnen. Ich werde im folgenden einen typischen Dialog vorstellen, um zu demonstrieren, wie man in einem solchen Fall einen umfassenderen Einblick in die Zündfolge der Modalitäten bekommen kann.

T: Sie konzentrieren sich also zuerst auf Ihre sensorischen Reaktionen und rufen dabei anscheinend eine Reihe von unangenehmen Empfindungen hervor, die sich dann steigern.

K: Ja, so ungefähr könnte man es sagen.

T: Und was passiert dann?

K: Ich bekomme Angst und werde panisch.

T: Ich nehme an, daß es zwischen "unangenehmen Empfindungen" und einem ausgewachsenen Panikanfall noch einige Zwischenstufen geben muß. Lassen Sie uns einmal nach den fehlenden Verbindungsstücken suchen.

K: Meine Angst wächst, wenn ich mein Herz hämmern höre.

T: Wenn Sie eine Treppe hochgehen und Ihr Herz hämmert, würde das bei Ihnen unweigerlich eine Angstreaktion hervorrufen?

K: Nein. Nicht, wenn ich weiß, warum ich Herzklopfen habe. Wenn man eine Treppe hochgeht, dann erwartet man ja, daß das Herz schneller schlägt.

T: Und was passiert, wenn Ihr Herz schnell schlägt und Sie das nicht erwarten?

K: Ich denke mir, daß etwas nicht in Ordnung ist.

T: Was zum Beispiel?

K: Nun ja, daß etwas Schlimmes passieren könnte, ein Herzinfarkt vielleicht.

T: Es scheint also, als ob Sie, sobald Sie merken, daß Ihr Herz schneller schlägt, davon ausgehen, daß irgend etwas bei Ihnen nicht in Ordnung sein könnte, unter Umständen etwas Ernsthaftes. Könnten Sie bitte jetzt gleich etwas tun? Stellen Sie sich vor, daß Ihr Herz grundlos rast, und sagen Sie mir, woran Sie dabei denken.

K: O Gott! Was ist los? Muß ich sterben? Ich weiß, daß das albern ist. Die Ärzte haben mir versichert, daß mit meinem Herzen alles in Ordnung ist, aber ich kriege trotzdem Angst, sobald es anfängt zu rasen.

T: Und Sie denken, daß Sie vielleicht sterben könnten? Was passiert sonst noch, wenn Sie sich vorstellen, daß Sie vielleicht sterben? *Tun* Sie irgend etwas anderes als sonst, oder kommen Ihnen *Vorstellungen* in den Sinn oder sind Sie sich anderer *Gefühle* bewußt?

K: Ich stelle mir vor, wie ich schwächer und schwächer werde oder manchmal stelle ich mir vor, daß ich verrückt werde und einfach ausraste.

T: Was passiert, wenn Sie sich vorstellen, daß Sie ausrasten?

K: Mein Herz rast, mir schwirrt der Kopf und ich renne herum und schreie und ecke überall an.

T: Es sieht so aus, als ob der auslösende Faktor für Ihre Angst oft in einer geringfügigen Empfindung liegt, etwas Unangenehmes in Ihrem Magen oder Kopf, und bald darauf fängt Ihr Herz an zu rasen. Wenn das passiert, dann fangen Sie an, irrationale Sachen zu *denken*, wie z.B., daß irgend etwas nicht stimmt und Sie infolgedessen sterben können. Diese Gedanken wiederum rufen *Vorstellungen* hervor, in denen Sie sich sehen, wie Sie schwächer werden oder ausrasten.

K: Und wenn ich mich dann soweit in diesen Zustand hineingearbeitet habe, dann ist das Einzige, was ich noch tun kann, mich ins Bett zu legen und drinzubleiben.

T: Und wer kümmert sich dann um den Laden?

K: In solchen Fällen springt meine Frau gerne ein.

Der Dialog im letzten Abschnitt stammt nicht aus einem tatsächlichen Fall, ist aber eine typische Konstruktion einer "Tracking Sequenz". Während im Fall 2 eine C-I-S-B-Sequenz festgestellt werden konnte (Kognition-Vorstellung-Empfindung-Verhalten), scheint Fall 1 einer anderen Ordnung zu folgen: S-C-I-B (Empfindungen führen zu Kognitionen, die dann von Vorstellungen gefolgt werden, welche schließlich in Rückzug münden). Hier würde der erste Therapieschritt darauf abzielen, die negativen Empfindungen unter Kontrolle zu bekommen und die damit verbundenen Kognitionen zu modifizieren. Dem Klienten könnte folgender Rat gegeben werden: "Wenn Sie anfangs unangenehme Empfindungen bemerken, dann versuchen Sie, Ihren Körper zu entspannen und sich auf die Zwerchfellatmung zu konzentrieren, wie ich es Ihnen gezeigt habe. Gleichzeitig sollten Sie sich immer wieder vorsagen, daß es sich bei diesen Empfindungen nicht um etwas Ernstes oder potentiell Tödliches handelt." Lassen Sie mich hier auch noch einmal wiederholen, daß wir mit den offensichtlichsten Heilmethoden anfangen, während wir gleichzeitig die interaktiven Wirkungen quer durch die anderen Modalitäten weiter untersuchen. Die Aussage: "In solchen Fällen springt meine Frau gerne ein" kann beispielsweise einen zentralen Schlüssel zu den Problemen darstellen. Eine Grundregel lautet dabei auch: "Machen Sie das Problem nicht komplizierter als es ist". Wenn allerdings die ersten und naheliegendsten Methoden nicht greifen sollten, dann ist eine gründlichere Untersuchung quer durch das BASIC ID notwendig, welche die Erstellung von sekundären Modalitätenprofilen erforderlich machen kann.

Der individuelle Einsatz von sekundären BASIC ID Analysen und das Herausfinden der Modalitätenzündfolge sind dabei allein für die multimodale Herangehensweise charakteristisch. Diese Verfahren haben sich für uns als unschätzbar wertvoll erwiesen, denn durch sie ließen sich einige der subtileren Nuancen emotionaler Störungen erhellen, welche sich sonst jeglicher Diagnose oder Problemerkennung entzogen hatten. Die folgende Transaktion demonstriert die klinische Signifikanz dieser Herangehensweisen.

Nach dem Besuch eines Seminars zur multimodalen Therapie sagte ein bekannter Psychologe, der sich unter den Zuhörern befand, scherzhaft zu mir: "Ich habe nicht gewußt, daß ich ein multimodaler Therapeut bin. Ich habe die ganze Zeit gedacht, daß ich bloß ein guter eklektischer Psychotherapeut sei." Ich fragte meinen Kollegen, ob ich ihn einmal bei der Arbeit beobachten dürfe, und er lud mich freundlicherweise ein, einer seiner Gruppentherapiesitzungen beizuwohnen. In der Gruppe konnte ich sehen, wie er im Hinblick auf die Verhaltens- und interpersonale Modalität großartige Arbeit leistete. Darüber hinaus war er auch in der Aufdekkung von kognitiven Irrtümern und bei der Auslösung von affektiven Reaktionen höchst routiniert. Eines der Gruppenmitglieder war ein Mann Mitte Vierzig, der während der ersten Hälfte der Sitzung stumm geblieben war. Als er gefragt wurde, warum er sich nicht beteilige, erwiderte er, daß er sich zu deprimiert fühle, um zu sprechen. Der Therapeut antwortete, indem er sich an die gesamte Gruppe wendete: "Ich glaube, Murray ist ein klassisches Beispiel für Wut, die sich nach innen richtet". Murray schüttelte den Kopf und murmelte: "Ich bin nicht wütend", woraufhin mein Kollege ihn bat, aufzustehen und einfach zehnmal und mit zunehmender Lautstärke "Ich bin wütend!" zu sagen. Nach einigem Hin und Her und gutem Zureden fügte sich Murray, aber jedesmal, wenn er sagte: "Ich bin wütend!" riefen der Therapeut und die gesamte Gruppe: "Lauter! Lauter! Wir können Dich nicht hören!" und provozierten ihn noch auf andere Weise. (Die Gruppenmitglieder machten diese Übung ganz offensichtlich nicht zum ersten Mal.) Als Murray zu seinem siebten oder achten "Ich bin wütend!" kam, war er offensichtlich aufgebracht und wurde tatsächlich wütend. Als er die zehnte Wiederholung erreichte, zitterte er vor Wut am ganzen Körper und schrie auf überzeugende Weise "Ich bin wütend!". Daraufhin und angespornt durch das geschickte Sondieren des Therapeuten, machte Murray seinem enormen Ärger über seinen Arbeitgeber und die Tatsache, daß sich sein Schwiegervater dauernd in seine Ehe einmischte, gehörig Luft.

Als das Gruppentreffen zu Ende war, drückte ich dem Therapeuten gegenüber meine Bewunderung aus, was seine klinischen Fähigkeiten anbelangt, die in dieser 90minütigen Sitzung demonstriert worden waren, betonte jedoch auch noch: "Lassen Sie mich einmal demonstrieren, wie ein multimodaler Therapeut mit bestimmten Dingen umgegangen wäre". Zunächst wies ich ihn darauf hin, daß er bei zwei Klienten gewisse Merkmale unter den Teppich gekehrt - wenn nicht gar gänzlich übersehen - hatte, bei denen Vorstellungs- und sensorische Interventionen erforderlich gewesen wären. Zweitens würde ein multimodaler Therapeut nicht einfach von der Annahme ausgehen, daß das Hervorrufen von Ärger an sich eine therapeutische Wirkung haben muß, es sei denn daraus resultierten spezifische Schritte, wie diese Wut erleichtert werden könnte (Es gibt keinerlei Beweise dafür, daß sich durch "Katharsis" per se langfristige therapeutische Gewinne erzielen lassen). Darüber hinaus würde ein multimodaler Therapeut auch die Vorteile in Betracht ziehen, die sich ergeben könnten, wenn Murray die Gelegenheit hätte, gegenüber seinem Arbeitgeber und seinem Schwiegervater soziale Fertigkeiten einzuüben. Am wichtigsten wäre es einem multimodalen Therapeuten dabei allerdings, daß der

Begriff "Wut" zwar eine Beschreibung ist, jedoch keine Erklärung. Ein sekundärer BASIC ID könnte dabei helfen, die Bestandteile von Murrays "Wut" zu identifizieren und auf spezifische Verfahrensweisen hinzudeuten, wie diese überwunden werden könnte. Multimodale Therapie ist demnach also doch nicht dasselbe wie eklektische Psychotherapie.

Wenn man KollegInnen beobachtet, die ebenfalls mit multimodalen Prinzipien und Herangehensweisen arbeiten, dann lassen sich dabei oft bestimmte gemeinsame Gewohnheiten feststellen. Sie denken automatisch in den Begriffen des BASIC ID und verfolgen die Ereignisse quer durch jede Modalität schon fast unwillkürlich. Darüber hinaus haben sie sich oft eine pluralistische Denkweise angewöhnt und stellen selten Einzelfragen wie: Worin besteht Ihr Problem? Was ist die Ursache dafür? Womit kann es gelöst werden? Statt dessen werden *Probleme, Ursachen* und *Lösungen* im Hinblick auf die Tatsache gesehen, daß alle menschlichen Prozesse vielschichtig sind und auf vielen verschiedenen Ebenen stattfinden. Unimodale PraktikerInnen werden sich dabei höchstwahrscheinlich voller Eifer auf eine einzige Methode, oder Schule oder Theorie beschränken. Das ist aus verschiedenen Gründen allerdings keine sehr glückliche Entscheidung, und die KlientInnen werden darunter leiden, weil sie dann möglicherweise eine Behandlung erfahren, die nicht speziell auf sie zugeschnitten ist (Bergin & Lambert, 1978; Strupp, Hadley & Gomes-Schwartz, 1977). Eingleisiges Denken ist eines der größten Hindernisse für Lernprozesse und das Erzielen von Fortschritten.

In diesem Kapitel ist betont worden, wie wichtig es ist, ein "Gefühl" für die KlientInnen zu haben, damit man sie "kennenlernen", "ihre Sprache sprechen" und sich auf ihre individuellen Vorlieben und Eigenarten "einstellen" kann. Im folgenden Kapitel wird eine Technik beschrieben, die sich schon oft als hilfreich erwiesen hat, um das Erreichen dieser therapeutischen Ziele zu erleichtern. Zum Abschluß dieses Kapitels mag es noch aufschlußreich sein, einige der Hauptähnlichkeiten und -unterschiede zwischen "Verhaltenstherapie" und "multimodaler Therapie" aufzulisten:

Übereinstimmungen und Unterschiede zwischen Verhaltenstherapie und Multimodaler Therapie

Übereinstimmungen

1. Mit Zielverhaltensweisen wird normalerweise *direkt* umgegangen (im Gegensatz zu Methoden, welche die Aufmerksamkeit von offenkundigen Problemen auf intrapsychische Konflikte ablenken).
2. Die Behandlungsverfahren werden individuell auf die unterschiedlichen Probleme verschiedener Personen zugeschnitten.
3. Der Therapeut bzw. die Therapeutin ist primär für den Interventionsplan und den Fortschritt oder das Ausbleiben desselben verantwortlich.
4. Die meisten Probleme werden als Resultat mangelnder oder fehlerhafter sozialer Lernprozesse angesehen.
5. Was den Gebrauch bestimmter Techniken angeht, wird das Einverständnis der KlientInnen gesucht, nachdem sie informiert worden sind.

6. Sowohl vorausgehende Faktoren als auch die unmittelbaren und langfristigen Konsequenzen werden systematisch untersucht.
7. Das Verhältnis zwischen TherapeutInnen und KlientInnen ist eher mit dem zwischen TrainerInnen und SportlerInnen, als mit dem zwischen ÄrztInnen und PatientInnen vergleichbar.
8. Die Übertragung des Gelernten (Generalisierung) von der Therapie in die Alltagssituation wird nicht als automatischer Vorgang angesehen, sondern mit Bedacht durch "Hausaufgaben" und andere in-vivo-Aufgaben unterstützt.
9. Etikettierungen, feste Diagnosekategorien, Persönlichkeits-Theorien und globale Zuschreibungen werden vermieden und statt dessen Verhaltens- und operationale Definitionen bevorzugt.
10. Messungen und Auswertungen finden während der gesamten Therapiedauer statt (d.h., eigene Berichte sowie Auskünfte von wichtigen Bezugspersonen werden genauso in Betracht gezogen wie beispielsweise Messungen mittels physiologischer Instrumente).

Unterschiede

1. In der multimodalen Therapie wird die Persönlichkeit spezifisch und systematisch in sieben einzelne, jedoch interaktive Komponenten (Modalitäten) zerlegt, die durch das BASIC ID repräsentiert werden.
2. Multimodale TherapeutInnen erstellen Modalitätenprofile (BASIC ID -Tabellen) als "Konzepte" für die Therapie.
3. Sekundäre BASIC ID -Profile werden verwendet, um Behandlungssackgassen zu entkommen und für die Therapie relevante Bereiche der "Persönlichkeit" und "Psychopathologie" zu erhellen.
4. Die Kongruenz, bezüglich der Erwartungen der KlientInnen, der TherapeutInnen-KlientInnen-Kompatibilität, gegenseitiger Ebenbürtigkeit und der Wahl der Techniken wird von multimodalen TherapeutInnen weitaus gründlicher erkundet.
5. Multimodale TherapeutInnen bestimmen interaktive Wirkungen quer durch das BASIC ID, um die jeweilige Zündfolge spezifischer Modalitäten festzustellen. (Dieses Verfahren wird auch als *Tracking* bezeichnet.)
6. Multimodale TherapeutInnen stellen sich auf die von den KlientInnen bevorzugte Modalität ein, bevor sie sich anderen Bereichen zuwenden, die ihnen klinisch produktiver erscheinen. (Dieses Verfahren wird als *Bridging* bezeichnet.)
7. Das Ausmaß und die Detailliertheit der Untersuchungen von sensorischen, Vorstellungs-, kognitiven und interpersonalen Faktoren und ihren interaktiven Wirkungen geht über die gewöhnlichen Reiz- und Funktionsanalysen von VerhaltenstherapeutInnen weit hinaus. (Thoresen [1980] hat ein anregendes und provozierendes Buch herausgegeben, welches die Frage "Was bedeutet es, ein Verhaltenstherapeut zu sein?" zu beantworten versucht.)

Die Technik der Einsamen-Insel-Phantasie

Es wird immer wieder gesagt, daß man Menschen am besten kennenlernt, wenn man mit ihnen zusammenlebt. Um dies auch mit anderen Mitteln zu erreichen, ist mir vor vielen Jahren zum ersten Mal die Idee gekommen, eine *strukturierte, interaktive Projektionstechnik* anzuwenden, als ich mit einer besonders frustrierenden Klientin arbeitete, die voller Widersprüche war. Ich äußerte so etwas wie: „Um Sie verstehen zu können, müßte ich Sie 24 Stunden am Tag beobachten". Ihre Antwort lautete: "Nun, dann lassen Sie uns doch einfach ein paar Monate zusammen auf einer einsamen Insel verbringen". Ich ignorierte ihren verführerisch erscheinenden Unterton und fragte: "Was würde ich denn auf dieser Insel über Sie lernen können?" Sie begann daraufhin mit einem Monolog, der sich als höchst informativ erwies. Während ich ihren Phantasien über unseren Inselaufenthalt zuhörte, war ich in der Lage, eine ganze Menge über ihre Eigenschaften, die Wirkungsweise ihrer Stimmungen, ihre grundlegenden Hoffnungen, Ängste und Enttäuschungen herauszufinden. Ungeachtet der subjektiven Natur dieser Interaktion merkte ich, daß sich mir aus dem Gespräch in der Tat ein beträchtliches Wissen über die für sie bedeutsamen Gedanken, Gefühle und Handlungen erschlossen hatte.

In der Folge begann ich, solche Phantasieausflüge auch mit anderen KlientInnen zu unternehmen und stellte dabei fest, daß diese oft wichtige klinische Informationen erbrachten. Anfänglich (Lazarus, 1971) fragte ich meine KlientInnen auch häufig, ob sie meine Gesellschaft sechs Monaten Einsamkeit auf der Insel vorziehen würden. Weitere Erfahrungen mit der Technik der Einsamen-Insel-Phantasie führten später dann zu zwei Modifikationen. Erstens beschwor bei vielen Menschen der Begriff "einsam" [1] Vorstellungen einer trockenen und unfruchtbaren Wildnis mit düsteren Überlebensaussichten herauf, wohingegen eine *einsame* Insel durchaus auch grün und saftig und bestens zum Leben geeignet sein konnte. Da es der Hauptzweck dieses Tests ist, festzustellen, inwieweit die KlientInnen zur Bildung intimer Beziehungen fähig sind, und nicht etwa, zu erforschen, wie sie mit der Kultivierung von trockenen Gebieten und ausgedörrtem Sand umgehen würden, sollte die Insel als unbewohnt (einsam), aber keineswegs als unbewohnbar dargestellt werden. Darüber hinaus bin ich inzwischen dazu übergegangen, anstelle der TherapeutInnen die Anwesenheit einer anderen Person auf der Insel vorzuschlagen, weil das Gespräch sonst leicht in sexuelle Phantasien umschlagen kann, die sich um die jeweiligen TherapeutInnen drehen. Wenn diese sich dagegen nicht auf der Insel befinden, dann vermindert dies auch eventuelle Verführungs-, Konkurrenz- und Bedrohungsaspekte. Darüber hinaus können die TherapeutInnen kritischere Fragen zu den Interaktionen stellen, wenn sie nicht selbst Teil des Prozesses sind.

---

[1] Der Begriff "desert" im amerikanischen Original bedeutet einerseits "Wüste", andererseits aber auch "einsam" [A. d. Ü.]

Wie die Einsame-Insel-Phantasieübung angewendet werden kann

TherapeutInnen bemühen sich im allgemeinen, ein "Gefühl" für ihre KlientInnen zu bekommen, "auf derselben Wellenlänge zu liegen" und die andere Person "kennenzulernen", damit sie sich mit ihnen identifizieren, sie verstehen und ihnen helfen können. Die Einsame-Insel-Vorstellungsübung kann es den TherapeutInnen sehr erleichtern, auf dieses Verständnisniveau zu kommen. Es lohnt sich, sie anzuwenden, wenn ein Therapeut beispielsweise an der Persönlichkeit eines Klienten herumrätselt, weil es bei ihm bezüglich der interpersonalen Einstellungen und der interpersonalen Verhaltensweisen Lücken gibt. Gewöhnlich setze ich dieses Verfahren während des Erstinterviews oder in der Folgesitzung ein, aber der Test kann auch in einem anderen Stadium der Therapie angewandt werden. Es ist dabei nicht unbedingt notwendig, einem bestimmten Muster zu folgen; ich gebe meinen KlientInnen jedoch meistens folgende Anweisungen:

Ich möchte Sie jetzt darum bitten, sich auf die Durchführung eines Phantasieexperiments einzulassen. Es wird ca. fünf oder zehn Minuten in Anspruch nehmen und Sie sollten sich dabei bemühen, sich wirklich in die Situation, die ich Ihnen gleich vorgeben werde, in Ihrer Phantasie hineinzuversetzen. Versuchen Sie bitte, Ihr ganzes Vorstellungsvermögen darauf zu verwenden. Ich werde Ihnen dabei ein paar unmögliche Fragen stellen, die Sie vielleicht am liebsten mit: "Woher zum Teufel soll ich das wissen?" beantworten würden, aber versuchen Sie bitte, genau dies nicht zu tun. Experimentieren Sie statt dessen in Ihrer Vorstellung, wie Sie wohl reagieren würden, wenn Sie tatsächlich in dieser Situation wären.

Okay, hier sitzen wir also und reden. Plötzlich öffnet sich die Türe und ein Zauberer kommt herein. Von da an ist in der Erzählung also alles möglich. Der Zauberer wendet sich an Sie und sagt: "Wenn ich jetzt meinen Zauberstab schwinge, dann werden Sie sofort auf die sprichwörtliche einsame Insel versetzt, und Sie werden dort sechs Monate lang bleiben". Es ist dabei völlig nutzlos, mit dem Zauberer zu diskutieren oder ihn anzuflehen, Sie nicht auf die Insel zu versetzen, weil Sie in dieser Angelegenheit überhaupt keine andere Wahl haben. Er schwenkt einfach seinen Zauberstab und Sie finden sich auf der Insel wieder. Können Sie sich das bis dahin vorstellen?

Bevor er jedoch seinen Zauberstab schwenkt, wird Ihnen der Zauberer noch ein paar Dinge erklären. Erstens teilt er Ihnen mit, daß die Zeit für den Rest der Welt stillstehen wird, während Sie auf der Insel sind. Mit anderen Worten, Sie werden sechs Monate auf dieser Insel durchleben, Tag für Tag, Woche für Woche, wenn Sie aber wieder in dieses Sprechzimmer zurückkommen, dann wird es noch immer heute sein. Dann erzählt der Zauberer Ihnen noch, daß Sie sich während Ihres Aufenthaltes auf der Insel keine Sorgen um Ihr Überleben zu machen brauchen; es handelt sich nämlich um eine Zauberinsel, auf der es Nahrung und auch sonst alles Lebenswichtige in Hülle und Fülle.

Nun, bevor er also seinen Zauberstab schwenkt, läßt der Zauberer Ihnen eine einzige Wahl: Er erlaubt Ihnen, sich zwischen Gesellschaft und Einsamkeit zu entscheiden. Wären Sie gerne sechs Monate alleine oder würden Sie lieber einen liebenswürdigen Menschen des anderen Geschlechts (bzw., in der Therapie mit Homosexuellen, desselben Geschlechts) auf der Insel vorfinden? Manche Menschen begrüßen die Gelegenheit, sechs Monate in Ruhe und Einsamkeit mit sich selbst und ihren eigenen Gedanken zuzubringen. Andere bevorzugen eindeutig Gesellschaft eines anderen, obwohl sie ihren Inselgefährten bzw. ihre Gefährtin nicht kennen. Teilen Sie dem Zauberer jetzt also bitte mit, ob Sie die Einsamkeit oder die Gesellschaft eines anderen Menschen vorziehen wollen. (Warten Sie, bis der Klient bzw. die Klientin sich entschieden hat. Meiner Erfahrung nach ziehen ungefähr 85% die Gesellschaft der Einsamkeit vor. Lassen Sie uns also annehmen, daß die Wahl auf "Gesellschaft" gefallen sei.)

Nun gut. Der Zauberer schwenkt seinen Zauberstab, die Zeit steht für den Rest der Menschheit still, und Sie finden sich auf der Insel wieder. Sie schauen sich um. Bei der Insel handelt es sich um einen schmalen Streifen Land, grün und kultiviert, mit einem kleinen Sandstrand. Es gibt dort eine schattenspendende Palme, eine angemessene Unterkunft und genügend Vorräte, aber dafür weder Bücher, noch einen Fernseher oder irgendeine andere Form von Unterhaltung. Sie und Ihr Gefährte (bzw. Ihre Gefährtin) sind für eine Abwechslung oder sonstige Anregungen völlig aufeinander angewiesen. Können Sie sich das vorstellen? Ihr Gefährte heißt Sie also auf der Insel willkommen. Er (bzw. Sie) erscheint Ihnen sehr angenehm, attraktiv, herzlich und entgegenkommend zu sein. Versetzen Sie sich in diese Situation. Meine erste Frage lautet nun: "Womit werden Sie sich beschäftigen?" Bleiben Sie einfach bei der Phantasie und erzählen Sie mir, was passiert. Folgen Sie nur dem Geschehen. Was passiert also?

Ergebnisse und Schlußfolgerungen

Die Vielfalt von Antworten, die man dabei von verschiedenen Menschen erhält, ist gleichermaßen faszinierend wie aufschlußreich. Ziehen Sie einmal die Schlußfolgerungen in Betracht, die aus den folgenden Reaktionen gezogen werden können:

"Das klingt toll. Ach, einmal von all der Plackerei im wirklichen Leben wegzukommen!"

"Nun, als erstes würde ich wohl mein eigenes Territorium abstecken."

"Junge, Junge! Da hätte ich ja dann sozusagen ein gefesseltes Publikum, sprich einen Menschen, dem ich all meine Probleme erzählen könnte."

"Hören Sie zu, ich zahle Ihnen hier kein teures Geld, um irgendwelche Spielchen zu spielen."

"Ganz oben auf der Tagesordnung stünde bei mir, ihr ein für allemal klarzumachen, daß ich keinerlei Absichten habe, meine Frau zu betrügen."

"Ich kann mir das gar nicht vorstellen. Ich habe überhaupt keine Phantasie."

"Nun, ich würde mich dem anderen erst einmal vorstellen. Wir hätten uns bestimmt eine Menge zu erzählen, weil wir schließlich beide mehr über den jeweils anderen herausfinden wollen."

"Wie ich mich kenne, würden meine Stimmungsschwankungen mal wieder alles zerstören. Das wäre eigentlich die perfekte Gelegenheit, sich prima zu amüsieren, aber ich würde natürlich alles vermasseln."

"Ich sitze da für sechs Monate fest? Keine Bücher und kein Fernsehen? Ich würde wohl vor Langeweile umkommen."

"Sie haben gesagt, es gibt dort massenhaft zu Essen? Prima, dann würde ich eine Orgie veranstalten - Essen und Sex, vielleicht nicht unbedingt in dieser Reihenfolge."
"Für mich würde alles davon abhängen, was dieser sogenannte Gefährte für ein Mensch ist."
"Was wollen Sie denn von mir? Können Sie mir denn nicht vernünftige Fragen stellen, anstatt wie eine Katze um den heißen Brei herum zu schleichen?"
"Sie haben mich gebeten, nicht mit: 'Woher zum Teufel soll ich das wissen?' zu antworten, aber woher soll ich denn wissen, wie ich reagieren würde, wenn ich nie auch nur annäherungsweise in einer solchen Situation gewesen bin?"
"Sie versuchen, mich reinzulegen. Sie sind ein echtes Schlitzohr."
"Zunächst müßten wir uns Arbeit suchen und die zu erledigenden Aufgaben delegieren."
"Ich würde die meiste Zeit mit dem Versuch verbringen, von der Insel weg- und in die Zivilisation zurückzukommen. Weil schließlich zwei Köpfe besser sind als einer, würde ich hoffen, daß mein Gefährte mich bei diesem Versuch unterstützt."
"Himmel! Ich würde mir in einer solchen Situation völlig nackt und hilflos vorkommen."
"Wenn sie gut aussieht, dann würde ich mich in sie verlieben, und sie fände mich wahrscheinlich völlig unattraktiv."
"Alles würde davon abhängen, was *nach* den sechs Monaten passiert. Ich meine, werde ich diesen Menschen nie wiedersehen oder kann er mich danach heiraten, wenn er das will?"
"Alles wäre in Ordnung, weil ich mich anständig benehmen würde."

Die Unterschiede in den Antworten sind dabei fast unbegrenzt. Sie verschaffen den TherapeutInnen einen unmittelbaren Eindruck und führen zu klinischen Hypothesen denen man dann leicht nachgehen kann, indem man die KlientInnen ermutigt, zu erzählen, was ihrer Meinung nach wohl im Verlauf dieser sechs Monate passieren würde. Um zurückhaltende KlientInnen dabei zu unterstützen, kann man auch folgende Fragen stellen: "Worüber würden Sie denn reden?" "Was könnte dabei schiefgehen?" "Wieviel würden Sie dabei von sich selbst preisgeben?" "Wie müßte Ihr Gefährte denn sein, damit es Ihnen auf der Insel gefällt?" "Hätten Sie lieber eine sexuelle oder eine platonische Beziehung zu Ihrem Gefährten/Ihrer Gefährtin?"

Bei dieser Phantasieübung wird sich dann das Vorhandensein bzw. Nichtvorhandensein von normalen zwischenmenschlichen Interaktionen des Gebens und Nehmens ziemlich schnell herausstellen. Narzißtische Individuen neigen dazu, das ganze als eine Situation aufzufassen, in der all ihre Bedürfnisse befriedigt werden. Der Gefährte bzw. die Gefährtin existiert dabei einzig und allein, um ihre Launen zu befriedigen. Andere mögen vielleicht nicht so extrem sein, aber dennoch unfähig, auf die Bedürfnisse anderer Rücksicht zu nehmen. Am anderen Ende der Skala stehen Menschen, die es immer allen recht machen wollen, sich selbst abwertend und zu SklavInnen ihrer GefährtInnen werden. Bei manchen Menschen stellt sich heraus, daß es ihnen an sozialen Umgangsformen mangelt oder daß sie andere interpersonale Defizite haben. Manche KlientInnen lassen dabei auch erkennen, daß das Ausüben von Zwang ihre hauptsächliche interpersonale Interaktionsform ist - sie würden diktatorisch die Führung übernehmen und ihren Gefährten bzw. ihre Gefährtin kontrollieren. Bei einigen von ihnen würde ihr Leben auch so ähnlich verlaufen, wie bei kleinen Kindern, die nebeneinander im Sand spielen: Sie würden Seite an Seite mit ihren jeweiligen GefährtInnen leben, ohne irgendwelche Grundüberzeugungen oder -gefühle miteinander zu teilen.

Manche KlientInnen können sich nicht vorstellen, wie sie mit ihren Antipathien, ihren Aggressionen oder Depressionen umgehen würden und reden davon, wie sie auf der Insel Mord oder Selbstmord begehen würden. Solche Reaktionen sollten die TherapeutInnen auf ein bedrohliches Potential in engeren Beziehungen per se aufmerksam machen, eventuell in Kombination mit anderen "psychopathologischen" Aspekten. Durch diese Technik lassen sich auch solche Fälle leicht aufspüren, in denen sich Menschen sehr vor intensivem Kontakt mit dem anderen Geschlecht fürchten. Minderwertigkeitskomplexe kommen dabei ebenfalls relativ leicht an den Tag, und es können sich auch Hinweise auf autistisches oder stark pauschalisierendes Denken ergeben.

Direkte Fragen zur Entwicklung einer Freundschaft auf der Insel können darüber hinaus auch wichtige Anhaltspunkte für die Art und Weise ergeben, in der die therapeutische Beziehung strukturiert sein sollte. Das Vorhandensein von rebellischen, antiautoritären Inhalten in den Äußerungen eines Klienten könnte beispielsweise einen Therapeuten davon abhalten, eine offensichtlich pädagogische Rolle einzunehmen. Dabei sollte man auch auf Äußerungen wie die folgenden achten: "Ich könnte niemals offen zu jemandem sein, der nicht auch mir gegenüber die eigenen Fehler und Schwächen zugeben kann", oder "Im Idealfall würde mein Gefährte mir die meiste Zeit das Wort überlassen." Erstere Bemerkung kann einen Wunsch nach Selbstmitteilung seitens des Therapeuten bzw. der Therapeutin bedeuten, die zweite den Wunsch nach deren Bereitwilligkeit, auch geduldig zuzuhören. Allerdings wäre es naiv, all diese Bemerkungen wörtlich zu nehmen, ohne Sie dann noch weitgehender zu erforschen. Sie können jedoch den TherapeutInnen wichtige Informationen an die Hand geben, was sie im jeweiligen Falle für den Aufbau und die Erhaltung einer guten Arbeitsbeziehung tun bzw. unterlassen sollten.

Therapeutische Implikationen

Dieses einfache Phantasieverfahren kann natürlich auch für andere Zwecke als nur die Anamnese eingesetzt werden, es schließt darüber hinaus spezifische Formen von therapeutischer Anwendbarkeit mit ein. Wenn durch die Phantasie bei einer Klientin beispielsweise Gedanken- und Verhaltensmuster aufgezeigt werden, die ihr selbst schaden, dann kann ein Therapeut bzw. eine Therapeutin ihr bessere Coping-Strategien vermitteln. Hier ein Auszug aus einem solchen Beispiel:

K: Na ja, er wird wahrscheinlich denken, daß ich zänkisch und launisch bin, und er wird sich wünschen, daß jemand anderes auf die Insel gekommen wäre.

T: Warum denn das?

K: Weil ich manchmal eben echt gemein sein kann...

T: Manchmal. Wie oft ist denn bei Ihnen "manchmal"? Ich meine, sind Sie 90% der Zeit schlecht und gemein? Meinen Sie das mit "manchmal"?

K: Nein. Hm, ich würde sagen, ein bißchen weniger als die Hälfte der Zeit. Sagen wir 40%.

T: Sie meinen, Sie würden in ca. 40% der Zeit jemandem lästig fallen?

K: Das kommt wohl so ungefähr hin, außer an den Tagen vor meiner Periode, da werden es wohl 90 oder sogar 100% sein.

T: Wie sind Sie denn dann in den restlichen 60% der Zeit?

K: Ziemlich unkompliziert im Alltagsleben, ich glaube nicht, daß es da schwierig ist, mit mir auszukommen.

T: Das hört sich doch eigentlich gar nicht übel an. Wer ist denn schon 100% der Zeit eine reine Freude? Ein Verhältnis von 60:40 klingt gar nicht so schlecht. Aber es hängt natürlich auch davon ab, wie Sie mit den anderen 40% umgehen. Es besteht beispielsweise ein deutlicher Unterschied zwischen jemandem, der Streit anfängt, meckert, rumjammert und sich wie eine Nervensäge benimmt, wenn er sich schlecht fühlt, verglichen mit jemandem, der damit vernünftig umgeht, indem er sagt: "Hör zu, ich fühle mich gerade ziemlich mies. Ich möchte gerne allein sein, einfach nur dasitzen und meine Füße ins Wasser hängen".

K: So was würde ich nie sagen.

T: Warum nicht?

K: Das hört sich so schwächlich an. Warum sollte ich denn erst lange Reden halten, wenn ich auch einfach weggehen und allein sein kann? Das klingt ganz schön übertrieben.

T: Wenn es wirklich so ist, daß Sie einfach weggehen können und sich selbst überlassen bleiben, dann ist das natürlich auch kein Problem. Aber was passiert denn, wenn Ihr Gefährte einfach herüberkommt und versucht, Sie in ein Gespräch zu ziehen?

K: Ich würde ihn einfach abweisen.

T: Den meisten Menschen wäre es in einem solchen Fall bestimmt lieber, wenn sie vorher Bescheid wüßten. Ich zumindest würde es ganz bestimmt begrüßen, wenn ich eingeweiht werden und mir gesagt würde, was los ist, anstatt daß mich jemand geradewegs zu einer unangenehmen Reaktion verleitet.

K: Hm. (Pause)

T: Was ist los?

K: Ich denke gerade über das nach, was Sie eben gesagt haben. Wissen Sie... nun... das kann einem schon zu denken geben. Ich glaube ich verstehe, worauf Sie hinauswollen.

T: Gut. Gehen wir also wieder zurück auf die Insel und sehen einmal, was sonst noch passiert.

Der Hauptzweck der Einsamen-Insel-Phantasiemethode ist es, zu erforschen, inwieweit die KlientInnen dazu fähig sind, intensive, wirkliche Beziehungen einzugehen und aufrechtzuerhalten. Kann sich ein Klient bzw. eine Klientin vorstellen, eine Freundschaft zu entwickeln? Wie würden sie das tun? Werden sie dabei offen und ehrlich sein? Wieviel Manipulationen, Täuschungen und Wichtigtuerei werden daraus ersichtlich? Immer wenn dabei unsoziale, antisoziale oder andere fehlangepaßte Verhaltensmuster an den Tag kommen, kann der Therapeut bzw. die Therapeutin auf diese mit einer Vielzahl korrigierender Erfahrungen reagieren. Später in diesem Kapitel wird dazu noch das Transkript eines Erstinterviews vorgestellt werden, bei dem die Einsame-Insel-Phantasietechnik sowohl bei der Anamnese als auch in der Behandlung verwendet wurde, um zu verdeutlichen, wie man solche Tests durchführen könnte. Aber zuerst möchte ich noch einige andere Faktoren erörtern.

Der Umgang mit gewählter Einsamkeit

Diejenigen KlientInnen, die sich dafür entscheiden, allein auf die Insel zu gehen, werden meistens in der Minderheit sein. In diesen Fällen ist es jedoch besonders wichtig, die Gründe für eine solche Entscheidung zu ermitteln. Generell handelt es sich eher um ein schlechtes prognostisches Zeichen, wenn jemand die Einsamkeit gewählt hat. Es deutet darauf hin, daß andere Menschen, insbesondere wenn es sich dabei um Unbekannte handelt, eher als potentiell hinderlich angesehen werden anstatt als hilfreich. Es kann auch auf Distanziertheit und eine Neigung zum Alleinsein hinweisen, die auf einen Rückzug aus der Gesellschaft hinauslaufen kann. Dabei ist es natürlich auch durchaus möglich, Frieden und Trost in der Einsamkeit zu finden, und es wird oft argumentiert, daß die Beredsamkeit des Schweigens einem erst Antworten auf die eigenen Probleme gegeben hätte. Dagegen müßte aber beispielsweise ein "Einzelgänger", der sechs Monate Einsamkeit wählt, ausschließlich in der Höhle seines eigenen Verstandes wohnen, ohne den wohltuenden Klang eines gesellschaftlichen Resonanzbodens zu verspüren (wobei dies in einigen fernöstlichen Kulturen wiederum durchaus die Norm sein mag). Die Unfähigkeit oder mangelnde Bereitschaft, eine Beziehung zu einem Inselgefährten bzw. einer Gefährtin aufzubauen, deutet oft auf ähnliche Schwierigkeiten in einer therapeutischen Beziehung hin. Abgesehen davon kann die Entscheidung, die Insel allein zu bewohnen, häufig auch eine mangelnde Bereitschaft widerspiegeln, emotionale Risiken einzugehen. Auch schizophrene PatientInnen entscheiden sich häufig dafür, allein auf die Insel zu gehen.

Nachdem auf diese Weise ergründet wurde, warum jemand allein auf die Insel gehen möchte (was oft schon für sich betrachtet sehr aufschlußreich sein kann), könnte durch die folgenden Fragen ermittelt werden, wie diese Person sich während der sechs Monate beschäftigen wird: "Was werden Sie mit Ihrer Zeit anfangen?" "Worüber werden Sie nachdenken?" "Zu welchen Entscheidungen oder Schlüssen würden Sie kommen?" Wenn diese und andere relevante Bereiche abgedeckt worden sind, dann kann der Therapeut bzw. die Therapeutin auch die Bedingungen des Inselaufenthalts verändern und sie so strukturieren, daß die Person in einem bestimmten Bereich keine Wahlmöglichkeiten mehr hat:

Lassen Sie uns jetzt einmal die Umstände verändern. Dieses Mal gibt es keine Alternative, ob Sie auf der Insel Gesellschaft haben möchten oder nicht. Der Zauberer sagt also zu Ihnen: "Es wird einen jungen Mann (bzw. eine junge Frau, je nachdem) auf der Insel geben, egal ob Ihnen das gefällt oder nicht". Dabei ist es auch wieder sinnlos, den Zauberer anzuflehen, das nicht von Ihnen zu verlangen.

Er schwingt also seinen Zauberstab und Sie finden sich mitsamt einem Gefährten (bzw. einer Gefährtin) auf der Insel wieder. Schauen Sie sich um. Sie befinden sich beide auf einem schmalen Streifen Land, die Gegend ist grün und kultiviert, mit einem kleinen Sandstrand. Es gibt eine schattenspendende Palme, eine angemessene Unterkunft und genügend zu essen. Aber es gibt weder Bücher, noch Fernsehen oder irgendeine andere Form von Unterhaltung. Sie und Ihr Gefährte (bzw. Gefährtin) sind völlig aufeinander angewiesen, wenn Sie Geselligkeit oder Abwechslungen erfahren wollen. Ihr Gefährte (bzw. Gefährtin) heißt Sie auf der Insel willkommen und sagt: "Die nächsten sechs Monate können entweder ganz schrecklich oder auch äußerst angenehm werden. Es kommt ganz darauf an, was wir für Menschen sind. Es hängt nur von uns ab. Wir können uns entweder sehr unglücklich machen oder eine tolle Zeit zusammen verbringen." Erzählen Sie mir jetzt bitte, was für Probleme Sie dabei sehen: was wird passieren, was wird sich daraus entwickeln?

Andere Variationen dieses Themas

Wenn TherapeutInnen die Einsame-Insel-Phantasieübung anwenden, dann kann es unter bestimmten Bedingungen natürlich auch sinnvoll sein, die oben beschriebene Struktur abzuwandeln. In manchen Fällen (wenn ein Klient beispielsweise homosexuell ist, oder vermutet wird, daß bei ihm homosexuelle Konflikte bestehen könnten) wird die Inselbegleitung aus einem gleichgeschlechtlichen Gefährten bestehen. Eine andere Variante wäre es, die Inselsituation um eine Gruppe von Leuten herum aufzubauen (wenn beispielsweise Grund zu der Annahme besteht, daß anstelle des Potentials eines Klienten in einer Zweierbeziehung eher dessen Fähigkeiten zu weiteren sozialen Interaktionen erforscht werden sollten). Wenn Familienkonflikte ein zentrales Thema bilden, dann kann es oft aufschlußreich sein, die Inselszene im Hinblick auf die gesamte Familienkonstellation hin zu konstruieren. Wenn KlientInnen mitsamt ihrer Familie von den Erfordernissen täglicher Transaktionen in der wirklichen Welt abgerückt und in die abgeschlossene Inselumgebung versetzt werden, dann kann es für TherapeutInnen oft sehr aufschlußreich sein, zu verfolgen, was passiert.

Manche meiner KollegInnen haben dabei auch den Zeitfaktor verändert. Während ich selbst eigentlich immer den willkürlich angenommenen, aber praktischen Zeitraum von sechs Monaten verwendet habe, berichteten mir KollegInnen, daß sie auch andere Zeiträume, die von einer Woche bis zu einem Jahr reichten, ausprobierten.

Abgesehen davon kann es sich auch als äußerst informativ erweisen, eine Nach-Insel-Befragung durchzuführen. Angenommen, daß jemand die Entwicklung einer engen Beziehung beschrieben hat, einer wirklichen vollkommenen Freundschaft mit dem Inselgefährten bzw. der Gefährtin, voller Liebe und befriedigender sexueller Intimität, dann könnte daraufhin etwa folgende Frage gestellt werden: Nehmen wir an, Sie kehren am Ende Ihres Inselaufenthalts nach Hause zurück und entdecken bald darauf, daß Ihr Inselgefährte ganz in Ihrer Nähe wohnt. Wie würden Sie damit umgehen?

Hier sind einige typische Antworten auf eine solche Frage:
"Das wäre ja schrecklich! Es würde furchtbare Konflikte schaffen. Ich weiß nicht, was ich dann tun würde."
"Ich würde einfach mit dieser wundervollen Affäre fortfahren".
"Wenn ich das von Anfang an gewußt hätte, dann hätte ich dafür gesorgt, daß wir uns auf der Insel nicht zu nahe gekommen wären."
"Nun, es würde viel davon abhängen, ob er verheiratet wäre und wie er zu seiner Ehe stünde."
"Was geschehen ist, ist nun einmal geschehen, und ich würde es als eine wundervolle Erinnerung mitnehmen, aber ich würde meine Frau auf keinen Fall betrügen."
"Gar keine Frage, ich würde die Scheidung einreichen, damit ich meine Inselgefährtin heiraten könnte."
"Ich würde versuchen, die Freundschaft mit ihm aufrechtzuerhalten, aber ohne Sex."

Im folgenden möchte ich Ihnen noch ein wörtliches Transkript vorstellen, in der Hoffnung, damit auch die interaktiven Qualitäten der Einsamen-Insel-Phantasieübung zu verdeutlichen. Ich habe dabei einen "schwierigen Fall" gewählt - es handelt sich um das Erstinterview von Frau A., einer 29jährigen Klientin, welche die Einsamkeit der Gesellschaft vorgezogen hatte.

Wie man den meisten Nutzen aus der Lektüre von Frau A's Erstgesprächstranskript ziehen kann

Bei der Supervision meiner StudentInnen und KursteilnehmerInnen betone ich immer wieder die Bedeutung von *Reaktionsmustern*. Lassen Sie uns beispielsweise annehmen, daß eine Klientin etwas sagt oder tut (d.h., sie zeigt eine Reaktion), woraufhin wiederum der Therapeut auf die Reaktion der Klientin reagieren muß. Nehmen wir an, die Klientin sagt: "Herr Doktor, ich bin ziemlich wütend auf Sie". Der Therapeut kann daraufhin in Tränen ausbrechen; er kann lachen oder einfach nichts sagen, er kann aufstehen und das Zimmer verlassen. Er kann auch darauf reagieren, indem er antwortet: "Sie sind also ärgerlich auf mich" oder "Bitte erzählen Sie mir mehr davon" oder "Ich wette, Sie sind nicht halb so wütend auf mich wie ich es auf Sie bin". Die Bandbreite möglicher Antworten ist dabei fast grenzenlos, wobei die Frage aufkommt, ob die Antwort des Therapeuten als *positiv, neutral* oder *negativ* betrachtet werden kann.

Eine positive Antwort des Therapeuten bzw. der Therapeutin erleichtert das Erreichen therapeutischer Ziele; durch eine negative Reaktion dagegen kann das Erreichen der Behandlungsziele erschwert werden. Durch das Denken in den Begriffen des Reaktionsmusters und die Bewertung jeder TherapeutInnenreaktion als positiv, neutral oder negativ haben die Auszubildenden die Gelegenheit, ein besseres Gefühl für die Ziele und Bedeutungen ihrer jeweiligen Interventionen zu entwickeln. In der Regel präsentieren meine StudentInnen in der Ausbildung einer Gruppe von vier oder fünf TherapeutInnen auf Band aufgenommene Sitzungen, während ich als Diskussionsleiter fungiere. Wir hören das Tonband an und schalten es oft an Stellen ab, die uns kritisch erscheinen. Das kann beispielsweise sein, wenn der Klient oder die Klientin eine relevante Frage stellt, eine bestimmte Beobachtung macht, ein elementares Gefühl äußert, usw. Wir unterbrechen dann das Abhören der Aufzeichnung und diskutieren eine Vielzahl von Reaktionen, die als positiv, neutral oder negativ betrachtet werden könnten. Danach wird das Band wieder eingeschaltet und wir achten besonders darauf, wie der oder die Auszubildende tatsächlich reagiert hat.

Abgesehen davon, daß das Interview mit Frau A. eine bestimmte Methode vorführen soll, um die interpersonale Seite im Lebens eines Klienten bzw. einer Klientin aufzuzeigen, kann es darüber hinaus den LeserInnen auch die Gelegenheit geben, mich bei der Arbeit zu "beobachten". Das Transkript kann außerdem als Grundlage für provokative klinische Seminardiskussionen herangezogen werden, bei der die spezifischen Reaktionsmustern einer kritischen Betrachtung unterzogen werden. Die LeserInnen werden dabei zwingend auch auf mehrere "negative Reaktionen" stoßen; es gibt eben keine perfekte Therapiestunde. Ich hoffe, daß die meisten jedoch darin mit mir übereinstimmen werden, daß diese Sitzung eine Menge positiver und neutraler Reaktionen aufweist.

Erstinterview mit Frau A.

Alter: 29
Familienstand: ledig
Beruf: Innenarchitektin, Werbemanagerin, zur Zeit jedoch arbeitslos.

Der Therapeut notierte sich die Adresse und Telefonnummer der Klientin und bat dann um ihre Erlaubnis, das Gespräch aufzuzeichnen.

T: Gut. Sie haben also gesagt, daß Sie auf Empfehlung von Dr. B. hergekommen sind.

K: Nun ja, jedesmal, wenn ich zu ihm gehe, versucht er, Tonbänder oder irgendwelche anderen Techniken zu verwenden, und das funktioniert dann einfach nicht. Wir haben es mit dieser Desensibilisierung versucht... bei der man Büroarbeit macht... und wir wiederholen sie endlos, und es bringt mir einfach nichts... und das hat er auch zugegeben. Er glaubt aber weiterhin, daß Verhaltenstherapie für mich das richtige ist. Er sagt, er kennt das Problem, aber er weiß nicht, wie er da herankommen soll. Er ist ratlos.

T: Was würden Sie denn als Ihr zentrales Problem bezeichnen?

K: Ich glaube, Dr. B. hat das sehr gut formuliert. Er hat gesagt, daß ich nicht nett zu *mir selbst* gewesen bin. Ich respektiere *meine eigenen* Gefühle nicht. Ich denke immer an andere Menschen. Ich glaube, das ist das Hauptproblem. Es ist wirklich ziemlich schwierig... Es tut mir ganz schön weh... Ich könnte mich hinsetzen und losheulen, weil ich es einfach nicht akzeptieren kann, daß ich nicht erstmal an mich denke, sozusagen, das schockiert mich beinahe schon.

T: Ich nehme mal an, daß Sie nicht immer so waren. Ist das Problem bei Ihnen erst in letzter Zeit aufgetreten?

K: Nein, ich glaube, ich war schon immer so.

T: Sie waren also schon immer so, sozusagen darauf programmiert, anderer Leute

Bedürfnisse vor die eigenen zu stellen, sich selbst in den Hintergrund zu drängen. Wo haben Sie das denn gelernt?

K: Ich nehme an das liegt an meinen Eltern, meinem Hintergrund. Ich kann nicht sagen, daß mir das von irgend jemand Bestimmtem beigebracht worden ist, weil ich schon immer in dieser Weise reagiert und gehandelt habe, solange ich mich erinnern kann, deshalb nehme ich an, daß es auf meine Kindheit zurückzuführen sein muß.

T: Es scheint also, daß Sie in dem Glauben aufwachsen sind, Ihre eigenen Wünsche zu ignorieren zu müssen, weil Sie kein *Recht* darauf haben, daß Ihre Bedürfnisse befriedigt werden. Statt dessen müssen Sie immer die Bedürfnisse anderer berücksichtigen. Sie müssen also passiv und unterwürfig sein, sich selbst schlecht machen und andere Leute aufbauen, um den Weg zu Liebe, Glück und Erfüllung zu finden. Sie sind diesem Programm auch mehr oder weniger gefolgt, aber es hat einfach nicht funktioniert. Stimmt das so?

K: Stimmt, besonders in Bezug auf die Beziehungen zwischen Mann und Frau... Immer wenn ich versuche, jemanden kennenzulernen und eine Beziehung mit ihm aufzubauen, dann klappt es nicht. Ich begebe mich immer wieder in Mißbrauchssituationen... Ich respektiere mich ja selber nicht, wie sollen mich denn dann andere respektieren?

T: Und wie äußert sich dieser Mangel an Selbstachtung?

K: Mit meinen Freundinnen passiert mir das nicht, und in geschäftlichen Situationen kommt es auch seltener vor. Es ist hauptsächlich das Mann-Frau-Beziehungsding. Ich würde sagen, daß das mein Hauptproblem ist. Es ist auch ein Selbstbehauptungsproblem. Und vielleicht, wenn man jemanden Neues trifft oder so, wenn man jemand zum ersten Mal trifft, dann ist da eine gewisse Nervosität. Es hängt von der Person ab, wirklich. Ich nehme an, innerlich würde mich irgend etwas stören, aber ich sage eigentlich nichts, trotzdem baut sich das dann in mir so auf.

T: Nehmen wir mal an, ich hätte einen besonderen psychischen Röntgenapparat und ich würde Sie damit röntgen, um ein Bild Ihres Charakters zu bekommen: "Ich ersehe aus den Aufnahmen, daß Sie ein schreckliches, wertloses, nutzloses, verdorbenes Wesen sind, Sie sind nicht wie die anderen, Sie verdienen es nicht, ein glückliches und erfülltes Leben zu haben. Sie bestehen aus schlechtem Gewebe, fehlerhaftem Material, mangelhaftem Protoplasma. Sie sind einfach eine minderwertige Kreatur". Wie würden Sie darauf reagieren?

K: (lacht) Nun, das ist nicht wirklich das Problem. Ich glaube nicht, daß ich so ein schlechter Mensch bin. Ich glaube sogar, daß ich ein ziemlich guter Mensch bin - eher zu gut. Mit anderen Worten, es ist so schlimm mit mir, daß es gar niemanden gibt, der mir das geben könnte, was ich wirklich brauche, um glücklich zu sein - zumindest, was das Heiraten angeht.

T: Es gibt niemanden, der Ihnen das geben könnte, was Sie wirklich brauchen, um glücklich zu sein...

K: So viel, wie ich ihm geben könnte, in anderen Worten...

T: Sie würden immer mehr geben als der andere?

K: Richtig. Meiner Erfahrung nach glaube ich nicht, daß irgend jemand bereit ist, das zu tun.

T: Was ist denn dieses "das"? Es klingt wie "Oh, sie will so viel..."

K: Nichts steht zwischen mir und einem Menschen, den ich mag; ich denke die ganze Zeit an ihn. Zum Beispiel, wenn ich in einem Laden bin, erinnere ich mich, daß Soundso gesagt hat, er bräuchte dies und dann mache ich riesige Umwege, um es zu kaufen, oder wenn jemand etwas nur einmal erwähnt hat, dann überrasche ich ihn damit. Ich will immer etwas tun für jemanden, den ich gern mag, und ich scheine nie etwas zurückzukriegen. Niemand denkt sich etwas dabei. Sie sagen "danke", aber sie freuen sich nicht besonders oder zeigen irgendwelche Gefühle, während ich da ganz anders bin. Vielleicht erwarte ich ja auch zuviel. Ich weiß wirklich nicht, es ist schwierig zu erklären, ich bin da ratlos.

T: Okay, vielleicht haben Sie bestimmte unrealistische Erwartungen. Sie sind wahrscheinlich ein Mensch, der wirklich ungewöhnlich viel gibt. Sie merken dabei möglicherweise selbst, daß Sie etwas extrem sind. Selbst wenn andere viel geben, erscheinen sie, verglichen mit Ihnen, als Nehmende, und Sie fühlen sich dann betrogen. Können wir für einen Moment zu einem Phantasieexperiment übergehen? Ich möchte Sie dabei nur bitten, etwas Geduld zu haben. Es ist also 10 Uhr 25 am 15. April und Sie und ich haben uns zum ersten Mal getroffen und wir sitzen hier und plötzlich öffnet sich die Tür und ein Zauberer kommt herein. Nun, für den Zweck dieser Erzählung ist alles möglich. Der Zauberer kommt herein und sagt zu Ihnen: "Ich werde meinen Zauberstab schwingen und das wird zur Folge haben, daß Sie sich sofort danach auf der sprichwörtlichen einsamen Insel wiederfinden. Sie werden dort sechs Monate lang verbringen". In dieser Übung können Sie nicht nein sagen. Er wird seinen Zauberstab schwingen und schon sind Sie verschwunden und finden sich auf besagter Insel wieder. Aber der Zauberer wird Ihnen zuvor noch einige Dinge erklären, bevor er Sie verzaubert. Er sagt: "Die Zeit wird stillstehen, was bedeutet, daß die Welt sich in dieser Zeit nicht weiterbewegen wird, aber Sie werden währenddessen sechs Monate durchleben, sechs richtige Monate, auf eben jener Insel. Sie brauchen sich dabei keine Sorgen ums Überleben machen, es wird Ihnen gutgehen. Es gibt genug zu essen und Sie werden ausreichend versorgt sein". Der Zauberer wird Ihnen allerdings eine Frage stellen: "Möchten Sie auf der Insel lieber allein sein oder würden Sie dort lieber einen netten und angenehmen jungen Mann, den Sie allerdings nicht kennen, zu Ihrer Gesellschaft vorfinden?". Manche Menschen wählen dabei lieber die Einsamkeit, weil sie sich sagen: "Wer will sich schon mit einem Kerl rumärgern, den er nicht kennt und der sich unter Umständen auch als echte Nervensäge herausstellen kann". Andere sagen: "Nein, ich hätte lieber Gesellschaft". Das ist also die Frage. Der Zauberer sagt "Sie können nicht Ihren Freund oder Ihren Lieblingsfilmstar mitnehmen, entweder dieser Mann oder Sie gehen allein". Einsamkeit oder Gesellschaft ist hierbei die eigentliche Frage. Nun, was würden Sie wählen?

K: Ich würde allein gehen.

T: Sie möchten allein gehen. Gut, dann soll es auch so sein. Die nächste Frage ist dann: Warum ziehen Sie die Einsamkeit vor? Was ist der Grund für diese Wahl?

K: Nun, sechs Monate ist eine lange Zeit, und vielleicht wäre es gut für mich, allein zu sein und nachzudenken, anstatt jemanden zum Reden zu haben. Mit anderen Worten, ich wäre vielleicht in der Lage, mit mir selbst klarzukommen und ich würde mich wahrscheinlich unbehaglich fühlen mit einem völlig Fremden... ich muß jemand schon wirklich gut kennen, damit ich mich mit ihm wohl fühlen kann... um mit ihm sechs Monate lang dahin zu gehen, anstatt zu sagen, wir werden uns in den sechs Monaten kennenlernen oder uns eben die ganze Zeit fremd bleiben - ich weiß nicht. Ich würde lieber allein gehen.

T: Okay. Die Gründe, weshalb Sie die Einsamkeit wählen, scheinen also folgende zu sein:

1. Das würde Ihnen zu einer längeren Zeitspanne verhelfen, in der Sie einmal richtig über die Dinge nachdenken könnten, was unter Umständen sehr nützlich wäre - eine Art Rückzug auf Ihr eigenes Denken könnte Ihnen also zu ein paar Antworten verhelfen.

2. Sie scheinen zu sagen, daß Sie das Risiko nicht eingehen wollen, mit einem völlig Fremden, der sich als sympathisch herausstellen könnte oder auch nicht, auf diese Insel zu gehen, und deshalb würden Sie lieber allein hingehen. Lassen Sie uns jetzt einmal die Bedingungen leicht verändern. Diesmal sagt der Zauberer also: "Sie haben keine Wahl. Es wird ein junger Mann auf dieser Insel sein, egal ob Sie das wollen oder nicht". Sie können nicht einfach sagen: "Nein, lassen Sie mich allein gehen oder mit jemandem, den ich kenne". Er schwenkt also seinen Zauberstab und Sie finden sich mitsamt dem jungen Mann hier auf der Insel wieder. Schauen Sie sich einmal um. Es handelt sich um einen schmalen Streifen Land, grün und kultiviert mit einem kleinen Sandstrand. Es gibt eine schattenspendende Palme, eine Hütte als Unterkunft, genügend zu essen und reichlich Vorräte, aber keinerlei Unterhaltung - es gibt keinen Fernseher, keine Bücher und nichts anderes. Das bedeutet auch, daß Sie und dieser Mann in puncto Gesellschaft und Anregung jetzt völlig aufeinander angewiesen sind. Er wendet sich an Sie und sagt: "Die nächsten sechs Monate können die Hölle werden oder sie können sehr schön sein, es kommt darauf an, was wir für Menschen sind, es hängt ganz davon ab, was wir in dieser Situation tun werden. Wenn wir vernünftig damit umgehen, dann können wir in ein paar Jahren vielleicht eher voller Nostalgie anstatt mit Schrecken darauf zurückblicken." Erzählen Sie mir nun bitte, welche Probleme Sie sehen, was passieren wird, wie es sich weiter entwickeln wird? Können Sie sich für eine Weile in diese Phantasie hineinversetzen?

K: Nun, ich werde sofort anfangen, mir über Gefühle Sorgen zu machen, meine Gefühle, was wir zueinander sagen würden, und ich würde mir Gedanken machen, was er über mich denkt und was ich über ihn denke. Ich werde als erstes entscheiden, ob ich lieber wegschwimmen möchte oder nicht... Ich weiß es wirklich nicht... Ich werde Spekulationen darüber anstellen, was er wohl denken mag und ich werde mich in Gedanken neben mich selbst stellen und mich fragen, was denkt er, was ich denke, und ich werde wahrscheinlich auch darüber nachdenken, was ich sagen werde... die Dinge beobachten... sehr, sehr unruhig und nervös sein.

T: Diese Vorstellung "Was denkt er von mir?" - was sollte er nach Ihrem Wunsch denn von Ihnen denken?

K: Ich weiß nicht. Es würde davon abhängen, was ich von ihm denken würde, ob ich etwas für ihn fühlen würde oder nicht.

T: Wollen Sie damit sagen, wenn Sie ihm gegenüber positive Gefühle hätten, dann wäre es für Sie auch wichtig, daß er dasselbe für Sie empfindet? Und was würde passieren, wenn Ihre Gefühle ihm gegenüber ziemlich negativ wären? Was dann?

K: Dann würde ich mich sehr unbehaglich fühlen und wahrscheinlich gehässig werden. Ich weiß nicht, ich bin eigentlich nicht wirklich gehässig. Ich würde wahrscheinlich anfangen, mir Möglichkeiten auszudenken, um von ihm oder der Insel wegzukommen

T: Das ist interessant und ich werde Ihnen auch sagen, warum. Meiner Ansicht nach wäre das Ideale für Sie beide, wenn Sie entdeckten, daß Sie sich wirklich mögen. Wenn er zu Ihnen sagen würde: "Mensch, ich glaube wirklich, daß Du eine nette Frau bist und ich schätze Dich sehr", und Sie fühlten dasselbe für ihn, dann würde Ihre sechsmonatige Freundschaft glatt und angenehm verlaufen. Sind Sie nicht auch der Meinung, daß eine solche Lösung das Beste wäre?

K: Das wäre äußerst angenehm.

T: Das Schlimmste wäre also, wenn Sie beide sich nicht ausstehen könnten. Bei Ihnen klingt das so, als sei das schon fast vorbestimmt. Entweder werden Sie ihn mögen oder nicht, entweder mag er Sie oder nicht. Das wird aber sicher auch davon abhängen, wie Sie sich verhalten werden. Lassen Sie uns z.B. annehmen, daß Sie Menschen nicht ausstehen können, die an Ihren Zehennägeln herumfingern, und da sitzt er nun am Strand und redet mit Ihnen und beschäftigt sich mit seinen Zehennägeln und das stößt Sie wirklich ab und geht Ihnen auf die Nerven...

K: Okay, aber das bedeutet, so zu tun, als hätte ich ein niedriges Toleranzniveau, was nicht der Fall ist, aber ich stelle mir einfach einmal so eine Situation vor, und entscheide mich sofort, was ich tun würde, genauso, wie Sie die Frage gestellt haben. Es klingt wie "Entscheiden Sie sich jetzt sofort, was Sie tun werden!" So in dem Stil. Ich warte also darauf, wie dieser Mensch reagiert und habe deswegen keine niedrige Toleranzschwelle, ich bin bereit, eine Menge zu tolerieren, wenn ich mich einmal entschlossen habe, daß ich mit dieser Person zusammen sein will. Wenn dieser Mensch mir zeigt, daß er mich mag, und ich mag ihn, dann ist das o.k., es wäre mir dann egal, was er tut. Er könnte von mir aus die Wände hochlaufen und es wäre mir egal, ich bin glücklich, weil er mich mag und ich ihn mag und mir alles andere egal ist.

T: Es klingt fast so, als ob Ihr Bedürfnis, gemocht zu werden, so groß ist, daß Sie dafür bereit sind, eine Menge Dinge zu ertragen, zu viele Dinge.

K: Stimmt, und ich meine damit auch materielle Dinge. Ich werde herumrennen und etwas kaufen.

T: Das Bedürfnis, um jeden Preis geliebt zu werden.

K: Genau.

T: Okay, in dieser erzwungenen Wahl auf der Insel sagt Ihr Gefährte zu Ihnen: "Eines der Dinge, die das Leben für uns beide sehr viel einfacher machen könnten, wäre es, wenn sowohl Du als auch ich bereit wären, wirklich offen und ehrlich miteinander umzugehen. Ich werde es Dir sagen, wenn Du Dinge tust, die mich nerven, sofern Du mir sagst, wenn ich Dinge tue, die Dich ärgern. Auf diese Weise gehen wir uns nicht auf den Wecker und können uns am besten amüsieren." Wie reagieren Sie darauf?

K: Nun, ich habe noch nie jemanden getroffen, der das mit mir gemacht hätte. Ich glaube nicht, daß auch nur ein einziger meiner Freunde völlig ehrlich zu mir war, deshalb habe ich Schwierigkeiten, mir das vorzustellen. Daher kommt es ja, daß ich mich so fühle.

T: Was ist da in der Wirklichkeit passiert? Wenn Sie sagen: "Sie waren nicht völlig ehrlich", was gab es dabei für Muster?

K: Daß ich sie wollte und sie mich letztlich nicht richtig wollten.

T: Sie fühlen sich also zurückgewiesen. Ich frage mich, wieviel Ehrlichkeit Sie in einer Beziehung riskieren würden. Sehen Sie, da Sie dieses alles durchdringende Bedürfnis haben, geliebt zu werden, ertragen Sie eine Menge Unangenehmes und sagen nichts, aber ich wette, Sie fühlen es.

K: Stimmt, das passiert auch so ziemlich jedesmal. Das ist genau das, was ich jedesmal mache und wo es jedesmal endet. Wir sind irgendwie zu dem Schluß gekommen, daß ich mich selbst in solche Situationen bringe. Mit anderen Worten, ich zeige ihnen nicht, daß ich mich selbst respektiere und deshalb werden sie mich wiederum mißbrauchen und mich erniedrigen.

T: Lassen Sie mich sehen, ob ich diesen Prozeß verstehe. Es könnte also folgendermaßen vor sich gehen: Sie haben eine Beziehung zu einem Menschen, den Sie sehr mögen. Daher ist es Ihnen sehr wichtig, daß er Sie mag, weil Sie ihn ja schließlich auch mögen. Um dieses Niveau an Mögen aufrechtzuerhalten, scheinen Sie alles zu tun und auf alles mit übermäßigem Pflichtbewußtsein zu reagieren. Sie sind ungewöhnlich rücksichtsvoll und hilfsbereit usw., und das ist alles schön und gut, aber es wird nicht erwidert, und wenn die andere Person dann Dinge tut, die vielleicht gedankenlos und gleichgültig sind, dann sind Sie verletzt, und zwar sehr tief. Aber Sie sagen nichts, weil Sie den anderen nicht in Erstaunen versetzen wollen, weil Sie seine Zuneigung nicht verlieren wollen. Dies alles hat aber nichtsdestotrotz einen Einfluß auf Sie. Das alte Klischee "was reingeht, muß auch wieder rauskommen" besagt, daß es, wenn Sie sich verletzt fühlen, auch in irgendeiner Weise wieder rauskommt, oft auch in einer Weise, die Sie nicht kontrollieren können. Vielleicht verhalten Sie sich dann beispielsweise ein bißchen kühler, ein bißchen distanzierter. Es könnte auch sein, daß sie ein bißchen passiv-aggressiv sind, weil Sie sich so verletzt fühlen. Sie halten sich zurück und sagen nicht einfach zum anderen: "Hey, weißt Du, ich finde das echt unbefriedigend, daß wir eine so ungleiche Beziehung haben. Was ich von Dir will, Charlie, alter Junge, ist, daß Du Dich ein bißchen zusammenreißt". Aber nein, Sie tun so etwas nicht. Irgendwann häufen sich solche Situationen und Sie beginnen, sich zurückzuziehen und dann sagen die anderen sich: "Himmel, was ist denn bloß mit der Frau los? Sie ist ja wirklich eine Nervensäge." Dann ziehen die sich zurück. Habe ich recht, ein bißchen recht oder liege ich ganz falsch?

K: Sie haben recht! Aber ich lasse es nicht bis zum Kampf kommen. Ich verschwinde normalerweise einfach. Wie letztes Mal, da bin ich einfach ins Flug zeug eingestiegen und abgeflogen, ich war so unglücklich und konnte es nicht sagen, deshalb bin ich einfach weggegangen.

T: Sie vermeiden also Konfrontationen. Das Hauptproblem dabei scheint zu sein, daß Ihre Probleme dadurch keineswegs im Keim erstickt werden.

K: Nun, ich habe Angst, Auseinandersetzungen zu verursachen, weil ich den anderen nicht verlieren will.

T: Aber auf diese Art und Weise verlieren Sie den anderen ja dann schließlich *doch*. Bei Ihrem Verhaltensmuster ist das unvermeidliche Ergebnis immer Verlust. Sie wollen den Verlust nicht beschleunigen, deswegen ergreifen Sie nicht die Gelegenheit, ihre Gefühle auszudrücken, auch wenn Sie sie haben. Ich stelle mir das so vor, daß es dann nach einer Weile, wenn Sie ein halbes Dutzend Gefühle nicht ausgedrückt haben, sehr schwierig ist, Nummer 7 auszudrücken, weil Nummer 7 nun die Akkumulation von 1,2,3,4,5 und 6 bedeutet. Wenn Sie erst jetzt dem angestauten Gefühl Ausdruck geben, wird es ziemlich stark formuliert werden müssen, deshalb halten Sie lieber gleich den Mund. Wenn dann 8,9,10 und 11 auftauchen, dann steigen Sie ins Flugzeug und sagen "Tschüs". Nach allem was Sie mir erzählt haben, würde ich Ihnen raten: "Wenn Sie eine gute Beziehung wollen, dann sollten Sie solche Dinge lieber nicht verschweigen. Sie sollten statt dessen lernen, aufzubegehren und die Gelegenheit nutzen und entdecken, daß Sie durch das Ausdrücken von Gefühlen und das Anmelden Ihrer Bedürfnisse, statt Feindseligkeit hervorzurufen, Ihrem Gefährten helfen, Sie als Person wahrzunehmen." Das heißt natürlich noch nicht, daß sich Ihr Gefährte auch an Ihre Wünsche halten muß. Er kann beispielsweise auch zu Ihnen sagen: "Ich finde diese Forderung oder Bitte unfair, laß uns darüber reden und zu einem Kompromiß kommen". Nun, ich will damit sagen: ich möchte, daß Sie auf der Insel anders reagieren, so wie Sie hier nie reagiert haben. Ihr männlicher Gefährte wird völlig ehrlich zu Ihnen sein, und ich möchte auch noch feststellen, daß Sie etwas Neues gewinnen können, wenn Sie auch Ihrerseits völlig ehrlich sind. Sie werden es also nicht bereuen, daß der Zauberer Sie mit diesem Mann auf diese Insel gezwungen hat. Sie werden in diesen sechs Monaten viel mehr lernen als wenn Sie allein wären. Was halten Sie davon?

K: Ich kann mir das einfach nicht vorstellen. So etwas ist mir noch nie passiert. Ich kann mir auch nicht vorstellen, daß es passieren könnte.

T: Wollen Sie damit sagen: "Ich glaube nicht, daß menschliche Wesen so miteinander umgehen können?" Mir ist nicht ganz klar, was Sie daran nicht glauben.

K: Nun, es gibt Menschen in meinem Leben, bei denen das so funktioniert; Menschen, die ich schon lange kenne, aber auch bei denen war das am Anfang noch nicht so. Es hat mehrere Jahre gedauert... fünf Jahre, zehn Jahre... bei Menschen, die ich lange kannte. Bei Ihnen weiß ich, daß sie das können, aber bei jemandem, der gerade erst in mein Leben getreten ist, da könnte ich mir das nie vorstellen.

T: Damit scheinen Sie so etwas wie das folgende ausdrücken zu wollen: "Beim sozialen Protokoll wird normalerweise ein bestimmtes Muster befolgt. Wenn sich Menschen treffen, die sich noch nicht kennen, dann sind sie vorsichtig, legen ihr bestes Benehmen an den Tag, sind irgendwie falsch. Natürlich ist man dann nicht bereit, geradeheraus, offen und ehrlich zu sein. Das macht man einfach nicht." Meinen Sie so etwas?

K: Ich glaube, es hat mehr mit Vertrauen zu tun. Ich würde ihnen nicht vertrauen, sie wären nicht offen zu mir. Sie könnten zwar behaupten, ehrlich zu mir zu sein, aber ich würde es ihnen nicht glauben.

T: Hier haben wir etwas sehr Wichtiges... Vertrauen... erzählen Sie mir mehr über Vertrauen.

K: Nun, ich glaube, ich muß jemandem vertrauen, um wirklich so sein zu können. Damit mir jemand sagen kann, daß er völlig ehrlich zu mir sein wird, muß er mir vertrauen und ich muß ihm auch vertrauen können. Kenne ich ihn wirklich so gut? Weiß er wirklich alles über mich und weiß ich wirklich alles über ihn und haben wir eine gute Beziehung? Aber wenn ich jemanden gerade erst getroffen habe und er das zu mir sagen würde, dann wäre ich erst einmal sehr skeptisch, ich würde es ihm nicht glauben.

T: Vertrauen scheint für Sie also zu bedeuten, daß Sie über einen bestimmten Zeitraum hinweg die Erfahrung gemacht haben, daß dieser Mensch sagt, was er meint, im Gegensatz zu jemandem, der Sie täuschen könnte.

K: Aber wenn ich ihn nicht kenne, wie soll ich ihm denn dann vertrauen?

T: Lassen Sie mich sehen, ob ich Sie richtig verstehe. Für Sie bedeutet Vertrauen, Sie wollen wirklich sichergehen, daß dieser Mensch die Wahrheit sagt, und es ist unmöglich, das bei einem ersten, zweiten oder dritten Treffen festzustellen. Was Sie dazu bringt, zu sagen, Sie könnten einem Menschen vertrauen, ist Beständigkeit über eine längere Zeit. Um wieder auf die Insel zurückzukommen: Ihr Gefährte sagt also: "Vertraue mir. Ich werde mit Dir auf derselben Stufe stehen und ich möchte auch, daß Du mit mir auf derselben Stufe stehst. Laß' es doch einfach einmal darauf ankommen. Ich bin jedenfalls ehrlich." Wie würden Sie darauf reagieren?

K: Ich würde es ihm trotzdem nicht glauben.

T: Nun ja, Sie haben einen interessanten Standpunkt. "Die meisten Menschen sind so lange schuldig, bis sie sich als unschuldig erweisen. Es besteht die Möglichkeit, daß er lügt, daß er mich täuscht, daß er sich nicht so verhält, wie er es versprochen hat Wenn ich ihm glaube, dann werde ich enttäuscht und verletzt werden, deshalb halte ich lieber gleich Abstand."

K: Ich glaube nicht, daß das immer so ist. Ich denke, das ist einfach nur eine Vorsichtsmaßnahme von mir - gegen diese innerlichen Verletzungen. Ich urteile nicht so rasch. Ich sage damit nicht, daß jemand das nicht wert ist... Ich habe bloß das Gefühl, daß ich vorsichtig sein muß. Wir müssen es einander irgendwie beweisen. Vielleicht muß erst etwas Zeit vergehen. Wenn Du meine Gedanken liest, so wie ich es will, weil ich meine Gefühle nicht ausdrücke, und Du mir zeigst, daß Du bereit bist, so viel zu geben wie ich, dann ist es gut.

T: Aber ist Ihnen dabei denn nicht klar, daß es schiefgehen muß, wenn Sie erst einmal die Bedingung des Gedankenlesens aufgestellt haben, weil es keine Gedankenleser gibt? Was Sie sagen, stimmt in mancher Hinsicht schon: Es gibt eine Menge unehrlicher Menschen auf dieser Welt und es gibt viele Menschen, die andere ausnutzen und die etwas sagen, obwohl sie etwas anderes meinen. Woher sollen Sie wissen, daß jemand meint, was er sagt? Aber Ihre Lösung für dieses Dilemma scheint zu sein: "Ich werde vorsichtig sein; ich werde sehr mißtrauisch sein; ich werde diesen Menschen erst prüfen, ihn erst vor Gericht stellen, ihn unter dem Mikroskop untersuchen, bis ich feststellen kann, ob er die Wahrheit sagt." Wenn das Ihr Weg ist, dann ist das kein guter Weg, weil das Leben dafür zu kurz ist.

K: Es gibt bei mir schon ein gewisses Kontingent an verletzten Gefühlen, ein bestimmtes Quantum an Verzweiflung, die sich in mir angesammelt hat und womit ich nicht umgehen kann. Ich denke, das hat mehr damit zu tun, als mit dem, was Sie gerade gesagt haben. Ihre Behauptung, daß ich Leute vor Gericht stelle, halte ich für ziemlich übertrieben. Es ist eher so, daß ich dann in Tränen aufgelöst dasitze und hoffe, daß jemand kommt und mich rettet, als daß ich jemanden vor Gericht stelle. So kann man es also nicht direkt sagen.

T: In manchen Fällen wären Sie vielleicht besser dran, wenn man es einmal so direkt sagen könnte. Lassen Sie mich klarstellen, was ich damit meine, indem ich wieder auf die Inselsituation zurückkomme. Ihr Inselgefährte sagt also zu Ihnen: "Ich hoffe, daß sich zwischen uns eine gute Freundschaft, eine gute Beziehung entwickeln wird, weil es so viel schöner wäre, als wenn wir eine unerträgliche Beziehung hätten. Es wäre viel angenehmer, wenn Du mich mögen würdest, statt mich zu hassen. Deswegen möchte ich unsere Beziehung unbedingt positiv anstatt negativ gestalten, und wir sollten unsere Zeit dabei keinesfalls verschwenden. Wir haben nur sechs Monate, und deshalb können wir uns hier nicht erst über mehrere Jahre hinweg kennenlernen, unsere Zeit ist beschränkt. Wir könnten es aber auf einen Versuch ankommen lassen. Ich werde annehmen, daß Du so bist, wie Du es beschrieben hast - freundlich, mitfühlend, großzügig und feinfühlig. Du könntest lügen und in Wirklichkeit das gemeinste, bösartigste und mieseste menschliche Wesen auf der Welt sein. Ich könnte mir genausogut vorstellen, daß Du mir den Kopf mit einem Stein einschlägst, während ich nachts schlafe. Aber ich werde es darauf ankommen lassen, weil ich bloß ängstlich und negativ in unserer Beziehung sein werde, wenn ich dies nicht tue. Ich will, daß Du dieses Risiko auch eingehst und mich ebenfalls als einen ziemlich anständigen Menschen anerkennst. Ich meine, es ist natürlich auch möglich, daß es sich herausstellt, daß ich der widerlichste Bastard der Welt bin, aber laß uns beide positiv denken und dieses Risiko eingehen."

K: Ich kann das nicht - das ist wirklich ziemlich schwierig... Ich muß mir dazu vorstellen, daß er jemand anderes ist. Ich muß mir das Gesicht von jemand anderem vorstellen, von jemandem, den ich schon kenne und dem ich vertraue.

T: Woran denken Sie denn, wenn er zu Ihnen sagt: "Geh das Risiko ein und vertraue mir"?

K: Nun, wovon reden wir denn eigentlich? Ob wir wohl einfach nur über Dinge reden... Ich setze mich einfach sechs Monate lang hin und fange an, über meine Probleme zu reden... über ganz alltägliche Dinge?

T: Nun, sehen Sie...

K: In anderen Worten, ich fange an zu sagen: "Okay, ich lasse mich darauf ein". Aber ich werde es auf einem sehr trivialen Niveau halten, wie z.B. "Wie ist das Wetter" oder so. In anderen Worten, ich habe nicht die Absicht, mich emotional auf ihn einzulassen und ich werde ihm nicht wirklich erzählen, was ich fühle.

T: Worüber werden Sie ihm Ihre Gefühle nicht mitteilen?

K: Na ja, wovon reden wir eigentlich?

T: Wenn es eine oberflächliche Beziehung sein wird und Sie bloß über das Wetter reden werden, wie Sie sagen, oder über Dinge wie "Ist der Sonnenuntergang nicht schön", oder "Sollten wir ein paar Muscheln zum Abendessen suchen?" und das ist in etwa alles, was auf der Insel ablaufen wird, dann haben Sie damit sichergestellt, daß diese sechs Monate sehr armselig sein werden.

K: Aber warum? Ich verstehe das nicht.

T: Warum? Weil Freundschaft meiner Ansicht nach darauf basiert, daß man sich gegenseitig kennt und sich dem anderen jeweils öffnet und sich mitteilt. Die meisten Menschen würden fragen: "Wer ist diese Person, mit der ich hier sechs Monate verbringen werde? Was ist sie für ein Mensch? Was hat sie getan? Was hat sie gefühlt? Was ist an ihr gut, schlecht oder unbestimmt?" Ohne diese Art der Mitteilung kann es kein Wachstum geben. Wenn Menschen dagegen das Risiko eingehen, zu teilen, dann können sie auch emotional wachsen.

K: Was Sie damit also sagen wollen ist, daß er da ist, um über meine Probleme zu reden. Wir sind sechs Monate lang auf dieser Insel, um mein Innerstes zu ergründen.

T: Nun, das könnte eine Möglichkeit sein, aber wenn Sie Ihr Gegenüber 24 Stunden am Tag als Psychotherapeuten ansehen würden, dann wäre das ziemlich beunruhigend. Was passiert denn dann mit seinen Bedürfnissen? Vielleicht hält er Sie für eine intelligente Person und würde auch gerne mit Ihnen über einige seiner Gefühle, Gedanken und Probleme reden. Kommt er auch einmal dran? Oder ist es eine einseitige Angelegenheit?

K: Nein, aber so einfach geht das nicht. So etwas entwickelt sich vielleicht später, nach einem Monat, zwei Monaten. Aber ich glaube nicht, daß ich mich von Anfang an hinsetzen und ein solches Gespräch mit ihm führen könnte.

T: Lassen Sie mich eine weitere Frage stellen. Sie sind hierher gekommen und haben mich heute zum ersten Mal getroffen und wir sitzen hier und reden miteinander. Und wir reden ja schließlich nicht nur über das Wetter. Wie fühlen Sie sich dabei?

K: Ich denke, hm, ich weiß wirklich nicht, wie ich mich fühle. Ich werde es wahrscheinlich erst wissen, wenn ich gehe. Jetzt gerade fühle ich eine gewisse Anspannung... da gibt es so viel... wir reden schließlich über 29 Jahre meines Lebens. Es ist so schwierig, das alles in eine bestimmte Zeitspanne zu pressen und ich habe das Gefühl, daß Sie bestimmte Vorstellungen haben, was in meinem Kopf vor sich geht... damit wir den Dingen auf den Grund gehen können. Abgesehen davon weiß ich wirklich nicht...

T: Aber nehmen wir an, Sie säßen auf der Insel und führten dasselbe Gespräch. Sie reden jetzt über Vertrauen und grundsätzliche Gefühle, und Sie haben gerade etwas sehr Ehrliches gesagt: "Hey, hör zu, ich habe wirklich große Schwierigkeiten, Dir zu vertrauen. Es wäre einfacher, wenn ich mir vorstellen würde, Du wärst jemand, den ich kenne." Hier drücken Sie ein ehrliches Gefühl aus. Ihr Gefährte erwidert: "Ich verstehe, daß es schwierig ist, aber es wäre nur zu Deinem Vorteil, so rasch wie möglich all Dein Mißtrauen zu überwinden und das Risiko einzugehen, mir zu vertrauen." Sie wenden sich wieder an ihn und antworten: "Aber das ist für mich sehr schwierig". Damit reden Sie nicht mehr über das Wetter, sondern über elementare Gefühle.

K: Ich kann meine tiefsten Gefühle nicht jemandem gegenüber ausdrücken, den ich nicht kenne. Ich kann mich nicht hinsetzen und einfach über solche Dinge reden... ich will da nicht zu sehr hineingezogen werden... er versteht das möglicherweise nicht... er könnte das einfach wegwischen und sich denken: "O Gott, sie ist einfach blöd". Ich möchte jemanden, der mich versteht, der für mich Gefühle, Mitgefühl und Verständnis hat. Jemand, der nicht mit den Achseln zuckt und sagt: "Du bist dumm oder Du bist verrückt, hau ab!" Ich möchte nicht so zurückgewiesen werden... noch mehr verletzt werden.

T: Warum muß Sie das denn unbedingt so verletzen? Wenn jemand anderes unsensibel genug ist, Ihre Gefühle so auszulegen, warum sollten Sie sich darüber so aufregen? Wenn irgendein blöder Affe sagt: "Du bist bloß übersensibel, Du bist bloß eine dumme Zicke, reiß Dich zusammen", warum sollten Sie sich so darüber ärgern? Warum antworten Sie nicht einfach irgend etwas wie z.B.: "Ich finde es schade, daß Du so oberflächlich bist, daß Du das nicht verstehst". Sie könnten auch hinzufügen: "Ich hatte gehofft, daß Du etwas tiefgründiger und verständnisvoller sein würdest". Warum schütteln Sie den Kopf?

K: Weil ich das nie sagen würde.

T: Aber würden Sie so etwas denken? Könnten Sie sich das vorstellen?

K: Nein, ich würde wahrscheinlich denken, daß es stimmt - daß ich dumm bin, und dann würde es mir doppelt so weh tun als wenn ich es nicht getan hätte. Erstens mag ich ihn dann und wenn er mir erklärt ich sei dumm und er nicht willens ist, meine Probleme zu verstehen, dann würde ich mich sogar noch mehr auf meine Probleme konzentrieren, gerade weil er es nicht verstehen will, und das wäre dann doppelt so traurig. Ich würde aber nie sagen: "Du hast mich enttäuscht".

T: Hierin liegt ein wichtiger Lösungsansatz.

K: Es ist ein Selbstbehauptungsproblem.

T: Es ist ein Selbstbehauptungsproblem und es ist ein Problem der Definition. Es scheint mir, daß Sie Ihre Ansprüche nur geltend machen können, wenn Sie etwas einwandfrei definiert haben. Ich denke, daß Sie wahrscheinlich ein äußerst sensibler Mensch sind, was sowohl ein Vorteil als auch ein Nachteil sein kann. Ein Vorteil in dem Sinn, daß Sie zärtlich und liebevoll sein können, ein Nachteil in dem Sinn, daß es Sie zu leicht vor den Kopf stoßen kann, wenn jemand Ihnen nicht die Zuwendung gibt, die Sie sich wünschen. In einer Beziehung kann jemand einmal schlechter Laune sein, in seinem eigenen Schmerz versinken und um sich schlagen anstatt einfühlsam zu handeln, und Sie sind so sensibel, daß Sie sich daran stoßen und sich zurückziehen, was dann noch mehr Probleme schafft. Was Sie also meiner Meinung nach tun sollten, ist, nicht immer nur darauf zu achten ,wie es Ihnen geht, sondern auch zu fragen, wie es dem anderen geht. Um Ihnen ein extremes Beispiel vor Augen zu führen, nehmen Sie an ich fordere Sie auf: "Kommen Sie mit mir in den Hinterhof einer psychiatrischen Klinik, wir werden uns einige Patienten angucken" und ein armer psychotischer Patient kommt heraus und sagt zu Ihnen: "Du bist ein Idiot", und Sie rufen: "Welch tödliche Wunde!", dann würde ich Sie fragen: "Was ist denn mit Ihnen los? Dieser Mensch redet wirres Zeug daher, wie können Sie das so ernst nehmen?" Aber es muß sich auch gar nicht um ein solches Extrem handeln. Ihr geliebter Freund könnte einmal schlechter Laune sein und deshalb dazu neigen, unbedacht zu reagieren. Wenn ich dann sehen würde, wie Sie auf seine Laune so stark reagieren, daß Sie Wunden und blaue Flecken davontragen, dann würde ich zu Ihnen sagen: "Können Sie denn nicht sehen, was mit ihm los ist? Er ist jetzt wirklich nicht in der Lage, Ihnen die Zärtlichkeiten und die liebevollen Gefühle entgegenzubringen, die Sie vielleicht brauchen..."

K: Sehen Sie, die anderen haben doch immer recht. Wenn ich jemanden mag... unabhängig davon, was er sagt oder tut... genau darum geht es doch. Wenn ich mich einmal entschieden habe, daß ich ihn mag oder mit ihm zusammensein will, dann muß auch alles so ablaufen, wie er es will. Es sei denn, ich sage ihm nicht was ich wirklich will und verlasse ihn dann, weil ich finde, daß er mich ausnutzt. Deshalb versuche ich auch gar nicht erst, einen Kompromiß zu finden, weil es mich zu sehr verletzt - sie verstehen es einfach nicht.

T: Geben Sie mir eine Vorstellung von diesen Zurückweisungen, die Sie erlebt haben, erzählen Sie mir, was dabei zu Ihnen gesagt wurde.

K: Einmal hat dieser Typ zu mir gesagt: "Du hast deinen Reiz verloren" und ich habe nichts gesagt... Einige solche Dinge.

T: Was hat er damit gemeint?

K: Er hat es auf irgendeine Weise sexuell gemeint, irgendwie, daß ich mich nicht mehr auf ihn stürzen würde... Ich habe auf ihn gewartet. Deshalb hat er so einen Blödsinn geredet. Ich konnte überhaupt nichts erwidern.

T: Warum hatten Sie denn Ihren Reiz verloren?

K: Weil ich wahnsinnig verletzt war und mich in meinem Kummer geaalt habe und mich zurückgewiesen fühlte und sehr ärgerlich und wütend wurde. Ich wünschte mir, wieder zu Hause zu sein, weil er nicht so reagierte, wie ich es von ihm erwartet hatte.

T: Lassen Sie mich kurz an die Tafel gehen und versuchen, das, was ich über diese Vorkommnissen denke, aufzuzeichnen. Sagen Sie mir bitte, ob es für Sie einen Sinn ergibt. Wir reden also gerade von Beziehungen zwischen Männern und Frauen. Hier ist der Punkt, an dem Sie die Person treffen. Wenn Sie dann auf diesem Pfad weitergehen würden, dann wäre alles wundervoll und die Aussichten rosig. Aber was typischerweise passiert, ist, daß etwas entlang dieser Linie passiert. An diesem Punkt hat er etwas versäumt oder getan, was Ihnen mißfällt. Wenn Sie an diesem Punkt nun, in dem Moment, in dem Sie es bemerken, reagieren würden, indem Sie Ihre Ansprüche geltend machten, dann wäre das Problem doch für Sie erledigt. In anderen Worten, ohne ihn als Person anzugreifen, könnten Sie sagen: "Himmel, ich wünschte wirklich, Du würdest das nicht tun" oder "das tut mir weh" oder was auch immer. Was dann passieren würde ist, daß Sie, falls dieser Mensch zu den Leuten gehört, denen man nicht trauen sollte, sprich, er nicht bereit wäre, sein Verhalten zu ändern, die Möglichkeit hätten, die Beziehung an diesem Punkt abzubrechen.

K: Aber das kann ich nicht, da hört es bei mir auf. Erstens ist es nicht so einfach, sympathische Menschen zu finden. Wenn also jemand daherkommt, der in Ordnung zu sein scheint, dann möchte ich ihn auch halten. Ich möchte das selbst dann noch, wenn es furchtbar für mich ist.

T: Sie sollten auf jeden Fall lernen, Ihre Gefühle lieber sofort ausdrücken und Ihre eigenen Wünsche auch mitzuteilen. Wie könnten wir Sie denn dazu bringen, gewisse Risiken einzugehen, damit Sie dann auch in der Lage sind, Dinge zu tun, von denen Sie wissen, daß Sie sie tun müssen?

K: Meinen Sie damit mehr Selbstbehauptung zeigen oder mehr Risiken eingehen?

T: Es handelt sich dabei um Risiken und Selbstbehauptung und mehr. Ich möchte gerne, daß Sie jetzt ein Risiko eingehen. Sie haben mir erzählt, daß Sie schon einige gute Therapeuten aufgesucht haben, aber nach einer Sitzung wußten Sie immer, daß es für Sie nicht möglich sein würde, mit dieser Person zu arbeiten. Da es sich dabei um Ihr Leben, Ihr Glück und Ihr Geld handelt, haben Sie natürlich auch das volle Recht, Ihren Therapeuten jederzeit zu entlassen. Nehmen wir an, daß jemand Sie fragt: "Sie haben eine Sitzung mit Arnold Lazarus gehabt, erzählen Sie mir davon. Wie ist er denn?" Das Risiko, das Sie nun eingehen sollen, ist, sich mit mir auf die gleiche Stufe zu stellen und mir zu sagen, was Sie antworten würden. Wenn Sie beispielsweise glauben sollten, daß ich in die staatliche Anstalt für die Verwirrten, Nervösen und Konfusen eingeliefert werden sollte, dann möchte ich Sie darum bitten, mir das mitzuteilen.

K: (lacht) Das kann ich wirklich nicht, das ist mir zu peinlich. Es ist zu schwierig für mich, hier zu sitzen und Ihnen einfach zu erzählen, was ich von Ihnen denke.

T: Fangen Sie damit an, das zu riskieren und Sie haben schon einen großen Fortschritt gemacht.

K: Ich kann das nicht.

T: Was Sie damit wahrscheinlich sagen wollen, ist, daß Sie es nicht tun werden. Worte wie "kann nicht" sind eigentlich nur ein Hindernis. Sie sagen, es sei sehr schwierig für Sie, das zu tun. Und meine Antwort darauf lautet: "Ich weiß, es ist schwierig, aber versuchen Sie es doch trotzdem einmal".

K: Was ich von Ihnen denke oder was ich von Ihrer Art halte, die Situation zu analysieren?

T: Das ist mir egal, was für Sie am einfachsten ist.

K: Hm, das ist schwer zu sagen... beim ersten Treffen. Ich habe das Gefühl, daß ich gerne mit Ihnen arbeiten würde, wenn Sie bereit sind, an meiner Situation zu arbeiten. Aber um zum Kern der Sache vorzudringen... Ich brauche immer gute Gründe und ich muß von allem erst einmal überzeugt sein. Zum Beispiel, wenn jemand etwas zu mir sagt, dann frage ich mich: "Was steckt wohl dahinter?" Dr. B. hat immer gesagt: "Nun, gehen Sie nach Hause und hören Sie sich die Tonbänder, rufen Sie mich an und kommen Sie in einer Woche wieder vorbei und ich wurde wahnsinnig, weil ich die Tonbänder anhören und nichts erreichen würde und ich würde dasitzen und das Zeug auswendig lernen und versuchen, es auf mein Leben anzuwenden und es würde nicht funktionieren und so geht es immer weiter im Kreis. Ich drehe mich immer wieder in alle möglichen verrückten Richtungen und bei jedem Artikel oder jedem Buch, daß ich in die Hand bekomme denke ich: "Genau, so bin ich!" Und es war auch ganz schön schwierig, jemanden zu finden, mit dem ich arbeiten kann, wenn es mir schlecht geht. Es ist wirklich eine schwierige Situation, und ich drehe mich einfach immer nur im Kreis und erreiche dabei doch nichts, es geht mir nur immer schlechter. Ich habe gar keine Lust mehr, jetzt noch irgend etwas zu tun. Ich gehe nicht arbeiten. Ich habe Angst, eine Reise zu machen. Ich habe Angst, irgendwo hinzugehen. Ich möchte lieber nichts tun, weil ich keinen Fehler machen oder irgend etwas tun will, das mich dann verletzt oder aufregt, deshalb bleibe ich einfach stehen.

T: Sie haben also das Bedürfnis, sich selbst besser zu verstehen? Und Sie wollen keine Tonbänder und Hausaufgabenübungen?

K: Ich glaube, ich brauche beides. Ich habe gerade Ihr Buch "Ich kann, wenn ich will" gekauft.

T: Nun, das Buch ist nicht einfach nur zum Lesen gedacht. Es ist ein Arbeitsbuch, und ich hoffe, daß Sie einige der Übungen daraus machen werden. Außerdem würde ich Ihnen gerne noch einen Fragebogen zur Lebensgeschichte mitgeben, wenn Sie so freundlich sein würden, ihn auszufüllen. Dabei wird es einige Überschneidungen zu den Dingen geben, die wir heute diskutiert haben, aber es wird uns auch helfen, bestimmte Aspekte in einer Art folgerichtigen Ordnung zu sehen. Ich werde meine eigenen Hausaufgaben machen, indem ich mir die Aufzeichnung dieser Sitzung noch einmal anhöre, bevor wir uns nächste Woche treffen.

Das Erstellen eines Modalitätenprofils

Vielleicht finden die LeserInnen es an dieser Stelle ja auch nützlich, zunächst einmal ein eigenes BASIC ID Profil zu erstellen, das die aus dem Transkript von Frau A. hervorgehenden spezifischen Probleme aufzeigt. Dies kann daraufhin mit dem Profil verglichen werden, das ich erstellt habe, nachdem ich mir das Band der Sitzung noch einmal angehört hatte.

MODALITÄTENPROFIL
Frau A., 29 Jahre

PROBLEMGEBIETE

B arbeitet nicht
vermeidet es, negative Gefühle auszudrücken
vermeidet "emotionale Risiken" - übervorsichtig
verbringt übermäßig viel Zeit damit, sich über Kleinigkeiten Gedanken zu machen und sich davon beunruhigen zu lassen
läuft vor unangenehmen Situationen lieber davon
scheint dickköpfig und widerspenstig zu sein
neigt dazu, sich in ihrem Elend zu aalen
zwanghaft

A negative Gefühle stauen sich in ihr auf
Gefühle unausgedrückten Ärgers
übersensibel, unsicher, leicht verletzlich
schreckt vor Kritik und Ablehnung zurück
Angst zu reisen, Angst zu arbeiten

S Anspannung (spezifische Details sollten durch weitere Fragen ermittelt werden)
I negatives Selbstbild (neigt dazu, sich selbst im Lichte abwertender Äußerungen von anderen zu sehen)
C mangelnde Selbstachtung
argwöhnisch, mißtrauisch
unrealistische Erwartungen an andere
glaubt, daß sie mehr gibt als bekommt
neigt zu exzessiven Grübeleien, sucht einen Grund für alles
zieht voreilige Schlüsse
Perfektionistin, darf keine Fehler machen
I Neigt dazu, die Bedürfnisse anderer vor die eigenen zu stellen (besonders in einer Beziehung)
passiv-aggressiv
kann Ansprüche schlecht geltend machen
gibt sich sehr viel Mühe, anderen eine Freude zu machen
scheint eine "Einzelgängerin" zu sein (wählte Einsamkeit im Test der Phantasie von der einsamen Insel)
bemerkenswertes Bedürfnis, von andern gemocht zu werden
prüft Menschen ununterbrochen, um festzustellen, ob sie vertrauenswürdig sind
D -------------

Nachdem ich eine Stunde mit Frau A. verbracht hatte, stellte ich also neunundzwanzig Problemgebiete fest. Diese erste Skizze ihres Modalitätenprofils kann mehrfach abgeändert werden, falls dabei noch andere Fakten in Erscheinung treten sollten. Nach der zweiten Sitzung und nachdem wir ihren Fragebogen zur Lebensgeschichte untersucht haben, werden zweifellos noch viele zusätzliche Elemente hinzukommen. Darüber hinaus könnte dem Profil noch eine Aufstellung ihrer positiven Eigenschaften quer durch das BASIC ID beigefügt werden, worauf zusammen mit der Klientin spezifische Strategien ausgewählt werden sollten, um an den jeweiligen Problemgebieten zu arbeiten. Dabei wird es auch notwendig sein, einen logischen ersten Ansatzpunkt für die Therapie zu finden. In den folgenden Kapiteln dieses Buches wird jeder dieser Punkte noch behandelt werden.

Vielleicht sollte ich dabei auch noch einen Punkt gesondert erwähnen, nämlich daß manche TherapeutInnen viel Zeit verschwenden, wenn sie sich zu lange mit dem Versuch aufhalten, genau zu bestimmen, in welchen Bereich sie dann nun ein bestimmtes Merkmal aufführen müssen. Sollte "vermeidet es, negative Gefühle auszudrücken" vielleicht besser unter Affekt anstatt unter Verhalten angeführt werden? Ist "argwöhnisch, mißtrauisch" eher eine kognitive Einstellung als eine affektive Reaktion? Klinisch gesehen ist es dabei kontraproduktiv, zuviel Zeit mit einer "perfekten Gliederung" zu verschwenden, denn so lange ein relevantes Problem irgendwo im Profil erscheint, wird es auch die notwendige therapeutische Aufmerksamkeit erhalten.

Beziehungsfaktoren und Kompatibilität von KlientInnen und TherapeutInnen

Im Rahmen von Versuchen, therapeutische Verhaltensregeln juristisch festzulegen, wird oft um der Sicherheit willen jegliche Initiative von Seiten der TherapeutInnen unterbunden. "Statt Fragen der KlientInnen zu beantworten, sollte man versuchen, die dahinterliegende Bedeutung herauszufinden. Man sollte in einer Therapie nichts von sich selbst enthüllen, sondern versuchen, möglichst unergründlich zu bleiben. Vermeiden Sie es, sozialen Umgang mit KlientInnen zu pflegen. Gefälligkeiten, wie etwa den KlientInnen in den Mantel zu helfen oder den Arm um sie zu legen, sollten unterlassen werden. Machen Sie den KlientInnen keine Geschenke und nehmen Sie auch keine Geschenke von ihnen an." TherapeutInnen, die sich an diese und viele andere Verhaltensregeln halten, bleibt sicherlich die Unbequemlichkeit und Unsicherheit erspart, sich selbst darüber ihre eigenen Gedanken machen zu müssen. Sie wissen genau, wie sie in den verschiedenen Fällen reagieren und sich ihren KlientInnen gegenüber verhalten sollten - als ob diese alle aus einem Guß seien. Im Gegensatz dazu jedoch betrachten multimodale TherapeutInnen jeden Klienten und jede Klientin gesondert und versuchen, das Ausmaß und die Beschaffenheit zu ergründen, welche die Beziehung haben sollte, um den Bedürfnissen und Erwartungen dieses einzelnen Individuums am besten gerecht zu werden. Die einzigen Einschränkungen, an die wir uns dabei halten, sind 1. In einer Therapie darf man nicht unbeweglich sein und 2. Menschen dürfen nicht gedemütigt oder ihrer Würde beraubt werden.

Mit manchen meiner KlientInnen entwickle ich äußerst formale Beziehungen. Sie nennen mich Dr. Lazarus und ich nenne sie ebenfalls beim Nachnamen. Bei einigen KlientInnen würde ich wirklich nicht die einfachste Frage beantworten, ohne zuerst ihre dahinterstehende Absicht zu untersuchen. Auf der anderen Seite kommen manche KlientInnen aus der Therapie und wissen fast soviel über mich wie ich über sie. Bei bestimmten KlientInnen hat beispielsweise Essengehen, eine Einladung zu einer Party, ein Tennisspiel oder sogar, im Falle eines jungen Mannes, die kostenlose Unterbringung in meinem Haus durchaus zu positiven Behandlungsergebnissen beigetragen. Da es keine klaren, objektiven Kriterien gibt, die in der Lage wären, einem Therapeuten bzw. einer Therapeutin bei der Entscheidung zu helfen, welche Art von Beziehung sie am besten mit den jeweiligen Individuen entwickeln sollten, habe ich mich auch mehr als nur in einer Situation geirrt. Trotzdem vermögen sowohl TherapeutIn als auch KlientIn von Fehlern profitieren und die Beziehung kann dementsprechend modifiziert werden. Feste Regeln und standardisierte Verfahren dürften dabei vielleicht zur Verbesserung des Selbstvertrauens der TherapeutInnen beitragen, aber sind sie wirklich auch immer gut für die KlientInnen? Frank (1970) verweist in diesem Zusammenhang auf die Karikatur eines jungen Psychoanalytikers, der bemerkte: "Das Wunderbare an der Psychoanalyse besteht darin, daß man sicher ist, das Richtige zu tun, selbst wenn sich beim Patienten keinerlei Besserung einstellt."

Personenzentrierte gegenüber multimodalen Überlegungen

Der bekannteste Kliniker, dessen therapeutische Orientierung vielleicht eine Antithese des multimodalen Ansatzes darstellt, ist Dr. Carl Rogers. Ein Film, in dem Rogers ein Erstgespräch mit Gloria, einer 30jährigen geschiedenen Frau durchführte ("Three Approaches to Psychotherapy", 1965) zeigt, was man "als typisches Beispiel für die personenzentrierte Arbeitsweise" betrachten würde (Meador & Rogers, 1979). In zwei weiteren Filmen dieser Reihe werden Rogers therapeutischer Stil und seine Strategien denjenigen von Perls und Ellis gegenübergestellt. Später wurde Rogers noch mit einer anderen Klientin für eine neuere Serie gefilmt ("Three Approaches to Psychotherapy II", 1978), in der diese (Kathy, eine junge Frau) auch mit Everett Shostrom arbeitete ("Actualizing Therapy"), während ich in dem dritten 48-Minuten-Film "Multimodal Behavior Therapy" zu sehen bin. Ich bemühte mich dabei, einen grundsätzlichen ersten Überblick über Kathys BASIC ID zu erhalten, aber ich würde diese (oder auch jede andere Sitzung) deshalb noch nicht als "typisch" für einen multimodalen Ansatz bezeichnen. Mit einem anderen Klienten bzw. einer anderen Klientin wären mein ganzes Vorgehenstempo sowie der Inhalt des Gesprächs und die Interaktionen möglicherweise völlig anders ausgefallen. Wenn man jedoch Rogers im Jahre 1965 mit Gloria und dann im Jahre 1978 mit Kathy beobachtet, kann man feststellen, daß der Rhythmus und die Form der Sitzungen gewissermaßen identisch sind. Es gibt kaum feststellbare Unterschiede bezüglich des Stils, der Taktik oder der Interventionsstrategie. Dabei wird nicht nur deutlich, daß in Rogers Verhalten gegenüber verschiedenen KlientInnen keine Unterschiede bestehen, sondern auch, daß zwischen den Jahren 1965 und 1978 keine Veränderung stattfindet. Aus diesen Beobachtungen ziehe ich die logische Folgerung, daß die multimodale Therapie zum "personenzentrierten" Ansatz von Carl Rogers und seinen Anhängern (Meador & Rogers, 1979) einen Gegenpol bildet. Bei einer multimodalen Herangehensweise gehen wir immer davon aus, daß Menschen unterschiedliche Bedürfnisse und Erwartungen innenwohnen und daher auch von uns TherapeutInnen ein entsprechend breites Spektrum an stilistischen, taktischen und strategischen Techniken erwarten dürfen. Wenn man dagegen nur mit einer "unimodalen" Ansatzweise an verschiedene KlientInnen herangeht, wird einem das Leben als Therapeut sehr erleichtert, worin vielleicht einer der Hauptgründe für die Popularität der Rogerianischen Therapie liegt.

Zurück zu Rogers: Blockaden freisetzen und Defizite abbauen

Ein wirklicher "personenzentrierter" Ansatz würde sich nach individuellen und persönlichen Unterschieden richten und nicht auf einer trilateralen Basis arbeiten, bei der die folgenden drei Dinge als notwendige und hinreichende Bedingungen für therapeutisches Wachstum und therapeutische Veränderung angesehen werden: 1. die Echtheit oder Kongruenz der TherapeutInnen, 2. die Empathie und die Verständnisfähigkeit der TherapeutInnen, und 3. die unbedingte Wertschätzung der

TherapeutInnen. Um das BASIC ID abzudecken, werden diese vorteilhaften Bedingungen zwar durchaus als nützlich (wenn auch nicht notwendig), jedoch kaum als hinreichend angesehen. Aus einer multimodalen Perspektive heraus ist es immer wichtig, daß TherapeutInnen für ihre KlientInnen über *mehr* als nur ein integres menschliches Wesen verfügen müssen. Zusätzlich zu Freundlichkeit, Fürsorge, Anteilnahme und Einfühlungsvermögen sollten TherapeutInnen auch noch über eine ganze Reihe anderer spezifischer Fähigkeiten und Techniken verfügen. Oft liegt dabei der Unterschied zwischen therapeutischem Erfolg oder Mißerfolg gerade in der sorgfältig ausgeführten und gut abgestimmten Anwendung geeigneter Techniken (Goldfried & Davison, 1976; Kazdin & Wilson, 1978; Walen, Hauserman & Lavin, 1977; Wilson, 1980; Wilson & O'Leary, 1980).

Auch wenn sie dies oft in anderen Worten ausdrücken, so scheinen doch viele TherapeutInnen die Rogerianische Überzeugung zu vertreten, daß eine "Aktualisierungstendenz" durch verschiedene schädliche Erfahrungen abstumpfen kann und daß die emotionale Beziehung, die sich zwischen KlientIn und TherapeutIn entwickelt, diese Barrieren oder Blockaden abbauen kann. Besonders deutlich wird dies in Rogers Definition von Psychotherapie als "Freisetzen einer bereits existierenden Fähigkeit in einem potentiell kompetenten Individuum" (1959). Andere TherapeutInnen dagegen werden vom "Aufheben der Repression", der "Entfernung von Charakterpanzern" usw. sprechen. Im folgenden Diagramm ist die Rogerianische oder sogenannte personenzentrierte Ansicht von emotionalen Störungen dargestellt.

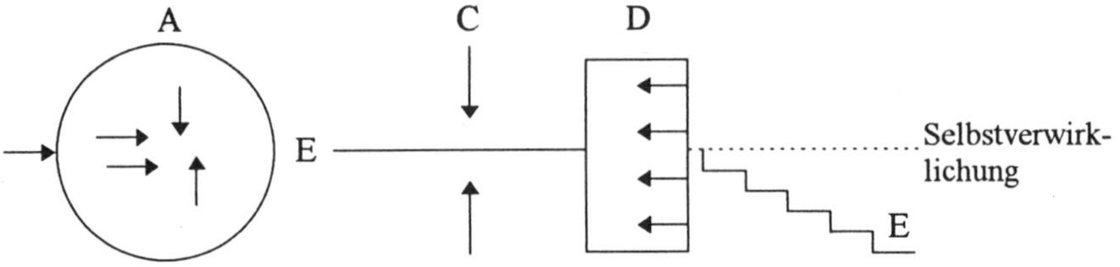

A. Bei der Geburt ist der Mensch ein Produkt seiner genetischen Ausstattung und intrauteriner sowie anderer Einflüsse seiner Umwelt.
B. Im Laufe seines Lebens bewegt er sich auf einem Pfad, der ihn zur "Selbstverwirklichung" führt.
C. Verschiedene Ereignisse lösen dabei Konflikte zwischen organischen Bedürfnissen und selbstbezogenen Bedürfnissen aus.
D. Es entsteht eine Barriere gegen die Selbstverwirklichung.
E. Der Mensch verläßt den Pfad der Selbstverwirklichung und zeichnet sich jetzt durch Inkongruenz, Verzerrungen, Mangel an Bewußtsein und selbstzerstörerische Verhaltensweisen aus.

Rogerianern zufolge wird das Potential, das einem Menschen innewohnt, in einer guten therapeutischen Beziehung freigesetzt und dadurch wird es den KlientInnen ermöglicht, den Pfad der Selbstverwirklichung wieder zu betreten.

Was im vorhergehenden Schema allerdings überhaupt nicht berücksichtigt wurde, sind Probleme, denen *keinerlei* Konflikte, traumatische Ereignisse, Forderungen von wichtigen Bezugspersonen und Einschränkungen aufgrund von organischen Zwängen zugrunde liegen. Viele Menschen leiden nämlich auch einfach deshalb, weil ihre individuelle Lerngeschichte sie nicht mit wichtigen Bewältigungsstrategien ausgerüstet hat. Sie weisen keine Barrieren oder Blockaden auf, nach deren Freisetzung sie ihre früher erworbenen Kenntnisse wieder anwenden könnten; sie haben das dazu nötige Wissen oder die Fähigkeit unter Umständen auch noch gar nie besessen. Diese ätiologische Auffassung, läßt sich vielleicht wie folgt darstellen:

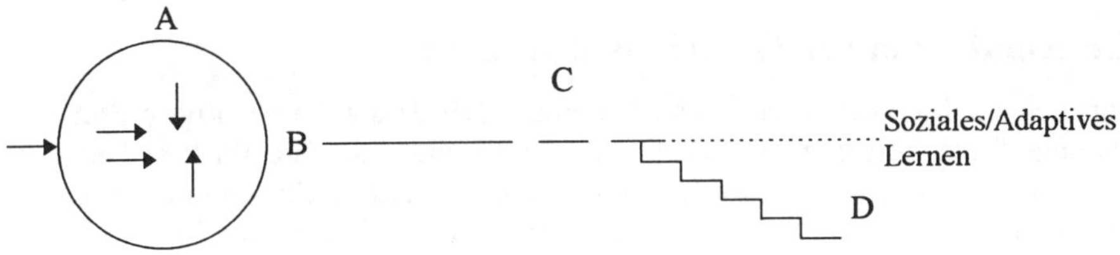

A. Bei der Geburt ist der Mensch ein Produkt seiner genetischen Ausstattung und intrauteriner sowie anderer Einflüsse seiner Umwelt.
B. Im Laufe seines Lebens bewegt er sich auf einem Pfad, der ihn zu einer prosozialen/adaptiven Lebensweise führt.
C. Dabei können durch Lücken oder Defizite in seinen Erfahrungen und seinem sozialen Lernprozeß (aufgrund negativer Rollenbeispiele oder zufällig verpaßter Gelegenheiten, bei denen die nötigen Informationen oder Fähigkeiten hätten erlangt werden können) Hohlräume entstehen.
D. Aufgrund dieser Reaktionsdefizite verläßt der Mensch den adaptiven Pfad und zeichnet sich jetzt durch Inkongruenz, Verzerrungen, Mangel an Bewußtsein und selbstzerstörerische Verhaltensweisen aus.

Vermitteln, Coachen, Einüben, Modellernen, Umformen und Anleiten sind die für die Behebung dieser Mängel notwendige Mittel. Ein individuelles Lerndefizit läßt sich durch kein wie auch immer geartetes Kontingent an Empathie, Echtheit und unbedingter Wertschätzung wettmachen. Aus einer multimodalen Perspektive der persönlichen Entwicklung und Problemlösung heraus besitzen jedoch *beide* der oben genannten Modelle Gültigkeit. Denn die meisten KlientInnen leiden an Konflikten, Nachwirkungen von unglücklichen Erfahrungen *und* verschiedenen Defiziten in ihrem sozialen Repertoire sowie im Umgang mit ihrer selbst. Daher ist es bei unimodalen Behandlungsverfahren auch eine fast zwangsläufige Folge, daß wichtige Teilgebiete unberücksichtigt bleiben.

Durch die Einfluß- und Heilkraft, die gewisse TherapeutInnen sich selbst und ihrer therapeutischen Beziehungsgestaltung zuschreiben, wird oft die Aufmerksamkeit von der Tatsache abgelenkt, daß die Generalisierung von in der Therapie erworbenen Fähigkeiten auf die Welt außerhalb des Sitzungszimmers nicht automatisch erfolgt. Für den Transfer und die Generalisierung dieser neu erworbenen Fertigkeiten bedarf es spezifischer, im voraus geplanter Interventionen. In den Anfängen meiner Therapiepraxis bin ich immer davon ausgegangen, daß KlientInnen, die zuvor feindselig, zurückgezogen und streitsüchtig gewesen waren und die plötzlich in der Therapie freundlich, gesprächig und selbstbewußt anstatt aggressiv auftraten, wahrscheinlich ähnliche angemessene Verhaltensweisen auch bei wichtigen Bezugspersonen zeigten. Ich lernte jedoch sehr schnell, daß dieses bislang ungewohnte, adaptive Verhalten gewöhnlich auf die therapeutische Beziehung beschränkt blieb, wenn ich nicht zusätzlich Hausaufgaben aufgab, um die KlientInnen zu bestimmten Generalisierungen ihrer Reaktionen zu ermutigen (Shelton & Ackerman, 1974).

Ein Kontinuum der Gefühle und Anlagen

Vor vielen Jahren beschrieb Franz Alexander (1932) als die wichtigste Stütze der Therapie "eine korrigierende emotionale Erfahrung", die ihre Wirksamkeit durch den Kontrast zwischen der hilfsbereiten und objektiven Einflüßen eines Therapeuten und den ursprünglichen (vermutlich pathogenen) elterlichen Einstellungen erzielt. Alexander schrieb später, daß "die Erfahrung einer solchen neuartigen menschlichen Beziehung in sich selbst eine enorme therapeutische Bedeutung hat, die gar nicht überbewertet werden kann" (1950). Arlow stieß noch später in dasselbe Horn, als er feststellte, daß "emotional gesehen die Person des Analytikers eine große Bedeutung im Leben eines Klienten hat" (1979). Multimodale TherapeutInnen vertreten dabei allerdings völlig andere Überzeugungen.

Sicherlich ist es notwendig, daß TherapeutInnen von ihren KlientInnen respektiert werden, um das erforderliche Vertrauen für die Mitteilung persönlicher Dinge zu gewährleisten und eine Atmosphäre zu schaffen, in der KlientInnen offen auch ihren peinlichen, qualvollen oder angsterzeugenden Erfahrungen enthüllen können. Aber dieses grundsätzlich harmonische Verhältnis gründet sich dabei nicht notwendigerweise auf die Entwicklung von starken Gefühlen, Übertragungen, Abhängigkeiten oder ähnlichem. In Übereinstimmung mit der pluralistischen Philosophie der multimodalen Tradition sehen wir die Beziehung zwischen KlientInnen und TherapeutInnen als Kontinuum an, das sich von einem eher förmlichen, geschäftsmäßigen Engagement auf der einen Seite bis hin zu einer sehr engen, abhängigen Bindung auf der anderen erstrecken kann. Die meisten therapeutischen Beziehungen bewegen sich jedoch eher in der Mitte. Manche KlientInnen schwanken zwischen Zuneigung und Liebe zu ihren jeweiligen TherapeutInnen, während andere ambivalent bleiben und Liebe-Haß-Polaritäten aufweisen. Ich möchte dabei gar nicht bestreiten, daß viele TherapeutInnen vorsätzlich oder unbeabsichtigt abhängige, romantische oder andere tiefe Bindungen zu ihren KlientInnen fördern. Da multimodale PraktikerInnen aber weitgehend aufgabenorientiert sind, treten sogenannte Übertragungsstörungen bei ihnen eher selten in einem solchen Maß auf, daß die therapeutische Beziehung beeinträchtigt werden würde. Die meisten meiner KlientInnen betrachten mich als einen kompetenten Fachmann, der die nötigen Mittel besitzt, um ihnen zu helfen, ihre negativen Emotionen, fehlangepaßten Verhaltensweisen, interpersonalen Defizite usw. loszuwerden. Sie mögen und akzeptieren mich und sie haben einen persönlichen Bezug zu mir, aber sie sind nicht in mich verliebt. Sie verlassen sich auf mich, aber sie sind deswegen nicht von mir abhängig.

Natürlich gibt es dabei auch Ausnahmen. Manche Menschen werden, aufgrund ihrer charakteristischen individuellen Bedürfnisse und Wahrnehmungen, die Realität zwangsläufig fehlinterpretieren, verzerren und überinterpretieren. Sie werden ausgeprägte Phantasien entwickeln und Szenen ausagieren, die ihren Ursprung in bewußten oder unbewußten Wünschen haben. Unter Umständen werden dabei Gefühle aus der Kindheit projiziert, wobei von den KlientInnen bestimmte Gefühle, die sich auf eine andere Bezugsperson, beispielsweise einen Elternteil oder ein anderes Familienmitglied beziehen, auf die TherapeutInnen übertragen werden. Dies stellt zwar eine Ausnahme und keinesfalls die Regel dar, wenn es jedoch vorkommt, dann muß man sich damit natürlich auch befassen. Eine Untersuchung dieser Aspekte kann sehr gut zu einem wichtigen Therapieschwerpunkt werden und entspricht in etwa einer Antwort auf die "Übertragungsneurose", die von PsychotherapeutInnen häufig angenommen wird. Während AnalytikerInnen jedoch bekunden, daß "die Übertragungsneurose, ihre schrittweise Entfaltung und schließlich ihre Beseitigung das zentrale Anliegen einer Analyse" sei (Freedman, Kaplan & Sadock, 1980), besteht das zentrale Anliegen multimodaler TherapeutInnen darin, möglichst viele der spezifischen Probleme, die quer durch das BASIC ID der jeweiligen KlientInnen auftreten, zu beseitigen.

In der multimodalen Therapie wird die therapeutische Beziehung nur dann untersucht oder diskutiert, wenn Grund zu der Annahme besteht, daß sie dem therapeutischen Prozeß im Wege steht. Warum sollte man auch Zeit damit verschwenden, die dyadischen Transaktionen zwischen KlientIn und TherapeutIn zu analysieren, wenn die Therapie ziemlich problemlos verläuft? Wenn sich jedoch kein Fortschritt einstellt oder dieser stockt, dann ist einer der Faktoren, die zur Diskussion stehen, auch die Frage, ob für die fehlenden Fortschritte irgendwelche Gefühle gegenüber TherapeutIn oder KlientIn verantwortlich zu machen sind. Manchmal kommt es dabei auch zu Mißverständnissen, die leicht korrigiert werden können, wenn man sowohl die direkte Kommunikation als auch die Metakommunikation in Betracht zieht. Nachfolgend beispielsweise ein Dialog, der gegen Ende der zweiten Sitzung mit einem 32jährigen Mann stattfand:

T: Meiner Meinung nach sieht es so aus, als ob Sie ziemlich hart mit sich selbst umgingen. Während Sie den Fehlern anderer gegenüber sehr tolerant zu sein scheinen, fordern Sie von sich selbst eine ganze Menge.

K: Ich bin eben ein Perfektionist.

T: Sie scheinen darauf sehr stolz zu sein.

K: Ja? Nun, ich nehme an, ich bin ziemlich stolz auf mich, wenn ich etwas wirklich gut mache...

T: Aha! Etwas gut zu machen, eine beachtliche oder sogar hervorragende Leistung anzustreben, das ist etwas anderes als der Versuch, perfekt zu sein. Ein Perfektionist zu sein, bedeutet, daß Sie die meiste Zeit frustriert sein werden, weil Sie ganz selten, wenn überhaupt, Ihren unangemessenen Ansprüchen gerecht werden können. Wissen Sie, ich möchte Ihnen dazu ein Buch von Albert Ellis empfehlen. Darin behandelt er ganz ausführlich das Thema, wie überzogene Ansprüche und das Streben nach Perfektion ein emotionales Gefühlschaos auslösen können...

K: (schaut aus dem Fenster) Ich bin froh, daß es aufgehört hat, zu regnen.

T: Ich auch. Ich werde Ihnen den Titel des Buches aufschreiben. (Ich merke, daß der Klient sich unbehaglich fühlt.) Was ist los? Ich habe das Gefühl, daß Sie ein bißchen - hm - sagen wir, nervös sind.

K: Hm, (Pause) ich weiß auch nicht. Ich bin eigentlich nicht nervös.

T: Irgend etwas scheint Sie aber zu beunruhigen.

K: Okay, also wenn Sie zu mir sagen, ich solle ein Buch lesen, dann habe ich das Gefühl - hm, ich meine, dann habe ich das Gefühl, daß Sie mich loswerden wollen... Ich meine, das kommt mir dann so vor, als ob Sie mir nahelegen, Sie nicht immer mit trivialen Details zu belästigen, und mir empfehlen ich solle statt dessen nach Hause gehen und etwas darüber lesen.

T: Ich bin sehr froh, daß Sie mir das erzählt haben. Ich hatte keine Ahnung, daß Sie das so sehen würden. Lassen Sie uns etwas mehr über Ihre Gefühle reden.

Daraufhin haben wir seine Erwartungen und Gefühle näher untersucht, wobei ich betont habe, wie wichtig "Bibliotherapie" als Teil eines psychoedukativen Trainings sein kann. Am Ende der Sitzung witzelte er: "Wenn ein Bild tausend Worte wert ist, wieviel Sitzungen ist denn dann ein gutes Buch wert?" Ich antwortete, "Oh, ungefähr ein Dutzend", und eine möglicherweise brisante Situation hatte sich verflüchtigt. Er hatte betont, wie wichtig es für ihn sei, von mir akzeptiert zu werden, und ich hatte in ihm dafür Verständnis geweckt, daß Hausaufgaben (besonders das Lesen von empfohlenen Büchern und anderen Materialien) kein Zeichen für fehlendes Interesse meinerseits darstellten. Inzwischen lege ich besonderen Wert darauf, jedesmal, wenn ich spezielle Empfehlungen mache, auch die Gefühle und Wahrnehmungen meiner KlientInnen diesbezüglich zu erkunden. Anstatt einfach zu sagen: "Hier, nehmen Sie diese Kassette für eine Woche mit nach Hause, hören Sie sie zweimal täglich an und sagen Sie mir dann, ob es gegen Ihre Nervosität geholfen hat", füge ich jetzt noch hinzu: "Was halten Sie von diesem Vorschlag?" Wenn ich dabei ein Zögern oder eine weniger positive Wirkung bemerke, dann untersuche ich die Reaktion des Klienten oder der Klientin genauer, um festzustellen, ob etwa bestimmte Erwartungen nicht erfüllt worden sind.

Zusätzlich zu Mißverständnissen, welche durch die Verfahrensweise verursacht wurden und unter Umständen auch der therapeutischen Beziehung schaden, gibt es auch noch andere subtile affektive Blockaden, die so zentral sein können, daß sie den Fortschritt behindern. So begleitete ich beispielsweise eine 35jährige Frau, die wegen einer Agoraphobie bei mir in Behandlung war, auf mehreren in-vivo-Ausflügen - bei längeren Spaziergängen, auf Autofahrten im Berufsverkehr, beim Warten in einer Schlange im Supermarkt. Danach vereinbarte ich mit einigen semiprofessionellen HelferInnen, ihr bei diesen Aufgaben behilflich zu sein, während ich in unseren Sitzungen ihre irrationalen Überzeugungen und ihre mangelnde Durchsetzungsfähigkeit im Umgang mit bestimmten Menschen ausging. Obwohl sie vorher kontinuierliche Fortschritte gemacht hatte, begann sie, sich ängstlicher zu fühlen und sich zu beklagen, daß sie "sehr empfindlich" geworden sei und Schwierigkeiten hätte, einzuschlafen. Meine semi-professionellen HelferInnen fanden sie unkooperativ. Was konnte der Grund für diese negative Entwicklung sein? Eine einleuchtende Annahme war hierbei, daß sie sich von mir zurückgewiesen fühlen könnte, da ich sie nicht länger auf ihren "Alltagsausflügen" begleitete. Es schien notwendig, ihre Einstellungen und Gefühle mir gegenüber als mögliche Ursache dieser Behandlungssackgasse bzw. ihres Rückschritts zu untersuchen.

Ich eröffnete das Gespräch also mit der Bemerkung: "Ich habe das Gefühl, daß Sie wütend auf mich sind, aber daß Sie es unterdrücken, anstatt es mir zu sagen". Nachdem sie dies anfänglich abgestritten und versucht hatte, dem Thema auszuweichen, zählte sie eine Anzahl von Faktoren auf, die einen negativen Einfluß auf die Therapie hatten. Die Tatsache, daß ich aufgehört hatte, sie auf "Ausflügen", wie sie es bezeichnete, zu begleiten, veranlaßte sie zu der Mutmaßung, daß ich das Interesse an ihrem Fall verloren hätte. Als wir über die damit verbundenen Gefühle diskutierten, wurde schnell klar, daß sie nicht zu den Klientinnen gehörte, die mich nur als Fachmann wahrnahmen. Sie hatte umfangreiche sexuelle Phantasien entwickelt und neigte von Zeit zu Zeit dazu, mir Eigenschaften zuzuschreiben, die eigentlich ihrem Vater, ihrem Mann oder ihrem ältesten Bruder gebührten. In ihrem Fall liefen danach meine therapeutischen Hauptbemühungen ziemlich traditionell auf das "Bewußtmachen von Affekten" hinaus, während meine HelferInnen ihre in-vivo-Ausflüge mit einer nunmehr hochmotivierten Versuchsperson fortsetzten.

Manche TherapeutInnen gehen von falschen Voraussetzungen aus, indem sie immer, wenn keine positiven Ergebnisse erzielt werden, den "Widerstand" der KlientInnen für den Mißerfolg verantwortlich machen. Anstatt jegliches gegenläufige Verhalten einfach als "Widerstand" abzustempeln, wäre es viel aufschlußreicher, wenn KlinikerInnen versuchten, die spezifischen Umstände und aufrechterhaltenden Faktoren aufzuspüren, die in bestimmten Kontexten zu diesem Verhalten führen. So kann z.B. ein Klient die Bemühungen eines Therapeuten aufgrund von Ärger, mangelndem Respekt oder Mißtrauen zunichte machen, während bei einer anderen Klientin der aufrichtige Wunsch nach Hilfe von "emotionalen SaboteurInnen" im sozialen Umfeld der Klientin unterminiert worden sein kann. Im letzteren Fall könnte ein System- oder Familientherapieansatz erforderlich werden, während ich in den Fällen von Inkompatibilität zwischen KlientIn und TherapeutIn die Überweisung an KollegInnen, deren Methodik und Persönlichkeit den Bedürfnissen und Erwartungen des Klienten bzw. der Klientin eher entsprechen dürften, empfehle. (Auf diesen Punkt werde ich später in diesem Kapitel noch näher eingehen.)

KlientInnen im Seminar

Die Art und Weise, in der psychoanalytisch orientierte KlinikerInnen dazu neigen, die Bedeutung des Therapeuten oder der Therapeutin in der dyadischen Behandlungsbeziehung überzubewerten, wurde in einem meiner Seminare anschaulich vor Augen geführt.

Ich arbeitete mit einer Klientin vor einer Gruppe von ungefähr fünfzehn fortgeschrittenen DoktorandInnen. Sie beobachteten mich zunächst beim Abhalten einer

50minütigen Therapiesitzung und waren nach Ablauf der Stunde dazu eingeladen, mir oder der Klientin Fragen zu stellen, ihre Meinungen und Vorschläge zu unterbreiten und andere Kommentare zum Therapieprozeß oder der Verfahrensweise vorzubringen. Einer meiner psychoanalytisch orientierten Kollegen war bei einigen dieser Sitzungen ebenfalls als Beobachter zugegen und machte nach einer dieser Sitzungen einige äußerst zutreffende Feststellungen. Zunächst bemerkte er, daß die Klientin sich mit dem Rücken zum Großteil der Klasse gesetzt hatte, so daß sie mich direkt ansah, während sie die meisten der StudentInnen effektiv ausblendete. Zweitens schien sie während der gesamten Sitzung ungewöhnlich nervös und unruhig zu sein. Schließlich beobachtete mein Kollege noch, daß sie ihre wichtigen Gefühle vor mir und der Klasse zurückzuhalten schien, da sie sich wahrscheinlich unsicher fühlte und zu verlegen war, um sie zu offenbaren.

Ich gab meinem Kollegen in all seinen Beobachtungen recht. Während der Sitzung hatte ich der Klientin gegenüber bereits geäußert, daß sie sich unbehaglicher als sonst zu fühlen schien und ihr mitgeteilt, daß ich mich dadurch "ausgeschlossen" fühlte. Die StudentInnen, mein analytischer Kollege und ich diskutierten daraufhin einige mögliche Gründe für ihr Verhalten, wobei eine deutliche Aufspaltung in zwei Gruppen erfolgte. Diejenigen mit analytischer Prägung stellten die Hypothese auf, daß das Verhalten der Klientin in der Sitzung unmittelbar mit ihren Empfindungen für mich und ihrer Wahrnehmung von mir zusammenhingen. Sie argumentierten, daß sie auf mich 1) als Vaterfigur und 2) als Sexualobjekt reagierte, und daß es sich bei diesen widersprüchlichen Gefühlen und Wahrnehmungen um eine Neuinszenierung ihrer Vergangenheit handelte. Aus der Lebensgeschichte der Klientin ging hervor, daß sie als Kind dazu geneigt hatte, sich von ihrer Mutter zurückzuziehen und sie abzulehnen und sie sich zu ihrem Vater hingezogen fühlte. Nach Ansicht meines analytischen Kollegen symbolisierten die SitzungsteilnehmerInnen nun ihre Mutter, die sie ausschloß, um mir (ihrem symbolischen Vater) näher zu sein. Die Klientin weigerte sich jedoch, ihre sexuellen Gefühle für mich vor der Gruppe (ihrer symbolischen Mutter) zuzugeben und verschanzte sich daher für den Großteil der Sitzung hinter Belanglosigkeiten, während sie immer nervöser und unruhiger wurde.

Einige der aufgeweckteren und phantasievolleren StudentInnen begannen daraufhin, tiefgründige dynamische Interpretationen anzubieten, woraufhin ich die Diskussion beendete und sie aufforderte, handfeste Beweise für eine ihrer Hypothesen zu erbringen. Meine Frage lautete: "Welche vorliegenden Daten aus irgendeiner der Sitzungen deuten darauf hin, daß die Klientin auch nur im entferntesten sexuell an mir interessiert ist?" Niemand konnte mir dafür Fakten oder irgendwelche Beweise liefern, statt dessen wurde ich der Naivität beschuldigt.

Noch am selben Abend rief mich die Klientin zu Hause an. Sie eröffnete das Gespräch mit der Bemerkung, daß sie sich während fast der gesamten Sitzung nervös und angespannt gefühlt habe, woraufhin ich ihr mitteilte, daß ich ihr Unbehagen bemerkt hatte. Sie fragte mich, ob ich auch bemerkt hätte, daß sie den meisten StudentInnen den Rücken zugedreht und es vermieden habe, die Klasse anzuschauen, worauf ich erwiderte, daß dies allgemein aufgefallen sei. Sie erzählte mir dann, daß sie starke Gefühle gehabt habe, über die sie gern gesprochen hätte und kam nach einer Pause darauf zu sprechen, daß diese Gefühle etwas mit sexuellen Wünschen zu tun hätten. Es sei ihr allerdings zu peinlich gewesen, dies vor all den StudentInnen zur Sprache zu bringen. An diesem Punkt konnte ich mir geradezu lebhaft das selbstgefällige Mienenspiel auf den Gesichtern meiner KollegInnen vorstellen, wenn sie diesem Gespräch beigewohnt hätten.

Die Klientin berichtete mir daraufhin, wie ihr in den letzten Sitzungen mehr und mehr einer meiner jungen, gutaussehenden Studenten aufgefallen sei, den sie als "den Typ von Mann, auf den ich wirklich stehe" beschrieb. Sie hatte festgestellt, daß sie sich von ihm immer mehr sexuell angezogen fühlte und ausgedehnte Phantasien über ihn entwickelte. "Ich komme mir so dumm vor", sagte sie zu mir, "wie ein Schulmädchen, das in jemanden verknallt ist." Wenn sie ihn im Blickfeld hatte, dann gelang es ihr nicht mehr, sich auf ihre Therapie zu konzentrieren, weshalb sie sich auch entschloß, mit dem Rücken zu ihm zu sitzen, um besser der Sitzung folgen zu können.

Wie dieses Problem schließlich gelöst wurde, soll hier nicht zur Debatte stehen. Wichtig dabei ist nur, daß viele TherapeutInnen zwar äußerst scharfblickend sind und oft klare und zutreffende Beobachtungen in bezug auf menschliches Verhalten machen, dann jedoch häufig dazu neigen, diese in ein Prokrustesbett starrer Interpretationen zu zwängen, um diese phänomenologischen Ergebnisse einordnen zu können, wodurch die tatsächliche Situation dann oftmals verzerrt wird. In diesem Fall hatte mein Kollege zwar die Signale richtig erkannt, die dahinterliegende Absicht jedoch falsch interpretiert. Er war auch großzügig genug, dies zuzugeben, allerdings nicht ohne mich darauf hinzuweisen, daß dogmatischere VertreterInnen seiner Richtung auch noch Mechanismen wie Verdrängung, Projektion und Verleugnung ins Spiel bringen würden, um ihre Position zu untermauern.

Sympathie versus Anerkennung

Eine weitere wichtige Frage im Hinblick auf die therapeutische Beziehung könnte lauten: Ist es notwendig, daß KlientInnen ihre jeweiligen TherapeutInnen mögen oder sie sympathisch finden, um von einer Therapie profitieren zu können? Anfang der 60er Jahre bin ich von ungefähr zwanzig Menschen aufgesucht worden, die vorher bei einem der meines Wissens nach ineffektivsten Therapeuten in Behandlung gewesen waren. Als ich diesen Menschen bei ihren Berichten zuhörte, die von einem enormen Mangel an klinischem Verständnis und der vollständigen Abwesenheit von therapeutischem Scharfblick bei dem Kollegen zeugten, erstaunte mich die Tatsache, daß er trotzallem ein staatlich zugelassener Praktiker war. Außerdem erzählten mir alle seiner früheren KlientInnen, wie sympathisch sie ihn gefunden hätten und was er für ein herzlicher und wunderbarer Mensch sei. Von Männern wie von Frauen wurden seine Freundlichkeit und menschliche Integrität zwar durchgängig gelobt, aber angesichts der vielen erfolglosen Behandlungen war das ganz offensichtlich für einen Erfolg der Therapie nicht genug. Wenn also solche positiven Gefühle schon nicht hinreichend sind, um bei einer ganzen Reihe von Individuen wirkliche Veränderungen zu bewirken, sind sie dann zumindest notwendig? Die meisten TherapeutInnen würden diese Frage wohl bejahen, ich möchte jedoch dagegen die Behauptung aufstellen, daß eine Conditio sine qua non einer erfolgreichen Therapie eher die *Anerkennung* der jeweiligen TherapeutInnen durch die KlientInnen ist und Sympathie seitens der KlientInnen dabei nicht unbedingt ausschlaggebend sein muß. Lassen Sie mich zur Verdeutlichung von einem Fall berichten, in dem die Beziehung von einem gegenseitigen Mangel an geistiger Verwandtschaft gekennzeichnet war, welcher den therapeutischen Fortschritt jedoch nicht im geringsten behinderte.

In diesem Fall wurde ich von einem Professor konsultiert, der auf seinem Gebiet internationale Anerkennung genoß. Er war eine beeindruckende Erscheinung, ungefähr fünf oder sechs Jahre älter als ich, und seine Stimme, sein Gebaren und seine Haltung entsprachen durchaus meiner Klischeevorstellung einer "wissenschaftlichen Koryphäe". Er berichtete mir, daß er und seine Frau Eheprobleme hätten und daß er eine Reihe von Therapeuten in der Gegend in Betracht gezogen und im Hinblick auf ihre Eignung befragt habe. Des weiteren informierte er mich, daß seine Suche bisher erfolglos verlaufen sei, weil keiner der Therapeuten seinen Ansprüchen genügen konnte. Er habe sie alle für unzulänglich befunden. Auf meine Frage: "Was hat ihnen denn gefehlt?", antwortete er: "Intellektuelle Wattleistung".

Ich ertappte mich selbst bei dem Versuch, ihm während des Interviews den Eindruck zu vermitteln, daß ich über genügend intellektuelle Wattleistung verfügte. Ich warf mit vielsilbigen Fremdwörtern nur so um mich herum und bemühte mich auch, auf seine Fragen zu meinem theoretischen Standpunkt und akademischen Hintergrund eine erstklassige Vorstellung zu bieten, fast wie ein Doktorand während seiner Dissertationsprüfung oder ein Bewerber, der sich in einem Vorstellungsgespräch für eine Schlüsselposition befindet. (Ich hielt mich mit jeglicher Interpretation seines illustren und einschüchternden Stils zurück, teilweise aus Respekt vor diesem Mann und teilweise, weil mir klar wurde, daß dies die Entwicklung einer Arbeitsbeziehung eingeschränkt hätte.) Ich muß das Examen bestanden haben, da er einen Termin ausmachte, bei dem er seine Frau mitbringen würde.

Bei seiner Frau handelte es sich ebenfalls um eine auf ihrem Gebiet anerkannte Kapazität, eine Rechtsanwältin, die darüber hinaus noch in der Lokalpolitik und der Regierung aktiv war. Sie war eine ausgesprochen ehrgeizige Person, die stets darauf bestand, daß sie es genauso weit hätte bringen können wie ihr Mann, wenn sie sich nicht entschieden hätte, sich jahrelang der Erziehung ihrer Kinder zu widmen. Sie beklagte sich häufig, daß ihr Mann immer auf andere Menschen herabblicke und oft abschätzige Bemerkungen über sie selbst, ihre Bekannten, ihre Arbeit und generell über ihre Intelligenz mache. Ihr Mann dagegen stritt dies alles ab und führte an, daß er sich mit diesen abschätzigen Bemerkungen nur für ihren Sex- und Liebesentzug rächte. Es stellte sich schnell heraus, daß sie beide passiv-aggressive Taktiken anwandten und daß beide über brillante intellektuelle Fähigkeiten zur Aufstockung ihres Waffenarsenals verfügten.

Anfangs versuchte ich, mit spezifischen Vorschlägen zum Aufbau einer harmonischen zwischenmenschlichen Beziehung zu vermitteln, aber dabei geriet ich nur ins Schußfeld ihrer schweren Artillerie und zog mich schnell auf die sicheren Seitenlinien Rogerianischer Reflexion zurück. Von Zeit zu Zeit legte ich allerdings meinen Schild des reflektierenden Echos auch nieder und riskierte eine Meinungsäußerung oder den Vorschlag eines alternativen Interaktionsmodus. Auf einer der

Sitzungen fingen die beiden an, sich gegenseitig anzuschreien, was ich mit ihrer Erlaubnis auf Tonband aufzeichnete. Nach Abhören des Bandes konnte ich signifikante Irrtümer und irrationale Überzeugungen in einigen ihrer Transaktionen erkennen, woraufhin ich ihnen ein Brief schrieb, der einen Überblick und eine Analyse dieser Prozesse, sowie spezifische Schritte für konstruktive Veränderungen enthielt. Ein paar Tage später fand ich eine Fotokopie dieses Briefes in meinem eigenen Briefkasten vor, die in der rechten oberen Ecke mit einer 3-4 in roter Tinte und der Notiz "Zu ihrer Information" in der Handschrift des Professors versehen war. Ich tobte! Normalerweise hätte mich diese Art von Taktik eher amüsiert, aber da sie von ihm kam, von meinem Prototyp des Professors, fühlte ich mich aufgrund meiner eigenen Unsicherheit angegriffen. Später an diesem Tag hatten beide dann einen Termin bei mir.

Zunächst beschloß ich, seine Gefühle so offen und nicht-defensiv wie möglich zu ergründen, bemerkte dabei aber ziemlich rasch, wie ich ärgerlich wurde und mir Bemerkungen entschlüpften wie: "Es überrascht mich, daß jemand mit Ihren intellektuellen Fähigkeiten ein solch enormes Defizit in seinem Verständnis aufweisen kann" und "Ich frage mich, wie viele Ihrer weniger angesehenen Kollegen es in einer vergleichbaren Situation nicht geschafft hätten, die subtile Bedeutung hinter meinen spezifischen Empfehlungen zu erkennen". Wir wurden beide immer wütender, unsere Stimmen wurden lauter und seine Frau bat immer wieder: "Hört auf! Hört bitte damit auf, alle beide!" Mir wurde klar, daß ich die Kontrolle verloren hatte, und, in dem Versuch, mein Gesicht zu wahren, wandte ich mich an sie und fragte: "Würden Sie sagen, daß die Interaktionen zwischen mir und Ihrem Mann in irgendeiner Weise die Kämpfe widerspiegeln, die Sie zu Hause austragen?" Seine Frau bestätigte, daß eine gewisse Ähnlichkeit nicht zu leugnen war, worauf ich sie fragte: "Haben Sie bemerkt, wie die Sache bloß deshalb eskalierte, weil ich meinem Ärger freien Lauf ließ?". Sie nickte und beschrieb dann einen Wortwechsel zwischen ihnen, der vor kurzem stattgefunden hatte und der dem, was eben im Konsultationszimmer passiert war, in etwa entsprach. Ich schaffte es damit also, mir unsere aggressive Begegnung zunutze zu machen, und der Rest der Sitzung wurde der Betonung der positiven Aspekte von Selbstbehauptung gegenüber dem destruktiven Effekt von Aggressionen gewidmet.

Daraufhin gab es im Verlaufe der Therapie in und außerhalb der Sitzungen keine weiteren Schreiwettbewerbe mehr, und das Paar schien von meinen Diensten in den folgenden Monaten zu profitieren. Sie suchen mich jetzt noch in Abständen wieder auf, wenn bei Ihnen bestimmte Schwierigkeiten auftauchen. Was ich an diesem Beispiel zeigen möchte ist folgendes: Mir ist dieses Paar nicht sonderlich sympathisch - weder einzeln noch als Paar - *und ich bin ihnen auch nicht sympathisch*. Ich halte den Mann für aufgeblasen, arrogant, intolerant und ziemlich hochtrabend, mit einer paranoiden Note in seinen interpersonalen Beziehungen. Aber er hat gelernt, mit seinem Ärger umzugehen und seiner Frau gegenüber Zuneigung offen auszudrücken. Seine Frau dagegen ist meiner Meinung nach überheblich, ein intellektueller Snob und nicht weniger mißbilligend als ihr Mann, wobei sie einen Großteil ihrer Unsicherheit hinter einer Fassade von vornehmer Verachtung versteckt. (Meiner Ansicht nach wäre das Herumbasteln an solchen Persönlichkeitsmerkmalen schlimmer als das Spielen mit Plutonium!) Aber sie neigt nicht länger dazu, Sex als Waffe zu gebrauchen und greift im Umgang mit ihrem Mann kaum mehr auf passiv-aggressive Taktiken zurück.

Die Abneigung des Paares mir gegenüber wurde von einem ihrer Söhne bestätigt, der mich wegen bestimmter Zweifel im Hinblick auf seine Berufswahl aufsuchte. Seiner Ansicht nach hatte ich bei seinen Eltern "Wunder vollbracht". Als sie ihrem Sohn rieten, mich aufzusuchen, hatten sie ihm gesagt, daß ich zwar persönlich nicht auf ihrer Linie läge, aber dennoch fachlich kompetent sei. Beide respektieren mich also, aber mochten mich nicht besonders. Ich habe das hier vor allem deshalb so ausführlich dargestellt, weil ich die weitverbreitete Überzeugung, daß es eine notwendige Bedingung für eine effektive Therapie darstelle, den KlientInnen sympathisch zu erscheinen, für kontraproduktiv halte. TherapeutInnen, die versuchen, die *Sympathie* ihrer KlientInnen zu erlangen, werden sich anders verhalten als solche, die von ihnen nicht mehr als die *Anerkennung* ihrer Fähigkeiten haben wollen. Während es natürlich am besten ist, für die KlientInnen sowohl sympathisch zu sein als auch von ihnen anerkannt zu werden, möchte ich dennoch betonen, daß, falls eine Wahl zwischen beiden getroffen werden müßte, die Anerkennung der Sympathie vorzuziehen ist.

Erwartungen und Kompatibilität

Viele KlinikerInnen vertreten die Auffassung, daß Menschen, die eine Therapie beginnen, dies mit bestimmten impliziten (bzw. unter Umständen auch expliziten) Erwartungen tun, und daß der Erfolg einer Therapie oft mit diesen Erwartungen in Zusammenhang steht. Wenn beispielsweise die Persönlichkeit und die Herangehensweise eines Therapeuten stark von der Vorstellung, die eine Klientin von einer effektiven Fachkraft hat, abweicht, dann werden sich die beiden wahrscheinlich bald in einer therapeutischen Sackgasse befinden. Dies sollte sich jedoch keinesfalls in einem passiven und unausweichlichen Prozeß abspielen, es gibt hierbei auch die Möglichkeit, daß TherapeutInnen die Erwartungen von KlientInnen modifizieren. Beispielsweise erwarten viele KlientInnen, daß TherapeutInnen sie "kurieren" sollten und sind ihrerseits nicht darauf vorbereitet, ebenfalls einen Teil der Verantwortung für den Therapieverlauf und dessen Ergebnis zu übernehmen. In solchen Fällen können besondere therapeutische Fähigkeiten und Kunstgriffe notwendig werden, um die aktive Kooperation des Klienten oder der Klientin zu gewährleisten. Im Zusammenhang damit können beispielsweise Rollenerwartungen neu erarbeitet werden, indem man mit den KlientInnen "Gespräche zur Rolleninduktion" oder "zur antizipierenden Sozialisation" führt (Orne & Wender, 1968). Dabei wird den KlientInnen hauptsächlich vermittelt, was sie von einer Therapie erwarten können und welche Verhaltensweisen ihrerseits dabei den meisten Erfolg versprechen. Goldstein (1971, 1975) hat zu diesem Thema einige ausgesprochen bedeutsame Studien über therapeutische Affinität und Methoden zur Beziehungsverbesserung durchgeführt.

Goldstein (1975) bemerkt dabei unter anderem auch, daß "durch die Forschung überzeugend bewiesen werden konnte, daß die Anziehungskraft eines anderen Menschen desto größer wird, je stärker die strukturelle Symmetrie ist". In der multimodalen Fachsprache hängen die besten Behandlungsergebnisse oft davon ab, ob eine angemessene Übereinstimmung zwischen dem BASIC ID der KlientInnen und dem der TherapeutInnen besteht.[1] Um dafür ein praktisches Beispiel anzuführen: TherapeutInnen, die sich hauptsächlich auf der Basis kognitiver und behavioristischer Muster bewegen (Kopfmenschen und Tatmenschen), werden mit KlientInnen, die sich eher in den affektiven und imaginativen Modalitäten bewegen (Phantasiemenschen) wahrscheinlich kommunikative Schwierigkeiten haben. Andere augenscheinliche Beispiele dafür wären etwa, wenn KlientIn und TherapeutIn aus verschiedenen Kulturen stammen, unterschiedliche politische, religiöse oder andere grundsätzliche Überzeugungen vertreten, oder wenn, aus welchem Grund auch immer, eine Antipathie besteht. Wenn ein ungünstiges Zusammentreffen solcher Faktoren sich darin niederschlagen sollte, daß der Aufbau einer tragfähigen Beziehung nicht möglich ist, dann ist es oft ratsamer, eine Überweisung an eine geeignetere Stelle zu veranlassen, anstatt darauf zu bestehen, daß die Schwierigkeiten zwischen KlientIn und TherapeutIn innerhalb einer therapeutischen Beziehung "durchgearbeitet" werden sollen oder können.

Im folgenden möchte ich für das Fehlen einer solchen Arbeitsbeziehung ein einleuchtendes Beispiel anführen. Vor einigen Jahren wurde ich von einer wohlhabenden Witwe aufgesucht. Schon in den ersten zehn Minuten des Erstgesprächs bemerkte ich, daß ich zunehmend verstimmter wurde, und während ich den persönlichen Schwierigkeiten und Problemen der Klientin zuhörte, ihr gegenüber Abneigung, Opposition und sogar Feindseligkeit verspürte. Diese "negative Gegenübertragung" beunruhigte mich: Warum rief diese Frau in mir solche negativen Gefühle hervor? Es war sonst eigentlich gar nicht meine Art, so zu reagieren, besonders bei einem Menschen in einer offensichtlichen Notlage. Was ging in dieser Situation in mir vor? Welche Bilder rief sie in mir wach? Warum war meine, sonst für mich charakteristische, mitfühlende und fürsorgliche Ader auf einmal blockiert? Was war denn nur mit mir los? Plötzlich dämmerte es mir: Sie erinnerte mich an einen Kollegen, den ich aus gutem Grund nicht mochte! Bei näherer Betrachtung fiel mir sogar eine körperliche Ähnlichkeit auf, sowie ihr Tonfall, eine gewisse Manieriertheit und auch andere Merkmale, in denen sie ihm ähnelte. Nachdem mir nun klargeworden war, daß ich die beiden Personen miteinander in Zusammenhang gebracht und des Kollegen Eigenschaften auf sie projiziert hatte, konnte ich nun diese Verknüpfung auflösen und die Klientin als eigenständiges Individuum behandeln? Die Antwort darauf muß leider Nein lauten. Während ich ihr zuhörte, gingen mir immer noch alle Schwierigkeiten im Kopf herum, die ich mit jenem Kollegen auszustehen hatte. Infolgedessen faßte ich einen sowohl ethisch als auch fachlich ratsamen Beschluß: Ich überwies sie an eben diesen Kollegen. (Am Ende der Sitzung erklärte ich ihr: "Ich bin für die Behandlung ihres Problems wahrscheinlich längst nicht so geeignet wie ein bestimmter Kollege von mir, daher würde ich Ihnen eindringlich empfehlen, lieber ihn aufzusuchen".) Offensichtlich paßten die

---

1 Falls es sich nicht von selbst verstehen sollte, lassen Sie mich hier noch anfügen, daß bei der Förderung von Wachstum auch Unterschiede eine wichtige Rolle spielen können. Es ist daher schon beim Erstgespräch erforderlich, grundsätzliche Übereinstimmungen festzustellen; das Behandlungsergebnis jedoch ist im gleichen Maße ein Produkt aus sich kreativ auswirkenden Unterschieden wie aus notwendigen Übereinstimmungen.

beiden hervorragend zusammen. Da der Kollege meine negativen Gefühle ihm gegenüber kannte, war er wohl überrascht, daß ich eine wohlhabende Klientin an ihn verwiesen hatte und rief mich an, um sich dafür zu bedanken, daß ich ihn einer solch "reizenden Dame" empfohlen hatte. Später sprach auch sie mir noch ihren Dank dafür aus, daß ich sie an diesen "wundervollen und charmanten Doktor" überwiesen hätte, der außerordentlich hilfreich gewesen sei. Ich bezweifle, daß ich gleichermaßen erfolgreich gewesen wäre, wenn ich versucht hätte, sie selbst zu therapieren.

Darüber hinaus gibt es selbstverständlich auch noch andere, vielleicht weniger subjektive Gründe, KlientInnen an KollegInnen zu verweisen. Als ich vor kurzem mit einem jungen Mann arbeitete, spürte ich, daß wir uns auf eine therapeutische Sackgasse zubewegten und überwies ihn an einen jungen Therapeuten aus der Gegend. Wie ich vermutet hatte, gab der Klient an, daß er Schwierigkeiten mit mir gehabt hatte, weil ich ihn so sehr an seinen Vater erinnerte. "Bei welchen Dingen hättest Du denn Schwierigkeiten, mit Dr. Lazarus oder Deinem Vater darüber zu reden?" fragte mein junger Kollege. "Nun, vor allem könnte ich mich nicht überwinden, ihnen gegenüber meine homosexuellen Gefühle zuzugeben oder mit einem von ihnen über Drogen zu reden", war die Antwort. In anderen Fällen kann es offensichtlich sein, daß eine Therapeutin wahrscheinlich erfolgreicher sein wird als ein Therapeut, daß jemand Älteres oder Jüngeres mehr erreichen wird, eine spanischsprechende Person vonnöten ist, oder jemand mit einem südländischen Akzent gerade richtig wäre, usw.

Die Berücksichtigung von Besonderheiten

Manchmal kann es auch erforderlich sein, sich über alle vorhergehenden Überlegungen hinwegzusetzen, um differenziertere und detailliertere Einsichten zu berücksichtigen. Eine Frau, die ich vor vielen Jahren einmal behandelt habe, beklagte sich über "Angstzustände", unter denen sie chronisch und hartnäckig seit über vierzehn Jahren gelitten hatte. Abgesehen von Psychiatern und anderen Ärzten war sie von einem staatlich nicht anerkannten Analytiker, einem Hypnotherapeuten und mehreren PsychologInnen behandelt worden. Als sie mich damals aufsuchte, praktizierte ich noch eine relativ orthodoxe "Verhaltenstherapie". Infolgedessen wurden von mir bei ihr eine Reihe von Strategien gegen die Angstzustände angewendet: Entspannungstraining, Desensibilisierung, Selbstbehauptungstraining, Gedankenstops und Reizüberflutung - allerdings ohne jeglichen Erfolg. Darüber hinaus veranlaßte ich, daß sie Kohlendioxydinhalationen erhielt und versuchte, mit der Hilfe eines Anästhesisten bei ihr kathartische Abreaktionen unter dem Einfluß von sodium pentathol ("Wahrheitsserum") hervorzurufen. Ihre Angstzustände ließen nicht nach. In der Folge erfuhr ich, daß sie unter anderem auch einen "naturheilkundlichen Praktiker" konsultiert hatte, der ihre Wirbelsäule geröntgt und ihren Dickdarm untersucht hatte. Er kam zu dem Schluß, daß ihre Probleme auf zwei spezifische körperliche Ursachen zurückzuführen seien. Die eine Ursache diagnostizierte er als Druck der Wirbelsäule auf ein Nervenende, die zweite als Intoxikation ihres gesamten Körpers durch Gifte im Mastdarm. Die empfohlene Therapie bestand aus einer Wirbelsäulenbehandlung in Kombination mit Darmspülungen. Die Klientin unterzog sich daraufhin über eine Zeitspanne von sechs Wochen zweimal wöchentlich dieser Behandlung und ihre Leiden wurden dadurch erheblich gelindert. Um die Behandlungsergebnisse aufrechtzuerhalten, bekam sie immer noch zweimal pro Jahr eine Wirbelsäulenbehandlung und eine Darmspülung.

Wie läßt sich so etwas nun erklären? Ich habe mir von kompetenten ÄrztInnen versichern lassen, daß es keinerlei physiologischen Zusammenhang zwischen Wirbelsäulenbehandlungen, Klistieren und "Angstzuständen" gibt. Eine einleuchtende Hypothese könnte lauten, daß die Klientin auf ein Placebo reagiert hat, das bei ihr klinisch relevante Vorstellungen, Kognitionen und affektive Prozesse auslöste und somit auch Hoffnung auf Hilfe, Aussicht auf Erleichterung und Vertrauen auf ein positives Ergebnis erweckte. Es könnte sich dabei aber auch um eine sogenannte Spontanremission handeln. Befand sich die Klientin in einer Phase ihres Lebens, in der sie "ihre Symptome aufgeben" konnte? Und wenn dies so war, hätte jede andere Therapie dann ähnliche Ergebnisse gezeigt? Ich bin davon überzeugt, daß der "Heilpraktiker" und seine Behandlungsmethoden zu den Erwartungen der Klientin, ihren persönlichen Konstrukten und der individuellen Wahrnehmung ihrer Krankheit sowie deren Behandlung paßten. Zunächst hatte sie anerkannte Ärzte konsultiert und sich unzähligen Tests unterzogen - Blutbilder, endokrinologische und neurologische Untersuchungen, sowie sonstigen medizinischen Verfahren und war als gesund erklärt worden. Ein Arzt verschrieb ihr Beruhigungsmittel, ein anderer empfahl ihr mehrere gute PsychiaterInnen aus der Gegend. Ihr wurden weitere Beruhigungsmittel verschrieben und, wie sie sich selbst diesbezüglich ausdrückte: "Ich habe dabei auch einige interessante Dinge über mich gelernt, aber es half nichts gegen meine Angstzustände". Hätte ein scharfsinniger Diagnostiker wohl jemals zu dem Schluß kommen können: "Diese Frau wird weder auf Psychoanalyse ansprechen, noch auf Medikamente oder Hypnose oder Verhaltenstherapie. Sie braucht jemanden, der ihre Wirbelsäule behandelt und ihr einen Schlauch in den After einführt, um ihren Darm auszuspülen."? Während es äußerst unwahrscheinlich ist, daß irgend jemand genau diese Diagnose stellte, könnte ich bzw. andere multimodale TherapeutInnen nach der Durchführung einer BASIC ID-Untersuchung dennoch zu dem Schluß kommen, daß ein medizinisches oder pseudophysiologisches Verfahren in diesem Fall erfolgreicher sein könnte als jegliche Form einer Psychotherapie? Das könnte tatsächlich der Fall sein, vorausgesetzt, daß der Therapeut bzw. die Therapeutin in der Lage wäre, gut zuzuhören und ein assoziatives Netzwerk aus den wiederkehrenden Anhaltspunkten, die in den Erwartungen der Klientin zu finden waren, auszuarbeiten.

In einem anderen Beispiel wurde ein 22jähriger Mann von seinem Hausarzt an mich überwiesen. Der junge Mann war drogenabhängig gewesen, hatte die Universität abgebrochen und seine wohlhabenden Eltern waren angesichts dieses Verhaltens ihres einzigen Kindes völlig verzweifelt. Anfangs schien es hauptsächlich ein "System-" oder Familienproblem zu sein, obwohl das BASIC ID-Profil des Klienten auch mehrere persönliche Konflikt- und Angstzonen aufwies. Sein Fragebogen zur Lebensgeschichte (siehe Anhang 1) wies dagegen auf ganz andere Konfliktbereiche hin. Er beschrieb seine Hauptprobleme als "Bedürfnis nach spiritueller Erkenntnis", betonte auf der anderen Seite jedoch seine "Abneigung gegenüber orthodoxen Religionen". Er war auf der Suche nach einem "Gefühl der Zugehörigkeit" und äußerte den Wunsch nach "Gruppenmitgliedschaft". Während wir diese Themen in den nächsten Sitzungen weiter verfolgten, schien es, als ob seine Flucht in die Drogen ein erfolgloser Versuch gewesen wäre, "sich selbst zu finden". Er hatte gehofft, daß Halluzinogene sein Bewußtsein und seine Selbsterkenntnis erweitern würden und stellte sich vor, daß er durch das Erreichen eines veränderten Bewußtseinszustandes auf eine andere höhere Ebene käme, die sich als geistig erhellend erweisen könnte. Während ich ihm zuhörte wurde mir mehr und mehr klar, daß dieser junge Mann nicht daran interessiert war, soziale Fertigkeiten zu erwerben, seine irrationalen Überzeugungen anzugehen oder gar seine Lernmethoden zu verbessern. Ein Poster von Fritz Perls hatte ihn davon überzeugt, er sei "nicht auf dieser Welt, um Erwartungen von irgend jemandem zu erfüllen", weshalb er auch den Gedanken einer Familientherapie ablehnte und hinzufügte, daß er "nicht länger nach der Pfeife seiner Eltern tanzen" werde.

Da er in vieler Hinsicht äußerst penibel war, ausführliche Aufzeichnungen machte und Tagebücher führte, wären manche TherapeutInnen vielleicht geneigt gewesen, ihn als "eine obsessiv-zwanghafte Persönlichkeit" einzustufen. Es war klar ersichtlich, daß er Präzision und Strukturiertheit begrüßte. Ich war davon überzeugt, daß unsere Erfolge aus mehreren Gründen begrenzt sein würden, wobei einer davon war, daß er mich nach seinem Geschmack für sehr konservativ hielt. Welcher therapeutische Ansatz könnte gegenüber den Erwartungen dieses jungen Mannes wohl Resonanz finden?

Ich begann, die Worte, die er benutzt hatte, miteinander in Verbindung zu bringen: "spirituelle Erkenntnis", "Abneigung gegenüber orthodoxen Religionen", "Zugehörigkeit", "Mitgliedschaft", "erhellend", "andere Ebene", "Präzision und Strukturiertheit". Dabei fiel mir sofort ein Muster auf, das mit den Forderungen, die oft für die Transzendentale Meditation geltend gemacht werden, einhergeht (Bloomfield, Cain & Jaffe, 1975). Auch wenn Gelehrte der TM oft großen Wert darauf legen, die säkulare, im Grunde genommen fast nicht religiöse Orientierung ihrer Organisation zu betonen, so beinhaltet sie dennoch eine "höhere Ordnung" (Maharishi Mahesh Yogi), eine formale Sanskrit-Zeremonie, ein geheimes "Mantra" und andere Aspekte, die sich aus der wedischen Tradition herleiten lassen, einem Vorläufer aller modernen Religionen. Ich empfahl meinem Klienten also TM, in der Hoffnung, daß dies mit seinen Erwartungen korrespondieren würde.

Der Klient ging zu den Vorträgen, bewarb sich für das TM-Training, unterzog sich der Zeremonie, erhielt sein geheimes Mantra und begann, zweimal täglich TM zu praktizieren. Er traf sich mehrere Male mit seinem Ausbilder, damit dieser sein Können überprüfte und besuchte auch einen Vortrag, den der Maharishi persönlich gehalten hat. Er war begeistert. Als zusätzliche Maßnahme suchte er mich mehrmals im Monat auf, wobei er allerdings seine ganze Aufmerksamkeit auf die Wunder der TM und die reine Güte des Maharishi Yogi richtete. Er war fest entschlossen, ein TM-Ausbilder zu werden und irgendwann zum Zwecke weiterer Studien nach Indien zu gehen. Er behauptete, er habe durch die TM eine Gelassenheit und Klarheit gewonnen, die alle seine Erwartungen übertraf. Er war jetzt gegen Drogen eingestellt und hatte erkannt, daß es in seinem eigenen Interesse lag, wieder die Universität zu besuchen und sein Betriebswirtschaftsstudium zu Ende zu führen.

Das war vor über fünf Jahren. Heute ist er ein staatlich geprüfter Betriebswirt und sucht sich seinen Ausgleich immer noch in TM und anderen Organisationen.

Selbstverständlich möchte ich mit dieser Geschichte keineswegs die vermeintlich positive Wirkung der TM preisen. Eigentlich bin ich diesem Kult gegenüber sogar äußerst kritisch eingestellt und habe sogar einen Aufsatz über "Psychiatrische Probleme, die durch die Transzendentale Meditation entstanden sind" veröffentlicht (Lazarus, 1976a). In der multimodalen Herangehensweise wird bei der Beantwortung der Frage: "Wer oder was ist in dieser Phase am besten für dieses Individuum geeignet?" großer Wert auf Aufgeschlossenheit gelegt, damit die Vorgehensweisen und der individuelle Klient bzw. die Klientin ideal aufeinander abgestimmt werden können. Dabei gibt es nichts, was für die gesamte Menschheit gut wäre, ein Allheilmittel existiert einfach nicht. Wenn jedoch Herr oder Frau X davon profitieren, daß sie sich auf den Kopf stellen, Sitzbäder nehmen oder Bierhefe essen, dann sollen sie es doch ruhig tun! Hoffen wir, daß TherapeutInnen in Zukunft weniger engstirnig sind und anerkennen können, daß auch Methoden, die außerhalb ihrer "Schule" liegen, sich für bestimmte Menschen als hilfreich erweisen können.

Die Auswahl der Techniken

Nach der Erstellung eines Modalitätenprofils, das die spezifischen Defizite oder Übermaße im Verhalten eines Klienten oder einer Klientin umfaßt (affektive Reaktionen, Empfindungen, Vorstellungen, Kognitionen, interpersonale Beziehungen und biologische Funktionen), geht es nun um die Auswahl der passenden Techniken. Genauer ausgedrückt, wie können sich TherapeutInnen denn nun entscheiden, an welchen Problemen und Modalitäten zuerst gearbeitet und welche Techniken dabei verwendet werden sollten? *Ich würde immer dazu raten, mit den eindeutigsten und logischsten Vorgehensweisen zu beginnen.* Watzlawick (1978) legt dar, daß wir durch die sorgfältige Beobachtung der bisherigen erfolglosen Problemlösungsversuche der KlientInnen oft Pseudolösungen verhindern können, die nur noch mehr Probleme schaffen würden. Wir möchten es also einerseits vermeiden, auf Knopfdruck Allheilmittel zu schaffen, haben aber andererseits auch nicht die Absicht, einfache Schwierigkeiten unnötig zu verkomplizieren. Wenn ein Klient beispielsweise "verspannt" ist, dann ist "Entspannungstherapie" ein naheliegendes Mittel, um Abhilfe zu schaffen; wenn ein Mensch schüchtern ist und Schwierigkeiten hat, sich durchzusetzen, dann ist ein "Selbstbehauptungstraining" erforderlich; wenn es von fehlerhaften Kognitionen und irrigen Überzeugungen nur so wimmelt, dann wird eine "Korrektur von fehlangepaßten Kognitionen" die erste Interventionsschiene sein. Wie schon in den vorhergehenden Kapiteln erörtert, werden dabei durch das Modalitätenprofil je spezifische Beschwerden in einen allgemeineren Bezugsrahmen gestellt. Falls es daher Hinweise auf psychotisches Denken oder Wahnvorstellungen geben sollte, die ja zum Teil irrige Kognitionen enthalten, dann könnten auch Neuroleptika anstatt "rationaler Disputation" eine erste Interventionsrichtung darstellen. Wenn sich die logischste therapeutische Taktik dabei als ineffektiv herausstellen sollte, dann kann eine nochmalige genauere Untersuchung des Modalitätenprofils oder die Erstellung eines sekundären BASIC ID auf mögliche alternative Strategien hinweisen. Dies soll im folgenden an einem Fallbeispiel verdeutlicht werden.

Fallbeispiel: Wie Techniken logisch aufeinanderfolgen und ineinander übergehen

Der 32jährige Herr W. klagte seit seiner Beförderung zum Vorarbeiter in seiner Fabrik vor zwei Jahren über "Angst, zwanghafte Gewohnheiten und gesundheitliche Probleme". Nach Aussage seines Arztes waren die gesundheitlichen Probleme größtenteils auf "Stress und Nervosität" zurückzuführen (er litt unter starken Kopfschmerzen und hatte häufig eine Colitis). Er hatte vor kurzem geheiratet. "Sexuelle Probleme können Sie auch gleich mit auf die Liste setzen", kommentierte er.

Während des Erstgesprächs war Herr W. offensichtlich so nervös, daß wir erst einmal fünfzehn Minuten der Sitzung mit einem Entspannungstraining zubrachten. Zusätzlich bekam er auch noch zwei Kassetten mit nach Hause, eine mit einem allgemeinen Entspannungstraining, die zweite speziell für die Linderung von nervösen Kopfschmerzen. Am Ende der Sitzung gab ich ihm außerdem einen Fragebogen zur Lebensgeschichte (Anhang 1), und bat ihn, diesen zu Hause auszufüllen.

Die zweite Sitzung war der Diskussion derjenigen Punkte im Fragebogen zur Lebensgeschichte gewidmet, die eine nähere Erklärung erforderten. Weiterhin wurde das Entspannungstraining fortgesetzt, wobei wir uns besonders mit dem Nacken, den Schultern, dem Kiefer, dem Gesicht und dem Magen beschäftigten.

Schließlich wurde dann vor seiner dritten Sitzung das folgende Modalitätenprofil erstellt:

MODALITÄT	PROBLEME	EMPFOHLENE TECHNIKEN
Verhalten	zwanghafte Kontrolle (Herd, Türen, Arbeit, etc.)	Selbstbeobachtung Reaktionsverhinderung
Affekt	verschließt sich oder explodiert Angstanfälle	Selbstbehauptungstraining beruhigende Selbstaussagen langsame Bauchatmung
Empfindung	Anspannung frühzeitige Ejakulation (überschritt selten mehr als zwei Minuten koitaler Erregung)	Entspannungstraining Schwellentraining
Vorstellung	Bilder, wie er als Kind und Heranwachsender lächerlich gemacht wird	Desensibilisierung
Kognition	Imperative, innere Anforderungen an sich selbst Selbstentmutigung Perfektionismus	Kognitive Restrukturierung
Interpersonal	meist konkurrenzorientiert zu sehr mit Macht und Kontrolle beschäftigt	Freundschaftstraining Beziehungsaufbau
Medikamente	5mg Valium täglich Darvon für Kopfschmerzen Lomotil für Colitis	Erlernen von Entspannungstechniken Versuch, die Medikamente langsam abzusetzen

Das Profil zeigt also einen angespannten, ängstlichen, viel zu konkurrenzorientierten Mann mit perfektionistischen Ansprüchen, zwanghaften Gewohnheiten und somatischen Beschwerden. In seinen Grund- und Mittelschuljahren spielte der Spott seiner Mitschüler eine bedeutende Rolle (in der Grundschule war er der einzige Jude in einer antisemitischen Gegend, und in einer weiterführenden Schule, die sehr sportorientiert war, wurde er aufgrund seiner mangelnden athletischen Fähigkeiten verunglimpft). Diese Erfahrungen könnten seine Überkompensierungstendenzen gefördert haben, was sich auch in seiner fordernden und beherrschten Art widerspiegelte. Die Tatsache, daß er dazu tendierte, seine Wutgefühle zu unterdrücken oder sie in sich zu "verschließen", um dann schließlich bei der kleinsten Provokation hochzugehen oder zu "explodieren", sprach in seinem Falle für ein Selbstbehauptungstraining, wodurch er es lernen könnte, seine Gefühle offen, unmittelbar und direkt zu äußern (Salter, 1949; Lange & Jakubowski, 1976; Alberti & Emmons, 1978; Lazarus & Nieves, 1980).

Bei einer Durchsicht des Modalitätenprofils mag man sich auch fragen, warum der Punkt "verschließt sich oder explodiert" unter Affekt und nicht unter Verhalten aufgeführt ist, so wie einer meiner Auszubildenden mich darauf aufmerksam machte, daß ich "vorzeitige Ejakulation" unter sensorischer Modalität eingeordnet hatte, während es in einem anderen Fall in der interpersonalen Modalität aufgetaucht war. Dabei ist es Zeitverschwendung, das "richtige" Feld finden zu wollen, wo ein vorhandenes Problem eingeordnet werden soll. Da Herr W. in Tränen aufgelöst war und völlig die Fassung verlor, als er über seine Neigung sprach, Gefühle entweder zurückzuhalten oder aber sie zu stark auszudrücken, habe ich diese Elemente unter Affekt aufgeführt. Vorzeitige Ejakulation (sein "sexuelles Problem") wurde also aufgrund der Art und Weise, wie er dieses Problem dargelegt hatte, in der sensorischen Modalität aufgeführt. Herr W. hatte seine subjektiven Reaktionen und seine Gefühle beschrieben, wenn er den Punkt erreichte, an dem eine Ejakulation unvermeidlich war. Andere Menschen beschönigen ihre eigenen sensorischen Reaktionen und verweilen statt dessen bei den interpersonalen Auswirkungen. "Das bringt meine Frau völlig aus der Fassung." "Ich komme mir vor wie ein Wurm, auch wenn sich meine Partnerin noch nie beschwert hat." Wichtig ist dabei nicht, daß jedes Problem in die richtige oder geeignetste Modalität eingeordnet wird, sondern daß jedes signifikante Problem irgendwo im Schema auftaucht.

In einer multimodalen Therapie ist es nicht ungewöhnlich, daß spezifische Interventionen schon während des Erstgesprächs durchgeführt werden. Daher ist es auch nicht erforderlich, zu warten, bis der gesamte Anamnesevorgang abgeschlossen ist, bevor damit begonnen werden kann, den KlientInnen ihr Leben zu erleichtern. Wie schon in Kapitel 3 erörtert, ist es ratsam, sich einem Klienten oder einer Klientin während der Anfangsphase des ersten Treffens in einer akzeptierenden, neutralen und offenen Art zu nähern und erst dann auf die Rapportebene zu gehen, wenn man sich bereits auf die Erwartungen des Klienten bzw. der Klientin eingestellt hat. Nach ungefähr fünfzehn oder zwanzig Minuten des Erstgesprächs mit Herrn W. äußerte ich beispielsweise, daß seine Haltung und seine Körperbewegungen äußerst angespannt erschienen, woraufhin er beschrieb, daß er sich "gespannt wie ein Flitzebogen" fühle. Nachdem das Gespräch fortgeschritten war, wobei Herr W. jedoch keinerlei Anzeichen einer "Lockerung" gezeigt hatte, fragte ich ihn, ob ich ihm einige Entspannungsübungen zeigen sollte. Er reagierte positiv auf meinen Vorschlag, und wir verwendeten daraufhin, wie schon erwähnt, ungefähr fünfzehn Minuten der Sitzung auf ein einleitendes Entspannungstraining. Die zweite Sitzung bestand dann hauptsächlich in der weiteren Datensammlung und der Fortsetzung des Entspannungstrainings. Danach waren wir auch bereit, noch andere Interventionsmethoden in Betracht zu ziehen.

Die dritte Sitzung begann mit Herrn W.s Beschreibung eines Vorfalls bei der Arbeit, bei dem er auf unfaire Weise von einem Kollegen kritisiert worden war. Er war mit diesem Zusammenstoß in der Weise umgegangen, daß er sich bei seinem Kollegen entschuldigte, wobei er seine eigenen Gefühle unterdrückte. Paradoxerweise hielt Herr W. sein Verhalten auch für angemessen, er gab an, dadurch "die Oberhand" gewonnen zu haben. Das weitere Gespräch ergab noch mehrere Defizite in Herrn W.s sozialen und interpersonalen Fähigkeiten, wobei generell sein mangelndes Durchsetzungsvermögen und seine in Abständen auftretende passive Aggressivität besonders auffielen. Dementsprechend begannen wir also mit einem Selbstbehauptungstraining. Wir arbeiteten mit Rollenspielen, bei denen ich alternative Reaktionsmöglichkeiten vorführte, die er seinem Kritiker am Arbeitsplatz gegenüber hätte zeigen können. Ich riet ihm, eine Taschenbuchausgabe von *"Don't Say Yes When You Want To Say No"* von Fensterheim und Baer (1975) zu erstehen und aufmerksam zu lesen. Gegen Ende der dritten Sitzung erörterten der Klient und ich dann sein Modalitätenprofil, wobei ich ihn ausdrücklich um seinen Kommentar dazu bat, besonders was eventuell fehlende Punkte anginge. Er fügte der affektiven Modalität noch "Depressionen" hinzu, weil er sich häufig "völlig am Ende" fühlte, wenn bei der Arbeit etwas fehlgeschlagen oder ihm seine zwanghafte Kontrolle entglitten war. "Wenn Sie anfangen, häufiger Selbstbehauptungsfertigkeiten einzusetzen, dann werden Sie wahrscheinlich auch schon bald eine sichtbare Verbesserung Ihrer Arbeitssituation erreichen", vermutete ich. Dann fragte ich ihn, ob er zusätzlich auch dazu bereit sei, an seinen zwanghaften Kontrollgewohnheiten zu arbeiten, woraufhin er erwiderte: "Könnten wir nicht zunächst versuchen, etwas wegen meiner sexuellen Probleme zu unternehmen?" Ich schlug deshalb vor, seine Frau zur nächsten Sitzung einzuladen, so daß wir der Entspannungstherapie und dem Selbstbehauptungstraining noch ein "Schwellentraining" hinzufügen konnten.

Die Auswahl der Techniken und die Konzentration auf bestimmte Problemgebiete in der multimodalen Therapie basiert dabei keineswegs auf Intuition und zufälligen Vermutungen, wie Franks und Wilson (1980) behauptet haben. Die Wahl der Techniken ergibt sich meist logisch aus den Themen und Schwerpunkten, die im Laufe der Therapie zutage gefördert werden. Als z.B. Herr und Frau W. in der "Stop-Start-Technik" zum Hinauszögern von Ejakulationen unterwiesen wurden, äußerte Frau W., daß die Zwangshandlungen ihres Mannes sie viel eher aus der Fassung brächten als sein Mangel an sexueller Ausdauer. Obwohl seine Prioritäten mit den ihren nicht übereinstimmten, gab ihr Mann doch zu, daß sein zwanghaftes Kontrollbedürfnis sich extrem störend auswirkte. Wir einigten uns deshalb darauf, uns in der nächsten Sitzung mit diesem zwanghaften Kontrollbedürfnis zu befassen. (Darüber hinaus wurde auch für Frau W. ein Modalitätenprofil erstellt, weil sich dies oft als eine nützliche und systematische Methode erweist, nicht zusammenpassende Bereiche sowie spezifische dyadische Kämpfe in einer

Partnerschaft zu erkennen, die unter Umständen die Therapie untergraben könnten.)

Durch wissenschaftliche Forschungen wurde erwiesen, daß in der Behandlung von Obsessionen und Zwängen neben einer kognitiven Restrukturierung und verschiedenen Streßreduktionsmethoden (z.B. Entspannung, Ablenkung, Gedankenstops) *Reaktionsverhinderung* eine der effektivsten Strategien ist (Rachman, 1978; Foa & Goldstein, 1978). Da Herr W. einen ausgeprägten Sinn für Verantwortung hatte und sehr motiviert war, wurde die Reaktionsverhinderung auf einer eigenverantwortlichen Basis durchgeführt. Zu der Zeit, als Herr W. sich in Therapie befand, stand Präsident Nixon gerade kurz vor der Watergate-Anklage, und Herr W. hatte starke moralische Empörung über das Verhalten des Präsidenten und seiner Regierung geäußert. Ich fragte ihn daher: "Würden Sie mir versprechen, Präsident Nixon jedesmal, wenn Sie sich bei zwanghafter Kontrolle ertappen, eine Spende über $100 zu überweisen?" Wir diskutierten die Implikationen eines solchen *Kontiguitätsvertrages* und entschieden uns schließlich für eine Version, einschließlich einer "Unterzeichnungszeremonie", bei der er seine Unterschrift unter einen maschinegeschriebenen Vertrag setzte. Damit umfaßten die gewählten Techniken also, in der Reihenfolge ihrer Auswahl, Entspannungstraining, Selbstbehauptungstraining, Schwellentraining und Kontingenzverträge mit dem Ziel der Reaktionsverhinderung.

Allerdings treten von Zeit zu Zeit selbst in den unkompliziertesten Fällen Rückschläge auf. Nach der siebten Sitzung erlitt Herr W. einen schweren Angstanfall, der anscheinend durch eine Auseinandersetzung bei der Arbeit ausgelöst worden war und darüber hinaus noch mit einem Streit mit seiner Frau in Verbindung stand. Aus meiner Sicht machte dies die Aufnahme eines "Aufbautrainings für Freundschaften und Beziehungen" im Rahmen seines allgemeinen Selbstbehauptungstrainings erforderlich. Zusätzlich zum Rollenspiel verschiedener interpersonaler Stile (z.B. unterwürfige Ansätze, selbstbewußte Ansätze, konfliktträchtige Ansätze) arbeiteten wir weiterhin an dem Thema, daß Liebe und Freundschaft auf Selbstmitteilung und Vertrauen basieren, anstatt auf Gewinnen und Rechthaben. Da Herr W. ein begeisterter Leser war und beträchtlichen Nutzen aus der "Bibliotherapie" zu ziehen schien, lieh ich ihm Jourards "The Transparent Self"(1971). In der Folge unterzog er sich der Aufgabe, sich in stärkeren Graden an *Selbstmitteilung* zu üben und es zuzulassen, auch bestimmte Schwächen zu zeigen. In gemeinsamen Sitzungen mit Herrn und Frau W. wurde betont, wie wünschenswert mehr gegenseitige Selbstmitteilungen bei gleichzeitiger Reduktion des Gebrauchs "kategorischer Imperative" wären. Dies führte schließlich zu den Methoden der *kognitiven Disputation* und zur Eliminierung der "soll"- und "muß"- Gedanken (Ellis, 1977a).

Nach ungefähr zwölf Sitzungen über einen Zeitraum von etwa drei Monaten hinweg, hatten wir jede einzelne der aufgrund von Herrn W.s Modalitätenprofil empfohlenen Techniken angewandt, mit Ausnahme der *Desensibilisierung* in der Vorstellungsmodalität. Ich fragte Herrn W., ob ihn der Gedanke an seine Erinnerungen immer noch störe. "Ja, wenn ich daran denke, dann rege ich mich immer noch sehr auf." Zu dieser Zeit hatten sich die meisten seiner Beschwerden jedoch bereits gebessert. Da er besonders bei den Entspannungstechniken erfolgreich gewesen war, schien es logisch, von dieser Fähigkeit zu profitieren und ihn auf die Bildern des vergangenen Spotts hin zu desensibilisieren, so daß er eine angemessene Indifferenz gegenüber seinen früheren Peinigern entwickeln konnte. Wir konstruierten also eine Hierarchie von Beleidigungen, die mit einigen milden ethnischen Diskriminierungen begannen und sich bis zu Szenen unverhohlenen Spottes erstreckten. Nach einer klassischen systematischen Desensibilisierungsprozedur (Wolpe & Lazarus, 1966), wurde Herr W. in einen entspannten Zustand versetzt und dann gebeten, sich die am wenigsten schlimmen Szenen dieser Hierarchie vorzustellen. Falls er sich übermäßig aufregte oder sich verwirrt fühlte, wurde er angewiesen, dies durch das Heben des rechten Zeigefingers anzudeuten. Wir kamen dabei nicht über das erste Bild hinaus, da Herr W. jedesmal anzeigte, daß er sich emotional angegriffen fühle. Auch in tieferen Entspannungsebenen konnte sein Unbehagen nicht neutralisiert werden. Angesichts dieser Sackgasse wurde ein sekundäres BASIC ID speziell zum Thema Spott erstellt.

T: Wenn Sie sich vorstellen, wie Sie verspottet werden, wie verhalten Sie sich dann? Was *tun* Sie?
K: Ich glaube, ich würde mich zurückziehen.
T: Können Sie sich jetzt einmal eine ganz lebhafte Vorstellung in den Kopf rufen, wie Sie von jemandem verspottet werden? Sie können sich dabei ruhig Zeit lassen.
K: (ein paar Sekunden später) Okay.
T: Was fühlen Sie dabei genau?
K: Wut!
T: Was für Empfindungen neben der Wut haben Sie sonst noch?
K: Hitzewellen. Ich kann sie hier in meinem Kopf fühlen und auch noch runter bis zu meinen Füßen. Es ist, als ob man rot sieht und Flammen lodern fühlt.
T: Welche anderen Bilder kommen Ihnen dabei noch in den Sinn?
K: Angriff! Ich sehe mich selbst, wie ich die Nerven verliere!
T: Wie würden Sie die Nerven verlieren? Was würden Sie tun?
K: Ich weiß es nicht... sie zusammenschlagen, vielleicht.
T: Würden Sie irgendwelche Waffen dazu benutzen?
K: Nur meine bloßen Hände.
T: Sie würden sie zusammenschlagen?
K: Ja. Ich meine damit, ich würde sie nicht umbringen oder sowas.
T: Abgesehen von den Angriffsvorstellungen, was für *Gedanken* gehen Ihnen durch den Kopf? Was sagen Sie zu sich selbst?
K: Meine Mutter hatte doch recht! Das ist mir jetzt so rausgerutscht, aber es ist völlig logisch. Meine Mutter stand mir immer ziemlich kritisch gegenüber und hat mich oft ausgelacht und mir prophezeit, daß ich in Schwierigkeiten geraten würde.
T: Es ist interessant, daß das nicht schon früher herausgekommen ist.
K: Es war irgendwie ganz tief unten vergraben, bis ich wirklich darüber nachgedacht habe.
T: Was für Auswirkungen hat das auf Sie und andere Menschen?
K: Wie meinen Sie das?

T: Was passiert, wenn Sie sich vorstellen, diesem ganzen Ärger Luft zu machen?

K: Ich würde sagen, das Ergebnis wäre *völlige Ablehnung*. Wenn ich durchdrehen und sie zusammenschlagen würde, wer wollte denn dann noch mit mir verkehren?

T: Bräuchten sie dazu einen kräftigen Drink oder sowas?

K: Das ist doch wohl nicht Ihr Ernst, oder? Ich wäre in so einer Situation lieber so fit wie möglich.

Daraufhin wurde das folgende sekundäre BASIC ID erstellt:

	B	Zieht sich zurück
	A	Wut
	S	Hitzewellen
Spott	I	Angriff
	C	Mutter hatte recht
	I	Völlige Ablehnung
	D	-----

Kein Wunder, daß im Falle von Herrn W. jegliche Desensibilisierung versagte. Ich hatte irrtümlicherweise geschlossen, daß Herr W. Angst davor habe, spöttischen oder kritischen Bemerkungen ausgesetzt zu sein, während er in Wirklichkeit ärgerlich, wenn nicht sogar ausgesprochen wütend darauf reagierte. Aus dieser detaillierteren Situationsübersicht ergab es sich nun als logischster Schritt, das Selbstbehauptungstraining auszuweiten und dabei besondere Aufmerksamkeit auf den Unterschied zwischen Selbstbehauptung und Aggressivität zu lenken. Ich hatte danach auch noch vorgehabt, die Mutter-Sohn-Beziehung weiter auszuloten und das volle Ausmaß seiner Feindseligkeit und seiner Wut zu untersuchen, aber Herr W. bekam einen beträchtlich besseren Arbeitsplatz angeboten und zog daraufhin um. Ich empfahl ihm das Buch "How To Live With and Without Anger" von Ellis (1977b) und gab ihm den Namen und die Telefonnummer eines Therapeuten, den er konsultieren konnte. Nach insgesamt siebzehn Sitzungen über einen Zeitraum von vier Monaten, schätzte Herr W. seine Fortschritte auf 85% ein. Er litt nur noch selten an Kopfschmerzen oder Colitissymptomen, und er berichtete, daß er sich weniger zwanghaft, ängstlich und angespannt fühlte. Er stellte auch fest, daß seine eheliche Beziehung sich bedeutend verbessert hätte, und zwar nicht nur in sexueller Hinsicht, sondern auch im Hinblick auf emotionale Nähe (ein Eindruck, den seine Frau mit ihm teilte).

An diesem relativ einfachen und folgerichtigen Beispiel läßt sich also aufzeigen, wie die Auswahl spezifischer Techniken einer logischen Sequenz folgt, wobei sie hauptsächlich ein gemeinschaftliches Unterfangen ist. Die dringendsten Bedürfnisse des Klienten wurden an die erste Stelle gesetzt und veranlaßten mich in der Folge dazu, meine Aufmerksamkeit auf bestimmte Probleme quer durch das BASIC ID zu lenken. Am Fall von Herrn W. wird darüber hinaus ebenfalls deutlich, wie ein Irrtum (die Anwendung einer unpassenden Technik) durch die Erstellung eines sekundären BASIC IDs korrigiert werden konnte.

Wir haben Herrn W.s Fall hier als "relativ einfachen und folgerichtigen" beschrieben. Man kann sich daraufhin auch fragen, was denn dann unter einem "komplexen Fall" zu verstehen sei? Sind komplexe Fälle diejenigen, bei denen es um festverwurzelte Gewohnheiten geht, die mit primären und sekundären Gewinnen verbunden sind? Impliziert Komplexität das Vorhandensein psychotischer Merkmale? Ist das bloße Vorhandensein von Ambivalenz, Unsicherheit und begrenzter Motivation eines Klienten oder einer Klientin hinreichend, um einen solchen Fall als komplex zu qualifizieren? Oder kommt Komplexität ins Spiel, wenn individuelle Probleme mit einer gestörten Familiendynamik zusammenhängen? Macht das Vorhandensein einer organischen Beeinträchtigung einen Fall komplex? Sollten diejenigen Fälle komplex genannt werden, in denen nachteilige Lebensbedingungen und Risiken des Umfeldes die Hauptfaktoren einer psychologischen Funktionsstörung sind? Wenn sich das klinische Syndrom aus Desorientierung, Negationen und einem Mangel an Selbstverständnis zusammensetzt, wird dadurch ein Fall als komplex qualifiziert? Sind phobische Reaktionen notwendigerweise weniger komplex als "Identitätskrisen"?

Meiner Ansicht nach steht Komplexität für einen Fall, der quer durch den BASIC ID eines Klienten oder einer Klientin von einer Vielzahl von getrennten, jedoch miteinander verknüpften Schwierigkeiten gekennzeichnet ist. Komplexe Fälle müssen daher nicht unbedingt schwer zu behandeln und schwierige Fälle nicht notwendigerweise komplex sein. Es ist auch schon vorgekommen, daß multimodale TherapeutInnen bei schlichten Gewohnheitsfunktionsstörungen oder "einfachen" Phobien in eine Sackgasse geraten sind und zwar ungeachtet der gewissenhaften Anwendung gutdokumentierter Gewohnheitskontrolltechniken (z.B. Azrin & Nunn, 1977). Umgekehrt haben jedoch auch einige äußerst komplexe und vielschichtige Probleme mit komplizierten Darstellungen und Interaktionen quer durch das gesamte BASIC ID rasch und erfreulich auf unsere Anwendungen angesprochen.

Bei alledem ist die Wahl der Techniken wahrscheinlich immer noch der einfachste Aspekt einer multimodalen Therapie. Durch die Analyse des BASIC ID werden vage, allgemeine und unklare Probleme (Angst, Depressionen, niedriges Selbstwertgefühl, Frustration, Unzufriedenheit, Eheprobleme, Familienkonflikte, etc.) festgehalten und auf spezifische, eigenständige und interaktive Schwierigkeiten zurückgeführt. Danach ist die Wahl der Techniken dann relativ einfach. Auf eine Frage wie: "Was ist die beste Technik für die Behandlung bei niedrigem Selbstwertgefühl?" würden wir wahrscheinlich antworten: "Dieses allgemeine Problem muß erst in seine Komponenten zerlegt werden, bevor wir darauf eine Antwort geben können". Wenn das Modalitätenprofil eines Klienten oder einer Klientin mit geringem Selbstwertgefühl Elemente aufweist wie: 1) Defizite in sozialer Kompetenz, 2) fehlerhafte Kognitionen bezüglich der Kompetenzen anderer, 3) Unvermögen, emotionale Risiken einzugehen, 4) negative Selbstmitteilungen und 5) anhaltende Bilder von Versagen, dann ist es ziemlich offensichtlich, daß die empfohlenen Techniken 1) Einüben sozialer Fähigkeiten, 2) Korrektur von fehlerhaften Überzeugungen, 3) Übungen zu größerer Risikofreudigkeit, 4) positive Selbstinstruktionen und 5) Einüben von Coping-Strategien einschließen werden. Während die Auswahl der Techniken verhältnismäßig einfach ist, verhält sich dies beim *Einsatz* der Techniken jedoch ganz anders.

Die Feststellung, daß beispielsweise jemand, dem es an sozialen Fähigkeiten mangelt, gewöhnlich von einem Training sozialer Fertigkeiten profitieren wird, sagt an sich noch nichts über die Art und Weise aus, wie ein solches Training durchgeführt wird. Bezüglich der Anamnese, der Auswertung und des Einsatzes sozialer Fertigkeiten gibt es weder problemlose noch einhellige Meinungen (Hersen & Bellack, 1977), wobei auch noch kein wissenschaftlicher Konsens über eine allgemeine Definition von sozialer Kompetenz herrscht. So überlappt und unterscheidet sich beispielsweise die von Argyris (1968) dargelegte Vorstellung von interpersonaler Kompetenz mit den situationalen Determinanten und Komponenten assertiven Verhaltens von Eisler, Hersen, Miller und Blanchard (1975). In klinischen Zusammenhängen kann es demnach leicht vorkommen, daß TherapeutInnen mit KlientInnen keine Fortschritte erzielen, weil ein schwieriger, jedoch entscheidender Punkt übersehen wird, wie beispielsweise die Häufigkeit des Augenkontakts oder eine angemessene Stimmlage. Oder es könnte beispielsweise vorkommen, daß ein Klient, der angewiesen wurde, weniger nachgiebig zu sein, zunächst eine Desensibilisierung benötigen oder auf Verhaltensproben oder Modellernen angewiesen sein könnte, bevor er in der Lage wäre, ein solches Ziel zu erreichen. Die spezifischen Verfahren, die signifikante Veränderungen quer durch bestimmte Verhaltenskomponenten bewirken, sind bisher weder isoliert noch identifiziert worden. Dies ist demnach der Punkt, an dem die klinische Erfahrung der TherapeutInnen sowie ein gewisses künstlerisches Geschick ins Spiel kommen.

In diesem Zusammenhang hat es mich beeindruckt, daß geschickte, besonders kunstfertige TherapeutInnen gewisse Merkmale gemein haben, die unabhängig von ihrem Hintergrund, ihrer psychologischen Schule oder ihrer professionellen Zuordnung anzutreffen sind. Es handelt sich bei ihnen im allgemeinen um verantwortungsvolle und flexible Individuen mit einem hohen Grad an Respekt für andere Individuen. Im Grunde genommen vermeiden sie es, Menschen zu verurteilen und gehen immer nach der Maxime vor, daß die Verletzung der Rechte und der Zufriedenheit anderer unter allen Umständen vermieden werden sollte. Sie geraten nicht mit menschlichen Interessen, Werten oder der Menschenwürde in Konflikt (siehe auch Ullmann & Krasner, 1975). Sie bringen Wärme, Witz und Weisheit in die therapeutische Situation ein, und, wo angebracht, auch Spaß und Humor, wobei sie über einen endlosen Vorrat an relevanten Anekdoten und Geschichten zu verfügen scheinen. Darüber hinaus sind sie auch gute Vorbilder (indem sie praktizieren, was sie predigen) und glaubwürdige, integere Menschen, die auch die Bereitschaft haben, etwas von sich selbst mitzuteilen. Warum all dies in einem Kapitel über die Auswahl von Techniken erwähnt wird? Hauptsächlich deshalb, um zu betonen, daß das endgültige Instrumentarium einer erfolgreichen Therapie letztendlich davon abhängt, welche Techniken gewählt, und auf welche Weise und von wem sie angewandt werden. Wie ChirurgInnen oft betonen, kommt es dabei auf die Person an, die hinter dem Skalpell steht und dieses sowohl als Instrument der Zerstörung als auch der Heilung einsetzen kann. In der Psychotherapie kann es dabei allerdings noch schwieriger sein, die jeweilige Technik von der Person, die sie empfiehlt, zu trennen.

Vorstellungsübungen als Überbrückungsmodalität

Für gewöhnlich ist es nicht so schwierig, Techniken für bestimmte Problemgebiete auszuwählen. Wie geht man aber vor, wenn beispielsweise ein Klient nicht in der

Lage ist, einer Therapeutin spezifische Probleme zu schildern? Wie steht es mit einer Person, die unter allgemeiner Unzufriedenheit und Unbehagen leidet, jedoch keine spezifischen Cluster an identifizierbaren Verhaltensexzessen oder -defiziten bezeichnen kann? Die anfängliche Untersuchung von Kognitionen, Verhaltensweisen, affektiven Reaktionen, sensorischen Begleiterscheinungen, interpersonalen Auswirkungen und biologischen Faktoren kann manchmal auch ins Nirgendwo führen. Widersprüchliche, mehrdeutige und verwirrende Informationen können gleichzeitig in mehrere Richtungen weisen. In diesen Fällen haben multimodale TherapeutInnen festgestellt, daß die fehlende Information oft durch die *Vorstellungsmodalität* geliefert werden kann. Wie an anderer Stelle (Lazarus, 1976a) erwähnt, konnte empirisch nachgewiesen werden, daß von den Hunderten von Bildern, die uns zur Verfügung stehen, drei bestimmte Bilder gewöhnlich wichtige klinische (diagnostische) Informationen liefern.

1. Bitte stellen Sie sich Ihr Zuhause vor, also den Ort, an dem Sie aufgewachsen sind. Vielleicht haben sie als Kind ja auch an verschiedenen Orten gewohnt, aber fast jeder denkt bei dem Wort 'Zuhause' an einen ganz bestimmten Ort. Würden Sie sich jetzt bitte auf dieses Bild konzentrieren? Sie können auch die Augen schließen, wenn Sie glauben, daß Sie es sich dann besser vorstellen können. Versuchen Sie bitte, ihr Zuhause wirklich zu *sehen*. (Pause von ca. 10 Sekunden.) Könnten Sie mir jetzt erzählen, wo Ihre Mutter in dieser Szene ist? Was macht sie? Und wo ist Ihr Vater? Was tut er?
2. Machen Sie jetzt bitte in Ihrer Vorstellung einen Rundgang von Raum zu Raum und schauen Sie sich dabei aufmerksam um. Sehen Sie sich die Möbel an. Versuchen Sie, die Atmosphäre nachzuempfinden. Fallen Ihnen irgendwelche Gerüche auf? Was hören Sie?
3. Nun möchte ich, daß Sie sich einen sicheren Ort vorstellen. Jeder Ort ist möglich, an dem Sie sich völlig sicher fühlen, ganz gleich ob er wirklich existiert oder nur in Ihrer Phantasie. (Pause von ca. 10 Sekunden.) Gehen Sie dorthin. Stellen Sie ihn sich lebhaft vor. (Pause von ca. 10 Sekunden.) Könnten Sie mir diesen Ort jetzt beschreiben?

Da die Kernfamilie so oft einen Nährboden für emotionale Schwierigkeiten darstellt, fördert eine Untersuchung der *Zuhause-Szene* gewöhnlich signifikante Informationen zutage. Der *Rundgang von Raum zu Raum* in dieser Zuhause-Szene ruft häufig Erinnerungen und starke Gefühle hervor, die für die gegenwärtigen Probleme des Klienten oder der Klientin relevant sein können. Die Vorstellung des *sicheren Ortes* dagegen kann Anhaltspunkte für wichtiges Flucht- und Vermeidungsverhalten geben. "Mein sicherer Ort ist Zuhause, mit meinem Mann und unseren zwei Hunden." "Eine einsame Insel, weit weg von aller Zivilisation, das wäre der einzige sichere Ort für mich." "Mein sicherer Platz ist ein unzerstörbares, autonomes Raumschiff fern von dieser Galaxie." "Mein sicherer Ort ist im Bett, zugedeckt und mit einem guten Buch." "Mein sicherer Ort ist in den Armen meines Liebsten." "Es gibt keinen sicheren Ort." (Dabei gibt es unzählige Vorstellungstechniken, sowohl für den diagnostischen als auch den therapeutischen Gebrauch. Im Anhang 2 sind noch sieben andere Vorstellungsverfahren beschrieben.)

Die oben erwähnten Vorstellungstechniken habe ich bei der Behandlung einer 23jährigen Frau verwendet, deren Fragebogen zur Lebensgeschichte hauptsächlich unausgefüllt blieb, weil sie angeblich "nicht wußte, was ich hinschreiben sollte". Die ersten beiden Sitzungen waren ebensowenig informativ gewesen (sie beklagte sich, daß sie sich die meiste Zeit frustriert und unglücklich fühlte). Ihre Zuhause-Szene war auch relativ unergiebig - ihre Mutter war in der Küche mit der Vorbereitung des Frühstücks beschäftigt, während ihr Vater sich im Bad rasierte - aber als wir daraufhin einen Rundgang durch alle Räume machten, brachte sie heftige Gefühle zum Ausdruck, weil sie aus dem Zimmer ihres Bruders ausgeschlossen worden war, als er Freunde zu Besuch hatte, die sie gerne kennengelernt hätte. Daraufhin beschrieb sie noch eine "Eßzimmerszene", in der sie von ihrem Vater als Flittchen bezeichnet wurde (sie war damals 17 gewesen). Sie hatte sich mit einem ihrer Freunde in ihrem Zimmer eingeschlossen. "Das habe ich getan, um mich an meinem Bruder zu rächen, weil ich wußte, daß er Toni sehen wollte." Indem wir dann noch bei anderen Bildern aus ihrem Zuhause verweilten, stießen wir schließlich auf eine zentrales Thema - die Ablehnung durch ihren Vater und ihr übertriebenes Bedürfnis nach seiner Anerkennung. Auf diese Art hatte die Vorstellungsmodalität also ein signifikantes interpersonales Problem an den Tag gebracht, das dann in der Folge zu ähnlichen Schwierigkeiten in anderen Bereichen hinführte.

Wie wählt man nun die am ehesten angemessene Technik für die Behandlung einer Klientin mit einem übermäßigen Bedürfnis nach väterlicher Anerkennung aus? Ist es das beste, eine Familientherapie zu empfehlen und sich mit dem Familiensystem befassen? Oder könnte es produktiver sein, den Vater allein und/oder mit seiner Tochter zu den Sitzungen zu bestellen? Sollten Rollenspiele durchgeführt werden, in denen die Klientin lernen könnte, sich gegen ihren Vater zu behaupten? Könnte ein Desensibilisierungsverfahren von Nutzen sein, welches sie gegenüber der realen oder imaginären Kritik ihres Vaters weniger empfindlich machen würde? Besteht die beste Technik in einer kognitiven Disputation, durch welche die Klientin lernen könnte, ihre irrationalen Ansprüche zu verändern und zu erkennen, daß die Zustimmung ihres Vaters für ihre kontinuierliche Zufriedenheit nicht entscheidend ist? Oder würde eine ganz genaue Analyse der Vater-Tochter-Interaktionen therapeutisch wirken können?

Die Entscheidung, ob einer bestimmten Fragestellung nachgegangen oder eine gewisse Methode bevorzugt werden sollte, kann im allgemeinen am besten in Abstimmung mit den KlientInnen getroffen werden. "Wir scheinen beide darin übereinzustimmen, daß Sie zu sehr von der Meinung Ihres Vaters abhängig sind und daß es Sie besonders verletzt, wenn er sie kritisiert oder Ihnen nicht zustimmt. Sind Sie auch der Meinung, daß es in Ihrem größten Interesse wäre, sich weniger Gedanken darum zu machen, ob er das, was Sie tun, gutheißt oder mißbilligt?" Wenn die Klientin dies nicht als ein erstrebenswertes Behandlungsziel ansieht, dann sollten vielleicht ihre Einstellungen, Erwartungen, Vater-Tochter-Bilder und interpersonalen Beziehungen gründlicher untersucht werden. Wenn Therapeut und Klientin im Hinblick auf das angestrebte Ergebnis jedoch derselben Ansicht sind, dann kann der Therapeut eine Beschreibung der verschiedenen Wege zur Erreichung des angeführten Ziels geben und die Klientin bitten, ihm mitzuteilen, durch welche Methoden sich ihrer Meinung nach das beste Ergebnis erzielen ließe.

T: Mir fallen ungefähr sieben verschiedene Möglichkeiten ein, um mit diesem Problem fertig zu werden. Ich würde diese Methoden gerne im einzelnen kurz erläutern, und Sie könnten mir dann erklären, was Sie davon halten. Sind Sie damit einverstanden? Als erstes gäbe es da die Möglichkeit, eine Familientherapie in Angriff zu nehmen. Wenn wir Ihre Eltern und Ihren Bruder darum bitten würden, mitzuarbeiten, dann könnten wir uns mit dem ganzen Familiensystem befassen und versuchen, einige der Kommunikationsmuster zu ändern.

K: Oh Gott! Also diese Idee gefällt mir nun ganz und gar nicht! Soll das ein Witz sein? Das kommt überhaupt nicht in Frage.

T: Könnten Sie versuchen, mir zu erläutern, warum Sie so sehr dagegen sind?

K: Also erstens einmal könnten keine zehn Pferde meinen Vater dazu bringen, zu einem Psychotherapeuten zu gehen, und selbst, wenn Sie ihn überzeugen könnten, zu kommen, bin immer noch ich diejenige, die sich ändern muß. Es ist also nicht notwendig, daß Sie ihn in einen guten, verständnisvollen Papi verwandeln.

T: Das ist auch gar nicht unbedingt das, was ich vorhatte, aber lassen wir das. Was würden Sie denn von Rollenspielen halten, in denen ich die Rolle Ihres Vaters übernehmen und Ihnen eine Reihe von verschiedenen Arten vorführen würde, wie ich Sie abweise oder implizit kritisiere? Ich würde Sie dabei immer mehr mißbilligen und zurückweisen. Sie dagegen wären dazu aufgefordert, auf jede der Situationen ruhig, gelassen und in angemessener Weise zu reagieren. Sobald Ihnen dabei die Worte ausgingen, würden wir die Rollen tauschen - Sie könnten den kritischen Vater spielen und ich würde den Part Ihres gelassenen, erwachsenen und produktiven Ichs übernehmen.

K: Wollen Sie damit sagen, daß ich mich anders *fühlen* würde, wenn ich eine Rolle gut spielen könnte?

T: Ja, bis zu einem gewissen Grad schon. Nach meinem Verständnis bestehen Ihre derzeitigen Verhaltensweisen darin, in die Defensive zu gehen und sich angegriffen zu fühlen oder sogar in Tränen auszubrechen, sobald Sie von Ihrem Vater eine negative Botschaft vermittelt bekommen. Wenn Ihr derzeitiges Verhalten dabei nicht dem einer 23jährigen Frau entspricht, dann muß Ihr Vater Sie ja für ein Kind halten und infolgedessen auch so auf Sie reagieren. Aber das kann nur ein Teil des Problems sein. In meinen Augen ist es für Sie das Wichtigste, zu realisieren, daß Sie die Zustimmung Ihres Vaters nicht mehr brauchen und daß es nicht schrecklich oder furchtbar ist, wenn er etwas mißbilligt.

K: Ich stimme Ihnen rein verstandesmäßig zu, aber was kann ich denn tun, damit ich auch so *fühle*?

T: Okay, da gibt es mehrere Wege. Wir könnten beispielsweise genau untersuchen, was Sie sich selbst erzählen, also die ganzen negativen Selbstmitteilungen und die mentalen Bilder, die zu Ihren Qualen und Angstgefühlen führen, wann immer Ihr Vater, oder auch jemand anderes, mißbilligende Botschaften aussendet. Indem Sie das verändern, was wir Ihre kognitiven und wahrgenommenen Bewertungen nennen, können Sie auch Ihre emotionalen Reaktionen umwandeln. Eine andere Methode, die wir dazu verwenden könnten, wird als systematische Desensibilisierung bezeichnet.

K: Können denn einige dieser Dinge gleichzeitig angewendet werden, oder müssen wir uns jeweils für eines entscheiden?

T: Wir können während einer Sitzung entweder eines oder mehrere Verfahren einsetzen, je nachdem, wie wir es für richtig halten. So könnten wir z.B. fünfzehn bis zwanzig Minuten dem Rollenspiel widmen, dann zu kognitiver Restrukturierung übergehen und schließlich mit zehn bis fünfzehn Minuten Desensibilisierung aufhören. Was halten Sie davon?

K: Das gefällt mir! Was ist denn diese Desensibilisierung?

T: Nun, zuerst lernen Sie dabei, sich zu entspannen...

Selbstverständlich wäre es naiv, anzunehmen, daß man sich immer von den Vorlieben der KlientInnen leiten läßt. Bei Menschen, die emotionale Sabotage ausüben, würde das zu verheerenden Ergebnissen führen. Auch bei manipulativen Personen, vor allem wenn sie passiv-aggressive Tendenzen haben, können ihre Anliegen oft nicht für bare Münze genommen werden. In den meisten Fällen lohnt es sich jedoch, herauszufinden, welche Methoden und Vorgehensweisen der Klient bzw. die Klientin bevorzugen würde. Das obige Beispiel hat darüber hinaus auch gezeigt, wie durch den Einsatz von Bildern bei einer anfänglich eher unkooperativen und schweigsamen jungen Frau spezifische Perspektiven therapeutischer Kommunikation eröffnet wurden. Demnach wurde die therapeutische Beziehung durch das Erläutern therapeutischer Optionen gefördert. Der Klientin gefiel die Idee, Sitzungen in Segmente aufzuteilen, bei denen jeweils verschiedene Techniken in den Mittelpunkt gestellt werden. Andere Menschen empfinden dies als zu fragmentarisch und ziehen es vor, sich jeweils nur auf einen Aspekt zu konzentrieren. Vor einigen Jahren habe ich auch über eine kleine klinische Studie berichtet (Lazarus, 1973a), in welcher vorgeführt wurde, wie wertvoll es sein kann, auf die Wünsche von KlientInnen einzugehen, die gerne hypnotisiert werden wollten. In einigen Fällen war KlientInnen, die um eine Hypnose baten, erklärt worden, daß Entspannungstraining besser sei als eine Hypnose, und sie wurden mit "Entspannung" anstelle von "Hypnose" behandelt. Diese Fälle verliefen weniger erfolgreich als bei denjenigen Gruppenmitgliedern, die ihren Wunsch gewährt bekamen. Dabei bestand der einzige verfahrensmäßige Unterschied zwischen der "Entspannungsgruppe" und der "Hypnosegruppe" lediglich im Gebrauch des Worts *Hypnose* in der einen und *Entspannung* in der anderen Gruppe. Auf diese Art ließ sich also zeigen, daß ein vermehrtes Eingehen auf die Erwartungen der KlientInnen meist auch positivere Ergebnisse erbringt.

Theoretisch ist die Zahl der wählbaren Techniken natürlich so gut wie grenzenlos, und meiner Meinung nach sollten gute KlinikerInnen möglichst über mehrere Dutzend verschiedener Techniken verfügen. Ich selbst halte ständig nach neuen Methoden und Techniken Ausschau. Daher bin ich auch schon oft in der Lage gewesen, durch die Einführung oder die Entdeckung einer Taktik, Strategie, Methode oder Verfahrensweise eine anscheinend positive "Kettenreaktion" auslösen und einem scheinbar unzugänglichen Menschen helfen zu können. Nach Durchsicht meiner Fallnotizen und der Erörterung spezifischer Techniken mit meinen KollegInnen und MitarbeiterInnen habe ich die folgende Liste der meistverwendeten Techniken zusammengestellt.

Die meistverwendeten Techniken in der multimodalen Therapie
(eine Beschreibung der folgenden Techniken findet sich in Anhang 2)

Verhalten
Verhaltensproben
Modellernen
Keine Verstärkung
Positive Verstärkung
Aufzeichnungen und Selbstbeobachtung
Stimuluskontrolle
Systematische Exposition
Der leere Stuhl

Affekt
Ärger ausdrücken
Angstbewältigungstraining
Gefühle erkennen

Empfindung
Biofeedback
Focusing
Hypnose
Meditation
Entspannungstraining
Training zur Fokussierung von Empfindungen
Schwellentraining

Biologisch
Ermutigung zu gesunden Lebensgewohnheiten: gesunde Ernährung, Bewegung, Erholung, Überweisung an Ärzte, wenn organisch Probleme vermutet werden oder somatische Interventionen angezeigt sind

Vorstellung
Vorstellungsübungen gegen zukünftig belastende Ereignisse
Assoziierte Vorstellungen
Aversive Vorstellungen
Zielgerichtete Verhaltensproben oder Coping- Strategien
Positive Vorstellungen
Die Step-Up-Technik
Zeitprojektion (vorwärts oder rückwärts)

Kognition
Bibliotherapie
Korrektur von fehlgeleiteten Überzeugungen
Problemlösen
Das A-B-C-D-E Paradigma vonEllis
Selbstinstruktionstraining
Gedankenstops

Interpersonal
Kommunikationstraining
Kontiguitätsverträge
Beziehungstraining
Schrittweise sexuelle Annäherung
Paradoxe Strategien
Soziale Fertigkeiten und Selbstbehauptungstraining

Wann eher uni- oder bimodale anstelle multimodaler Interventionen angebracht sind

In der pluralistischen Philosophie, welche der multimodalen Therapie zugrunde liegt, wird stets hervorgehoben, daß eine erfolgreiche Anpassung an die Anforderungen unserer komplexen Gesellschaft vom jeweiligen Individuum ein weites Spektrum an Coping-Strategien erfordert. Infolgedessen werden die meisten unserer KlientInnen mit mehreren Verfahrensweisen behandelt werden, welche darauf abzielen, mit dem übermäßigen oder defizitären Verhalten quer durch alle Persönlichkeitsparameter hindurch zu arbeiten. Manche Menschen sprechen jedoch nicht so gut auf vielseitige Interventionen an, wobei es dann ratsam ist, sich auf ein oder zwei Probleme zu konzentrieren und dementsprechend lediglich ein oder zwei Grundverfahren anzuwenden. Ich habe auch mit KlientInnen gearbeitet, die zwar jedem Manöver außerhalb der Vorstellungsmodalität Widerstand entgegensetzten, bei denen jedoch durch die Untersuchung asoziierter Bilder ein faszinierendes und komplexes Mosaik von zusammenhängenden Erinnerungen, Gefühlen und Einblicken entdeckt werden konnte. Ist eine solch tiefgehende und exklusive Untersuchung der Vorstellungen denn überhaupt noch eine Form der multimodalen Therapie? Nein, für sich allein gesehen selbstverständlich nicht, aber andererseits kann einen multimodalen Therapeuten bzw. eine Therapeutin auch nichts daran hindern, in einem bestimmten Fall eine solche Linie therapeutischer Aktivitäten zu verfolgen. Es kann auch vorkommen, daß KlientInnen der festen Überzeugung sind, nur eine detaillierte Erforschung ihrer frühen Kindheitserinnerungen und -beziehungen könne ihnen helfen. Auch hier kann es besser sein, wenn multimodale TherapeutInnen eine solche hochspezifische Untersuchung selbst vornehmen, anstatt den Klienten bzw. die Klientin an engagierte FreudianerInnen, JungianerInnen oder andere doktrinäre TherapeutInnen zu überweisen, die sie dann mit Pseudoerkenntnissen behandeln, die zufällig in den Rahmen passen, dem die jeweiligen TherapeutInnen selbst zugehören (es ist eine wohlbekannte Tatsache, daß Freudianische AnalysandInnen zu Freudianischen Einsichten kommen, Jungianische AnalysandInnen mit Jungianschen Erkenntnissen aus einer Therapie hervorgehen usw.). Abgesehen von den Menschen, die unimodale Interventionen bevorzugen, kann ein enger und hochspezialisierter Fokus der therapeutischen Aufmerksamkeit unter ganz bestimmten *Umständen* oder in gewissen Problembereichen auch bessere Ergebnisse erbringen. So haben z.B. McReynolds und Paulsen (1976) in bezug auf Gewichtsverlust Daten geliefert, die in diesen Fällen einem differenzierten Stimuluskontrollverfahren den Vorzug über eine multimodale Behandlung geben. Dabei scheint ein Schlüsselfaktor für das Erzielen positiver Ergebnisse darin zu liegen, daß man die KlientInnen ermutigt, sich an ihre Behandlungsvorschriften zu halten (Wilson, 1979). Bei manchen KlientInnen kann der Einsatz von mehr als ein oder zwei Techniken auch dazu führen, daß sie sich überwältigt und verwirrt fühlen. Zu den Problembereichen, die unter Umständen besser auf spezifische unimodale Verfahren ansprechen, gehören einige Phobien, Zwangsstörungen, sexuelle Probleme, Eßstörungen, einige Fälle von Schlaflosigkeit, nervösen Kopfschmerzen und der Umgang mit widerspenstigen Kindern (Agras, Kazdin & Wilson, 1979). Auch dabei sollte die Anamnese immer multimodal erfolgen, die Behandlung jedoch kann sich manchmal in engen Grenzen bewegen - besonders, wenn sich anhand des BASIC ID-Profils kein signifikantes Netzwerk zusammenhängender Probleme feststellen läßt.

Bei einer multimodalen Anamnese werden globale und diffuse Probleme entwirrt und in spezifische Einheiten quer durch das BASIC ID zerlegt, worauf dann bestimmte Techniken zur Behandlung der einzelnen Defizite und Überschüsse ausgewiesen werden können. Als einer meiner Kollegen von einer Familie erzählte, die aus lauter Rollenkollusionen, triadischen Anliegen, dyadischen Kämpfen und

Vernichtungskriegen bestand, forderte ich ihn auf, sich doch einmal auf einzelne Probleme quer durch das BASIC ID zu konzentrieren. Dabei kristallisierten sich vier klar abgegrenzte Ziele heraus:

1. Der Vater sollte seine Autorität stärker geltend machen. (Logische Behandlung = Selbstbehauptungstraining, Modellernen)
2. Die Eltern sollten als Team zusammenarbeiten. (Logische Intervention = dyadische Übungen, Rollenspiele)
3. Die Eltern wollten mehr Kooperationsbereitschaft von ihren Kindern. (logische Strategie = Kontingenzverträge)
4. Die Kinder wollten mehr Freiheit. (Logische Konsequenz = Mitarbeit im Haushalt wird mit einem bestimmten Maß an Freiheiten belohnt).

Der Therapeut stellte diesbezüglich fest: "Durch das Denken in multimodalen Begriffen wurden mir binnen kurzem die Schlüsselprobleme sowie die folgerichtigsten Lösungsmöglichkeiten vor Augen geführt. Vorher hatte ich mich immer in einem Dschungel von Doppelbindungen und Mißverständnissen verirrt." (Um eine "Informationsüberlastung" zu vermeiden, möchte ich die LeserInnen auf den Anhang 2 verweisen.)

Verfahren zur Selbstkontrolle und Selbsthilfetechniken

Viele Menschen, die mit dem Rauchen aufhören oder andere unerwünschte Gewohnheiten ablegen wollen, tun dies in einem uni- oder bimodalen Rahmen. Ein Mann hatte beispielsweise etwas über "Stimuluskontrolle" gelesen und wollte diese Methode nun auf sein Rauchverhalten anwenden. "Ich habe versucht, aufzuhören, indem ich das Rauchen auf bestimmte Tageszeiten und bestimmte Umgebungen beschränkte. Ich nahm mir vor, nur zu ungeraden Stunden zu rauchen - um 9, 11, 13 Uhr usw. - und auch dann nur, wenn ich dabei in meinem eigenen Büro auf meinem eigenen Stuhl und an meinem eigenen Schreibtisch saß." Ein anderer Raucher, der sich das Rauchen gerne abgewöhnt hätte, verließ sich dabei ausschließlich auf aversive Vorstellungen: "Ich malte mir aus, wie ich krank werden würde, und ich stellte mir vor, wie der krebserregende Rauch in meine Lungen drang." Vergleichen Sie die vorhergehenden Beispiele nun einmal mit dem Klienten, der nach der Lektüre von "Multimodal Behavior Therapy" (Lazarus, 1976a, dt.: Multimodale Verhaltenstherapie) und anderen Büchern über Selbstkontrolle, sein eigenes "Modalitätenprofil zum Abgewöhnen des Rauchens" erstellte.

Verhalten:	Langsam weniger rauchen, indem ich 15-30 Minuten warte, wenn mich das Bedürfnis überkommt, zu rauchen. Am Ende des Tages zählen, wie viele Zigaretten geraucht wurden und die Menge an Teer und Nikotin schätzen. Jede Zigarettenpackung in Alufolie packen und mit Gummiband umwickeln, so daß die Zigaretten relativ schwierig zu erreichen sind. Belohnung fürs Mitmachen: alle 3-4 Wochen eine Schallplatte kaufen.

Affekte:	Auf Angst, Ärger und andere emotionale Auslöser achten, die zum Rauchen führen. Sich mit der Quelle auseinandersetzen, wann immer dies möglich ist, anstatt sich hinter einer Rauchwolke zu verstecken.
Empfindungen	Entspannungsübungen machen, um Nervosität zu überwinden. Wenn das Bedürfnis, zu rauchen, doch einmal die Oberhand gewinnt, zwischen den einzelnen Zügen Riechsalz inhalieren.
Vorstellungen:	Sich detailliert Empyeme, Herzkrankheiten, Krebs und andere Gesundheitsschäden vorstellen, die durch Rauchen verursacht werden. Sich wiederholt positive Bilder von guter Gesundheit vor Augen führen, die mit Nichtrauchen im Zusammenhang stehen.
Kognitionen:	Sich auf die Fakten über die Gefahren des Rauchens konzentrieren. Statistiken nachsehen und sie sich in Erinnerung rufen. Informationen von der staatlichen Krebshilfe anfordern. Versuchen, sich bei eventuellen Selbsttäuschungen zu ertappen, wie beispielsweise: "Es kriegt ja nicht jeder Krebs".
Interpersonal:	Anderen von den Gefahren des Rauchens erzählen. Erklären, daß ich gegen das Rauchen bin.
Biologisch:	Regelmäßig Sport treiben.

Dieser Klient brauchte weniger als einen Monat, um mit dem Rauchen aufzuhören, wobei er vorher drei Päckchen Zigaretten am Tag konsumiert hatte, und er hat seit mehr als drei Jahren nicht mehr geraucht.

Ich habe die Sprache des Profils, welches von dem Klienten selbst entworfen wurde, zwar leicht redigiert und umformuliert, aber die Techniken hatte er alle unabhängig aus seiner eigenen Lektüre zusammengestellt. Indem wir das Problem von sieben strategischen Punkten aus angegangen waren, hatten wir die Wahrscheinlichkeit erhöht, daß jede Technik die positiven Effekte der anderen noch verstärkt. Eine kontrollierte Studie von Garson (1978) hat darüber hinaus ebenfalls ganz klar die Überlegenheit einer Breitbandtherapie bei der Reduzierung von Zigarettenkonsum erwiesen, wobei seine Untersuchungen auch die Wirksamkeit der imaginativen Techniken bestätigten.

Wie ich schon erwähnt habe, ziehen es manche Menschen vor, sich auf ein oder zwei Modalitäten zu konzentrieren. Vom klinischen Standpunkt aus gesehen weisen unsere Nachuntersuchungen jedoch darauf hin, daß in den meisten Fällen die Wirkung von multimodalen Interventionen wesentlich dauerhafter ist. Selbst übergewichtige Individuen, deren anfänglicher Gewichtsverlust am besten durch ein konzentriertes Verhaltens- und Stimuluskontrollprogramm erzielt werden konnte, werden mit hoher Wahrscheinlichkeit wieder zunehmen, wenn verwandte Probleme quer durch das BASIC ID dabei unberücksichtigt bleiben.

Das Selbsthilfepotential der multimodalen Methoden ist gegenwärtig noch weitgehend unerschlossen, auch wenn die meisten KlientInnen keinerlei Schwierigkeiten hatten, das BASIC ID als Teil ihrer Hausaufgaben zu verstehen, es sich ins Gedächtnis zu rufen und anzuwenden. Es gibt außerdem ein Manual, mit Techniken zur Selbstkontrolle bei studentischen Minderheiten (Nieves 1978a), in dem ein multimodales Verfahren zur Selbst-Anamnese entwickelt wurde und in einer vergleichbaren Publikation (1978b) wird ein multimodales Selbsthilfeprogramm für eine erfolgreiche Ausbildung beschrieben.

Multimodale Paartherapie

Die meisten Therapeuten sind auf eine Eheberatung genauso schlecht vorbereitet wie die meisten Eheleute auf die Ehe" (Prochaska & Prochaska, 1978). Noch bis vor kurzem lag der Schwerpunkt bei fast allen Herangehensweisen an psychologisches Fehlverhalten, auf der Seite der Individuen, nämlich in dem Versuch, Konflikte und Kräfte innerhalb der Psyche der PatientInnen aufzuspüren. Dabei wurden interpersonale Prozesse als völlig abhängig von den Wirkweisen der individuellen Psyche betrachtet. Die psychoanalytische Beschäftigung mit intrapsychischen Pathologien trat auch in früheren Abhandlungen zur Eheberatung deutlich zutage, wobei anstelle des Paares die einzelnen PartnerInnen behandelt wurden (Mittleman, 1948).

Der Übergang von den jeweiligen EhepartnerInnen zur Paareinheit erfordert jedoch, im Gegensatz zur Betrachtung der individuellen Pathogenese mit einem Vergrößerungsglas, eine "Weitwinkellinse". Obwohl in den 60er Jahren schon einige TherapeutInnen Paare in gemeinsamen Sitzungen behandelten (so z.B. Brody, 1961; Haley, 1963; Satir, 1965), zogen die meisten PsychologInnen doch weiterhin eine *gleichzeitige* Therapie der *gemeinsamen* Paartherapie vor. Dabei sind so ziemlich alle möglichen Varianten von Kombinationen bei Paaren mit Problemen angewandt worden: der Partner bzw. die Partnerin wird als PatientIn identifiziert und beginnt eine Therapie, beide Eheleute suchen unterschiedliche TherapeutInnen auf, beide gehen in Einzelsitzungen zu demselben Therapeuten bzw. derselben Therapeutin, beide konsultieren manchmal, meistens oder immer zusammen denselben Therapeuten bzw. dieselbe Therapeutin, das Paar wird von Co-TherapeutInnen behandelt, die Eheleute besuchen verschiedene Gruppen oder aber auch dieselbe Paargruppe, oder Paare gehen zu gemischten Sitzungen mit unverheirateten Mitgliedern. Diese und viele andere Kombinationen sind ausprobiert worden, was von Prochaska & Prochaska (1978) folgendermaßen kommentiert wurde: "Es gibt keine hinreichend aussagekräftigen Untersuchungen darüber, ob das Arbeiten mit beiden Ehepartnern, entweder gleichzeitig oder gemeinsam, wirksamer ist als die Behandlung nur eines Partners in einer Einzeltherapie." Für eine multimodale Perspektive könnte dies heißen, sich weniger mit der allgemeinen Wirksamkeit der verschiedenen Strategien zu befassen, als mit den spezifischen Indikationen für ihre Anwendung. Einige Paare können unter Umständen größeren Nutzen daraus ziehen, wenn sie getrennt therapeutische Hilfe suchen; andere könnten sowohl gemeinsame Therapie als auch die individuelle Hilfe benötigen; während manchen eine zeitlich begrenzte Therapie helfen kann, mögen wieder andere dadurch entmutigt werden, usw. Die Aufgabe einer multimodalen Verhaltenserfassung ist es dabei, KlientInnen mit TherapeutInnen und der spezifischen Therapie, die er, sie, oder beide EhepartnerInnen benötigen, aufeinander abzustimmen.

Multimodale Vorgehensweisen in der Paartherapie

In dieser Abhandlung wird "Ehe" oder "ehelich" als Gattungsbegriff verwendet, um eine *intime Beziehung* zu beschreiben, in der zwei Menschen zusammenleben und miteinander verbunden sind, unabhängig davon, ob diese Beziehung nun rechtlich abgesegnet ist oder nicht. Bei mir sind auch schon viele unverheiratete Paare in "Eheberatung" gewesen, sowie einige homosexuelle Paare, die "Ehestreitigkeiten" hatten. Die dabei geltenden multimodalen Grundsätze unterschieden sich nicht von denen, die bei institutionalisierten Ehen angewandt werden.

In den vergangenen Jahren bestand ein Großteil meiner Klientel aus verheirateten Paaren, die wegen ihrer desolaten Beziehung Hilfe suchten. Die meisten kamen dabei mit dem Wunsch nach einer *Paartherapie*, in manchen Fällen hatte jedoch auch ein Partner bzw. eine Partnerin eine Einzeltherapie begonnen, die dann zu einer Eheberatung führte, nachdem in der *interpersonalen Modalität* signifikante dyadische Probleme zutage getreten waren. Normalerweise beginnt eine multimodale Paartherapie mit einem Erstgespräch, bei dem das Paar zusammen erscheint, um die Hauptprobleme zu besprechen. Beide PartnerInnen erhalten dann einen Fragebogen zur Lebensgeschichte (siehe Anhang 1), den sie mit nach Hause nehmen und dort unabhängig von dem oder der anderen ausfüllen können. Daraufhin wird mit beiden PartnerInnen jeweils eine Einzelsitzung arrangiert, um den ausgefüllten Fragebogen zu untersuchen und ein erstes Modalitätenprofil zu erstellen. Danach wird der Behandlungsablauf dann genau auf die jeweiligen Individuen und ihre je spezifischen, an die Beziehung herangetragenen Bedürfnisse zugeschnitten.

In diesem Buch habe ich immer wieder die Vorzüge von Flexibilität und Vielseitigkeit im Umgang mit verschiedenartigen Menschen betont. Auch in einer Paartherapie, die sich mit einem äußerst breiten Spektrum an unterschiedlichen Bedürfnissen, Lebensstilen, Gewohnheiten und partnerschaftlichen Verhalten befaßt, wird dies ganz offensichtlich. TherapeutInnen sollten in einer Paartherapie besonders darauf achten, den KlientInnen nicht ihre eigenen Erfahrungen aufzuzwingen oder sich auf ihre eigenen Ansichten oder Vorstellungen von einer glücklichen Partnerschaft zu berufen, wenn es um die Beurteilung der Funktionsfähigkeit einer anderen Ehe geht. So konnte sich beispielsweise eine Assistentin von mir, eine Feministin mit der festen Überzeugung ausgestattet, daß nicht gleichberechtigte Beziehungen zum Scheitern verurteilt seien, keine erfolgreiche Partnerschaft vorstellen, in der ein/e PartnerIn (besonders die Frau) untergeordnet war. Auf der anderen Seite habe ich männliche Kollegen sagen hören, daß jeder Mann, der mit einer dominanten Frau verheiratet sei, in ständiger Kastrationsangst leben müsse. Tatsächlich gibt es jedoch durchaus Männer, die in einer Beziehung, in der die Frau das Sagen hat, aufzublühen scheinen. Umgekehrt gibt es auch Frauen, die sich in einer Verbindung mit einem Mann entfalten und aufleben können, indem sie ihn bewundern, respektieren und bedienen. Die Aufgabe eines Therapeuten oder einer Therapeutin ist es dabei nicht, die eigenen Vorurteile zu projizieren, sondern herauszufinden, was für die ihnen präsentierte Paarbeziehung am besten ist.

Eine Paartherapie fordert KlinikerInnen drei Programme ab, die sie gleichzeitig entwickeln und beobachten müssen: zwei für die beiden Individuen und eines für die Beziehung. Diese umfangreiche Aufgabe wird durch die Konstruktion von Modalitätenprofilen sehr vereinfacht, wie das folgende Fallbeispiel zeigt.

Der Fall von Herrn und Frau R.: Vom Zweikampf zu gegenseitiger Zuwendung

Als Frau R. mich telefonisch um einen ersten Termin bat, tat sie dies mit den Worten: "Um ehrlich zu sein glaube ich, daß wir eigentlich einen Rechtsanwalt zu Rate ziehen sollten, aber ich bin bereit, meinem Mann noch eine letzte Chance zu geben". Herr und Frau R. waren 38 bzw. 34 Jahre alt; er arbeitete als Bauunternehmer, sie unterrichtete an einem Gymnasium Kunst und Werken. Sie waren beide groß, übergewichtig und extrem lautstarke Menschen. In den ersten Minuten unseres Erstgesprächs begann Herr R., den ganzen Berufsstand der Psychotherapeuten in Zweifel zu ziehen, wobei er auch persönlich beleidigend wurde. Frau R. begann daraufhin, zu meiner Verteidigung, ihren Mann anzuschreien. Um ihr anfängliches Spiel zu durchkreuzen und die Triangulation zu durchbrechen sagte ich: "Als Paar sind Sie ja wirklich ein schauriges Schauspiel! Ich nehme an, wir veranstalten hier eher eine Scheidungs- als eine Eheberatung." [1] Der kurze Augenblick erfrischender Stille wurde gleich daraufhin von Frau R. wieder gebrochen, die fortfuhr, Herrn R. anzuschreien, etwa in den folgenden Worten: "Ich wollte, verdammt noch mal, schon lange raus aus dieser Beziehung, und das weißt Du ganz genau. Wir verschwenden hier nur Zeit und Geld. Vielleicht kann uns Dr. Lazarus ja einen guten Scheidungsanwalt nennen." Herr R. sank daraufhin in seinem Stuhl zusammen, sah sehr beklommen aus und murmelte leise: "Oh, sicher. Ja, Liebling. Mhm. Ganz sicher." Frau R.s Stimme wurde lauter. "Ich mache keine Witze, das ist mein voller Ernst. Ich kann Dich in meinem Leben nicht mehr brauchen." Daraufhin bekam Herr R.s Stimme wieder ihren schneidenden Tonfall und er sagte: "Dann sieh Dir doch nur mal an, wie gut es Deiner Freundin Phyllis damit geht. Und wie steht's mit Evelin?" Danach fügte Herr R. hinzu, indem er sich mir zuwandte: "Sie glaubt, daß die Männer bei ihr Schlange stehen würden, daß sie bald mit einem exotischen Prinzen verheiratet wäre, der sie aus all dem hier herausholen würde." Frau R.s Ärger wuchs. "Ich habe Dir schon hundertmal gesagt, daß ich nie wieder heiraten würde. Dieses eine Mal reicht mir für den Rest meines Lebens." Ich sah Frau R. an und sagte: "Ich nehme an, daß sie dieses 'Lassen-wir-uns-scheiden'-Spielchen schon ziemlich oft gespielt haben." Sie erwiderte: "Was habe ich Ihnen am Telephon gesagt?", worauf ich entgegnete: "Sie haben gesagt, sie seien der Meinung, daß sie eigentlich eher einen guten Scheidungsanwalt bräuchten." Indem ich Herrn R. anschaute, fügte ich außerdem noch hinzu: "Vielleicht hat sie recht", woraufhin er eine wortreiche Tirade über die Unvernunft seiner Frau vom Stapel ließ.

---

1 Wenn ich während des Erstgesprächs von einem oder beiden Partnern angegriffen werde, dann scheint es mir hilfreich zu sein, eine massive und ziemlich unempathische Position zu beziehen. Streitsüchtige Paare neigen oft dazu, empathische Reaktionen der Therapeuten als Schwäche auszulegen.

Bei der Suche nach irgendwelchen positiven Merkmalen, stieß ich auf die Tatsache, daß beide zugaben, der bzw. die jeweils andere sei ein liebevoller und herzlicher Vater bzw. genausolche Mutter. Beide gaben an, daß die drei Kinder im Zentrum ihrer Zuneigung und ihrer Verbundenheit stünden. Im Fragebogen zur Zufriedenheit in der Partnerschaft (siehe Anhang 3) erreichte Herr R. 58 von 120 möglichen "Zufriedenheitspunkten", Frau R. dagegen nur 51. (Ich habe festgestellt, daß im allgemeinen eine Punktzahl von 60 oder weniger ein sehr niedriges Niveau an Zufriedenheit in der Partnerschaft bedeutet.) Es war jedoch offensichtlich, daß trotz Frau R.s Drohungen und Beteuerungen keiner von beiden wirklich eine Scheidung wünschte. Für Herrn R. bedeutete diese Vorstellung ganz klar eine Bedrohung, und Frau R. tendierte dazu, einen Rückzieher zu machen, sobald sie fühlte, daß sie mit ihren Vorschlägen zu weit gegangen war. Unabhängig von den zahlreichen Turbulenzen und ihren niedrigen Ergebnissen bezüglich der Zufriedenheit in der Partnerschaft hatte ich den Eindruck, daß zwischen den beiden eine potentiell funktionierende Ehe möglich wäre, wenn es gelänge, die meisten ihrer negativen Spiele und Zusammenstöße zu reduzieren. Ich teilte diesen Eindruck dem Paar in ungefähr den folgenden Worten mit: "Ich gehöre überhaupt nicht zu jenen sentimentalen Schwärmern, die der Überzeugung sind, daß die Ehe an sich eine heilige Institution sei, die um ihrer selbst willen aufrechterhalten werden sollte. Ganz im Gegenteil. Ich würde nicht zögern, jemanden zu einer Trennung zu ermutigen, wenn meinem fachlichen Urteil nach in dieser Ehe die Zufriedenheit beider Partner nicht gewährleistet werden kann. In Ihrem Fall bin ich jedoch der Ansicht, daß Ihre Ehe es wert ist, erhalten zu werden, auch wenn sie einige Ecken und Kanten haben mag. Lassen Sie mich aber hinzufügen, daß ich Ihnen, falls Sie hierin nicht mit mir übereinstimmen und wirklich eine Scheidung wünschen, gerne helfen werde, eine harmonische Scheidung in die Wege zu leiten." Durch diese Worte hatte ich den mir gegenüber ehemals feindlich eingestellten Herrn R. auf meine Seite gebracht, da dessen antagonistische Haltung mir gegenüber auf der Befürchtung aufgebaut gewesen war, daß ich seine Ehe zerstören würde. Frau R. fragte nur sanft und zustimmend: "Glauben Sie wirklich, daß wir es schaffen könnten?"

Meine Bitte, den Fragebogen zur Lebensgeschichte vollständig auszufüllen, wurde zunächst von Herrn R. verweigert; die Bereitschaft dazu erhöhte sich jedoch beträchtlich, als ich andeutete, daß sein Mangel an Kooperation dazu führen könne, daß ich die Funktionsfähigkeit ihrer Ehe erneut in Frage stellen müßte. Ich sah Herrn und Frau R. dann noch jeweils zweimal alleine, bevor ich das Gefühl hatte, genügend Informationen zur Erstellung ihrer Modalitätenprofile erlangt zu haben. Im wesentlichen hatte Herr R., obwohl er großzügig mit Geld und Eigentum umging, kaum eine Ahnung von emotionalem Austausch oder innigem Zusammensein. Im Grunde genommen war er sehr unsicher und seine Vorstellungen, verlassen zu werden, waren mit Erinnerungen mütterlicher Zurückweisung verknüpft (seine Mutter hatte seinen Vater verlassen, als Herr R. 12 Jahre alt war.) Da er Essen als Gegenmittel dazu einsetzte, verschlechterte sich sein negatives Körperbild immer mehr. Er hatte zwar Bekannte, jedoch keine Freunde, und seine interpersonalen Fähigkeiten waren auf die Männer beschränkt, die für ihn arbeiteten und zu denen er ein gutes Verhältnis hatte.

Frau R. war in einer Familie aufgewachsen, in der beide Eltern KünstlerInnen waren und in relativer Armut lebten. Sie war eine Frau, die einerseits zu wilden Temperamentausbrüchen, andererseits zu Depressionen neigte. Zum einen bewunderte und begrüßte sie zwar das finanzielle Geschick von Herrn R., stellte sich jedoch zum anderen auch vor, mit "Künstlern, Autoren, Musikern und Intellektuellen" Umgang zu pflegen. Sie hatte eine kurze Affäre mit einem Erzieher aus der Nachbarschaft gehabt, wurde dabei jedoch derart von Schuldgefühlen und Angst verzehrt, daß sich bei ihr während dieser Zeit anhaltende Magen-Darm-Störungen entwickelten.[2] Sie hatte mehrere gute FreundInnen, mit denen sie sich öfter zum Tennis und Bridge traf.

Zu diesem Zeitpunkt waren also schon viele vage und allgemeine Indikationen bezüglich der persönlichen und interpersonalen Unzufriedenheit der beiden EhepartnerInnen zusammengetragen worden. Würde sich nun beim Durchgehen ihrer Fragebogen zur Lebensgeschichte und der Erstellung ihrer Modalitätenprofile eine klare Behandlungsstrategie abzeichnen?

MODALITÄTENPROFILE

	Herr R.	Frau R.
Verhalten	mehr Bewegung und Freizeitaktivitäten Mäßigung im Eßverhalten Die Zeit der erfreulichen und entspannten Zusammenkünfte mit seiner Frau verlängern	weniger Geschrei und Angriffe Erhöhung der Häufigkeit des Lobs und der Komplimente für ihren Mann Aufhören, Sex als eine Waffe zu benutzen
Affekte	Angst (versucht, sie hinter Ärger zu verstecken)	Feindseligkeit (als Hilfeschrei) von Zeit zu Zeit Depressionen
Empfindungen	Benutzt Müdigkeit und Abgespanntsein, um Verpflichtungen zu entgehen	Mag körperliche Anstrengungen
	Hat kein Verständnis für Kunst, jedoch visuell angesprochen durch Neubauten und Architektur	Sehr für künstlerische Eindrücke empfänglich - ein visueller Mensch
	Begrenzte sinnliche und sexuelle Wahrnehmung	Begrenzte sinnliche und sexuelle Wahrnehmung

2 Es gibt TherapeutInnen, die es für unklug halten, derartige Informationen dem Partner vorzuenthalten. Sie scheinen unter dem Zwang zu leiden, Geständnisse abzufordern und drängen ihre KlientInnen dazu, ihren PartnerInnen gegenüber jeglichen Akt der Untreue zu beichten. Ich habe schon öfter beobachten müssen, daß durch solche "zwanghaften Geständnisse" enormes Unheil entstanden ist.

Vorstellungen	Thema mütterliche Zurückweisung Negatives Selbstbild (übergewichtig)	Romantische Phantasien Vorstellungen, eine berühmte Künstlerin zu sein
Kognitionen	Stereotypes Denken - starre Vorstellungen davon was eine Frau sein und tun sollte, wie Mutterpflichten und die Rolle eines erfolgreichen Bauunternehmers aussehen	Eine Tendenz, die Rolle ihres Ehemanns mit der ihres Vaters zu verwechseln eine starke Anspruchshaltung, verwöhnt zu werden
Interpersonal	keine Freunde keine Vertrauten Unfähig, mit seiner Frau anders umzugehen, als sich zurückzuziehen und sie anzugreifen	Enge Freunde und Vertraute Benutzt Stimmungen und Wutanfälle, um ihren Mann unter Kontrolle zu bringen
Biologisch	Sollte sich besser ernähren	Möchte mit dem Rauchen aufhören

Nach einer Erörterung dieser detaillierten Modalitätenprofile, entschloß sich das Paar, zunächst mit drei spezifischen und klaren Zielen zu beginnen: 1) Aktivitäten zu finden, denen sie gemeinsam nachgehen konnten, 2) ihr Sexualleben zu verbessern und 3) ihre kognitiven Diskrepanzen und unterschiedlichen Erwartungen zu überwinden. Dabei bot schon das Vorstellen der vorläufigen Profilentwürfe Gelegenheit, einige konstruktive Kommunikationskanäle zu eröffnen. So argumentierte Herr R. beispielsweise: "Es ist schwierig, jemanden zu verwöhnen, wenn man dafür angebrüllt wird", woraufhin Frau R. in Tränen ausbrach und Herr R. sehr fürsorglich reagierte. Im allgemeinen wird immer angenommen, daß die subjektive Zufriedenheit und gegenseitige Zuneigung in einer Ehe sich in dem Maße erhöht, wie das beobachtbare Ausmaß, die Häufigkeit und die Dauer einer positiven Balance verstärkt werden. Die Verstärkung von wünschenswerten und belohnenden Verhaltensweisen kann dafür sorgen, solche Prozesse wie unangebrachte Konkurrenz, Machtkämpfe und andere Aspekte der zwanghaften Kontrolle zu unterlaufen. Das grundlegende Ziel einer Paartherapie besteht immer darin, mehr Zufriedenheit und weniger Leid innerhalb der Partnerschaft zu erzeugen.

Anfänglich folgten die gemeinsamen Sitzungen einem sich wiederholenden Muster. Frau R. war die Anklägerin, die Angreifende, und Herr R. verteidigte seine Position, wurde schließlich wütend und griff seinerseits an. Bei solchen Interaktionen kann es oft nützlich sein, eine kurze 'Gardinenpredigt' zu halten. Zu diesem Zweck händigte ich den beiden PartnerInnen drei Exemplare eines maschinengeschriebenen Zettels mit der Überschrift "Sieben Grundregeln" aus, auf denen die folgenden Anweisungen standen:

1. Achte darauf, niemals die ganze Person zu kritisieren, höchstens einen spezifischen Aspekt ihres Verhaltens.
2. Begehe keine geistige Vergewaltigung (d.h., erzähle einem anderen Menschen nicht, was er oder sie zu denken oder zu fühlen hätte).
3. Vermeide die Redewendungen "Immer..." oder "Nie...", mache lieber genaue Angaben.
4. Vermeide die Kategorien richtig-falsch, gut-schlecht. Wenn es irgendwelche Meinungsverschiedenheiten geben sollte, suche nach Kompromissen.
5. Verwende "Ich habe das Gefühl-" anstelle von "Du bist-" Botschaften. Sage beispielsweise: "Es verletzt mich, von Dir nicht beachtet zu werden!" Sage nicht: "Du bist egozentrisch und gedankenlos, weil Du mich ignorierst."
6. Sei ehrlich und direkt. Sage, was Du meinst, und meine, was Du sagst.
7. Ich bin okay, Du bist okay. Ich bin wichtig, Du bist wichtig.

Nachdem ich die einzelnen Punkte erläutert hatte, gab ich Herrn R. eine Kopie für seine Brieftasche, Frau R. eine für ihre Handtasche sowie eine weitere, die sie sich Zuhause an den Kühlschrank hängen sollten.

Beide PartnerInnen beklagten sich darüber, daß es ihnen praktisch unmöglich sei, sich über etwas auseinanderzusetzen, ohne gleich handgreiflich zu werden. Es war schon öfters vorgekommen, daß Frau R. ihren Mann geohrfeigt, getreten, gebissen und ihm Rippenstöße versetzt hatte, und ein- oder zweimal hatte er auch zurückgeschlagen. Daraufhin unterwies ich beide PartnerInnen im Gebrauch der Technik *zeitlich begrenzte Kommunikation* (siehe Anhang 2) und riet ihnen, dies mindestens dreimal pro Woche zu üben. Abgesehen davon arrangierte ich auch einige Einzelsitzungen für Herrn und Frau R. Ich wollte Herrn R. vermitteln, den Ärger seiner Frau als ein Signal für Schmerz zu verstehen. Durch Rollenspiele hoffte ich, ihn dazu zu befähigen, eine Reihe von emotional unterstützenden Bemerkungen und nicht-defensiven Reaktionen zu entwickeln. Außerdem wollte ich das volle Ausmaß von Frau R.s depressiven Affekten herausfinden (und entschloß mich gegen eine Überweisung, bei der sie Antidepressiva bekommen hätte, da sie meines Erachtens nach nicht unter explizit affektiven Störungen litt, keinerlei Merkmale von biologischen Komplikationen aufwies und Medikamenten gegenüber sehr kritisch eingestellt war). Ich verwendete auch mehrere Sitzungen auf ein Selbstbehauptungstraining, um ihre aggressiven Ausfälle zu mildern. Hier möchte ich einen dabei geführten, typischen therapeutischen Dialog wortgetreu wiedergeben:

T: Nehmen wir mal die Szene des Sonntags, an dem Sie den ganzen Tag herumgelaufen sind. Sie sind von den ganzen Pflichten, die Sie erledigt haben, ausgelaugt, erschöpft und zum Zerreißen gespannt. Sie haben alles angerichtet...
K: Oh ja, ich mußte ein großes Frühstück servieren.
T: Richtig, Sie haben also das Frühstück gemacht...
K: Und ich habe aufgeräumt und ich war gerade fertig mit dem Aufräumen vom Abend vorher.
T: Ja, sie hatten eine Menge zu tun.
K: Und ich war einkaufen!

T: Richtig. Sie waren also einkaufen und sie haben all diese hausfraulichen und mütterlichen Aufgaben erledigt und kommen sich dabei ziemlich ausgenutzt vor. Jetzt kommen Sie nach Hause und was sagt Ihr Mann?

K: Daß dieser Bob von einem der Architektenbüros einen jungen Mann mitbringt, damit er unsere älteste Tochter kennenlernen kann.

T: Und was denken Sie?

K: Ich denke, lieber Himmel, der tut das doch, um sein Selbstbild aufzupolieren. Er wird diesen Jungen dazu benutzen, sich bei dem Architekten einzuschmeicheln. Ich meine, was soll denn das, mir so etwas für Sonntag abend um 19.30 Uhr aufzuhalsen, wenn ich gerade um 18.15 Uhr zur Tür reinkomme. Ich bin todmüde, ich habe gerade Millionen von Mark ausgegeben, was mich mal wieder völlig fertig macht; das Einkaufszentrum war bescheuert; ich bin von diesen ganzen Bauern herumgestoßen worden; ich bin völlig genervt und keiner hat das Abendessen vorbereitet - keiner hat den Tisch gedeckt, um Himmels willen, es würde nie jemandem einfallen, so was zu tun - und dann überfällt er mich noch mit solchem Zeugs!

T: Nun, wissen Sie, wenn Sie ihm das so sagen würden, dann wäre das eine ziemlich aggressive Reaktion, die mit größter Wahrscheinlichkeit eine defensive Reaktion bei ihm hervorrufen würde. Mit anderen Worten, wenn Sie sagen: "Himmel! Warum zum Teufel tust Du mir das an, bla, bla, bla..."

K: Das habe ich überhaupt nicht gesagt!

T: Das weiß ich...

K: Ich habe versucht, damit locker umzugehen.

T: Ich will damit ja auch bloß sagen, daß es nichts gebracht hätte, wenn Sie das zu ihm gesagt hätten. Also gut, jetzt würde ich gerne die Rolle ihres selbstsicheren Ichs übernehmen, während Sie versuchen sollen, Ihren Ehemann zu spielen. Okay? Also, nehmen Sie an, ich sei jetzt Frau R.

K: In Ordnung.

T: (im folgenden Frau R. spielend) "Ah! Weißt Du Liebling, ich fühle mich so ausgenutzt, daß ich wirklich wünschte, Du würdest mir dies nicht jetzt auch noch aufladen. Ich bin ziemlich fertig.

K: (im folgenden Herrn R. spielend) Ich weiß wirklich nicht, warum Du so fertig bist. Lieber Himmel, was hast Du denn schon den ganzen Tag gemacht? Also weißt Du, ich hab' Peter zum Zug gebracht, und alles was Du währenddessen machen mußtest, war einkaufen gehen und etwas für Michael besorgen, was ist da schon groß dran?

T: Laß mich bitte auch mal was sagen. Weißt Du, wenn Du sowas behauptest, dann komme ich mir wirklich ausgenutzt und unwichtig vor. Ich habe das Gefühl, Du willst mir zu verstehen geben, daß ich überhaupt nichts zähle, besonders wenn Du andeutest, daß ich den ganzen Tag nichts getan habe. Ich bin sicher, daß es Dir klar ist, was ich für einen hektischen Tag gehabt habe.

K: Aber es wird doch schließlich von Dir erwartet, daß Du diese Dinge tust. Du bist doch eine Mutter. Werd' doch endlich einmal erwachsen und akzeptiere die Tatsache, daß es Deine Sache ist, etwas zu besorgen wenn Michael zu Hause ist und etwas will. Du bist ja schließlich seine Mutter.

T: Ich habe daß Gefühl, daß du mir gerade eine Predigt hältst. Du verstehst überhaupt nicht, wie ich mich fühle, Du bekommst überhaupt nicht mit, was ich Dir sagen will. Ich versuche, Dir mitzuteilen, wie ich mich gerade fühle, daß ich alle meine mütterlichen Pflichten erfüllt und mich vor keiner gedrückt habe, das mache ich nie, glaube ich, aber trotzdem fühle ich mich ausgenutzt und stecke voller Vorwürfe.

K: Du solltest Dich nicht so fühlen. Es ist bloß eine chaotische Phase gerade. Ich meine, ich bin müde, und dann noch dieser ganze Mist im Büro. Ich meine, Du weißt, daß David diese Versicherungsprüfung hat und diesen ganzen Kram, und den ganzen Druck, der deswegen auf mir lastet, und ich meine, weißt Du, wir sind doch alle unter Druck. Deswegen meine ich, Du würdest es uns einfacher machen, wenn Du einfach nicht darüber reden würdest.

T: Weißt Du, wenn Du mir vorschreibst, ich sollte mich nicht so fühlen, wie ich mich nun mal fühle, und mir erzählst, daß Du auch unter Druck stehst, als ob ich mich dann weniger unter Druck fühlen würde, dann hilft mir das alles relativ wenig. Weißt Du, was wirklich hilfreich wäre? Wenn Du zu mir gesagt hättest: "Liebling, ich weiß, es war ein harter Tag für Dich, und Du hast es ganz toll geschafft, und es tut mir leid, Dir dies jetzt auch noch aufzubürden, wie kann ich Dich dafür entschädigen? Ich habe das Gefühl, daß ich Dir etwas Besonderes schuldig bin, weil Du das für mich tun wirst, auch wenn es ein harter Tag war, und ich weiß es wirklich zu schätzen."Wenn Du so mit mir reden würdest, mein Lieber, dann würde ich vielleicht Deine Schuhe für Dich polieren und mich darüber auch noch freuen."

K: (Pause, aus ihrer Rolle fallend) Ich weiß nicht, was er dann sagen würde. (Lacht) Ich habe keine Ahnung.

T: Aber sehen Sie, das, worauf ich dabei hinauswill, ist sehr, sehr wichtig. Sie sollten diese Komponente ganz genau beachten. Sie haben nicht nur die Gefühlsbotschaft vermittelt, was einen Teil ihrer Selbstbehauptung darstellt, sondern Sie haben Ihrem Partner auch, als er nicht in der von Ihnen gewünschten Weise darauf reagiert hat, mitgeteilt, wie Sie es gerne hätten oder wie er Ihrer Vorstellung nach in Zukunft reagieren sollte.

K: In anderen Worten, Sie haben ihn fast geführt.

T: Richtig. Sie sagen: "Mensch, wenn Du nur dieses gesagt hättest, oder wenn Du es so ausgedrückt hättest, dann wäre ich in der Lage gewesen, es auch zu hören und auch eher dazu bereit, mitzumachen. Aber wenn Du mir mit diesem 'Stell dich nicht so an, es ist deine mütterliche Pflicht' kommst oder mit diesem 'Ich bin auch unter Druck' oder wenn Du mir mit diesem 'was zum Teufel machst du denn den ganzen Tag mit deiner Zeit?' gegenübertrittst, dann verliere ich einfach den Kopf. Und wenn Du willst, daß ich richtig reagiere, dann mußt Du es eben auf diese Weise sagen." Dann weiß er Bescheid.

K: Ich verstehe. Hm, das muß ich wohl wirklich tun...

T: Lassen Sie uns jetzt noch einmal die Rollen tauschen. Dieses Mal spiele ich Ihren Mann und Sie versuchen, mit mir selbstsicher anstatt aggressiv umzugehen...

Eine äußert hilfreiche Strategie bei der Behandlung von Herrn und Frau R. war das, was Palazzoli, Cecchin, Prata und Boscolo (1978) als das *Prinzip der positiven Konnotation* bezeichnen. Bei der Verwendung dieser Strategie versucht man, für *jegliches* Verhalten eine positive oder wohlmeinende Begründung zu finden. Bei der Untersuchung der Kognitions- und Vorstellungs-Modalitäten von Herrn und Frau R. wurde klar, daß beide tief davon überzeugt waren, wertvolle Menschen zu sein. Deshalb sagte ich jedesmal, wenn sie die Dialogübungen sabotierten oder sonstige Aspekte der Therapie untergruben: "Lassen Sie uns nach dem positiven Grund suchen, der hinter dieser Handlung steht. Mir ist klar geworden, daß es jedesmal, wenn einer von Ihnen auf anscheinend niederträchtiges oder unkooperatives Verhalten zurückgreift, auf eine gute, aber fehlgeschlagene Absicht zurückzuführen ist." Durch diese therapeutische Doppelbindung (Watzlawick, 1978) schien die volle Kooperation beider PartnerInnen gewonnen zu sein, welche wir uns dann bei den folgenden Übungen zum Fokussieren von Empfindungen zunutze machten, um ihr Sexualleben zu verbessern (Masters & Johnson, 1970) und später dann auch bei der Erörterung besonderer Aktivitäten und Interessen, denen sie gemeinsam nachgehen konnten.

Schließlich kamen wir durch ihre regelmäßige Übung der zeitlich begrenzten Kommunikation auch noch zu der äußerst hilfreichen Erkenntnis, daß Herr und Frau R. beide dazu tendierten, die nonverbalen Signale des bzw. der anderen falsch zu interpretieren. Ich betonte dabei immer wieder: *"Bloß, weil man traurig, verärgert, müde oder gelangweilt scheint, muß das noch lange nicht heißen, daß man sich auch wirklich so fühlt".* Sie bekamen also genaue Anweisungen, wie sie ihre eigenen Gefühle verbalisieren und die Stimmung des anderen herausfinden könnten, anstatt voreilig falsche Schlüsse zu ziehen.

Ich arbeitete mit Herrn und Frau R. in siebenundzwanzig Sitzungen über eine Zeitspanne von zehn Monaten an den hier beschriebenen Verfahren - dreizehn gemeinsame Sitzungen, acht Einzelsitzungen mit Frau R. und sechs Sitzungen mit Herrn R. Es wurden dabei signifikante Fortschritte erzielt - beide gaben an, daß sie ein persönliches und sexuelles Zusammengehörigkeitsgefühl erleben würden - und diese Ergebnisse waren auch dreieinhalb Jahre später noch deutlich erkennbar. Ich habe den Fall von Herr und Frau R. relativ ausführlich geschildert, weil er für die multimodale Paartherapie ausgesprochen typisch ist. Das Denken in BASIC ID-Begriffen erleichterte die Identifizierung von zentralen Differenzen und entscheidenden Konflikten, die dann im Mittelpunkt der therapeutischen Aufmerksamkeit standen. Da das Paar innerhalb der Beziehung über eine ausreichende emotionale Basis verfügte und sie sich wieder einander zuwandten, wurden sie durch eine Verbesserung der am meisten gestörten Verhaltensweisen wieder auf einen gangbaren Weg zurückgeführt und dazu befähigt, ihre individuellen Strategien der Selbstkorrektur und des Eigenantriebs zu entwickeln. Sager (1976) stellte fest, daß "die Disharmonie in einer Ehe gewöhnlich von ein paar Hauptthemen bestimmt wird". Wie auch sonst wird in einer multimodalen Herangehensweise genauso bei einer Paartherapie von einem ausgesprochen individuellen Ansatz ausgegangen. Es wird nicht danach gefragt, ob man Paare getrennt oder zusammen behandeln sollte, ob Co-TherapeutInnen herangezogen, Paare in einer Gruppentherapie behandelt oder andere Familienmitglieder befragt werden sollten - wir fragen uns dabei einfach, wann und ob irgendeine dieser Strategien sich in einem gegebenen Fall als wirksam erweisen könnte. Meiner Meinung nach sind allgemeine Fragen wie: Ist eine Paartherapie in der Gruppe einer gemeinsamen Therapie beider PartnerInnen überlegen? vollkommen irrelevant. Wir sollten uns lieber fragen: Wann und für wen ist eine gemeinsame Gruppentherapie besser geeignet als eine gemeinsame Einzeltherapie? Gurman (1973) konnte beim Vergleich der Fortschritte, die bei einer weiten Spanne von Ansätzen in der Paartherapie erreicht wurden, keinen Beweis dafür finden, daß mit Co-TherapeutInnen bessere Ergebnisse erzielt worden wären als mit EinzeltherapeutInnen. Auch hier würde unsere Fragestellung eher lauten: "Unter welchen Umständen sind mit Co-TherapeutInnen bessere Ergebnisse zu erzielen?" Bei manchen Paaren, mit denen ich gearbeitet habe, forderte die Ehefrau ausdrücklich die Anwesenheit einer Co-Therapeutin. In anderen Fällen habe ich die Hilfe von Co-TherapeutInnen vorgeschlagen, wenn nur zögerliche Fortschritte zustande gekommen waren. Vor vielen Jahren hat auch Allport (1937) schon einmal betont, daß es auf psychologischem Gebiet keine "allgemeingültige Meinung" gibt, sondern nur "einzelne, konkrete Meinungen, von denen jede einzelne für sich spezifische Probleme aufweist".

Mehrere Paare, denen ich beigebracht habe, die Zündfolge der einzelnen Modalitäten (Kapitel 5) bei sich zu erkennen, haben dies als besonders hilfreich empfunden, um ein tieferes Verständnis vom anderen zu bekommen. Eine Frau berichtete: "Wenn John schlechter Laune war, dann habe ich das meistens persönlich genommen. Jetzt dagegen bitte ich ihn, mir seine Gedanken und Vorstellungen mitzuteilen... Sie haben ja so recht, er fängt wirklich an, sich aufzuregen, wenn ihm negative Gedanken kommen und er sich schreckliche Ereignisse vorstellt, das macht ihn dann nervös und versetzt ihn in schlechte Laune. Inzwischen bin ich in der Lage, ihm in solchen Situationen zu helfen, diesen Kreis zu durchbrechen, und er ist dazu fähig, für mich dasselbe tun, wenn ich auf einen meiner Kopfschmerzanfälle zusteuere." Ähnliches erzählte mir ein Paar, das über "Kommunikationsbarrieren" geklagt hatte, nämlich daß das BASIC ID-Profil für die beiden eine höchst produktive Methode darstellte, um wichtige und gedeihliche Gespräche in Gang halten zu können. "Bevor wir zu Ihnen gekommen sind, ist uns öfter der Gesprächsstoff ausgegangen. Ich habe Mildred vielleicht von einer Idee erzählt oder sie hat mir ein Gefühl mitgeteilt, und wir hätten die Bemerkungen des jeweils anderen vielleicht auch bestätigt, aber dabei blieb es dann auch. Wenn wir uns jetzt dagegen etwas erzählen, dann reden wir über all die Verhaltensweisen und Gefühle und Gedanken und Bilder, und tatsächlich verstehen wir uns selbst und einander dabei viel besser."[3]

Verträge und andere Methoden

Bei einer Paartherapie, genau wie in der Einzeltherapie auch, kann am meisten erreicht werden, wenn man über eine große Bandbreite von Methoden verfügt: Angefangen von ganz mechanischen Tricks bis hin zu phänomenologischen Tief-

[3] Petersons Arbeiten (1977, 1979) fügen sich dazu gut in einen multimodalen Ansatz ein. Er hat weitreichende Untersuchungen angestellt und eine multidimensionale Methode entwickelt, um bedeutungstragende Reaktionseinheiten identifizieren zu können, mit der sich interpersonale Elemente kennzeichnen lassen, insbesondere partnerschaftliche Interaktionen. Er untersuchte dabei sowohl das sichtbare Verhalten als auch kognitiv-verbale und affektive Komponenten.

gründigkeiten, verfügt. In vielen Fällen sprechen Paare sehr positiv auf den Einsatz von besonderen Belohnungen an. So können sich die PartnerInnen beispielsweise gegenseitig verschiedenfarbige Spielchips geben, um ihre positiven oder negativen Reaktionen auf bestimmte Geschehnisse hin auszudrücken (Stuart, 1969). Wenn beispielsweise einer Partnerin etwas, was der Partner tut, besonders gefällt, dann kann sie ihm als anerkennendes Zeichen einen roten Chip geben. Ein gelber Chip könnte dann etwas geringere Zustimmung ausdrücken und ein blauer kann für Mißbilligung oder Ablehnung stehen. Alle 48 Stunden oder vielleicht auch am Ende jeder Woche zählen die PartnerInnen ihre Chips. Ein Übergewicht an roten und gelben Chips kann dann für eine besondere Belohnung eingetauscht werden (etwa ein Abendessen in einem Restaurant, ein Picknick außer der Reihe, etc.), wohingegen eine Dominanz von blauen Chips entschädigende Konsequenzen nach sich ziehen würde (z.B. Haushaltspflichten, der Besuch weiterer Therapiesitzungen, etc.). Manche Menschen lehnen derartig mechanische Verfahren zwar ab, aber ich habe auch schon mit vielen Paaren gearbeitet, die sie sehr nützlich fanden. Wie schon in Kapitel 8 erwähnt, besteht eine Möglichkeit, um herauszufinden, ob die Anwendung einer solchen Strategie sinnvoll ist, darin, diese den KlientInnen zunächst vorzustellen.

Bei manchen Paaren kann es auch vorkommen, daß sich entweder ein oder beide PartnerInnen gegen jegliche Form von Vertrag sperren. "Eine *Übereinkunft* zu erzielen", versicherte ein Ehemann, "ist ja durchaus notwendig und verständlich, aber *Verträge* sind etwas für Fremde, nicht für Liebende." Eine Rechtsanwältin äußerte dazu: "Ein fester Vertrag mit Belohnungen und Sanktionen mag ja in der Wirtschaft ausgesprochen wichtig sein, aber so etwas gehört doch wohl kaum in eine Ehe... Dadurch wird das Konzept 'Partnerschaft' von Liebe und Fürsorge getrennt und durch einen Kuhhandel ersetzt." Meiner Ansicht nach kann die gezielte Benutzung von Verträgen innerhalb einer Beziehung zwar keine grundsätzlichen Probleme lösen, aber sie wird durchaus ein Mittel abgeben, um positive Reaktionsmuster in Gang zu setzen, woraufhin dann fundamentalere Probleme in Angriff genommen werden können. Ein Problem, das sich durch ein fehlendes bestimmtes Grundvertrauen ergibt, wird sich natürlich nicht einmal ansatzweise dadurch lösen lassen, daß man feststellt, wann das Geschirr gespült wird und von wem, aber diese an sich nichtssagenden Details können oft als nützliche Startpunkte für kooperative Interaktionen dienen. Im großen und ganzen stimme ich hierin mit Postman (1976) überein, der fragte: "Kann sich wirklich jemand vorstellen, daß eine überlastete Hausfrau, nachdem es ihr nicht gelungen ist, ihren Ehemann davon zu überzeugen, daß sie seine Hilfe braucht, einen Vertrag aus der Schublade zieht und darauf besteht, daß er entweder die Bedingungen zu erfüllen hat oder mit gerichtlichen Konsequenzen rechnen müßte? Sollte dies der Fall sein, dann ist das keine Ehe mehr, sondern das Ende einer Ehe."

Bei der Ausarbeitung eines solchen Vertrages ist es im allgemeinen besser, eher auf die Verstärkung positiver als auf die Reduzierung unerwünschter Verhaltensweisen abzuzielen (Weiss, 1978). Wir bemühen uns also, zwanghafte Kontrolle und andere aversive Strategien abzubauen, indem wir statt dessen die Tugenden positiver Verstärkung im Umgang miteinander betonen. "Nur allzu oft sind unglückliche Partner mit der gegenseitigen Bestrafung unerwünschter Verhaltensweisen viel zu schnell bei der Hand" (O'Leary & Turkewitz, 1978). Viele eheliche Verträge basieren auf einem *quid pro quo* (Jackson, 1965), was sich vielleicht umschreiben läßt mit "eine Hand wäscht die andere" oder "Ich werde versuchen, es Dir recht zu machen, weil Du versuchst, es mir recht zu machen" (siehe z.B. Azrin, Naster & Jones, 1973; Liberman, Wheeler & Sanders, 1976). Eine solche Denkweise führt also zu einem positiven Tauschhandel: 1) "Wenn Mike all seine Kleider aufhängt und den Rasen mäht, dann wird Liz die Rechnungen überweisen und das Auto waschen" oder 2) "Wenn Liz die Rechnungen überweist und das Auto wäscht, dann wird Mike seine Kleider alle aufhängen und den Rasen mähen." Natürlich können solche Tauschgeschäfte von Paaren auch ganz leicht sabotiert werden, wobei dies am häufigsten mit einem: "Fang doch Du an!" geschieht.

Im Gegensatz zum ehelichen quid pro quo führt der Vertrag "ohne Hintergedanken" (Weiss, Hops & Patterson, 1973) zu einer Belohnung, die vom Verhalten des Ehepartners bzw. der Partnerin unabhängig ist. "Wenn Mike all seine Kleider aufhängt und den Rasen mäht, dann darf er sechs Stunden lang im Fernsehen Fußball schauen." "Wenn Liz die Rechnungen begleicht und das Auto wäscht, dann darf sie ausgehen und Karten spielen." Es gibt Anhaltspunkte dafür, daß besonders bei der Behandlung sich feindselig gegenüber stehender Paare der Vertrag "ohne Hintergedanken" oft effektiver ist als das quid pro quo. Knox (1973) kombinierte die beiden Verfahren, indem er zunächst den Vertrag "ohne Hintergedanken" anwendete und dann, wenn sich positive Veränderungen bemerkbar gemacht hatten, quid pro quo Verträge einführte.

Ich stimme darüber hinaus auch mit O'Leary und Turkewitz (1978) darin überein, daß *von Verträgen für sexuelles Verhalten normalerweise abzuraten ist.* Geschlechtsverkehr auf der Basis einer Verpflichtung zu verlangen wird mit höchster Wahrscheinlichkeit nur Widerstand hervorrufen. Viele Menschen finden jegliche Art sexueller Interaktion höchst unangenehm, solange es ihnen an positiven Gefühlen mangelt. Eine Vereinbarung wie: "Wenn John die Garage fegt, dann wird Mary mit ihm schlafen", kann nur dann positive Wirkung zeigen, wenn Mary auch mit John schlafen *will*. Wenn eine/r der EhepartnerInnen sich mehr Sex vom anderen wünscht, dann ist es die Aufgabe des Therapeuten bzw. der Therapeutin, mögliche spezifische Verhaltensänderungen festzustellen, die den Partner oder die Partnerin dazu veranlassen könnten, daß er bzw. sie ebenfalls häufiger mit dem/der PartnerIn schlafen möchte.

In einer Paartherapie können viele verschiedene Techniken zu einem Erfolg führen. So habe ich z.B. viele Jahre lang *verordnete Abendessen* angewendet. "Ich möchte, daß Sie sich einen Abend in der Woche reservieren, an dem Sie gemeinsam essen gehen - nur Sie beide. Es muß nichts Ausgefallenes sein, eine einfache Gaststätte reicht auch. Das Wichtige ist, daß Sie es als eine regelmäßige Verabredung, als eine definitive Verpflichtung ansehen. Sie müssen also schon einen äußerst stichhaltigen Grund haben, eines dieser verordneten Abendessen abzusagen oder es zu verschieben. Des weiteren möchte ich Sie bitten, sich bei diesem Abendessen vorzustellen, daß Sie sich mit ihrem Gegenüber verabredet haben, oder ihn bzw. sie gerade umwerben und daß Sie daher versuchen werden, so angenehm oder stimulierend wie möglich zu wirken. Dies ist also nicht der Ort, um zu streiten oder Probleme zu diskutieren. Es soll vielmehr eine Zeit des beidseitigen

Genießens und der gegenseitigen Unterstützung sein." Diese Technik hat sich besonders für Paare als wirksam erwiesen, bei denen beide berufstätig sind und deren Eheschwierigkeiten hauptsächlich auf der Tatsache beruhen, daß sie zu beschäftigt sind, um mehr Zeit miteinander zu verbringen.

Eine andere Methode, von Stuart (1976, 1980) als "Verwöhnungstag" bezeichnet, kann ebenfalls sehr hilfreich sein. Dabei werden bestimmte Tage ausgewählt, an denen ein/e PartnerIn sich besondere Mühe gibt, sich genau so zu verhalten, wie der/die andere es sich wünscht, um ihm bzw. ihr zu gefallen. Bei manchen Paaren wird dadurch die Entwicklung von positiven und liebevollen Gefühlen sehr gefördert. Darüber hinaus kann auch ein Großteil der in Anhang 2 beschriebenen Techniken in einer multimodalen Paartherapie zum Einsatz kommen. Die am häufigsten verwendeten Techniken sind dabei: Verhaltensproben, Modellernen, positive Verstärkung, keine Verstärkung, Aufzeichnungen und Selbstbeobachtung, Gefühle erkennen, Entspannungstraining, Korrektur von fehlgeleiteten Überzeugungen, Einüben von sozialen und assertiven Fähigkeiten, Kontingenzverträge, zeitlich begrenzte Kommunikation, paradoxe Strategien und Kommunikationstraining. (Siehe Anhang 2 für eine Beschreibung der jeweiligen Techniken.) Wenn sexuelle Probleme bestehen, können die folgenden Techniken besonders hilfreich sein: Systematische Exposition, Schwellentraining (bei vorzeitiger Ejakulation), Training des sexuellen Bewußtseins sowie schrittweise sexuelle Annäherung (siehe Kapitel 10).

Die Frage der Kompatibilität

Wie schon früher erwähnt (Lazarus, 1981) habe ich Paare behandelt, denen es durch die Therapie zwar gelang, ihre Beziehung auf der Basis von Gegenseitigkeit anstelle von Zwang zu führen und deren Streitereien und Feindseligkeiten schließlich auch durch Diskussionen, Schlichtungsversuche und Fairness ersetzt werden konnten, die sich letztendlich manchmal aber dann doch scheiden ließen. Manche Menschen hatten es zwar gelernt, mit ihren Meinungsverschiedenheiten auf eine reifere und vernünftigere Art umzugehen und so eine gut funktionierende Partnerschaft zu entwickeln, führten jedoch trotzdem keine zufriedenstellende Ehe. Obwohl bei ihnen eine zwischenmenschliche Harmonie bestand, konnte es vorkommen, daß sie sich hoffnungslos einsam fühlten. Ich war früher einmal der Meinung, daß fast jedes Paar eine glückliche Partnerschaft erreichen könnte, wenn die PartnerInnen nur bereit wären, sich an gewisse Grundregeln zu halten (wie z.B. den/die andere/n nicht in eine Schublade zu stecken, zu beschuldigen, zu verurteilen, anzuklagen, herumzumäkeln, zu überfordern, zu ignorieren oder anzugreifen, und statt dessen zu loben, zuzuhören, zu diskutieren, zu danken, zu helfen und dem/der PartnerIn zu verzeihen). Ich habe inzwischen jedoch gelernt und als Tatsache akzeptieren müssen, daß eine freundliche Koexistenz nicht dasselbe wie eine gute Ehe ist. Eine gute Ehe erfordert mehr als Teamarbeit, gemeinsame Ziele und respektvollen Umgang miteinander. Zumindest gehören noch große Zuneigung, Anziehungskraft, Zuwendung und ein gewisser Konsens in Geschmacksfragen und Interessen dazu.

Ich habe auch schon viele dysfunktionale Ehen gesehen, bei denen die PartnerInnen überhaupt nicht einüben mußten, wie man soziale Fertigkeiten einsetzt, Kommunikation herstellt, Übereinkünfte trifft oder solchen allgemeinen Aktivitäten wie Kindererziehung oder Haushaltsführung usw. nachgeht. Die meisten Menschen wissen ziemlich genau, wie sie sich verhalten müssen, um gut miteinander auszukommen, sofern sie das wirklich möchten. Ich habe oft mit Paaren gearbeitet, die sich in gegenseitigen Vernichtungskämpfen gefangen halten - indem sie zwanghafte Taktiken, destruktive Doppelbindungen, negative Verstärkungen, aversive Stimuli und seelische Grausamkeit einsetzen - und sich dabei voll darüber im klaren waren, daß sie mit ihren persönlichen Angriffen, Beleidigungen und ihren höhnischen sowie bösartigen Anspielungen die eigene Beziehung aufs Spiel setzten. Darüber hinaus war aus den individuellen Untersuchungen der jeweiligen interpersonalen Modalitäten oft noch ersichtlich, daß sie durchaus über die notwendigen Fähigkeiten und Mittel verfügten, auch positive Interaktionen durchführen zu können. Viele ihrer Probleme entstammten aus an sich belanglosen Auseinandersetzungen, die außer Kontrolle geraten waren, wobei dann falscher Stolz ins Spiel kommt, der unter Umständen von bestimmten Befürchtungen und Ängsten, voller defensiver Reaktionen, gefolgt wird. Wenn die Situation bis zu einem Punkt eskaliert war, an dem aus den BASIC ID-Analysen ein deutlicher Mangel an Zuneigung und Zuwendung zu ersehen war, dann ist es auch schon vorgekommen, daß wir anstelle einer Eheberatung eine *Scheidungsberatung* (Kressel & Deutsch, 1977; Lazarus, 1981) vorgeschlagen haben. Das Ziel einer solchen Therapie ist es dann, die Schmerzen der Trennung so gering wie möglich zu halten und ein freundschaftliches und konstruktives Auseinandergehen zu ermöglichen, besonders wenn der Schutz und das Wohlergehen von minderjährigen Kindern mit dabei im Spiel sind.

Paradoxerweise wird oft allein durch die Empfehlung einer "Scheidungstherapie" die Motivation des betroffenen Paares, die Ehe wiederzubeleben, neu entzündet. In dieser Hinsicht hat die folgende Verfahrensweise sowohl einen diagnostischen als auch einen therapeutischen Sinn. Das Paar wird gefragt: "Wenn man Ihnen mitteilen würde, daß jemand, den Sie sehr lieben, gefoltert und getötet werden wird, wenn Sie nicht einen ganzen Monat lang liebevoll, freundlich, verständnisvoll, rücksichtsvoll und fürsorglich miteinander umgehen können, könnten Sie dann garantieren, daß dieser Person, die Sie lieben, nichts geschehen wird? Stellen Sie sich vor Sie, würden 24 Stunden am Tag mit Hilfe von Fernsehmonitoren beobachtet. Eine einzige bösartige Bemerkung, das geringste Anzeichen von Feindseligkeit, und die Monitore werden abgebaut, das Experiment ist vorbei, und die Person, die Sie lieben, erleidet einen grausamen Tod. Können Sie mir nun sagen, wie hoch seine oder ihre Überlebenschancen sind? Könnten Sie es unter diesen Umständen schaffen, einen Monat ununterbrochen liebevoll und freundschaftlich miteinander umzugehen?"

In den Fällen, in denen ein oder beide PartnerInnen andeuten, daß das Überleben der geliebten Person äußerst gefährdet sei, erweist sich ein Eheberatungsprozeß oft als sehr mühselig. Diejenigen jedoch, die eindeutig die Sicherheit des geliebten Individuums garantieren, können dann dazu aufgefordert werden, diese Situation eine Woche lang zu spielen (d.h., sich vorzustellen, daß sie unter

Beobachtung stehen und daß das Wohlergehen eines geliebten Menschen von ihrer Fähigkeit abhängt, nichts als positive Verhaltensweisen zu zeigen) und in der nächsten Sitzung von ihren Ergebnissen zu berichten. Eine solche Strategie löst oft eine konstruktive Kettenreaktion aus und macht es möglich, in der Therapie auch weniger prosaische Themen als immer nur Massagen, Augenkontakt, positives Feedback und aktives Zuhören zu untersuchen. Dabei kann man Strukturprofile verwenden (siehe Kapitel 4) - bei denen das Paar gebeten wird, auf einer Skala von 1 bis 10 das Ausmaß zu bewerten, in dem sich beide selbst als aktiv, emotional, sinnlich, einfallsreich, intellektuell, gesellig und gesundheitsbewußt einschätzen. Dies kann dann als Impetus für eine weitere konstruktive Erforschung von Ähnlichkeiten und Unterschieden dienen. Herauszufinden, inwieweit eine Ehe zwischen einer äußerst aktiven, unabhängigen, intellektuellen Frau und einem passiven, abhängigen, gefühlvollen Mann (oder umgekehrt) eine komplementäre und befriedigende Lebensgemeinschaft oder eine ausgesprochen inkompatible Verbindung darstellt, erfordert eine qualitative Analyse quer durch alle sieben Modalitäten. Wie kann man dabei nun im einzelnen vorgehen?

Wenn ich die PartnerInnen jeweils einzeln befrage (meistens als Einleitung vor einer gemeinsamen Therapie) dann bitte ich sie auch, zu beschreiben, welche Interaktionen über das BASIC ID verteilt, sie besonders gerne hätten. "Welche Dinge würden Sie lieber zusammen tun und was lieber allein? Wenn wir einmal von Liebe absehen, welche Gefühle würden Sie gerne ausgedrückt sehen? Welche sinnlichen und sensorischen Genüsse würden Sie gerne darbieten und empfangen? Welche Bilder oder Vorstellungen kommen in Ihnen auf, wenn ich die Worte "ausgezeichnete Ehe" benutze? Was sind Ihrer Meinung nach die Werte, Einstellungen und Überzeugungen, die ein gut zusammenpassendes Paar für gewöhnlich teilen sollte? Allgemein gefragt, was erwarten Sie von Ihrem Partner bzw. Ihrer Partnerin, und was würden Sie ihm oder ihr gerne angedeihen lassen?" Diese Fragen rufen oft positiv assoziierte Reaktionen hervor, die dann Gelegenheit zur Exkursion ins Grundsätzliche bieten. Wenn man Sagers Argumentation (1976) folgt, kommt man zu ziemlich klaren Anhaltspunkten über das Ausmaß, in dem sich beide PartnerInnen eher ein enges Verhältnis oder lieber eine respektvolle Distanz wünschen und in welchem Ausprägungsgrad die verschiedenen Interaktionen durch romantische, elterliche oder kindliche Erwartungen beeinflußt werden. Wenn solche impliziten Erwartungen verletzt werden, dann kann sich dies auch in eher manifesten Auseinandersetzungen über Geld, Kindererziehung, Sexualität, Freundschaften und den allgemeinen Lebensstil ausdrücken. Verhaltensverträge, die nur diese sekundären Themen angehen, werden also kaum ihr Ziel erreichen. In Berne's (1972) Ausdrucksweise deuten überkreuzte Transaktionen oft auf Partnerschaftsprobleme hin, was dann in der Zielsetzung auf eine Realisierung einander komplementärer Transaktionen hinsteuern sollte. So können sich beispielsweise schnell Probleme ergeben, wenn ein Ehemann sich von seiner Frau eine Mutterrolle wünscht, während sie von ihm auf ähnliche Weise verwöhnt werden will, wie ihr Vater dies getan hat. In solchen Fällen können Verträge ausgearbeitet werden, nach denen sich beide PartnerInnen bei der Ausübung dieser Rollen gezielt abwechseln. Alle Menschen gehen mit impliziten Erwartungen in eine Ehe, und indem diese Ansprüche explizit formuliert werden, ist es möglich, die Funktionsfähigkeit einer Ehe zu untersuchen. In Verbindung damit haben sich die Verwendung von Modalitätenprofilen, sekundären Profilen und andere Techniken, die in den Kapiteln 4 und 5 beschrieben wurden, als höchst effektiv erwiesen.

Der Begriff "dysfunktionale Ehe" ist natürlich sehr weit gefaßt. Ein Paar, dessen Hauptstreitpunkt in der pathologischen Eifersucht eines Partners auf die angebliche Untreue der oder des anderen liegt, stellt ganz andere therapeutische Anforderungen als ein Paar, dessen Unstimmigkeiten sich um das Thema Kindererziehung drehen. Unzufriedenheit in der Partnerschaft, die durch sexuelle Probleme hervorgerufen wird, unterscheidet sich sehr von jener, der die elterliche Einflüsse zugrunde liegen. Abgesehen davon haben frisch verheiratete Ehepaare auch ganz andere Probleme als Paare, die schon über zwanzig oder dreißig Jahren verheiratet sind. Auch hier möchten wir unsere LeserInnen dazu auffordern, sich einmal zu überlegen, ob sich eine solche Behandlung nicht durch die Aneignung eines multimodalen Rahmens in der Therapie erleichtern ließe. Könnte es vielleicht zusätzliche Vorteile bieten, in den Begriffen des BASIC ID zu denken, Modalitätenprofile zu erstellen, wo nötig sekundäre BASIC ID-Profile einzusetzen, interaktive Wirkungen zu verfolgen, auf Zündfolgen zu stoßen und sich auf die bevorzugten Modalitäten der jeweiligen KlientInnen einzustellen?

Steinglass (1978) hat diesbezüglich ein interessantes fiktives Szenario entworfen. Ein Paar sucht als erstes Murray Brown auf, der sie zusammen mit anderen Interventionen anweist, jeweils nur einzeln zu reden und dabei immer nur ihn anzusprechen. Als nächsten konsultieren sie Salvador Minuchin, der sie auffordert, nur miteinander zu reden. Danach wenden sie sich an einen Fachmann, der vom späten Don Jackson ausgebildet wurde und ihnen die paradoxe Anweisung gibt, sich regelmäßig zu streiten und nur sonntags höflich zueinander zu sein. Steinglass bemerkt, daß die Ansichten und Praktiken der drei Fachleute weit auseinandergehen, auch wenn alle drei bona fide Anhänger einer systemtheoretischen Perspektive sind. Ich selbst stehe auf dem Standpunkt, daß es schon viel zu viele TherapeutInnen gibt - AnfängerInnen wie ExpertInnen -, die ihren KlientInnen sowohl ihre Theorien als auch verfehlte und ungeeignete Techniken aufzwingen. Vielleicht können wir an dieser Stelle doch noch einmal dafür plädieren, daß TherapeutInnen aufhören sollten, die KlientInnen ihrer Behandlungsmethode anzupassen und statt dessen lieber die Behandlungsmethode den KlientInnen.

Geteilte Intimität versus intimes Teilen

In unserem Kulturkreis stürzen sich viele Menschen mit romantischen und idealistischen Vorstellungen in eine Ehe, die leider keinerlei Ähnlichkeiten mit der Realität aufweisen. Wenn erwartet wird, daß allein die ekstatischen Leidenschaften der Verliebtheit die Grundlage langanhaltender Zuneigung bilden sollen, dann wartet schon hinter der nächsten Ecke oft ein Scheidungsurteil. Häufig sind dann die extravaganten Erwartungen der romantischen Träume sehr schnell beendet, weil der unvermeidliche Prozeß der Annäherung und Wiederannäherung, den eine erfolgreiche Partnerschaft erfordert, solchen Erwartungen nicht gerecht wird. Dagegen handelt es sich um eine erfolgreiche Beziehung, wenn die beiden PartnerInnen im Laufe der Zeit ein gemeinsames Reservoir von Gewohnheiten und Erfahrungen angelegt haben, ohne dabei die wichtigen Unterschiede auf beiden Seiten zu vernachlässigen.

Viele Menschen sind der Ansicht, daß die Ehe eine Beziehung ist, in der einfach freundschaftliche Grundlagen bis zu ihrem höchsten und innigsten Grad hinauf fortgesetzt werden. Ich bin jedoch davon überzeugt, daß die Struktur der Ehe sich zwar mit Freundschaft überschneidet, aber auf keinen Fall gleichbedeutend mit ihr ist. Viele ausgezeichnete voreheliche und außereheliche Freundschaften haben schon bald, nachdem die PartnerInnen geheiratet haben, ein trauriges Ende gefunden. Die Struktur einer Ehe legt beiden PartnerInnen eine ganzes Sortiment von gesellschaftlichen Statuszuweisungen, Rollen und Erwartungen auf, durch welche die Grenzen einer reinen Freundschaft überschritten werden. Außerdem findet bei Menschen, die heiraten oder zusammenleben, ein realitätsbezogener und unromantischer Prozeß der *Gewohnheitsbildung* statt - Essen, Waschen und Anziehen, Schlafen und Aufwachen, Arbeit und Freizeit, Gesellschaft und Alleinsein. Diese erfordern, wie unzählige andere individuelle und gemeinsame Bedürfnisse und Wünsche auch, eine gewisse Synchronisation und die Bereitschaft, sie auszuhandeln.

Im Grunde genommen dreht es sich bei einer Ehe um das intime Teilen einer gemeinsamen Sphäre, während eine Freundschaft aus geteilter Intimität besteht. Von FreundInnen wird normalerweise nicht erwartet, daß sie jahrein, jahraus unter demselben Dach leben müssen. Die mit ihnen geteilten Vertraulichkeiten sind eher intensiv als extensiv. Eine Ehe bedeutet dagegen Teilnahme an vielen täglichen Ereignissen, bei denen die "gefühlsmäßige Stimmung" eines Partners beispielsweise eine direkte Wirkung auf die andere Partnerin hat. Folglich kann es auch schnell passieren, daß ein solches System überlastet ist. Darüber hinaus liegt der Schwerpunkt einer Ehe oft auf der Gründung einer Familie, während in einer Freundschaft die beiden beteiligten Personen viel stärker im Mittelpunkt stehen. Angesichts der Anforderungen, die eine Ehe an die Freundschaft stellt, scheint außerdem auch ein gewisses Maß an emotionaler Privatsphäre vonnöten zu sein. Schon viele Paare haben verwirrt festgestellt, wie weit sie sich voneinander entfernt haben: "Wir waren füreinander die besten Freunde. Wir sind immer gemeinsam durch dick und dünn gegangen. Wir haben uns gegenseitig alles erzählt und versucht, alles miteinander zu teilen. Wir haben uns nie etwas verschwiegen." Eine Partnerschaft ist kein Besitzverhältnis! Die meisten Menschen fühlen sich von übermäßigem Zusammensein schnell erdrückt, besonders, wenn ihre jeweilige Individualität, ihre emotionale Privatsphäre und ihre psychische oder physische Bewegungsfreiheit in der Beziehung keinen Platz eingeräumt bekommen haben. Eines der Hauptziele einer Paartherapie ist es, den jeweiligen Paaren zu helfen, ein zufriedenstellendes Gleichgewicht zwischen Unabhängigkeit und Zusammensein zu erreichen. Wie schon anderen Orts erwähnt (Lazarus, 1971), haben sich die folgenden einfachen Diagramme bei der Besprechung dieser Zusammenhänge mit KlientInnen als sehr nützlich erwiesen:

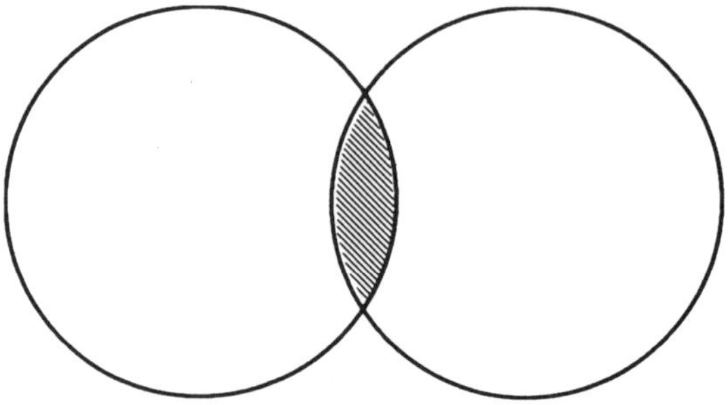

Hier ist eine schlechte partnerschaftliche Beziehung dargestellt. Es gibt kaum Zusammengehörigkeit oder gemeinsame Fundamente.

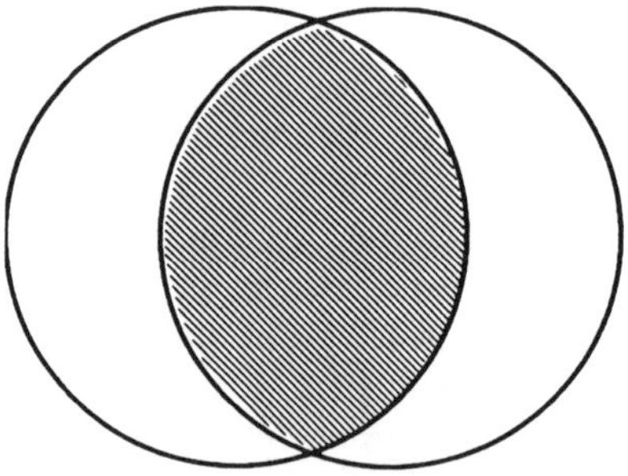

Hier ist eine ausgezeichnete Ehe dargestellt. Die Gemeinsamkeiten liegen bei ca. 80%, aber es sind auch genügend Unterschiede vorhanden, um individuelles Wachstum und die notwendige Privatsphäre zu gewährleisten.

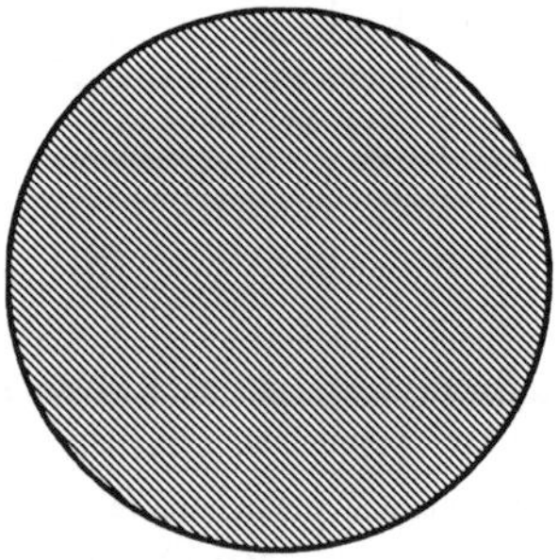

Hier ist ein romantisches Ideal dargestellt, bei dem zwei Menschen so vollständig miteinander verschmelzen, daß sie eins werden. In der Praxis, würde dies, sofern es überhaupt möglich wäre, wahrscheinlich zu einem emotionalen Ersticken führen.

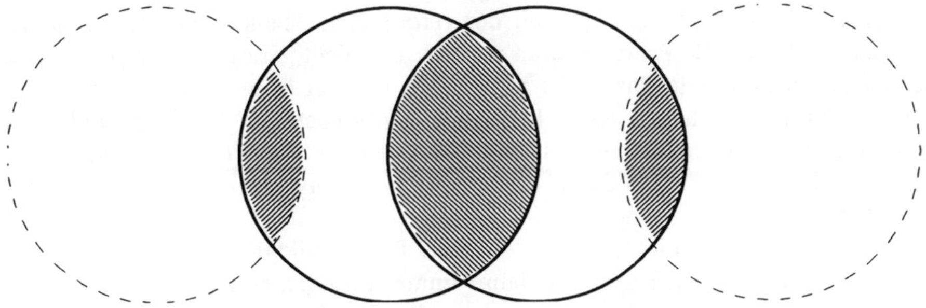

Diese Darstellung zeigt eine relativ gute Ehe, in der beide PartnerInnen ein unabhängiges Interesse aneinander oder eine unabhängige Beziehung unterhalten, die ihre Ehe in keiner Weise beeinträchtigt oder bedroht, da sie jeweils nur auf dem individuellen Territorium des einzelnen liegt.

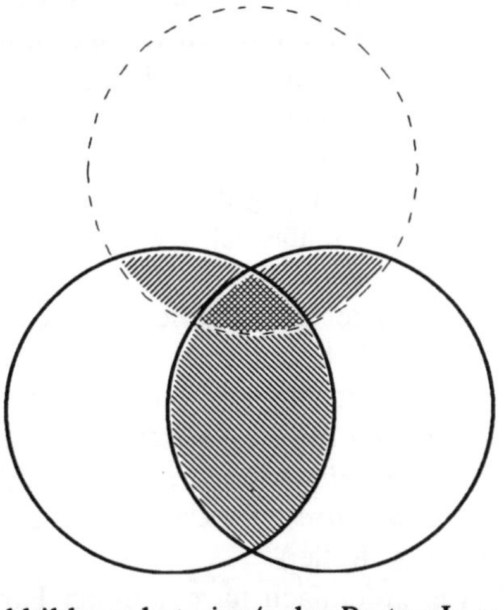

In dieser Abbildung hat eine/r der PartnerInnen ein Interesse oder eine Beziehung, die nicht nur einen Teil des eigenen Territoriums einnimmt, sondern auch in das (eheliche) Territorium eindringt sowie auf den individuellen Bereich des Partners bzw. der Partnerin übergreift.

Neben den Anzeichen für ein ungesundes Gleichgewicht (entweder mangelnde Freiheit oder mangelnde Zusammengehörigkeit), die aus dem Fragebogen zur Lebensgeschichte, gemeinsamen Gesprächen und den jeweiligen Modalitätenprofilen entnommen werden können, bietet der Fragebogen zur Zufriedenheit in der Partnerschaft (siehe Anhang 3) eine weitere Gelegenheit, diese Faktoren zu untersuchen. Jeder Punkt des Fragebogens sollte mit dem Paar erörtert werden, wobei die Punkte 1, 2, 3, 4 und 8 für das Problemgebiet der Gemeinsamkeiten von besonderer Bedeutung sind. Wenn es den Anschein haben sollte, daß das Paar dazu neigt, sich einander wechselseitig nicht genügend Freiheiten zu überlassen, dann ist die logischste Intervention das Gegenteil der verordneten Abendessen, die schon weiter oben als Mittel für Paare erwähnt wurden, die nicht genügend Zeit miteinander verbringen. Schon viele Paare, die sich vorher in ihrer Ehe klösterlich und gefangen gefühlt hatten, haben einen befriedigenden Lebensstil gefunden, indem sie bewußt unabhängigen Interessen nachgingen - einem eigenen Hobby, Sport oder anderen Aktivitäten - ohne damit eine bedrohliche Distanz zwischen den PartnerInnen zu schaffen.

Ein typisches Beispiel dafür boten eine Belletristikautorin und ein Wissenschaftler, deren Ehe sich über die Jahre immer turbulenter entwickelt hatte. Obwohl manifeste Auseinandersetzungen von ihnen leicht bewältigt wurden, hatte sich in ihre Beziehung dennoch eine zunehmende Unzufriedenheit eingeschlichen. Eine nähere Untersuchung ihrer Situation brachte an den Tag, daß, der Mann seine ganze Arbeit außerhalb des Hauses verrichtete und dieses (nachdem er seinen Teil der Hausarbeit erledigt hatte), als einen Ort der Entspannung und Unterhaltung betrachtete, die Frau dagegen Zeiten ungestörten Alleinseins forderte, in denen sie kreativ arbeiten konnte. Ihr Ehemann und ihre beiden Teenager wiederum waren nicht willens oder in der Lage, ihrem Wunsch nachzukommen - wenigstens nicht in dem Ausmaß, in dem sie es für erforderlich hielt. "Alles, was ich will", sagte sie, "ist ein Abend pro Woche, an dem ich ohne Unterbrechung arbeiten kann". Daraufhin schlug ich einfach vor: "Warum mieten Sie sich nicht einen Raum, wo Sie einmal pro Woche hingehen und ungestört arbeiten können, und richten sich dort ein?" Sie erwiderte: "So weit müßte ich gar nicht gehen. Ich könnte auch in der Bibliothek arbeiten, das Problem dabei ist, daß ich mich schuldig fühle, wenn ich meinen Mann und meine Kinder abends alleine lasse". Diese selbst auferlegte psychische Blockade wurde natürlich schweigend von ihrem Mann unterstützt. Ich überzeugte das Paar, daß die unabhängige "Bibliotheksarbeit" einen Abend pro Woche eine Conditio sine qua non für die Fortsetzung ihrer Partnerschaft sei. Die Durchsetzung dieser Vereinbarung führte dann auch zu einer signifikanten Verbesserung. (TherapeutInnen als *erlaubniserteilende Instanz* spielen in vielen Aspekten der Psychotherapie eine wichtige Rolle.)

In einer Ehe ist es oft viel zu einfach für eine/n der PartnerInnen, in das emotionale Territorium des bzw. der anderen einzudringen. Dabei ist eine nondirektive Paartherapie, in der die BeraterInnen bloß die Gefühle der beiden PartnerInnen reflektieren, wahrscheinlich die ungeeignetste Methode, Paare dazu zu befähigen, eine erfolgreiche Ehe zu führen und sich einig zu werden. Mit Guerney (1977) übereinstimmend läßt sich feststellen, daß wir "inzwischen einen solch hohen Entwicklungsstand erreicht haben, daß es möglich sein sollte, allen BürgerInnen eine wirkliche Chance zu bieten, nützliche Informationen und viele wertvolle Alltagsstrategien zu erwerben, um deren Realitätswahrnehmung zu fördern. Dazu gehören auch rationales Denken; vernünftige Wege, um mit Emotionen und anderen Menschen umzugehen; Möglichkeiten, die schädlichen Wirkungen von vielen Konflikten, Frustrationen und Diskriminierungen bei sich selbst oder anderen auszuschalten bzw. zu reduzieren; und Wege zu finden, um die individuelle Zufriedenheit sowie die zwischenmenschliche Harmonie zu erhöhen."

Multimodale Sexualtherapie

Das Fachgebiet Sexualtherapie hat sich aus dem Zeitgeist der 70er Jahre entwikkelt und scheint durch die Veröffentlichung des Buches *Human Sexual Inadequacy* von Masters und Johnson (1970) ihren Ausgang genommen zu haben. Dabei handelte es sich jedoch auf keinen Fall um das erste Buch, das im Bereich der Sexualtherapie die Überlegenheit einer kurzen, direktiven Beratung, die auf die zentralen sexuellen Probleme abzielt, gegenüber den Einsichtstherapien betonte. Doch Masters und Johnson lieferten genügend klinische und methodische Details sowie ausreichende Daten über die Wirksamkeit der direktiven Sexualtherapie, um deren allgemeine Anerkennung zu erreichen. Damit einhergehend begannen KlinikerInnen jedoch auch, Probleme bei ihrem Ansatz zu entdecken. Lief (1980) stellte neben einem Verweis auf "die ausgemachten Quacksalber, die sich auf diesem Gebiet breitmachen" klar: "Ein Sexualtherapeut ist ein Psychotherapeut. Und ein kompetenter Sexualtherapeut muß dazu in der Lage sein, eine Vielzahl therapeutischer Ansätze zu verwenden und aus all diesen Interventionsmethoden diejenigen auszuwählen, die den speziellen und oft einzigartigen Umständen einer gegebenen klinischen Situation entsprechen." Leiblum und Pervin (1980) gelangten bei ihrer Analyse zu Ansichten, die multimodale TherapeutInnen schon seit vielen Jahren vertreten: "Die Aufgabe der Zukunft lautet, festzustellen, welche Techniken und Ansätze bei welchen Personen wirken und wann dies der Fall ist."

Meiner Meinung nach weist der Ansatz von Masters und Johnson drei Hauptmängel auf:

1. Er ist unnötig starr. Masters und Johnson bestehen auf der ausschließlichen Behandlung von Paaren, welche wiederum nur in einem männlich-weiblichen Behandlungsteam vonstatten gehen soll. Meiner Erfahrung nach kann es bei manchen Paaren jedoch viel erfolgversprechender sein, nur von einem Therapeuten bzw. einer Therapeutin behandelt zu werden. In anderen Fällen kann es auch vorkommen, daß KlientInnen in einer Einzeltherapie größere klinische Fortschritte erzielen.
2. Der Vorstellungsmodalität wird minimale Aufmerksamkeit gewidmet. Während Masters und Johnson biologische und sensorische Faktoren äußerst gründlich behandeln und sich auch dem Verhalten sowie affektiven und interpersonalen Prozessen widmen, werden die Vorstellungen und Phantasien der KlientInnen oft nicht in dem notwendigen Ausmaß untersucht.
3. Die zeitliche Begrenzung ihres Ansatzes kann für die KlientInnen zu unbeabsichtigtem Leistungsdruck führen. Mir wurde von mehreren KlientInnen, die nicht auf eine zeitlich begrenzte Sexualtherapie angesprochen hatten, erzählt, daß bei ihnen, obwohl die Betonung seitens der TherapeutInnen auf entspannten, nichtfordernden, nicht leistungsorientierten Transaktionen lag, das Wissen,

daß sie nur zwei Wochen hatten, in denen sie Fortschritte zeigen sollten, als allgegenwärtige Drohung wirkte und die Therapie unterminierte. (Eine detaillierte Kritik der vielen Mängel des Ansatzes von Masters und Johnson findet sich in einem prägnanten, scharfsinnigen Artikel von Zilbergeld und Evans [1980]. Siehe ebenfalls die bissige Anklage Masters und Johnsons von Szasz, [1980].)

Wie in diesem Buch bereits mehrmals angeführt, wird bei einem multimodalen Ansatz grundsätzlich gefragt: 1) Welches sind die spezifischen sowie die damit zusammenhängenden Probleme? 2) Durch wen oder was werden diese Probleme aufrechterhalten? 3) Was scheint in jedem einzelnen Fall der beste Weg zu sein, um diese Probleme zu beseitigen? Solche oder ähnliche Fragen werden natürlich in allen multidimensionalen Therapierichtungen gestellt, aber der *multimodale* Ansatz bietet dafür ein systematisches Gerüst, welches eine umfassend hinreichende Genauigkeit gewährleistet und zusätzlich auch noch spezifische Methoden zur Identifizierung je besonderer Reaktionen bereitstellt.

Sexuelle Probleme sind meistens nur Teil eines breiten Spektrums von Funktionsstörungen. Paare, die sich für eine Sexualtherapie interessieren, sind oft auch unzufrieden mit ihrer Partnerschaft und bei einem hohen Grad an Zerstrittenheit sowie niedrigem Intimitätsniveau kann eine Paartherapie für manche Paare viel angemessener als eine Sexualtherapie sein. Wenn eine/r der beiden klar psychotische Symptome zeigt, dann wäre es oft sogar kontraproduktiv, eine Sexualtherapie fortzusetzen, bevor diese ins Auge fallenden Probleme nicht durch Medikamente sowie andere notwendige therapeutische Interventionen angegangen worden sind. In anderen Fällen, in denen sich ebenfalls individuelle psychopathologische Befunde andeuten, wenn auch nicht unbedingt psychotische, kann sich eine Sexualtherapie schnell zu einer Farce entwickeln, sofern diese Störungen nicht ebenfalls behandelt werden. Oft kommt es auch vor, daß ein Paar (oder eine/r der beiden PartnerInnen) eine Sexualtherapie mit ganz anderen, versteckten Anliegen beginnt, die gar nichts mit ihrem Sexualleben zu tun haben. Ich wurde beispielsweise einmal von einem Paar mit der Beschwerde konsultiert, daß die Frau keinen Orgasmus und der Mann gewöhnlich keine Erektion bekommen konnte. Während der Therapie stellte es sich heraus, daß die Frau mit ihrem Liebhaber keinerlei Probleme hatte, einen Orgasmus zu erreichen und nur in die Therapie einwilligte, um ihrem Mann zu helfen und ihn dann ohne Schuldgefühle verlassen zu können. Ich schlug ihnen eine Scheidungsberatung vor, nach welcher der Mann, sofern notwendig, noch eine Einzeltherapie machen konnte. (Wie es häufig der Fall ist, ließ das Paar sich daraufhin scheiden, der Mann heiratete später erneut und hatte mit seiner zweiten Frau keine Erektionsprobleme mehr.)

In diesem Kapitel kann keine Zusammenfassung oder Synthese aller sexuellen Funktionsstörungen gegeben werden. Zu diesem Thema sind ausgezeichnete Bücher erschienen, die das notwendige *Know-how* vermitteln - wie man eine umfassende Sexualentwicklungsgeschichte erstellen kann, welche Maßstäbe bei einer sexuellen Anamnese anzuwenden sind, wie psychophysiologische Instrumente eingesetzt werden können, welche Behandlungsmöglichkeiten für Orgasmusschwierigkeiten bei Männern und Frauen bestehen, wie männliche Erektionsstörungen behandelbar sind und wie mit vielen speziellen Schwierigkeiten im einzelnen umgegangen werden kann (z.B. LoPiccolo & LoPiccolo, 1978; Leiblum & Pervin, 1980). In diesem Kapitel sollen deshalb nur die besonderen Charakteristika herausgestellt werden, mit denen ein multimodaler Ansatz zu einer effektiven Sexualtherapie beitragen kann.

Wie schon in Kapitel 9 erwähnt, erfordern bestimmte sexuelle Störungen nicht unbedingt eine multimodale Behandlung. In Fällen, bei denen vorzeitige Ejakulationen hauptsächlich ein Produkt aus nervösen Spannungen und einer niedrigen Erregungsschwelle sind, können Entspannungsübungen in Verbindung mit direktem Schwellentraining (Semans, 1956) oft schon genügen. Bei Problemen mit Erektionsstörungen ist schon vielen Männern dauerhaft dadurch geholfen worden, indem die TherapeutInnen sie dazu brachten, ihre Zuschauerrolle abzulegen, eine entspannte, nichtfordernde Haltung einzunehmen und leistungsorientierte Ansprüche zu vermeiden. Viele präorgasmische Frauen wurden allein durch die Durchführung eines Selbststimulierungsprogramms voll orgasmusfähig (Lobitz & LoPiccolo, 1972). In anderen Fällen kann dagegen ein breiteres Spektrum an Behandlungsmethoden erforderlich werden. Vor vielen Jahren (Lazarus, 1965b) habe ich von dem Fall eines Mannes mit sexuellen Schwierigkeiten berichtet, welcher eine kognitive Restrukturierung, Selbstbehauptungstraining, Masturbations-Rekonditionierung sowie ein ziemlich aufwendiges Desensibilisierungsverfahren zu seiner erfolgreichen Behandlung benötigte. Der entscheidende Vorteil einer multimodalen Verhaltenserfassung besteht in solchen Fällen darin, daß sie die Unterscheidung von zentralen Problemen gegenüber diffusen Syndromen erleichtert. Weiter unten in diesem Kapitel werden wir noch verschiedene Problemidentifizierungsverfahren erörtern, die es KlinikerInnen ermöglichen, festzustellen, wann man bei spezifischen sexuellen Problemen verweilen sollte und wann damit verbundene Ängste, Schuldgefühle, Beziehungsfaktoren oder noch subtilere Elemente wie Gefühle persönlicher Verletzbarkeit und das Recht auf Genuß thematisiert werden sollten.

Die Bedeutung sexueller Intimität

Der "Sexualtrieb" und seine Ausdrucksformen können mit dem "Hungertrieb" und seinen Auswirkungen verglichen werden. Trotz einiger offensichtlicher Unterschiede, werden diese elementaren "Appetite" von komplexen zentralen und peripheren physiologischen Prozessen stimuliert. Beide weisen ausgedehnte individuelle Unterschiede in Geschmack und Wirkungsweisen auf, die sich wiederum aus individuellen Erfahrungen der Vergangenheit sowie kultureller Konditionierung herleiten lassen. Auf der physiologischen Ebene betrachtet, läßt sich nichts Kultiviertes an dem Bedürfnis entdecken, verschiedene Substanzen aufzunehmen, genauso wie auf der rein körperlichen Ebene weder Liebe noch Romantik in der Absicht liegen, die Art zu erhalten. Das rasche Verschlingen einer hastig zubereiteten Mahlzeit dient denselben *physiologischen* Zwecken wie die epikureische Zubereitung und das elegante Auftischen der köstlichen Kochkunst eines Gourmets. Was Hunger und Sex betrifft, so reicht das Kontinuum von zwanghafter Eßsucht bis zur äußersten Magersucht. Und genauso wie Essen oft auch aus anderen Gründen als wirklichem

Hunger oder dem Wunsch nach gesunder Ernährung geschieht, so kann auch Sex viele Bedürfnisse erfüllen, die nichts mit Fortpflanzung oder Leidenschaft zu tun haben.

Diese Analogie kann sogar noch weiter getrieben werden. Eine Person, die sich weigert, irgendwo anders als in einem noblen Vier-Sterne-Restaurant zu essen, oder ein Individuum, das nichts als Fleisch und Kartoffeln ißt, demonstrieren eine Enge und Starrheit, die ihre möglichen Alternativen beschränkt und ihrer Gesundheit schaden kann. Männer und Frauen, die mit diesen Alternativen vernünftiger umgehen, werden demzufolge eine größere Auswahl an Optionen haben - sie können die Qualität eines sorgfältig zubereiteten Abendessens genauso genießen, wie sie bei anderen Gelegenheiten das Essen in einer gewöhnlichen Pizzeria zu schätzen wissen. Bei Menschen, die sich für Ausgewogenheit und Abwechslung entschieden haben, ist die Wahrscheinlichkeit geringer, daß sie dabei auf wichtige Nährstoffe (Vitamine, Mineralstoffe, Proteine usw.) verzichten, als bei denjenigen, deren Ernährungsgewohnheiten begrenzt oder eingeschränkt sind. Auf ähnliche Weise wird, wenn es um sexuelle Dinge geht, das Bestehen auf einem dauerhaften Intimleben unter Idealbedingungen und nichts weniger oder das Beharren auf einer einzigen sexuellen Praktik oder Position Probleme schaffen. Ein Mensch, der/die immer eine ausgedehnte Privatsphäre, gedämpftes Licht, sanfte Musik, und Satinbettwäsche fordert, wird dabei seine Häufigkeit von sexuellen Begegnungen einschränken. Flexibilität dagegen schließt die Fähigkeit ein, gelegentlich "Vier-Sterne-Gourmet-Sex" zu genießen und bei anderen Gelegenheiten trotzdem "gewöhnliche Pizzeriakost" schätzen zu wissen. Genußvoller Sex muß nicht immer in Orgasmen für beide PartnerInnen gipfeln, genauso wenig wie Geschlechtsverkehr immer ein Teil davon sein muß. Ein vielseitiges und flexibles Paar wird sich bei manchen Gelegenheiten auf einen "Quickie" einigen, bei anderen auf orale oder manuelle Stimulation, und sie werden auch dazu in der Lage sein, sich an den Genüssen der Selbststimulation zu erfreuen.

Auf der biologischen Ebene ist Sex im Grunde genommen gar nicht liebevoll, aber durch unser psychologisches und soziologisches Erbe werden wir dazu gebracht, sexuelle Beziehungen mit diversen Bedeutungen und Werten zu versehen. Diese Haltungen können die physiologischen Mechanismen, einschließlich Erregung und Leistungsfähigkeit, behindern oder erleichtern. Wie ich schon anderweitig erwähnt habe (Lazarus 1980), sind Liebe und Sex in unserer Kultur so untrennbar miteinander verbunden, daß "Liebe machen" [1] zu einem Synonym für sexuellen Verkehr geworden ist. Dadurch ist dann der sexuelle Akt selbst oft mit großen Erwartungen oder emotionalen Vorbedingungen verbunden: "Für mich bedeutet Sex Liebe, Vertrauen, Zuneigung, Zärtlichkeit, Wärme, Verständnis, tiefe Berührtheit, Respekt und Fürsorge. Sobald ich jemanden finde, der in meinen Augen alle diese Qualitäten besitzt, werde ich mich auch auf sexuellen Verkehr mit ihm einlassen". Diese Haltung, auch wenn sie etwas übertrieben dargestellt sein mag, reflektiert allgemeine, festsitzende Überzeugungen. "Meine Frau wollte letzte Nacht mit mir schlafen. Wie konnte ich, wo sie mich doch erst vor drei Tagen beschul-

---

1 Engl.: make love [A.d.Ü.]

digt hat, geizig zu sein!" "Bevor ich einwillige, mit meinem Mann zu schlafen, muß ich erst sicher sein, daß er *mich* will und nicht nur meinen Körper." Bei diesen Zitaten handelt es sich um Äußerungen zweier Paare, die bei mir in Behandlung waren, weil bei ihnen "Unterschiede im sexuellen Verlangen bestanden".

Ganz offensichtlich kann Sex also als Waffe, als kontrollierende Beeinflussung oder als Folterinstrument eingesetzt werden, aber auch als ein Zeichen von Liebe und Zuneigung, eine rein körperliche Befreiung bzw. als eine Vielzahl von anderen Dingen angesehen werden. Für den einen kann sexuelle Intimität heißen: "Ich bin gut, ich bin gesund, ich bin begehrens- und liebenswert." Für eine andere kann es bedeuten: "Ich bin mächtig, ich habe hier zu bestimmen, ich habe gesiegt und eine Eroberung gemacht". Ich habe viele Paare und Individuen mit sexuellen Funktionsstörungen behandelt, die auf Verhaltenstherapie und Sexualtherapie nicht angesprochen hatten, weil ihre sexuellen Vorstellungen und Phantasien ungenügend erforscht oder verstanden worden waren. Wenn sexuelle Probleme aus Schuldgefühlen oder anderen Überbleibseln einer puritanischen Erziehung herrühren, ist die Korrektur dieser falschen Vorstellungen oft relativ unkompliziert. Die eher subtileren Zweifel jedoch, die Bedeutungen und Werte, mit denen Intimität in Verbindung gebracht wird, machen eine detailliertere Untersuchung der Vorstellungsmodalität notwendig. Lassen Sie uns beispielsweise einmal den Fall des 26jährigen John betrachten, der zwar regelmäßig masturbierte, aber noch nie beim Geschlechtsverkehr mit einer Partnerin eine Erektion bekommen hatte. Er war in den vergangenen Jahren deswegen bei mehreren TherapeutInnen gewesen. Seine Geschichte wies eigentlich keine besonders widrigen Bedingungen auf - keine offensichtlich traumatischen Ereignisse, keine unangemessenen Schuldgefühle oder Zweifel, keine offensichtlichen sekundären Gewinne. Er war mit einer 21jährigen Frau befreundet, mit der er zahlreiche intime Sexspiele ausprobiert und die er oral und manuell schon oft zu einem Orgasmus gebracht hatte. Er selbst war sexueller Stimulation dabei nie näher gekommen, als daß er einmal nach längerer Fellatio eine Erektion bekam, die aber gleich wieder verschwand, sobald er eine Stellung einnahm, in der er seinen Penis hätte einführen können.

John schien gewissen Mythen nachzuhängen, wie die sexuellen Fähigkeiten und das Leistungsvermögen eines Mannes auszusehen hätten, und ich drängte ihn, Zilbergelds außergewöhnlich informatives Buch *Male Sexuality* (1978; dt. Männliche Sexualität, 1983) zu lesen. Der multimodalen Philosophie entsprechend wurden zunächst die am offensichtlichsten angebracht erscheinenden therapeutischen Techniken angewandt - Entspannungstraining, Untersuchung einer möglichen Angst vor Leistungsdruck, Erörterung irrationaler Überzeugungen, Übungen zum Fokussieren von Empfindungen, Paarübungen und die Erforschung möglicher Schuldgefühle. All diese Methoden brachten in Johns Fall keinerlei Ergebnisse. Fast zwei Monate lang ließ sich keine Veränderung feststellen, obwohl seine Verhaltensweisen, Empfindungen, Kognitionen und die Beziehung zu seiner Freundin (die ihrerseits keinerlei Leistungsanforderungen an ihn stellte) detailliert erforscht worden waren. Eine ärztliche Untersuchung schien dabei auch nicht angeraten zu sein, da er regelmäßig mit Erektionen aufwachte und keine Probleme hatte, wenn er masturbierte (Rosen & Kopel, 1978). Bei alledem war jedoch die Vorstellungsmodalität noch nicht gründlich untersucht worden, was nun unabdingbar wurde.

Schon während der ersten Anamneseerhebung hatte John angedeutet, daß seine Masturbationsphantasien ausschließlich heterosexueller Natur waren und sich gewöhnlich um Frauen drehten, die er ziemlich gut kannte. Wir begannen daraufhin, tiefer zu seinen Vorstellungen vorzudringen:

T: Können Sie sich Ihren ersten sexuellen Eindruck ins Gedächtnis rufen?

K: Lassen Sie mich nachdenken. (Pause) Hm, ich weiß nicht, ob dies wirklich mein allererster Eindruck gewesen ist, aber ich war ungefähr fünf Jahre alt und ich hatte ein englisches Kindermädchen. Sie hieß Chris. Nun, Chris trocknete mich ab, nachdem ich geduscht hatte und als sie meine Genitalien rieb bekam ich eine Erektion.

T: Hat sie irgendwas bestimmtes gesagt oder getan?

K: Ich glaube nicht. Eigentlich hatte ich es gerne, wenn Chris mich trockenrieb, obwohl ich das eigentlich wirklich selber konnte. Manchmal, wenn ich masturbiere, denke ich heute noch daran.

T: Könnten Sie die Szene etwas genauer beschreiben?

K: Oh, ich stelle mir nur vor, daß sie meinen Penis reibt.

T: Sehen Sie sich selbst dabei als Kind?

K: Das kann ich nicht so genau sagen. Ich bin vielleicht schon irgendwie 26, aber sie ist trotzdem mein Kindermädchen. Das muß für Sie bestimmt ganz schön verrückt klingen.

T: Lassen Sie mich ruhig noch einmal betonen, daß niemand das Recht hat, die Phantasien eines anderen als abnormal oder verrückt zu bezeichnen. Wenn es jemanden erregt, sich vorzustellen, wie Kristallüster über ihm schwingen, auf denen Bergziegen zu sehen sind, während ein Harem von Schönheiten aus Tahiti seine Genitalien streichelt, oder was auch immer sich jemand ausmalen mag, dann ist das in Ordnung. Aber, um noch einmal auf Ihre Phantasien zurückzukommen...

K: Nun, eigentlich habe ich wirklich einige seltsame Phantasien. Als ich ungefähr 15 war, hatte ich einen Freund, dessen Mutter um die 50 gewesen sein muß. Sie war nicht besonders reizvoll, sie sah sogar ziemlich alt aus für ihre 50 Jahre, eine ziemlich unattraktive Frau also, aber wenn ich masturbierte, dann stellte ich mir oft vor, an ihren Brüsten zu saugen. Und es gibt noch eine andere Vorstellung, an die ich mich besonders erinnere. Ich war, äh, ungefähr sechs oder sieben, als unsere Nachbarin ein kleines Mädchen zur Welt brachte. Eines Tages beobachtete ich, wie sie das Baby badete und ihm danach Creme auf den Hintern und um die Genitalien schmierte. Manchmal stelle ich mir vor, daß die Mutter meines Freundes oder Chris das mit mir machen, und manchmal stelle ich mir vor, daß sie es beide zur gleichen Zeit tun.

T: Das stellen Sie sich nur vor, wenn Sie masturbieren?

K: Ja.

T: Tun Chris oder die Mutter ihres Freundes noch irgend etwas anderes?

K: Ja. (Pause) Manchmal stelle ich mir vor, wie sie es miteinander treiben und danach reiben sie mich mit Creme ein und kümmern sich so um mich.

T: Stellen Sie sich je vor, mit einer von beiden Geschlechtsverkehr zu haben?

K: Ja. Manchmal treibe ich es mit Chris, während die Mutter meines Freundes Creme auf meinen After schmiert, oder umgekehrt.

T: Sie scheinen verlegen zu sein. Ist es schwierig für Sie, darüber zu reden?

K: Das ist es eigentlich nicht. (lacht) Ich habe nur einen Steifen gekriegt.

T: Nun, das ist verständlich - dies sind *Ihre Phantasien.*

K: Es sind auch noch andere darin verwickelt. Eine meiner Tanten beispielsweise, und eine ältere Kusine und eine Frau namens Jane. Jane war wirklich was Besonderes - sie sah irre aus und war sehr, sehr schwanger. Ich war ungefähr 14 und sie muß in den Dreißigern gewesen sein. Wir waren am Swimmingpool bei ihr Zuhause, Jane trug einen schwarzen Badeanzug, und sie ging ins Wasser, und als sie wieder rauskam, rutschte eine ihrer Brüste für eine Sekunde aus dem Badeanzug. Mann, ich sag Ihnen, das war irgendwie irre mit diesem glänzenden schwarzen Badeanzug, ihrem runden Bauch und dieser glatten weißen Brust...

T: All diese Frauen waren also älter als Sie - Chris, die Mutter Ihres Freundes, Ihre Tante, Ihre Kusine, Ihre Nachbarin, Jane...

K: Nein, bei der Nachbarin habe ich mir nie vorgestellt, Sex mit ihr zu haben, da war es bloß der Anblick, wie sie ihr Baby mit Creme einschmierte, was mich anmachte. Aber es stimmt, sie sind alle älter, viel älter.

T: Stellen Sie sich jemals vor, mit jüngeren Mädchen Geschlechtsverkehr zu haben?

K: Nie.

T: Werden Sie durch den Anblick von Aktbildern oder Pornographie erregt?

K: Ich schaue mir so etwas gerne an, aber ich krieg keine Erektion dabei, wenn sie das meinen.

T: Benutzen Sie Bilder von nackten oder halbnackten Frauen, wenn Sie masturbieren, oder könnten Sie das tun?

K: Ich mach dabei lieber die Augen zu...

T: Damit Sie sich Ihren Phantasien widmen können?

K: Stimmt.

T: Wie verhält es sich dabei mit Ihrer Freundin? Haben Sie jemals ihr Bild vor Augen, wenn Sie masturbieren?

K: Eigentlich nicht. (Pause) Einmal habe ich mir vorgestellt, daß sie mich und Chris dabei beobachtet, wie wir es miteinander treiben.

T: Haben Sie jemals Ihre Mutter in eine Ihrer sexuellen Phantasien einbezogen?

K: (Pause) Ich weiß nicht. (Pause) Ich glaube, einmal habe ich mir vorgestellt, daß ich ungefähr sechs Monate alt war und die Nachbarin hat meiner Mutter gezeigt, wie sie mich zu baden und einzucremen hätte. Dann kam Chris und hat die Sache übernommen, obwohl sie in Wirklichkeit erst angefangen hat, für uns zu arbeiten, als ich schon fast fünf war.

T: Vor ein paar Minuten haben sie erwähnt, daß Chris und die Mutter Ihres Freundes Sie *umsorgt* haben. Ihre sexuellen Phantasien scheinen alle von reifen Frauen zu handeln, die Babys oder kleine Kinder versorgen - sie werden gebadet und abgetrocknet und gestreichelt und eingecremt...

K: Ja, das finde ich auch sehr erotisch, sehr erregend.

Durch weitere Untersuchungen von Johns Vorstellungsmodalität wurde die Hypothese bestärkt, daß Sex für ihn nicht mit Leistungsangst, Schuldgefühlen, Machtspielen oder Erfolgsmotivation verknüpft war. Sex war für ihn mit den Qualitäten einer Betreuerin oder eines Kindermädchens verbunden, wobei er der Empfänger einer Art mütterlicher Aufmerksamkeit war. Da er viele Jahre lang zu diesen Bildern masturbiert hatte, verstärkten sich diese Merkmale noch und wirkten als Reizdiskrimination bezüglich der Auslösung seiner sexuellen Funktionen. Er war einerseits ausgesprochen gegen die Vorstellung eingestellt, tatsächlich mit einer älteren Frau Geschlechtsverkehr zu haben, aber andererseits hatte eine junge, 21jährige, heiratsfähige Frau für ihn wenig sexuelle Anziehungskraft. Würde es ihn erregen, wenn seine Freundin ihm Creme um seine Hoden schmieren würde, während er sich vorstellte, daß sie Chris sei? Ich schlug dies John vor und er probierte es aus, hatte dadurch aber keinen Erfolg. "Eines der Probleme dabei ist," berichtete er, "daß Barbara (seine Freundin) Chris nicht im mindesten ähnlich sieht". Ich fragte, ob seine Freundin irgendeiner der anderen Frauen ähnlich war. "Nein, eigentlich nicht", war seine Antwort, woraufhin ich ihm die folgenden Überlegungen zu Bedenken gab.

Menschen haben sehr unterschiedliche Vorstellungen von Sex; was den einen erregt, könnte für jemand anderen einen kompletten Dämpfer bedeuten. In Johns Fall war seine sexuelle Erregung auf Bilder von bestimmten Frauen konditioniert, die bestimmte Dinge taten. Die richtige "sexuelle Chemie" könnte in seinem Fall vielleicht eher mit Frauen zustandekommen, die ihn in irgendeiner Hinsicht an sein Kindermädchen, die Mutter seines Freundes, seine Tante, seine Kusine oder Jane erinnerten. Selbst mit einer solchen Person als Sexpartnerin würde seine anfängliche Stimulation hauptsächlich aus seinen Phantasien kommen müssen, die um Chris, Jane, etc. kreisten. Danach könnte er seine Erregung dahingehend beeinflussen, daß sie mehr und mehr mit der tatsächlichen Person in Einklang stand, mit der er zusammen war. Was sexuelle Erregung und individuelle Präferenzen angeht, sind wir alle von früheren Konditionierungen geprägt. Diejenigen Menschen, die gelernt haben, dabei ausschließlich auf geheime und ungewöhnliche Phantasien zurückzugreifen, um sexuell erregt zu werden, haben meist Probleme, wenn spätere Begegnungen im wirklichen Leben an ihre Stelle treten sollen.

John erzielte erst mehrere Monate später erste Erfolge, als er mit einer Frau zusammen war, die ihn sehr an seine ältere Kusine erinnerte. Während einer Übung zum Fokussieren von Empfindungen, bei der sie seinen Körper mit einer einfachen Creme massierte, ließ er seine Phantasie zu einem Bild von Chris abschweifen, die mit der Mutter seines Freundes Cunnilingus praktizierte. Daraufhin hatte er mit seiner Freundin erstmalig erfolgreich Geschlechtsverkehr, wobei er sich die ganze Zeit vorstellte, daß sie Jane sei. Danach hatte er keine weiteren Erektionsschwierigkeiten oder andere Probleme mehr, und ist auch in den letzten beiden Jahren sexuell aktiv und selbstsicher geblieben. In einem Nachsorgegespräch berichtete er, daß er keine Shaping-Techniken mehr benötigte, um einen Übergang von der Vorstellung zur Wirklichkeit zu bewirken. Er verließ sich immer noch auf Phantasien, um erregt zu werden, aber während des Geschlechtsaktes reagierte er auf die tatsächlich stattfindende sexuelle Begegnung, wobei seine Erregung auch erhalten blieb. In Kapitel 9 wurden bereits TherapeutInnen in der Rolle der *Erlaubniserteilen Instanz* erwähnt. Dieser Aspekt scheint auch bei Johns Behandlung ganz entscheidend gewesen zu sein, da er vor der Therapie seine Masturbationsphantasien als anomal betrachtet und sicher nicht in Erwägung gezogen hatte, sie mit seinen wirklichen sexuellen Begegnungen in Verbindung zu bringen. Durch meine nichtwertende Untersuchung seiner Phantasien wurde John in die Lage versetzt, sie zu akzeptieren und bewußt einsetzen zu können.

Bei der Präsentation von Johns Fall in mehreren Vorträgen habe ich meine Erzählung mehrmals an dem Punkt unterbrochen, an dem sich bei John nach der Behandlung mit herkömmlichen Verhaltens- und Sexualtherapieverfahren immer noch keine Besserung eingestellt hatte. Ich pflegte die ZuhörerInnen dann zu fragen: "Was würden Sie an diesem Punkt tun?" Die Mehrzahl unter den ZuhörerInnen empfahl daraufhin eine Psychoanalyse für seine anscheinend "tiefsitzenden" Konflikte, ungeachtet der Tatsache, daß die Psychoanalyse eine der ineffektivsten Methoden zur Überwindung von Erektionsschwierigkeiten darstellt (Cooper, 1978). Bei einer Gelegenheit befand sich unter den ZuhörerInnen auch eine Therapeutin, die zuvor an einem Seminar über multimodale Therapie teilgenommen hatte und folgendes bemerkte: "Sie haben alle Modalitäten untersucht und mit allen gearbeitet, mit Ausnahme der Vorstellungsmodalität. Ich würde vorschlagen, eine gründliche Untersuchung seiner sexuellen Vorstellungen durchzuführen." Am vorausgehenden Beispiel wollte ich zeigen, daß viele SexualtherapeutInnen und gewisse VerhaltenstherapieklinikerInnen zwar in diesem Bereich äußerst kompetent, flexibel und einfallsreich sind (Dengrove, 1967, 1971; Fensterheim & Kanter, 1980), daß aber gleichzeitig auch in der Sexualtherapie der ausdrückliche Einsatz des BASIC ID der Gesamtbehandlung Genauigkeit verleihen und für sie richtungsweisend sein kann.

Sexuelle Funktionsfähigkeit: Eine multimodale Perspektive

Auf der physiologischen Ebene können sexuelle Impulse als "Trieb", "Instinkt" oder "Bedürfnis" betrachtet werden. In einer Therapie jedoch sollte psychologischen und soziologischen Faktoren vorrangige Bedeutung gegeben werden, wobei das komplexe kulturelle und soziale Netzwerk von Werten, Einstellungen und Tabus, das die Sexualität umgibt, ebenfalls eine Rolle spielt. Sexuelle Funktionsfähigkeit ist dabei, wie jede andere Fähigkeit auch, ein Lernprodukt, bei dem auf allen Ebenen individuelle Probleme auftauchen können.

Verhalten

Durch eine Vergrößerung der Bandbreite sexueller Fertigkeiten und Techniken läßt sich oft eine Steigerung der Leistungsfähigkeit und des Genusses erzielen. Auch beim Küssen, Streicheln, Massieren und anderen Arten, den/der anderen Partner bzw. die Partnerin zu stimulieren, handelt es sich um erlernte Reaktionen. Dadurch, daß Paare dazu angeleitet werden, offen mit ihren Präferenzen umzugehen und bereit zu sein, dem/der anderen Anweisungen zu geben oder solche zu empfangen, sind sie imstande "Irrtümer" zu korrigieren und ihren sexuellen Genuß zu maximieren. Dabei können, beispielsweise durch den Einsatz von erfahrenen SurrogatpartnerInnen, oft auch das Selbstvertrauen und die Fähigkeiten von Menschen verbessert werden, die unter schweren Hemmungen leiden.

Affekte

Jedes "negative Gefühl" wird sowohl die sexuelle Leistungsfähigkeit als auch den Genuß von sexuellen Begegnungen beeinträchtigen. Unter negative Gefühle fallen unter anderem Angst, Traurigkeit, Schuldgefühle, Groll, usw. Dabei bilden Bedenken hinsichtlich der persönlichen Leistungsfähigkeit wahrscheinlich den häufigsten beeinträchtigenden Faktor, gefolgt von bestimmten religiösen Lehren, die unangebrachte Schuldgefühle und sexuelle Zweifel begünstigen. Traumatische Erlebnisse (z.B. Vergewaltigung, Maßregelung seitens der Eltern oder Zwang zu Inzest) können dabei ebenfalls tiefsitzende affektive Auswirkungen haben.

Sinneswahrnehmungen

Sexueller Genuß ist direkt mit der sensorischen Modalität verknüpft, wobei der Schwerpunkt auf dem weiten Spielfeld taktiler Stimulationen liegt. Die Spannweite von Möglichkeiten, die man dabei schätzen lernen könnte, ist gewaltig, wobei besonders die zahllosen Wege, die erogenen Zonen zu stimulieren zum Repertoire von allen geübten LiebhaberInnen zählen sollten. Sensorische Störungen oder Mißfallen (beispielsweise Schmerz oder Beschwerden) verlangen manchmal nach einem breitgefächerten Behandlungsansatz (Lazarus 1980b), obwohl sie in vielen Fällen auch nur in Ungeschicklichkeit oder ähnlichen fehlgeleiteten Verhaltensweisen begründet sein mögen, die sich leicht korrigieren lassen.

Vorstellungen

Phantasien können die sexuelle Leistungsfähigkeit und den erotischen Genuß eines Menschen erheblich steigern. Zum Thema erotische Phantasien von Männern und Frauen sind bereits diverse namhafte Publikationen erschienen. Eine der Hauptschwierigkeiten auf diesem Gebiet besteht in den überflüssigen Schuldgefühlen, die manche Menschen beim Genuß ihrer "seltsamen" mentalen Bilder haben. Andere wiederum haben unangenehme Vorstellungen (z.B. Bilder von Mißbilligung seitens der Eltern), die ihrem Genuß im Weg stehen.

Kognitionen

Im sexuellen Bereich stehen die meisten Probleme in Verbindung mit der Haltung, welche die jeweiligen Menschen dazu einnehmen. Wie Ellis (1972) immer wieder betont hat, können 'kategorische Imperative' - wie beispielsweise "ich sollte, ich hätte und ich müßte" - in Kombination mit anderen unabdingbaren Forderungen die sexuelle Leistungsfähigkeit und den Genuß sexueller Begegnungen stark beeinträchtigen, wenn nicht gar verhindern. Die Korrektur von Mythen und irrationalen Überzeugungen in diesem Bereich, zusammen mit dem Erwerb nicht moralisierender Einstellungen, sind für die sexuelle Zufriedenheit oft unabdingbar.

Interpersonale Beziehungen

Sex kann sich auch sehr schnell zu einem Schlachtfeld entwickeln, anstatt eine Quelle und eine Ausdrucksform von Nähe, Zuneigung, Erregung, Fürsorglichkeit oder der erhöhten spirituellen Ekstase, die viele Menschen dabei erfahren mögen, zu sein. Oft können sich sexuelle Probleme schon aus so einfachen Tatbeständen ergeben wie der Wahl des falschen Partners bzw. der falschen Partnerin für sexuelle Begegnungen. (Meiner Erfahrung nach zeigt sich dies besonders bei Frauen, die unter psychogener Dyspareunie leiden - Schmerzen oder Unbehagen während des Geschlechtsverkehrs, bei denen keine organischen Ursachen feststellbar sind. Siehe Lazarus, 1980b).

Drogen/Medikamente

Die Einnahme verschiedener Medikamente oder Drogen kann den sexuellen Genuß oder die Leistungsfähigkeit eines Menschen erheblich fördern oder aber auch beeinträchtigen. Geringe Mengen an Alkohol, Marihuana, sowie bestimmte Beruhigungsmittel können unter Umständen erregungssteigernd wirken, möglicherweise hauptsächlich aufgrund ihres Placebo-Effekts (Dengrove, 1971), aber größere Mengen haben eher den Effekt, daß die sexuelle Leistungsfähigkeit herabgesetzt wird. Darüber hinaus lassen sich sexuelle Schwierigkeiten manchmal direkt auf verschiedene organische Probleme zurückführen - darunter Operationstraumata, endokrine Störungen und Infektionen. Aufgrund dessen sollten urologische, gynäkologische und andere medizinische Untersuchungen immer dann hinzugezogen werden, wenn ein Verdacht auf eine organische Beeinflussung besteht.

Bei der Anwendung des BASIC ID haben KlinikerInnen in vielen Fällen dessen Darstellungsweise zu schätzen gelernt, bei der sich Probleme in einer beliebigen Modalität entweder größtenteils auf diese beschränken oder sich aber in einem "wellenartigen" Effekt durch die anderen Modalitäten fortsetzen. Häufig wird beispielsweise der Fragebogen zur Lebensgeschichte Hinweise darauf geben, ob in einem bestimmten Fall eher ein spezifisches Wiedereinüben von sexuellen Fähigkeiten erforderlich sein mag oder ob ein weiter gefaßter Behandlungsrahmen notwendig werden könnte. Ein Klient beispielsweise, dessen vorhandene Beschwerden im Fragebogen zur Lebensgeschichte nur unter "vorzeitige Ejakulationen" aufgelistet war, hob bei der *Modalitätenanalyse bestehender Probleme* die folgenden Punkte hervor: Nehme Drogen, störende Verhaltensweisen, trinke zu viel, Selbstmordversuche, bin aggressiv, Wutausbrüche, ärgerlich, konfliktbeladen, unglücklich.

All diese Faktoren mögen mit seinem sexuellen Problem in Verbindung stehen oder nicht, aber verantwortungsbewußte KlinikerInnen werden sich nach der Anführung dieser Anhaltspunkte kaum auf seine "vorzeitigen Ejakulationen" beschränken und dabei die anderen behavioristischen, affektiven, kognitiven und interpersonalen Störungen außer acht lassen. Dabei liegt in der Beurteilung an sich, wann man sich mit einem spezifischen sexuellen Problem befassen und wann man die Aufmerksamkeit auf andere betroffene Gebiete lenken sollte, gar nichts Okkultes oder gar Kompliziertes. Das Erstgespräch und der Fragebogen zur Lebensgeschichte dürften oft bereits darüber Auskunft geben, ob Probleme bestehen, die damit in Verbindung gebracht werden und in welchem Ausmaß diese die primären Beschwerden verstärken könnten.

Wie schon zuvor erwähnt, habe ich in der Sexualtherapie den Einsatz von Phantasieübungen als besonders hilfreich erlebt, sobald sich verwirrende Situationen ergaben. Eine meiner Grundfragen, die ich meinen KlientInnen bei der Beschäftigung mit sexuellen Vorstellungen stelle, lautet dabei, ob sie sich das erwünschte Ziel in der Phantasie ausmalen können (z.B. ob Männer mit Erektionsstörungen sich vergegenwärtigen können, wie sie vor dem Geschlechtsverkehr eine Erektion bekommen bzw. beibehalten; oder ob präorgasmische Frauen ein Bild entstehen lassen können, wie sie einen Höhepunkt erreichen). Wenn die Antwort auf diese Frage negativ ausfällt, dann ist für gewöhnlich auch das angestrebte Ziel nur schwer zu erreichen. Wenn jemand dagegen angibt, sich das erwünschte Ergebnis vorstellen zu können, auch wenn es vielleicht noch nie zuvor erreicht wurde, dann kann die Arbeit unter Umständen erleichtert werden. Lassen sie mich diesbezüglich noch einmal betonen, daß ich es für die jeweiligen KlientInnen als notwendig erachte, sich von dem Vorgang eine Vorstellung zu machen, bevor dieser auch in der Realität angestrebt werden kann. Daher fordere ich meine KlientInnen meistens dazu auf, ihre allgemeinen Ziele in möglichst kleine Einheiten zu zerlegen, und sich dann vorzustellen, wie sie die einzelnen Punkte, die darauf hinführen sollen, schrittweise erreichen. Beispielsweise könnte ein Mann, der keine Erektionen bekommt, sich die folgende Sequenz vorstellen:

1. Während des Vorspiels entspannt sein, auch wenn sich dabei nicht das geringste Zeichen einer Erektion andeutet.
2. Sich angenehmen genitalen Empfindungen hingeben, wenn die Partnerin den schlaffen Penis stimuliert.
3. Nach einer Weile eine teilweise Erektion bekommen, auch wenn sie vielleicht nur wenige Momente anhalten mag.
4. Eine Erektion ein paar Momente länger aufrechterhalten als in Punkt 3.
5. Eine Erektion verlieren, während er sich in eine Position begibt, um in die Vagina der Partnerin eindringen zu können, wobei er ruhig bleibt und dies akzeptiert.
6. Eine Erektion verlieren, sobald er seinen Penis in die Vagina eingeführt hat, und auch dabei ruhig bleiben und es akzeptieren.
7. Über längere Zeiträume hinweg Erektionen bekommen und aufrechterhalten.

Auch bei einer solchen Behandlung wird sich der Übergang von den Vorstellungensübungen zur tatsächlichen Praxis selbstverständlich nicht automatisch vollziehen, aber es gibt durchaus Hinweise darauf, daß ein bewußter Einsatz mentaler Vorstellungen den Vorgang der Generalisierung erleichtert (Singer, 1974).

Als ich beispielsweise einmal eine Vorstellungsübung zur Orgamuserreichung bei einer 29jährigen verheirateten Frau einsetzte, die noch nie einen Höhepunkt erlebt hatte, wurde sie ausgesprochen wütend, nachdem ich sie gebeten hatte, sich auszumalen, wie sie einen Orgasmus bekäme. Ich fragte sie daraufhin: "Was passiert denn, wenn Sie versuchen, sich diese Szene vorzustellen?" Sie fing an zu schluchzen und platzte dann damit heraus, daß sie kein Recht auf Spaß habe. Als ich dieser Spur weiter nachging, stießen wir auf eine calvinistische Ideologie, welche die Sündhaftigkeit des Vergnügens hervorhob und betonte, daß das Recht auf Glück erst erworben werden müsse, indem große Leistungen erbracht werden. Sie war Anhängerin einer religiösen Sekte gewesen, die diese Werte predigte und war sehr unglücklich darüber, auf Veranlassung ihres Ehemannes aus dieser Sekte ausgetreten zu sein. (Ein vorhergehender Therapeut, der diese kognitiven Faktoren übersah, hatte Selbststimulation und gegenseitige Verwöhnungsübungen einsetzt!

Daraufhin wurde die Sexualtherapie in diesem Fall erst einmal ad acta gelegt, und wir bemühten uns um eine weitgehende kognitive Restrukturierung. Dieser folgte eine Paartherapie, welche wiederum zu einer erweiterten Familientherapie führte. (Das Paar sowie die jeweiligen Eltern wurden zu einer Reihe von Sitzungen eingeladen, um ein Netzwerk von Konflikten und Übergriffen quer durch die Generationen hindurch entwirren zu können). Zur Zeit der Fertigstellung dieses Buches, acht Monate und dreißig Sitzungen später, sind auf verschiedenen Gebieten schon erhebliche Fortschritte erzielt worden (die Frau kann sich besser durchsetzen; ihre Eltern und Schwiegereltern haben aufgehört, sie zu bevormunden und sich in ihre Angelegenheiten zu mischen; ihr Mann hat eine reifere Beziehung zu seinen eigenen Eltern entwickelt und die Paarbeziehung ist intensiver und gleichberechtigter geworden). Die Klientin kann jetzt mit Hilfe eines Vibrators sowie durch manuelle Stimulation bei sich selbst einen Orgasmus hervorrufen. Wir versuchen nun in der weiteren Arbeit noch, einen Transfer auf die heterosexuelle Ebene zu erreichen.

Im Bereich der Sexualtherapie finden sich zwar auch wiederum einige ganz spezifische Techniken (z.B. Schwellentraining für vorzeitige Ejakulationen, der Einsatz von Vibratoren für präorgasmische Frauen, die Einführung von skalierten Erweiterungssonden bei Vaginismus), die meisten der verwendeten Methoden stammen jedoch aus der allgemeinen Psychotherapie, insbesondere der Verhaltenstherapie. Dabei gibt es keine bestimmte allgemeine Formel zur Überwindung von mangelnder sexueller Erregbarkeit, Erektionsstörungen, Orgasmusbarrieren, Dyspareunie oder sexuellen Anomalien. Viele Lösungen beziehen sich lediglich auf einen bestimmten Menschen und seine oder ihre individuellen Beziehungen. Indem bei der Behandlung multimodal vorgegangen wird, (z.B., indem systematisch während der Anamnese und der Identifizierung des Problems das gesamte BASIC ID abgedeckt wird), können TherapeutInnen kritische Variablen, die sonst möglicherweise unentdeckt geblieben wären, einfacher identifizieren. Dies, wie schon mehrfach weiter oben betont, erleichtert es wesentlich, im jeweiligen Fall auch angemessene und effektive Interventionen einzusetzen.

Obwohl sich dieses Kapitel hauptsächlich mit dem Einsatz von Phantasievorstellungen zur Überwindung von sexuellen Unzulänglichkeiten beschäftigt hat, sollte dabei nicht der Eindruck erweckt werden, daß eine "Vorstellungstherapie" für diesen Problembereich innerhalb der multimodalen Therapie unabdingbar sei. Auch bei der Anamnese sexueller Probleme wird das gesamte BASIC ID abgedeckt, wobei sich im Rahmen der multimodalen Therapie oft auch auf der verhaltensmäßigen, affektiven, sensorischen, kognitiven und interpersonalen Strategien Ebene bestimmte Techniken als Mittel der Wahl erweisen. Wie schon zu Beginn dieses Kapitels erwähnt, ist jedoch die Forschung in diesem Bereich bisher dem Einsatz von Vorstellungstechniken nicht in dem Maße gerecht geworden, wie es eigentlich angebracht wäre, während die anderen spezifischen Behandlungsweisen alle gebührend dokumentiert worden sind (Hartman & Fithian, 1974; Leiblum & Pervin, 1980; LoPiccolo, 1978; Masters & Johnson, 1970; Tollison & Adams, 1979). Ich möchte daher zum Schluß noch einmal hervorheben, daß der Einsatz von Vorstellungsübungen geeignet ist, zuvor verwirrende oder anderweitig unzugängliche Schwierigkeiten in einem anderen Licht erscheinen zu lassen.

Multimodale Therapie in ausgewählten Situationen: Die Arbeit mit Kindern, Gruppen und Menschen mit schwerwiegenden Störungen

Wie können Kinder multimodal behandelt werden? Wie würden Sie bei einer Gruppentherapie ansetzen? Wie gehen Sie mit Schizophrenie, Depressionen, Alkoholismus und Drogenabhängigkeit um?

Solche und ähnliche Fragen werden mir normalerweise in Seminaren und Workshops gestellt. Den aufmerksamen LeserInnen der vorhergehenden Kapitel wird diesbezüglich aufgefallen sein, daß das zentrale Gerüst einer multimodalen Therapie dabei immer dasselbe bleibt: umfassendes Denken in den Begriffen von Verhalten, Affekten, Empfindungen, Vorstellungen, Kognitionen, Interpersonalen Beziehungen und Biologischen Faktoren; eine systematische Bewertung dieser sieben Persönlichkeitsparameter; eine Untersuchung ihrer Beziehungen untereinander, und schließlich das Zuschneiden der Behandlung auf die Bedürfnisse der jeweiligen KlientInnen. Wenn ich jeder einzelnen der obengenannten Fragen ein eigenes Kapitel widmen wollte, würde dieses Buch unzweckmäßig lang werden und sich unnötig wiederholen, daher sollen hier kurze Kommentare zur Veranschaulichung genügen.

Multimodale Therapie mit Kindern

Ich selbst bin kein Kindertherapeut und habe multimodale Methoden auch nicht auf Kinder abgestimmt und angewendet, aber es gibt in diesem Bereich mehrere ExpertInnen der Kinderpsychotherapie, die von den besonderen Vorteilen dieses Ansatzes bei der Behandlung berichtet haben (z.B. Keat, 1976a, 1976b, 1979; Edwards, 1978; Green, 1978; Breunlin, 1980; O'Keefe & Castaldo, 1980). Gerler (1977, 1978a, 1978b, 1979) hat die multimodale Theorie und Therapie bei der Berufsberatung, bei Therapien in der Schule, bei Leseprogrammen sowie (Gerler & Keat, 1977) bei der Beratung in Grundschulklassen angewendet. Das künstlerische Geschick und das technische Repertoire von effektiven KindertherapeutInnen schließt bestimmte Fähigkeiten mit ein, die bei KlinikerInnen, die gut mit jungen oder älteren Erwachsenen umgehen können, nicht unbedingt erforderlich sind. So sollten KindertherapeutInnen, um manche Kinder überhaupt erreichen zu können, über zahlreiche Spiele, Lieder, Geschichten und ein Gespür für Kommunikation in kurzen Worten und einfachen Sätzen verfügen. Ich habe beispielsweise einmal einen meisterhaften Kliniker beobachten können, der sofort eine Beziehung zu Kindern herstellen konnte, indem er ein paar eindrucksvolle Zaubertricks vorführte; ein anderer war ein begabter Künstler, der die Aufmerksamkeit der Kinder mit farbenfrohen sinnbildlichen Cartoons an sich fesselte.

Meiner Ansicht nach entwickelt sich aus einer Kindertherapie in der Folge fast immer eine Familientherapie, da die Verstärkungen für das Verhalten des Kindes meistens in der Kontrolle der Eltern liegen. Durch multimodales Elterntraining (Judah, 1978) ließ sich die Effektivität des multimodalen Ansatzes unter Einsatz des BASIC ID durchaus bestätigen, da hinsichtlich des Akzeptanzniveaus der Eltern sowie der Abschwächung autoritärer Einstellungen signifikante Veränderungen erzielt werden konnten, woraus für die Kinder im Grundschulalter wiederum Gewinne resultierten. Bei einem multimodalen Ansatz wird durch die Verwendung von Modalitätenprofilen immer auf spezifische therapeutische Erfordernisse hingewiesen - ob man sich auf operante oder andere Verhaltensprinzipien konzentrieren sollte (Ross, 1974), wann Interventionsprogramme im Klassenzimmer angebracht sein könnten (O'Leary & O'Leary, 1976), und wann das Problem aus der Perspektive des Familiensystems angegangen werden sollte (Haley, 1980). Wenn das BASIC ID dabei ein verworrenes interpersonales Netzwerk von miteinander im Konflikt stehenden Anliegen und Machtkämpfen aufweist, dann ist es oft unabdingbar, im Rahmen der Familie zu arbeiten und zu versuchen, andere Formen von Transaktionen zwischen den Familienmitgliedern zu erreichen. Haley (ebenda) hat darüber hinaus auch die notwendigen Schritte beschrieben, wie ein solches Ziel erreicht werden könnte. Eher enger begrenzte Probleme erfordern dagegen oft operantes Umlernen (Wahler, 1976). Unter diese Gruppe fallen beispielsweise verschiedene Verhaltensdefizite (z.B. Sprachschwierigkeiten; mangelhafte "Selbsthilfefähigkeiten", wie Körperpflege, Anziehen, Essen; oder eingeschränkte soziale Fertigkeiten), Verhaltensweisen, die nicht dem Alter entsprechen (übermäßig unselbständige Reaktionen, Bettnässen, Schüchternheit, Ängste und Phobien) sowie andere situationsbedingte Fehlleistungen. Da das Verhalten eines Kindes innerhalb verschiedener sozialer Umfelder untersucht werden sollte, können oft direkte Beobachtungen und Interventionen im Klassenzimmer erforderlich werden, wenn bei einem Kind schulische Schwierigkeiten bestehen (O'Leary & O'Leary, 1972).

Selbstverständlich werden kleine Kinder bei einer multimodalen Therapie auch nicht gebeten, den Fragebogen zur Lebensgeschichte auszufüllen oder gar ein Modalitätenprofil zu erstellen. Nichtsdestotrotz werden multimodale TherapeutInnen auch bei der Arbeit mit Kindern in den Begriffen des BASIC ID denken und dabei systematische Untersuchungen der Modalitäten und ihrer jeweiligen interaktiven Wirkungsweisen vornehmen. Viele Kinder reagieren besonders gut auf Vorstellungstechniken (Lazarus & Abramovitz, 1962), und bei anderen wirken speziell zugeschnittene Formen von Entspannungstraining hervorragend (Keat, 1979, S. 123-125). Darüber hinaus kann es oft hilfreich sein, solche Bücher wie *The Boys and Girls Book About Divorce* von Gardner (1970) oder Liederalben wie z.B. *Free to Be You and Me* (Hart, Pogrebin, Rogers & Thomas, 1974) zu empfehlen, die es sich zum Ziel gemacht haben, auf kindgerechte Weise Mythen zu vertreiben, die von unserer in puncto Sexualität so voreingenommenen Gesellschaft kreiert wurden. Schaefer und Millman (1977) haben außerdem ein äußerst nützliches Kompendium mit einem weitreichenden Artikelspektrum im Hinblick auf Kindertherapie zusammengestellt. Dabei handelt es sich um leichtverständliche Zusammenfassungen von mehr als 130 Artikeln über einige der häufigsten und außergewöhnlichsten Störungen bei Kindern, darunter Alpträume; schüchternes, verschlossenes Verhalten; Schulphobie und andere Kindheitsängste; Reaktionen auf Traumata; Bettnässen; Klebstoffschnüffeln; Daumenlutschen; Aggressivität; Diebstahl; Spiel mit Feuer; hyperaktives Verhalten; geschwisterliche Rivalitäten sowie viele andere Problemgebiete. Das Einzigartige an einer multimodalen Therapie mit Kindern besteht in der systematischen Art und Weise, in der das BASIC ID des Kindes untersucht und behandelt wird, wenn spezifische persönliche und interpersonale Probleme aufgetaucht sind.

In Keats Buch *Multimodal Therapy With Children* (1979) wird gezeigt, wie ein talentierter und einfallsreicher Kliniker das BASIC ID auf viele Probleme und Störungen von Kindern anwendet. Ich habe an Keats Arbeit jedoch zu bemängeln, daß er sich dabei auf etliche relativ zweifelhafte Ideologien und Techniken stützt (er schließt z.B. Interventionen ein wie Megavitamintherapie, einige fragwürdige Aspekte der Transaktionsanalyse und Kung-fu-Training. Er fügt darüber hinaus dem BASIC ID noch ein weiteres Akronym hinzu, was KritikerInnen dazu veranlassen könnte, seinen Ansatz anstatt als multimodal eher als *multimuddle*[1] zu bezeichnen!). Abgesehen von diesen Kritikpunkten ist Keats jedoch äußerst kreativ und seine Arbeit beweist, daß ein multimodaler Ansatz auch in der Kindertherapie einen definitiven Platz in Anspruch nehmen kann.

Multimodale Gruppentherapie

Das therapeutische Angehen von verschiedenen Fehlüberzeugungen kann sich in Gruppen oft als besonders hilfreich erweisen, da mehrfache Bestätigungen gewöhnlich stärker ins Gewicht fallen als die Ansichten einer Einzelperson (selbst wenn es sich bei dieser Person um eine anerkannte Autorität handelt). Sobald interpersonale Defizite vorhanden sind, stellt die Gruppentherapie eine wirklichkeitsgetreuere Übungsumgebung dar. So können Gruppen beispielsweise eine Gelegenheit für stellvertretendes und beobachtendes Lernen bieten sowie eine Vielzahl von Möglichkeiten für Modellernen. Darüber hinaus können Rollenspiele, Verhaltensproben und andere Präsentationen durch psychodramatische Elemente, die sich oft für Gruppensitzungen anbieten, verstärkt werden (Moreno, 1958). Vor allem einsame und isolierte Individuen profitieren häufig sehr von einer Gruppentherapie, besonders in Fällen, in denen die Gruppe sich als ein Sprungbrett für die Entwicklung von Freundschaften erweist. Außerdem ist eine Gruppentherapie oft zweckmäßiger, praktischer und weniger kostenintensiv als eine Einzeltherapie.

Besonders streitsüchtige, paranoide, unter Täuschungen leidende oder schwer depressive Menschen können allerdings oft eine zerstörerischen Wirkung auf Therapiegruppen haben. Abgesehen davon haben auch KlientInnen, die in alles beherrschenden obsessiv-zwanghaften Ritualen gefangen sind, häufig auf multimodale

1 Wortspiel: multimuddle =multiverkorkst [A.d.Ü.]

Gruppen nicht positiv reagiert. Solche KlientInnen sollten einzeln oder vorzugsweise im Rahmen einer Paar- oder Familientherapie behandelt werden.

Während einige meiner KollegInnen auch multimodale Gruppen mit Kindern und Jugendlichen angeleitet haben, beschränken sich meine eigenen Erfahrungen auf Erwachsene. Die Gruppen, mit denen dabei am leichtesten umzugehen ist, sind relativ homogen und haben klar definierte Ziele. Dazu gehören beispielsweise Selbstbehauptungstrainingsgruppen, Paartherapiegruppen und Gruppen, deren Mitglieder abnehmen, mit dem Rauchen aufhören oder spezifische Ängste überwinden wollen. Nach unserer Erfahrung hat es sich gezeigt, daß solche Gruppen am besten aus vier bis zehn Mitgliedern bestehen sollten (welche gewöhnlich von männlichen und weiblichen Co-TherapeutInnen geleitet werden). Die Sitzungen sollten am besten in einem wöchentlichen Rahmen stattfinden, wobei die einzelnen Treffen 1 ½ bis 2 Stunden in Anspruch nehmen können.

Bei Gruppensitzungen empfiehlt es sich, zunächst die Anfangsunsicherheit durch ein paar einleitende Bemerkungen des Therapeuten bzw. der Therapeutin abzumildern. Dies kann beispielsweise durch das Erwähnen folgender Punkte geschehen: den kooperativen Einsatz von Ressourcen; die Absicht, ein fruchtbares Zusammengehörigkeitsgefühl zu entwickeln; das Üben von konstruktiver anstatt destruktiver Kritik; die Schaffung einer Vertrauensbasis sowie die Förderung sozialer Interaktionen (Lazarus, 1971). Darüber hinaus kann es unserer Erfahrung nach auch hilfreich sein, als Eisbrecher die Instruktionen zur Erstellung von Strukturprofilen einzusetzen (siehe Kapitel 4), bei denen jedes einzelne Gruppenmitglied sich selbst auf einer 10-Punkte-Skala quer durch das BASIC ID einschätzt. Die TherapeutInnen sollten dabei erklären, daß kein Profil mehr oder weniger erwünscht ist als ein anderes, daß sich jedoch auf diese Weise schnell Gebiete feststellen lassen, die verbesserungsbedürftig sein könnten (beispielsweise können sehr niedrige Ergebnisse in der interpersonalen oder der biologischen Modalität auf soziale oder körperliche Schwierigkeiten hinweisen). Eine Diskussion der allgemeinen Implikationen der jeweiligen Strukturprofile wird gewöhnlich einen lebhaften Austausch zwischen den einzelnen Gruppenmitgliedern zur Folge haben und kann zur Entdeckung von gleichgesinnten oder vom Temperament her ähnlichen Personen innerhalb der Gruppe führen.

Beim zweiten Treffen kann dann der Rahmen des BASIC IDs ausführlich diskutiert werden, woraufhin ein Großteil der Sitzung der Erstellung von Modalitätenprofilen der einzelnen Gruppenmitglieder gewidmet wird (siehe Kapitel 4). Danach kann der Therapieprozeß seinen Lauf nehmen, indem spezifische Defizite bzw. Exzesse in den Profilen der verschiedenen Gruppenmitglieder bearbeitet werden. Da multimodale Gruppen meist themenorientiert und zielgerichtet sind sowie auf die Verbesserung spezifischer Schwierigkeiten abzielen, ist die Gruppenatmosphäre für gewöhnlich ungezwungen und oft heiter. Die TherapeutInnen sollten dabei bewußt versuchen, eine Atmosphäre zu schaffen, in der sich die Mitglieder sicher fühlen, sich entspannen können und das Gefühl vermittelt bekommen, respektiert und akzeptiert zu werden (Lazarus, 1974).

Von Zeit zu Zeit kann dabei auch Material aus dem Gruppenprozeß diskutiert werden, insbesondere wenn einige Mitglieder versteckte Anliegen zu haben scheinen, die das Hauptziel der Gruppe, die Eliminierung von Überschüssen und Defiziten im BASIC ID jedes einzelnen Mitglieds, untergraben. Im allgemeinen kann in Gruppenzusammenhängen die Mehrzahl der in Anhang 2 beschriebenen Techniken eingesetzt werden. Zu den am häufigsten verwendeten gehören dabei Verhaltensproben und Rollenspiele, Modellernen, positive Verstärkung (hauptsächlich in Form von aufrichtigem Lob, wo immer es angebracht ist), Aufzeichnungen und Selbstbeobachtung, die Technik des leeren Stuhls, Ärger ausdrücken, Gefühle erkennen, Entspannungstraining, Meditation, das A-B-C-D-E Paradigma von Ellis, Bibliotherapie, Einüben von sozialen Fertigkeiten, Selbstbehauptungstraining, Beziehungstraining und Kommunikationstraining.

Durch meine Experimente mit unterschiedlichen Dimensionen und unterschiedlichen Arten von multimodalen Therapiegruppen (Lazarus, 1975a; 1975b) bin ich zu dem Ergebnis gelangt, daß zeitlich begrenzte Gruppen am effektivsten sind (d.h., die Gruppenmitglieder werden beim ersten Treffen davon in Kenntnis gesetzt, daß die Gruppe sich zu zwanzig Sitzungen treffen und danach auflösen wird). Darüber hinaus kann den KlientInnen auf Wunsch die Gelegenheit gegeben werden, eine Einzeltherapie zu beginnen oder sich einer anderen Gruppe anzuschließen. Früher habe ich manche KlientInnen auch dazu ermutigt, sich zusätzlich zu den Gruppentreffen noch einer Einzeltherapie zu unterziehen, aber da dies Verwirrung zu stiften schien und oft Konflikte heraufbeschwor, ziehe ich es inzwischen vor, die Gruppenmitglieder nur in den zwanzig Gruppentherapiesitzungen zu sehen. KlientInnen, die sich sowohl in Einzel- als auch in Gruppentherapie befunden hatten, neigten dazu, sich in der Gruppentherapie zurückzuhalten und schwieriges Material für ihre Einzelsitzungen aufzusparen, wodurch dann leicht die gesamte Gruppenmoral unterminiert werden konnte.

Sobald die Gruppenmitglieder mit dem Konzept des BASIC ID vertraut sind, scheinen sie Gefallen daran zu finden, ihre eigenen Schwierigkeiten in den einzelnen Dimensionen quer über das BASIC ID zu beobachten und dabei durch die GruppenleiterInnen oder die anderen Mitglieder bestätigt oder korrigiert zu werden. Meiner Erfahrung nach ist es für die meisten Gruppenmitglieder auch hilfreich, der eigenen Modalitätenzündfolge nachzugehen (siehe Kapitel 5). Zusätzlich erweist sich für gewöhnlich der Austausch zwischen den TeilnehmerInnen über ihre spezifischen Möglichkeiten, Verbesserungen zu erreichen, als äußerst produktiv. Dazu ein kurzer Auszug:

MARGE: Also, da kann man sich doch wirklich aufregen! (wendet sich an den Therapeuten) Sie haben recht, wenn Sie sagen, daß meine Ängste gewöhnlich mit einer Kognition beginnen und dann geradewegs in eine Vorstellung übergehen. Ich meine, ich habe immer gedacht, daß meine Anfälle aus dem Nichts kämen - alles, was ich wußte, war, daß ich - peng! - plötzlich Angst hatte. Aber als ich anfing, das ganze zurückzuverfolgen, sah ich, daß ich fast immer mit irgendeinem dummen *Gedanken* anfing. Wenn ich bloß diesen bescheuerten Teil meines Hirns abschalten könnte, in dem dieser Blödsinn anfängt....

SUE: Ich bin da genauso. Das spielt sich alles in meinem Kopf ab, dort fängt alles an.

BERT: Bei mir ist es genau andersrum. Bei mir fängt das mit den Empfindungen an. Wenn ich diese Gefühle bemerke, dann fange ich auch an, mir Sorgen zu machen...

THERAPEUT: Wie viele von Ihnen haben sich mit dem Zurückverfolgen beschäftigt? Wer hat den Versuch gemacht, seine Zündfolgen ausfindig zu machen? (Marge, Sue, Bert und Connie heben die Hand.) Wie steht es mit Ihnen, George und Tony, Sie haben es nicht probiert?

TONY: Bei mir ist es jetzt schon zwei Wochen her, daß ich mich mit den positiven Vorstellungen beschäftigt habe. Ich finde, das bringt überhaupt nichts.

GEORGE: Mir war es nicht so ganz klar, daß es sich dabei um eine Hausaufgabe handelte.

THERAPEUT: Sie haben recht. Es war auch nur ein Vorschlag. Wie auch immer, vielleicht können wir alle zusammen versuchen, einige Ideen zu sammeln, wie sich Ängste abwenden lassen könnten.

CONNIE: Könnten wir dabei auch über Depressionen sprechen? Ich habe bemerkt, daß ich bei mir selbst Depressionen auslöse, indem ich an Martin denke und an alles, was bei uns schiefgelaufen ist. Danach grabe ich noch andere Dinge aus, die ich bedauere und tue mir dann schließlich selbst leid. Das ganze ist ein Teufelskreis.

CO-THERAPEUT: Stimmt es, Connie, daß Sie an Ihrer Depression arbeiten wollen und daß Sie, George, Schuldgefühle als Hauptthema ausgewählt haben, während die anderen über Ängste sprechen möchten?

CONNIE: Nun, das Komische bei mir ist, daß ich bei mir selbst Depressionen auslöse, indem ich über die Vergangenheit nachdenke; meine Ängste dagegen beginnen normalerweise damit, wenn ich so ein komisches Gefühl im Magen habe und anfange, an Hepatitis und lauter so Zeug zu denken.

GEORGE: Ich habe mir immer gesagt: "Du bist nicht verantwortlich für anderer Leute Gefühle". Das hilft wirklich.

THERAPEUT: Großartig! Lassen Sie uns einmal versuchen, all das unter einen Hut zu bringen. Connie, wenn Sie sich in einem Ihrer Tagträume verlieren und anfangen, an alle möglichen Dinge zu denken, die Sie hätten tun können oder sollen, und wenn Sie sich das Leben wieder einmal schwer machen, nur weil Sie ein fehlbares menschliches Wesen sind, dann könnten Sie es einmal mit Gedankenstops versuchen. Sobald Sie sich dabei ertappen, wie Sie in dieses Bedauern eintauchen, fangen Sie an, innerlich STOP! STOP! zu rufen und versuchen dabei, sich eine riesige Neonreklame vorzustellen, auf der ebenfalls STOP! steht. Möchten Sie das einmal ausprobieren?

GEORGE: Ich finde es noch hilfreicher, innerlich STOP! zu rufen und mir dann vorzustellen, wie ich die Buchstaben "S", "T", usw. auf eine riesige Plakatwand male.

CO-THERAPEUT: Das ist eine wunderbare Idee.

THERAPEUT: Das finde ich auch. Würden Sie das ausprobieren, Connie? Nun zu Marge und Sue, Sie hatten beide gesagt, daß bei Ihnen der Prozeß des Angsthabens mit Kognitionen anfängt. Bert, Sie haben dagegen gesagt, daß in Ihrem Fall die Empfindungen den Kognitionen vorangehen. Ich würde darüber gleich gerne noch mehr hören, aber lassen Sie mich zunächst noch eines festhalten. Sobald die kognitive Modalität ins Spiel kommt und Ängste auslöst, gibt es gewöhnlich drei Worte, die dafür verantwortlich sind: "*was wäre, wenn...*". Dabei erwarten Sie dann gleich etwas Negatives. "Was passiert, wenn dieses oder jenes geschieht?" "Was ist, wenn dies oder das schiefgeht?" Ein gutes Gegenmittel dafür sind die Worte "und selbst dann" oder "wenn das passiert, dann..." Sie können sich dabei sagen: "Und was, wenn das wirklich passiert? Dann werde ich mich eben damit befassen, dann werde ich damit umgehen können."

BERT: (lacht) Und was ist, wenn es einen umbringt?

TONY: Nun, dann sind Ihre Sorgen und Nöte auch erledigt. Tote haben keine Angst mehr.

CO-THERAPEUT: Vielleicht ist das die Angst, die bei den Menschen am tiefsten sitzt. Das Schlimmste, was uns passieren könnte, ist, daß wir sterben.

MARGE: Der Punkt ist doch aber, daß wir uns meistens über blöde Kleinigkeiten aufregen. Wir denken über all diese dummen kleinen Dinge nach, die passieren könnten - also ich tue das wenigstens.

THERAPEUT: Glauben Sie wirklich, daß sie damit umgehen könnten, wenn X, Y, Z passierten? Und *selbst wenn* das passiert, was kann schon geschehen. Ich werde erst zu jenem Zeitpunkt und in der jeweiligen Situation damit umgehen.

MARGE: Ich werde es versuchen.

THERAPEUT: Marge, da Sie dazu neigen, erst mit einer Kognition anzufangen, um dann zu negativen Vorstellungen überzugehen, würden Sie sich um beide Modalitäten kümmern? Fangen Sie am besten mit einem "Wenn das passiert, dann..." an, und stellen Sie sich hinterher ein paar positive mentale Bilder vor.

In manchen Fällen kann eine multimodale Therapie also *innerhalb* der Gruppe stattfinden, während sie in anderen *durch* die Gruppe erfolgt. Therapie *innerhalb* einer Gruppe beinhaltet, daß KlientInnen und TherapeutInnen so miteinander umgehen, wie sie es in einer Einzeltherapie auch tun würden, mit Ausnahme der Tatsache, daß noch andere anwesend sind. Therapie *durch* eine Gruppe bezieht sich auf die ausgedehnten Bestandteile, in denen die Gruppenmitglieder sich wechselseitig aktiv helfen, indem sie mit gegenseitiger Zuwendung und mit Erfahrungen aus ihrem eigenen Leben zum Gruppenprozeß beitragen. Manche KlientInnen müssen es natürlich auch erst lernen, aus der Teilnahme am Gruppenprozeß den bestmöglichen Gewinn für sich selbst zu erzielen. Für die Gruppenmitglieder ist es dabei extrem wichtig, die Fähigkeit zu besitzen, die für sich persönlich relevanten Informationen aus einer Sitzung zu ziehen, auch wenn sie selbst gerade nicht im Rampenlicht der Aufmerksamkeit stehen. Beispielsweise könnten Singles, die den Äußerungen eines verheirateten Paares zuhören, irrtümlicherweise davon ausgehen, daß sich aus diesen Interaktionen nichts oder nur wenig lernen läßt, weil sie unverheiratet sind. Vielleicht werden sie aber auch die Chance zu schätzen wissen, wichtige Hinweise zu erhalten, wie sich zufriedenstellende *interpersonale Beziehungen* verwirklichen lassen, auch wenn die spezifische Betonung dabei möglicherweise auf der Mann-Frau-Beziehung, dem Eltern-Kind-Verhältnis, den Interaktionen zwischen ArbeitgeberIn und ArbeitnehmerIn oder irgendeiner anderen

Form von Beziehung liegen mag. Meiner Ansicht nach besteht einer der Hauptgründe für die Durchführung einer Gruppentherapie darin, daß, wenn schon zwei Köpfe besser sein sollen als einer, zehn Köpfe dann mindestens fünfmal so gut sein müssen wie zwei!

Schizophrene und depressive Störungen

Menschen, die stark psychotisch sind - unter ausgeprägten Wahrnehmungsstörungen leiden; extrem verwirrt oder deutlich isoliert sind; sich ausgesprochen unangemessen verhalten; gewalttätig oder selbstmordgefährdet sind - brauchen gewöhnlich erst eine medikamentöse Therapie, bevor sie für eine Psychotherapie empfänglich sind. In der multimodalen Fachsprache heißt das, daß man mit der D-Modalität beginnen sollte. Wenn man sich dabei jedoch, wie gewisse biologisch orientierte PsychiaterInnen, ausschließlich mit biologischen Überlegungen befaßt, wird gleichzeitig ein ganzes Netzwerk grundlegender Faktoren quer durch das BASIC ID unberücksichtigt bleiben. Selbst bei bipolaren affektiven Störungen beispielsweise, bei denen Lithiumkarbonat von vielen Autoritäten als die einzig mögliche Behandlung betrachtet wird (Dunner & Fieve, 1978), sollten auch die Faktoren in all den anderen Modalitäten berücksichtigt werden, durch welche die PatientInnen davon abgehalten werden könnten, das Medikament einzunehmen - fehlgeleitete Überzeugungen, negative Gefühle und Empfindungen, aversive Bilder, interpersonale Schwierigkeiten (z.B. Druck durch die Familie, mangelhafte Beziehung zum Therapeuten bzw. zur Therapeutin) oder ein anderer persönlicher Hintergrund für die geringe Compliance. Fay (1976) hat dies folgendermaßen umschrieben: "Es ist einleuchtend, daß das Einnehmen eines Medikaments von den sechs anderen Modalitäten beeinflußt wird und auch seinerseits wieder Ergebnisse hervorbringt, die sich auf die anderen Modalitäten auswirken werden".

Im ersten veröffentlichten Bericht über eine multimodale Therapie (Lazarus, 1973b) wurde die Behandlung einer 24jährigen Frau beschrieben, die als schizophren diagnostiziert und seit ihrem achtzehnten Lebensjahr dreimal eingewiesen worden war. Während ihre Medikamenteneinnahme (Trilafon, Vivactil und Cogentin) unter psychiatrischer Überwachung stand, wurden 31 spezifische Probleme quer durch das restliche BASIC ID identifiziert und behandelt. Sie befand sich über einen Zeitraum von dreizehn Monaten in einer Einzeltherapie, kombiniert mit multimodaler Gruppentherapie und hatte darüber hinaus noch acht Familientherapiesitzungen zusammen mit ihren Eltern. Trotz der schlechten Prognose aufgrund ihrer Krankenhausberichte war sie am Ende der Therapie soweit funktionsfähig, daß der Psychiater ihre Medikamente absetzen konnte. Das letzte, was ich vor zwei Jahren von ihr gehört habe war, daß sie geheiratet hatte und gerade dabei war, ihren Collegeabschluß zu machen, weswegen sie mich um eine Beratung für einen Beruf im sozialen Bereich bat.

Stark beeinträchtigte Menschen erfordern gewöhnlich innerhalb der einzelnen Modalitäten eine detailliertere und breitere therapeutische Aufmerksamkeit. Obwohl viele KlientInnen gerne in mehreren Modalitäten gleichzeitig arbeiten, bevorzugen und benötigen Individuen mit schwerwiegenden psychischen Störungen gewöhnlich eine schrittweise Anleitung, bei der ein oder zwei spezifische Gebiete abgedeckt werden. Während ich die Validität der A-B-Skala von Whitehorn und Betz (1960) bezweifle (welche vorgibt, zwischen TherapeutInnen, die am erfolgreichsten bzw. am wenigsten erfolgreich mit schizophrenen PatientInnen umgehen, differenzieren zu wollen), möchte ich dem entgegenhalten, daß es zweifellos TherapeutInnen gibt, die eine besondere Fähigkeit besitzen, mit psychotischen Individuen umzugehen, und andere wiederum nicht. Eine gute Beziehung zwischen TherapeutIn und KlientIn ist dabei ebenfalls oft unabdingbar, aber - um unsere Überzeugung noch einmal zu wiederholen - anhaltende Ergebnisse werden auch bei einer solchen Therapie in direkter Proportion zu der Zahl der spezifischen Modalitäten stehen, die umfassend eingeschätzt und behandelt wurden.

Im Umgang mit depressiven PatientInnen, selbst wenn dabei grundlegende biologische Determinanten ins Spiel kommen sollten, ist es äußerst wichtig, auch die Verhaltensweisen, affektiven Reaktionen, Vorstellungen, Kognitionen und interpersonalen Beziehungen der KlientInnen zu untersuchen und zu behandeln, zusätzlich zu der Gewährleistung, daß die notwendigen pharmakologischen Mittel verschrieben werden. Die Ergebnisse meiner Nachuntersuchungen weisen deutlich darauf hin, daß die Stabilität von Therapieergebnissen eng mit der Gründlichkeit verknüpft ist, mit der spezifische Probleme quer durch das BASIC ID systematisch angegangen und gelöst werden. Die Bedeutung des multimodalen Ansatzes wird dabei aus den positiven und permanenten Ergebnissen bei vielen deprimierten KlientInnen deutlich, die zuvor schon fünf bis zwanzig Jahre erfolglos in Therapien gewesen waren, wobei jeweils nur ein oder zwei Modalitäten berücksichtigt worden waren. In Fay und Lazarus (1981) sind viele Fälle von chronischen, sogenannten Charakterdepressionen dargestellt, die auf mehrere uni- oder bimodale Behandlungen nicht angesprochen hatten, jedoch durch multimodale Interventionen beträchtliche Fortschritte erzielten.

Im folgenden sollen die obengenannten Punkte durch die Kurzübersicht einer Behandlung noch einmal verdeutlicht werden. Eine 32jährige Frau, die mich aufgesucht hatte, klagte darüber, daß sie sich deprimiert fühle. All ihre medizinischen Merkmale deuteten dabei auf eine unipolare Depression hin - ihre Familiengeschichte (ihre Mutter sowie zwei Tanten väterlicherseits waren mit Elektroschock behandelt worden); tägliche Stimmungsschwankungen (die besonders morgens auftraten); dementsprechende Schlafmuster; Anorexia und Gewichtsverlust; Verdauungsstörungen; Lustlosigkeit und negative Selbstaussagen. Bei alledem waren keine offenkundigen kausalen oder fördernden Ereignisse ersichtlich: "Diese Gefühle kamen allmählich und wurden schlimmer und schlimmer." Sie hatte zunächst ihren Hausarzt konsultiert, der ihr daraufhin Valium verschrieben hatte, und ich empfahl sie einem Psychiater weiter, der ihr nach seiner Untersuchung Parnate verschrieb. Zusätzlich zu der medikamentösen Behandlung schlossen die multimodalen Behandlungsempfehlungen noch folgendes ein:

Verhalten
Legen Sie mehr Wert auf Ihr Aussehen. Erhöhen Sie Ihr allgemeines Aktivitätsniveau (z.B. zwingen Sie sich zu ehemals angenehmen Aktivitäten wie Golf oder Schwimmen).

Affekte
Drücken Sie ihren Ärger aus. Wenn jemand (besonders Ehemann und Kinder) sie wütend macht, unterdrücken Sie Ihre Gefühle nicht - sagen Sie Ihnen, daß Sie aufgebracht sind.

Empfindungen
Setzen Sie sich verschiedenen angenehmen sensorischen Erfahrungen aus, egal wie geringfügig Ihnen diese erscheinen mögen - suchen Sie Genuß beim Essen, einer heißen Dusche, Ihrer Lieblingsmusik, etc.

Vorstellungen
Stellen Sie sich vor, wie Sie aus der Depression herauskommen; stellen Sie sich in der nahen Zukunft vor, wie Sie an etwas Spaß haben werden.

Kognitionen
Stellen Sie immer wieder irrationale und pessimistische Selbstaussagen in Frage.

Interpersonal
Erlernen Sie ein Repertoire von selbstsicheren Reaktionen und üben Sie diese. Suchen Sie Gesellschaft, auch wenn Ihnen der Sinn überhaupt nicht nach anderen Menschen steht.

Anfänglich sah ich die Klientin zweimal pro Woche (einschließlich einiger Familiensitzungen mit ihrem Mann und den beiden Kindern). Bei der sechsten Sitzung fühlte sie sich schon viel besser (was wahrscheinlich eher auf die Wirkung des Parnate zurückzuführen war als auf andere Behandlungsaspekte), aber wir trafen uns auch weiterhin einmal wöchentlich. Obwohl die Depressionen ihr keinerlei Schwierigkeiten mehr bereiteten, war es klar ersichtlich, daß sie unzählige irrationale Überzeugungen pflegte, daß sie extreme Defizite bezüglich Selbstbehauptung und anderen interpersonalen Fähigkeiten hatte und daß sie eine äußerst konfliktbeladene Ehe führte. Es dauerte bei regelmäßigen, wöchentlichen Therapiesitzungen noch über ein Jahr, bis sie sich selbstbewußt, durchsetzungsfähig und mit ihrem Lebensstil im großen und ganzen zufrieden fühlte. Zusätzlich zur Behandlung der Klientin arbeitete ich auch mit ihrem Mann, der Schwierigkeiten am Arbeitsplatz hatte, wobei die Therapie auch mindestens zehn Sitzungen gemeinsamer Eheberatung mit einschloß.

Lassen Sie uns nun dagegen einmal annehmen, daß die Klientin, wie das oft passiert, mit Parnate und einer begleitenden psychiatrischen Behandlung versorgt worden wäre. Damit wäre sie wahrscheinlich weder dazu in der Lage gewesen, ihre kognitiven Überreaktionen und interpersonalen Defizite zu überwinden, die prämorbid vorhanden waren, noch wären ihre ins Gewicht fallenden Eheprobleme gelöst worden. Obwohl die biologischen Elemente behandelt worden wären, hätten die ungelösten Probleme in den anderen Modalitäten die Klientin höchstwahrscheinlich für einen Rückfall anfällig gemacht. Das besondere am multimodalen Ansatz ist eben der Versuch, in bezug auf Anamnese und Behandlung systematisch und umfassend vorzugehen.

Alkoholismus und Drogenmißbrauch

In einem frühen Bericht über einen multimodalen Ansatz bei Alkoholismus (Lazarus, 1965a) beschrieb ich fünf Komponenten, welche die Entwicklung der multimodalen Therapie bereits vorausahnen ließen:

1. Eine medizinische Betreuung war notwendig, um das körperliche Wohlbefinden des Klienten wiederherzustellen.
2. Es wurde eine Aversionstherapie verordnet, um das unkontrollierte Trinken des Klienten zu mindern.
3. Eine Analyse der spezifischen vorausgehenden Faktoren, die in der Umgebung des Klienten angstauslösend wirkten, wurde durchgeführt.
4. Viele Techniken wurden eingesetzt, um die Ängste des Klienten zu beseitigen oder zu reduzieren: systematische Desensibilisierung, Selbstbehauptungstraining, Verhaltensproben und Hypnose.
5. Spezifische Schritte wurden eingeleitet, damit der Klient eine kooperative Beziehung zu seiner Ehepartnerin entwickeln konnte. Dies geschah besonders in Hinblick auf eine Änderung der Lebensbedingungen des Klienten, wobei einige der wichtigeren Determinanten seines exzessiven Trinkens abgeschwächt werden sollten.

Nathan (1976) kam in einem ausführlichen Überblick über die Forschungsliteratur zum Thema Alkoholismus zu dem Schluß, daß es notwendig sei, bei der Behandlung von Alkoholismus einen breit gefächerten Ansatz zu verfolgen, sowie eine Vielzahl von aufeinander abgestimmten Techniken bezüglich von Exzessen und Defiziten im Verhalten einzusetzen. Er stellte fest: "Wenn dies die expliziten Bemühungen mit einschließen würde, die Defizite von Alkoholikern, ihre sozialen, familiären und beruflichen Fertigkeiten betreffend, zu behandeln, dann könnte das zu berechtigten Hoffnungen Anlaß geben." Der multimodale Ansatz ist dabei sogar noch gründlicher und systematischer, wie sich am folgenden Modalitätenprofil einer 32jährigen Frau, die als "Alkoholikerin" diagnostiziert worden war, zeigen läßt:

Modalität	Problem	vorgeschlagene Behandlung
Verhalten	exzessives Trinken	aversive Vorstellungen und andereVerfahren zur Selbstkontrolle
	vermeidet Konfrontation	Selbstbehauptungstraining
	Negative Selbstaussagen	Positive Selbstgespräche
	Zucken in der rechten Schulter	Gezielte Übungen
	Exzessives Trinken, wenn sie allein zu Hause ist	Veränderung der konditionierten Stimuli durch Entwicklung sozialer Betätigungsfelder
	Schreit ihre Kinder an	Operantes Lernen angemessenen Erziehungsverhaltens

Affekte	hält Ärger zurück (außer bei ihren Kindern) Angstgefühle Depression	Selbstbehauptungstraining Selbsthypnose mit positiven Vorstellungen Erweiterung des Bereichs der positiven Verstärkungen
Empfindungen	flatterndes Gefühl im Bauch Druck im Hinterkopf	Bauchatmungsübungen Entspannung der Nackenmuskulatur
Vorstellungen	lebhafte Bilder, wie sich ihre Eltern streiten Schläge des Vaters als Kind im Schlafzimmer eingeschlossen zu sein	Desensibilisierung Vorstellungen von Vergeltung Vorstellungen von Flucht und/ oder Freisetzen von Ärgergefühlen
Kognitionen	Selbstgespräche bezüglich des geringen Selbstwertgefühls Vielfaches Bedauern	Disputation irrationaler Überzeugungen Eliminieren von kategorischen Imperativen (wie: ich sollte, ich könnte, ich müßte)
Interpersonale Beziehungen	Ambivalente Reaktionen auf Mann und Kinder Zurückgezogen und mißtrauisch	Eventuell Familientherapie und gezielte Übungen im Gebrauch von positiver Verstärkung Diskussionen und Übungen mit dem Ziel verstärkter Selbstmitteilung
Medikamente/ biologisch	Einsatz von Alkohol als Antidepressivum und Beruhigungsmittel	falls notwendig, Arzt zu Antidepressiva befragen und vielleicht Vorsorge gegen deren Mißbrauch treffen

Das obenstehende Modalitätenprofil zeigt ganz deutlich, daß der "Alkoholismus" oder das exzessive Trinken der Klientin nur einen Teil einer ganzen Reihe von spezifischen und miteinander verknüpften Problemen bildete. Im Verlauf der Therapie wurden darüber hinaus noch zusätzliche Probleme deutlich, und manche der vorgeschlagenen Behandlungsweisen wurden durch andere ersetzt, was dann in der Folge ein klareres Verständnis der Klientin als Ehefrau, Mutter, Tochter und besonders als einzigartigem Individuum möglich machte. Auf diese Weise wurde die Klientin schließlich in die Lage versetzt, ihr exzessives Trinken zu überwinden und signifikante Veränderungen in praktisch allen Aspekten ihrer Persönlichkeit (BASIC ID) zu erzielen. Darüber hinaus habe ich es bei Alkoholproblemen meist nützlich gefunden, KlientInnen eine Mitgliedschaft bei den Anonymen Alkoholikern anzuraten und sie zu ermutigen, regelmäßig zu deren Treffen zu gehen.

In vielen Fällen von Alkoholismus oder anderen Formen des Drogenmißbrauchs verlangt der multimodale Ansatz eine systematische Untersuchung quer durch das BASIC ID, gefolgt von einer sorgfältig ausgewählten Anwendung von Verfahren, die zur Linderung dieser Probleme als nützlich erachtet werden. In Fällen von Drogenmißbrauch müssen sich zusätzlich oft medizinisch ausgebildete Fachleute mit den organischen Faktoren befassen, die mit der Entgiftung und dem Entzug verbunden sind. In ihrem aktuellen und informativen Kapitel über Störungen bei Drogenabhängigen weisen Nathan und Harris (1980) darauf hin, daß bislang durch keine der bisher angewandten Behandlungsmethoden signifikante Erfolge bei Drogensüchtigen erzielt werden konnten. Darüber hinaus scheint es uns auch, daß unimodale Therapien auf Kosten multimodaler Interventionen in diesem Zusammenhang zu stark gefördert wurden. So kann beispielsweise die alleinige Behandlung mit Methadon für Individuen, die von harten Drogen abhängig sind, einer ausschließlichen Behandlung von Alkoholikern mit einer Aversionstherapie gleichgesetzt werden. Wenn dabei irgendwelche Aspekte des BASIC ID übersehen werden, dann bedeutet das auch, potentiell entscheidende Problemgebiete unberührt zu lassen, was unserer Meinung nach KlientInnen für Rückfälle sowie für die Entwicklung weiterer fehlangepaßter Verhaltensweisen anfällig macht.

Anhang 1

Multimodaler Fragebogen zur Lebensgeschichte

Zweck des Fragebogens:

Das Ziel dieses Fragebogens ist es, ein umfassendes Bild Ihres persönlichen Hintergrundes zu erhalten. In der Psychotherapie sind solche Aufzeichnungen unentbehrlich, weil erst dadurch eine gründlichere Auseinandersetzung mit Ihren Problemen möglich gemacht wird. Sie können also selbst zum Erfolg Ihrer Therapie beitragen, indem Sie diese Fragen so gründlich und genau wie möglich beantworten. Sie werden darüber hinaus gebeten, sich außerhalb der eigentlichen Sitzungszeit mit der Beantwortung dieser Routinefragen zu befassen. Es ist natürlich auch durchaus verständlich, daß Sie wissen möchten, was mit diesen Informationen über Sie passiert, da ein Großteil oder alle dieser Informationen sehr persönlich sind. Fallberichte sind jedoch streng vertraulich. **DIESER FRAGEBOGEN DARF OHNE IHRE AUSDRÜCKLICHE ERLAUBNIS VON KEINEM AUSSENSTEHENDEN EINGESEHEN WERDEN.**
Wenn Sie bestimmte Fragen nicht beantworten möchten, dann notieren Sie einfach: "Möchte ich nicht beantworten".

Datum:___________

1. Allgemeine Informationen

Name: ____

Adresse: ____

Telefon (tagsüber):____________________(abends):____________________

Alter:________Geschlecht:____________Tätigkeit: ____________________

• Von wem wurden Sie überwiesen?______________________________

• Familienstand (bitte eine Angabe ankreuzen):

O Lebe mit jemandem zusammen O getrennt lebend O verlobt O ledig
O wiederverheiratet (wie oft?__) O verheiratet O geschieden O verwitwet

• Leben Sie in einem Haus, Hotel, Untermiete, Wohnung?________________
____

2. Beschreibung der bestehenden Probleme

• Bitte beschreiben Sie in Ihren eigenen Worten Ihre hauptsächlichen Probleme:

___

___

___

• Schätzen Sie bitte auf der folgenden Skala die Gewichtigkeit Ihrer Probleme ein:

O leicht O beunruhigend O mittelschwer
O sehr schwer O äußerst schwer O unerträglich

• Wann haben Ihre Probleme angefangen? (Geben Sie bitte die Daten an)

___

___

___

• Beschreiben Sie signifikante Ereignisse während und/oder seit dieser Zeit, die mit der Entstehung und Aufrechterhaltung Ihrer Probleme zusammenhängen könnten:

___

___

___

• Welche Lösungsansätze waren für Ihre Probleme bisher am hilfreichsten?

___

___

___

• Waren Sie schon einmal in Therapie oder haben Sie jemals professionelle Hilfe bei der Lösung Ihrer Probleme in Anspruch genommen? Wenn ja, geben Sie bitte Namen, beruflichen Titel und Behandlungsdatum, sowie die Ergebnisse an:

___

___

___

3. Persönliche und soziale Lebensgeschichte

a) Geburtsdatum:__________ Geburtsort:__________

b) Geschwister: Zahl der Brüder:__________ Alter:__________

Zahl der Schwestern:__________ Alter:__________

c) Vater: Noch lebend? __________

Falls ja, derzeitiges Alter: __________

Verstorben? __________ Falls ja, in welchem Alter?__________

Wie alt waren Sie zum Zeitpunkt seines Todes? ________________

Todesursache: ________________

Tätigkeit: ________________

Gesundheitszustand: ________________

d) Mutter: Noch lebend? ________________

Falls ja, derzeitiges Alter? ________________

Verstorben? __________ Falls ja, in welchem Alter? ________________

Wie alt waren Sie zum Zeitpunkt ihres Todes? ________________

Todesursache: ________________

Tätigkeit: ________________

Gesundheitszustand: ________________

e) Religionszugehörigkeit:
als Kind: ________________ als Erwachsene/r: ________________

f) Schulbildung: ________________

Zuletzt erworbener Abschluß: ________________

g) Schulische Stärken und Schwächen: ________________

h) Was trifft auf Sie in Ihrer Kindheit/Jugend zu? (Bitte alle zutreffenden Angaben unterstreichen)

O Unglückliche Kindheit	O Glückliche Kindheit	O Alkoholmißbrauch
O Medizinische Probleme	O Schulische Probleme	O Gesetzeskonflikte
O Emotionale/Verhaltensprobleme	O Familiäre Probleme	O Drogenmißbrauch
O Starke religiöseÜberzeugungen	O Sonstige:	

i) Welche Tätigkeit üben Sie gegenwärtig aus? ________________

j) Welche Tätigkeiten haben Sie früher ausgeübt? ________________

k) Sind Sie mit Ihrer Arbeit zufrieden? Wenn nicht, erläutern Sie dies bitte:

____

____

l) Wie hoch ist Ihr jährliches Familieneinkommen? ________________

Wie hoch sind Ihre Lebenshaltungskosten? ________________

m) Was waren Ihre früheren Ziele und Pläne?

____

____

____

____

n) Was sind Ihre gegenwärtigen Ziele und Pläne?

____

____

____

____

o) Wie groß sind Sie? __________ cm Wieviel wiegen Sie? ____________ kg

p) Waren Sie jemals aufgrund psychologischer Probleme in stationärer Behandlung?

Ja: ______ Nein: _______

Falls ja, wann und wo? ______________________________________

q) Haben Sie einen Hausarzt bzw. eine Hausärztin?

Ja: ______ Nein: _______

Falls ja, geben Sie bitte Namen und Telefonnummer an: ____________

r) Haben Sie jemals einen Selbstmordversuch unternommen? Ja:_____Nein:_____

s) Sind in Ihrer Familie Fälle von Alkoholismus, Epilepsie, Depression oder Beschwerden vorgekommen, die als "Geistesstörung" bezeichnet werden können?

____

____

____

____

t) Hat ein Verwandter bzw. eine Verwandte von Ihnen jemals Selbstmord oder einen Selbstmordversuch unternommen?

____

____

____

____

u) Ist ein Verwandter bzw. eine Verwandte von Ihnen jemals mit dem "Gesetz" in Konflikt geraten?

____

____

____

____

Modalitätenanalyse gegenwärtiger Probleme

Der folgende Abschnitt soll Ihnen helfen, Ihre Probleme genauer zu beschreiben und Schwierigkeiten zu identifizieren, die sonst vielleicht unbemerkt bleiben würden. Dies wird es uns ermöglichen, ein umfassendes Behandlungsprogramm zu entwerfen und es auf Ihre spezifischen Bedürfnisse zuzuschneiden. Der folgende Abschnitt ist nach den sieben Modalitäten *Verhalten, Gefühle, körperliche Empfindungen, Vorstellungen, Gedanken, zwischenmenschliche Beziehungen und Biologische Faktoren* aufgebaut.

4. Verhalten

- Bitte kreuzen Sie alle auf Sie zutreffenden Verhaltensweisen an:

O Übermäßiges Essen
O kann keinen Arbeitsplatz länger halten
O Zwangshandlungen
O Erbrechen
O zu hohe Risikofreudigkeit
O sozialer Rückzug
O übermäßiges Trinken
O Eßprobleme
O Konzentrationsschwierigkeiten
O Verlangsamung
O Weinen
O angstvolles Vermeidung
O Kontrollverlust
O Selbstmordversuch(e)
O Drogenkonsum
O Schlaflosigkeit
O Rauchen
O eigenartige Verhaltensweisen
O Faulheit
O nervöse Zuckungen
O zu hartes Arbeiten
O aggressives Verhalten
O Schlafstörungen
O impulsive Reaktionen
O Temperamentsausbrüche

- Gibt es bestimmte Verhaltensweisen, Handlungen oder Gewohnheiten,die Sie gerne ändern möchten?____________________

____

- Auf welche besonderen Begabungen oder Fähigkeiten sind Sie stolz?__________

____

- Was würden Sie gerne öfter tun? ____________________

____

- Was würden Sie gerne weniger tun?____________________

____

- Was würden Sie gerne anfangen zu tun? ____________________

____

- Womit würden Sie gerne aufhören? ____________________

____

• Wie verbringen Sie Ihre Freizeit? ______________________________

____

• Versuchen Sie, sich zwanghaft zu beschäftigen, indem Sie eine endlose Liste von Pflichten oder bedeutungslosen Aktivitäten erfüllen? ______________________________

____

• Machen Sie regelmäßig Entspannungsübungen oder meditieren Sie? ______________

____

5. Gefühle

• Bitte alle Gefühlszustände, die bei Ihnen oft auftreten, ankreuzen:

O wütend	O schuldig	O unglücklich	O ärgerlich
O glücklich	O gelangweilt	O traurig	O konfliktbeladen
O rastlos	O deprimiert	O reuevoll	O einsam
O angespannt	O hoffnungslos	O zufrieden	O furchtsam
O hoffnungsvoll	O aufgeregt	O panisch	O hilflos
O optimistisch	O energiegeladen	O entspannt	O nervös
O neidisch	O eifersüchtig	O Sonstiges:	

• Nennen Sie Ihre fünf Hauptängste:

1. ______________________________
2. ______________________________
3. ______________________________
4. ______________________________
5. ______________________________

• Welche Gefühle hätten Sie gerne öfter? ______________________________

____

• Welche Gefühle hätten Sie gerne seltener? ______________________________

____

• Welche positiven Gefühle hatten Sie in der letzten Zeit? ______________

____

• Wann verlieren Sie am ehesten die Kontrolle über Ihre Gefühle? ______________

____

• Beschreiben Sie Situationen, in denen Sie sich ruhig und entspannt fühlen: ______

____

• Bitte ergänzen Sie die folgenden Sätze:

Wenn ich Ihnen erzählen würde, was ich jetzt fühle, ____________________

____

Eines der Dinge, auf die ich stolz bin, ist ____________________

____

Eines der Dinge, wegen denen ich mich schuldig fühle, ist ____________________

____

Ich bin am glücklichsten, wenn ____________________

____

Was mich am meisten traurig macht, ist ____________________

____

Wenn ich nicht soviel Angst hätte, ich selbst zu sein, dann würde ich ____________________

____

Ich werde so wütend, wenn ____________________

____

Wenn ich auf Sie wütend werde, dann ____________________

____

• Welche Hobbys oder Freizeitaktivitäten mögen Sie oder finden Sie entspannend?

____

• Haben Sie Schwierigkeiten, sich an Wochenenden und in den Ferien zu entspannen und diese zu genießen? Wenn ja, erklären Sie dies bitte genauer:

____

____

6. Körperliche Empfindungen

• Bitte alles ankreuzen, was auf Sie öfter zutrifft:

O Kopfschmerzen	O Magenschmerzen	O Verdauungsstörungen
O Schwindelgefühle	O Zuckungen	O trockener Mund
O Herzflattern	O Müdigkeit	O Hautjucken oder -brennen
O Muskelkrämpfe	O Spasmen	O Schmerzen im Brustbereich
O Anspannung	O Rückenschmerzen	O starkes Herzklopfen
O sexuelle Störungen	O Zittern	O Berührungsängste
O Schwächeanfälle	O tränende Augen	O Unfähigkeit zur Entspannung
O Ohnmacht	O Stimmen etc. hören	O übermäßiges Schwitzen
O Kribbeln	O Sehstörungen	O Hautprobleme
O Abgestumpftheit	O Hitzewellen	O Hörschwierigkeiten

• Menstruationsgeschichte:

Wie alt waren Sie, als Sie die erste Periode bekamen? ____________________

Waren Sie aufgeklärt oder empfanden Sie diese als Schock? ________________

Bekommen Sie Ihre Periode regelmäßig? ______________________________

Datum der letzten Periode:____________ Dauer der Periode:________________

Verspüren Sie dabei Schmerzen?____________________________________

Beeinflußt die Periode Ihre Stimmung?________________________________

• Welche Empfindungen sind für Sie besonders

-angenehm?____

____

-unangenehm?____

____

7. Vorstellungen

• Bitte alles ankreuzen, was auf Sie zutrifft:

O Aggressive Vorstellungen O Unangenehme sexuelle Vorstellungen
O Vorstellungen der Einsamkeit O Unangenehme Vorstellungen aus der Kindheit
O Verführungsphantasien O Angenehme sexuelle Vorstellungen
O Vorstellungen der Hilflosigkeit O Vorstellungen, geliebt zu werden

• Kreuzen Sie an, welche der folgenden Punkte auf Sie zutrifft:

Ich sehe mich selbst als:

O verletzt O verletzend
O nicht zurechtkommend O unter Kontrolle
O erfolgreich O versagend
O die Kontrolle verlierend O gefangen
O verfolgt O verlacht
O Klatschobjekt O ungebunden
O Sonstiges:

• Welches Bild kommt Ihnen am häufigsten in den Sinn?___________________

____

____

• Beschreiben Sie ein angenehmes Bild, eine Phantasie oder mentale Vorstellung.

____

____

• Beschreiben Sie ein unangenehmes Bild, eine Phantasie oder mentale Vorstellung.

____
____
____

• Beschreiben Sie Ihre Vorstellung eines absolut "sicheren Ortes".

____
____
____

• Wie oft haben Sie Alpträume?

____
____
____

8. Gedanken

• Bitte alles auf Sie Zutreffende ankreuzen:

O Ich bin wertlos, ein Niemand, unbrauchbar und/oder nicht liebenswert.
O Ich bin unattraktiv, inkompetent, dumm und/oder abstoßend.
O Ich bin böse, verrückt, degeneriert und/oder andersartig.
O Das Leben ist sinnlos, öde, es gibt nichts, worauf man sich freuen könnte.
O Ich mache zu viele Fehler, kann nichts richtig machen.

• Kreuzen Sie bitte alle Ausdrücke an, mit denen Sie sich selbst beschreiben würden:

O intelligent
O ehrgeizig
O nicht liebenswert
O verrückt
O rücksichtsvoll
O unattraktiv
O voller Konzentrationsschwierigkeiten
O konfliktbeladen
O kann keine Entscheidungen treffen
O kann mich nicht erinnern
O voller Selbstmordgedanken
O voll schrecklicher Gedanken
O selbstsicher
O einfühlsam
O minderwertig
O vertrauenswürdig,
O andersartig
O unzulänglich
O ein Niemand
O hart arbeitend
O inkompetent
O schuldbewuß
O moralisch verwerflich
O humorvoll
O wertvoll
O dumm
O nutzlos
O naiv
O böse
O verwirrt
O ehrlich
O attraktiv
O loyal
O standhaft
O häßlich

• Was halten Sie für Ihren irrationalsten Gedanken oder Ihre irrationalste Vorstellung?

____
____

• Werden Sie von Gedanken geplagt, die immer wieder auftauchen?

___

___

___

• Machen Sie bitte bei jedem der folgenden Punkten einen Kreis um die Zahl, die Ihre Überzeugung am besten wiedergibt:

1 = stimmt absolut nicht
2 = stimmt nicht
3 = unentschieden
4 = stimmt
5 = stimmt absolut

Ich sollte keine Fehler machen.	1	2	3	4	5
Ich sollte bei allem, was ich tue, gut sein.	1	2	3	4	5
Wenn ich etwas nicht weiß, dann sollte ich so tun, als ob ich es wüßte.	1	2	3	4	5
Ich sollte keine persönlichen Informationen über mich weitergeben	1	2	3	4	5
Ich bin ein Opfer der Umstände.	1	2	3	4	5
Mein Leben wird von außenstehenden Kräften kontrolliert	1	2	3	4	5
Andere Menschen sind glücklicher als ich.	1	2	3	4	5
Es ist sehr wichtig, andere zufriedenzustellen.	1	2	3	4	5
Geh auf Nummer Sicher; geh auf keinen Fall ein Risiko ein.	1	2	3	4	5
Ich verdiene es nicht, glücklich zu sein.	1	2	3	4	5
Wenn ich meine Probleme ignoriere, dann verschwinden sie von selbst.	1	2	3	4	5
Es ist meine Pflicht, andere Menschen glücklich zu machen.	1	2	3	4	5
Ich sollte nach Perfektion streben.	1	2	3	4	5
Grundsätzlich gibt es nur zwei Arten, Dinge zu tun: entweder richtig oder falsch.	1	2	3	4	5

• Welche Erwartungen haben Sie bezüglich der Therapie:

___

___

___

___

• Versuchen Sie, in wenigen Worten zu beschreiben, worum es Ihrer Meinung nach in einer Therapie geht:

____

____

• Wie lange sollte die Therapie Ihrer Meinung nach dauern?

____

____

• Wie sollte ein Therapeut bzw. eine Therapeutin mit den KlientInnen umgehen? Welche persönlichen Qualitäten sollte ein idealer Therapeut bzw. eine ideale Therapeutin besitzen?

____

____

• Bitte ergänzen Sie die folgenden Sätze:

Ich bin jemand, der/die______________________________

Mein ganzes Leben lang______________________________

Schon immer seit meiner Kindheit______________________________

Es fällt mir schwer, zuzugeben ______________________________

Eines der Dinge, die ich niemals verzeihen kann, ist______________________________

Das Gute an Problemen ist______________________________

Das Schlechte am Erwachsenwerden ist ______________________________

Eine Art, auf die ich mir selbst helfen könnte, was ich jedoch nicht tue, ist______

____

9. Interpersonale Beziehungen

A. Herkunftsfamilie

• Falls Sie ncht bei Ihren Eltern aufgewachsen sind, von wem und in welchem Zeitraum sind Sie dann erzogen worden?

____

____

• Beschreiben Sie die Charaktereigenschaften Ihres Vaters (bzw. seines "Ersatzes") und seine Einstellung Ihnen gegenüber (in der Vergangenheit und heute).

____

____

• Beschreiben Sie die Charaktereigenschaften Ihrer Mutter (bzw. ihres "Ersatzes") und ihre Einstellung Ihnen gegenüber (in der Vergangenheit und heute).

• In welcher Form wurden Sie als Kind von Ihren Eltern erzogen (bestraft)?

• Beschreiben Sie die Atmosphäre in Ihrem Elternhaus (d.h. in dem Haus, in dem Sie aufgewachsen sind). Beschreiben Sie, wie Eltern und Kinder sich vertragen haben.

• Konnten Sie sich Ihren Eltern anvertrauen?

• Fühlten Sie sich von Ihren Eltern verstanden?

• Fühlten Sie sich grundsätzlich von Ihren Eltern geliebt und anerkannt?

• Falls es sich bei einem Elternteil um einen Stiefvater bzw. -mutter handelte, wie alt waren Sie bei der erneuten Heirat?

• Hat sich jemals eine Person (Eltern, Verwandte, Freunde) in Ihre Ehe oder Ihre beruflichen Angelegenheiten, etc. eingemischt?

• Welches sind die wichtigsten Menschen in Ihrem Leben?

B. Freundschaften

- Schließen Sie leicht Freundschaft?

- Sind Ihre Freundschaften von Dauer?

- Wurden Sie jemals schikaniert oder sehr gehänselt?

- Beschreiben Sie eine Beziehung, die Ihnen

a) Freude macht

b) Kummer bereitet

- Bewerten Sie, wie zufrieden und entspannt Sie sich in gesellschaftlichen Situationen fühlen:

O sehr entspannt O relativ wohl
O relativ unwohl O sehr angespannt

- Bringen Sie im allgemeinen Ihre Gefühle, Meinungen und Wünsche anderen gegenüber offen und angemessen zum Ausdruck? Beschreiben Sie Personen, mit denen (oder Situationen, in denen) Sie Schwierigkeiten haben, sich zu behaupten.

- Sind Sie während Ihrer Schulzeit und/oder während des Studiums viel ausgegangen?

- Haben Sie ein oder mehrere FreundInnen, mit denen Sie Ihre intimsten Gedanken und Gefühle teilen können?

C. Ehe/Partnerschaft

- Wie lange kannten Sie Ihre/n PartnerIn vor der Verlobung?________________

- Wie lange sind Sie schon verheiratet ________________________________

- Wie alt ist Ihr/e PartnerIn? ______________________________________

- Was macht Ihr/e PartnerIn beruflich? ________________________________

- Beschreiben Sie die Persönlichkeit Ihres/r PartnerIn.

- Auf welchen Gebieten stimmen Sie überein?

- Auf welchen Gebieten haben Sie Meinungsverschiedenheiten?

- Wie kommen Sie mit der Familie Ihres Partners bzw. Ihrer Partnerin aus?

- Wie viele Kinder haben Sie? Bitte geben Sie jeweils den Namen, das Alter und das Geschlecht an:

- Macht eines Ihrer Kinder Ihnen besondere Sorgen?

- Gibt es bei Ihnen irgendwelche Informationen über Abtreibungen oder Fehlgeburten, die Ihnen relevant erscheinen?

D. Sexuelle Beziehungen

- Beschreiben Sie die Einstellung Ihrer Eltern zu Sexualität. Wurde in Ihrem Elternhaus über Sexualität gesprochen?

- Wann und wie wurden Sie aufgeklärt?

- Wann wurden Ihnen zum ersten Mal Ihre eigenen sexuellen Impulse bewußt?

- Haben Sie in bezug auf Sexualität oder Masturbation jemals Ängste oder Schuldgefühle gehabt? Wenn ja, erklären Sie dies bitte genauer.

- Gibt es bei Ihnen irgendwelche Details Ihrer ersten oder späteren sexuellen Erfahrungen, die Ihnen relevant erscheinen?

- Ist Ihr gegenwärtiges Sexualleben befriedigend? Wenn nicht, erklären Sie dies bitte genauer.

- Geben Sie bitte Auskunft über wichtige homosexuelle Erfahrungen oder Beziehungen in Ihrem Leben.

- Bitte notieren Sie hier andere sexuelle Belange, die bisher nicht erwähnt wurden.

E. Andere Beziehungen

• Gibt es bei Ihnen irgendwelche Schwierigkeiten in den Beziehungen zu Ihren KollegInnen am Arbeitsplatz? Wenn ja, beschreiben Sie diese bitte näher.

____

____

____

• Bitte ergänzen Sie die folgenden Sätze:

a) Eine der Arten, auf die Menschen mich verletzen, ist ______________

b) Ich könnte Sie schockieren, wenn ich ______________

c) Eine Mutter sollte ______________

d) Ein Vater sollte ______________

e) Ein echter Freund bzw. eine echte Freundin sollte ______________

• Geben Sie eine kurze Beschreibung von sich selbst, aus der Sicht

a) Ihres Ehepartners bzw. Ihrer Partnerin:

____

____

b) Ihres besten Freundes bzw. Ihrer besten Freundin:

____

____

c) eines Menschen, der bzw. die Sie nicht leiden kann:

____

____

• Haben Sie zur Zeit Schwierigkeiten mit früheren Zurückweisungen oder dem Verlust einer Liebesbeziehung? Wenn ja, beschreiben Sie dies bitte näher.

____

____

____

10. Biologische Faktoren

• Gibt Ihnen Ihre Gesundheit derzeit irgendeinen Anlaß zur Besorgnis? Bitte erklären Sie dies genauer:

____

____

• Nennen Sie bitte alle Medikamente, die Sie zur Zeit einnehmen bzw. während der letzten sechs Monate eingenommen haben (einschließlich Aspirin, Antibabypillen und sonstiger verschriebener oder rezeptfreier Arzneimittel).

____

____

• Essen Sie drei ausgewogene Mahlzeiten am Tag? Falls nicht, erklären Sie dies bitte.

____

____

• Betreiben Sie regelmäßig Sport? Wenn ja, welcher Art und wie oft?

____

____

• Kreuzen Sie im Folgenden bitte an, welche der einzelnen Punkte wie oft auf Sie zutreffen:

	nie	manchmal	häufig	sehr häufig
Marihuana				
Schlafmittel				
Beruhigungsmittel				
Aspirin				
Kokain				
Schmerzmittel				
Alkohol				
Kaffee				
Zigaretten				
Betäubungsmittel				
Aufputschmittel				
Halluzinogene (LSD, etc.)				
Durchfall				
Verstopfung				
Allergien				
Hoher Blutdruck				
Herzprobleme				
Übelkeit				
Erbrechen				
Schlaflosigkeit				
Kopfschmerzen				
Rückenschmerzen				
Frühmorgendl. Schlafstörungen				
Unruhiger Schlaf				
Übermäßiges Essen				
Appetitlosigkeit				
Ungesunde Ernährung				

• Kreuzen Sie bitte im folgenden alles an, was auf Sie oder Mitglieder Ihrer Familie zutrifft:

O Schilddrüsenerkrankungen	O Nierenleiden	O Asthma
O neurologische Krankheiten	O Infektionskrankheiten	O Diabetes
O Magen-Darm-Beschwerden	O Prostataprobleme	O Grüner Star
O Krebs	O Epilepsie	O Sonstiges:

• Hatten Sie jemals Kopfverletzungen oder sind Sie ohnmächtig geworden? Bitte beschreiben Sie dies genauer.

____

____

• Beschreiben Sie bitte sämtlich an Ihnen vorgenommenen chirurgischen Eingriffe (mit Daten):

____

____

• Bitte beschreiben Sie sämtliche Unfälle und Verletzungen, die Sie jemals gehabt haben (mit Daten):

____

____

____

Geschichte der Lebensabschnitte

Geben Sie einen kurzen Abriß über Ihre wichtigsten Erinnerungen und Erfahrungen in den folgenden Lebensabschnitten:

• 0-5: ______________________________

____

____

• 6-10: ______________________________

____

____

• 11-15: ______________________________

____

____

• 16-20: ______________________________

____

____

• 21-25: ______________________________

• 26-30: ______________________________

• 31-35: ______________________________

• 36-40: ______________________________

• 41-45: ______________________________

• 46-50: ______________________________

• 51-55: ______________________________

• 56-60: ______________________________

• 61-65: ______________________________

• über 65: ______________________________

Anhang 2

Glossar wichtiger Techniken

Das A-B-C-D-E-Paradigma von Ellis
In seinen zahlreichen Arbeiten hat Albert Ellis immer wieder gezeigt, wie sich Menschen oft aufgrund ihrer eigenen Überzeugungssysteme in Schwierigkeiten bringen. Den KlientInnen kann allerdings verständlich gemacht werden, wie sie ihren Zustand fälschlicherweise allein auf äußerliche oder aktivierende Ereignisse zurückführen. Sie lernen, daß es für sie, besonders wenn sie in einer schlechten Verfassung sind, wichtig ist, ihre Bs (Überzeugungen, engl.: beliefs) zu untersuchen, anstatt die As (aktivierende Ereignisse) dafür verantwortlich zu machen. Ellis' Methode zufolge wird den KlientInnen demonstriert, daß aktivierende Ereignisse sich nicht automatisch in bestimmten emotionalen und behavioristischen Konsequenzen (C, engl.: consequences) niederschlagen müssen. Statt dessen sind es hauptsächlich die eigenen Einstellungen bezüglich der As (sprich, die Bs), welche für die Auswirkungen am Punkt C verantwortlich zu machen sind. Durch eine Disputation (D) dieser irrationalen Überzeugungen am Punkt B, ist der Effekt (E), der sich daraus ergibt, dann solcherart, daß die negativen Konsequenzen (C) entweder verringert oder eliminiert werden können.

Angstbewältigungstraining
Als grundsätzliche angstreduzierende Techniken sollten die KlientInnen zuerst ein allgemeines *Entspannungstraining* (siehe dort) und *Zielgerichtete Verhaltensproben* oder das Einüben von *Coping-Strategien* (siehe dort) lernen. Sobald sie einige Erfolge im Umgang mit diesen Methoden erzielt haben, können sie dazu ermutigt werden, bei sich selbst Angst auszulösen - indem sie an unangenehme sensorische Begleiterscheinungen denken, ihre negativen Vorstellungen aktivieren, sich mit katastrophisierenden Kognitionen befassen oder anderweitige Dinge einleiten, die Angstgefühle erzeugen. Unmittelbar darauf werden die KlientInnen dazu aufgefordert, das genaue Gegenteil zu tun - sich zu entspannen und bei meditativen Empfindungen zu verweilen, an freundliche Vorstellungen zu denken, eine Disputation irrationaler Überzeugungen vorzunehmen, sich auf optimistische und beruhigende Gedanken zu konzentrieren sowie harmonische und belohnende Erfahrungen zu fokussieren. Indem die KlientInnen auf diese Art lernen, ihre Ängste an- und abzuschalten, sind sie in der Lage, Selbstkontrolle und Selbstvertrauen zu entwikkeln, sofern sie grundsätzlich dazu fähig sind.

Ärger ausdrücken
Im Gegensatz zu denjenigen, die der Ansicht sind, daß eine "Katharsis" unbedingt einen therapeutischen Effekt haben muß, sind multimodale TherapeutInnen nicht der Meinung, daß Ärger nur um seiner selbst willen ausgedrückt werden sollte. Es bleibt dabei jedoch unbestritten, daß viele KlientInnen Schwierigkeiten haben, ih-

ren Ärger überhaupt zu erkennen, und andere wiederum Angst davor haben, ihn auch auszudrücken. Wenn man sich seinen Ärger aber erst einmal bewußt gemacht hat, dann kann er durch eine rationale Disputation angegangen oder in sozial kompetenter Weise zum Ausdruck gebracht werden. Eine bekannte Methode, die vor allem in Gruppentherapiesitzungen angewendet wird, besteht darin, einen Klienten bzw. eine Klientin dazu zu ermutigen, immer wieder und mit zunehmender Lautstärke zu sagen: "Ich bin wütend!". Durch diese Methode werden die KlientInnen mit ihrer Wut in Kontakt gebracht, woraufhin dann *Verhaltensproben* (siehe dort) eingesetzt werden können, mit deren Hilfe sie den Umgang mit berechtigtem Verdruß lernen. Andere bewährte Techniken, mit denen Ärger ausgelöst werden kann, bestehen beispielsweise darin, auf ein Schaumstoffkissen einzuschlagen oder eine Kissenschlacht zu veranstalten. Im Handel werden normalerweise auch aufblasbare Spielsachen angeboten, die mit den Fäusten bearbeitet oder getreten werden können. Eine gehemmte Frau verschaffte sich z.B. dadurch Vergnügen und Erleichterung, daß sie auf eine Clownspuppe aus Gummi einboxte und -trat und sich dabei ihren Ehemann vorstellte, von dem sie getrennt lebte. Danach war sie eher dazu bereit, sich logische Schritte zu überlegen, um ihre Scheidungsangelegenheiten besser regeln zu können.

Assoziative Vorstellungsbilder
Die Bedeutung des Eintauchens in aktuelle Vorstellungsprozesse und deren Weiterverfolgung ist sowohl von William James in seinen Schriften zum "Bewußtseinsstrom" als auch von Freud mit seiner Methode der freien Assoziation betont worden. KlientInnen haben oft unangenehme Empfindungen und Gefühle, deren Ursprung sie sich nicht erklären können. Sobald sie ein unangenehmes Gefühl verspüren, kann man die KlientInnen bitten, sofort das Bild, das ihnen dabei in den Kopf gekommen ist, zu fokussieren und es sich so lebhaft wie möglich vorzustellen. Unter Umständen können auch noch andere Bilder an die Stelle des ersten treten; wenn das der Fall sein sollte, dann müssen auch diese so klar wie möglich visualisiert werden. Wenn jedoch keine weiteren Vorstellungen aufgetaucht sind, wird statt dessen das ursprüngliche Bild wie durch ein Zoomobjektiv vergrößert, wodurch eine genaue Untersuchung verschiedener Teile desselben Bildes ermöglicht wird. Dieser Prozeß löst oft noch weitere assoziierte Vorstellungen aus, die in der Folge dann weiter erforscht werden können. Bei der Beschäftigung mit jedem einzelnen Bild kann sich in einem solchen Mosaik dann schließlich eine Form ergeben, die manche KlientInnen zu wichtigen Selbsterkenntnissen führen wird.

Aufzeichnungen und Selbstbeobachtung
Veränderungen, welche die KlientInnen selbst beeinflussen können, hängen oft von ihrer Bereitwilligkeit ab, systematische Aufzeichnungen zu machen und erwünschte Verhaltensweisen festzuhalten und/oder quantitativ zu erfassen. Bei einem Programm zur Gewichtsabnahme beispielsweise werden diejenigen KlientInnen bessere Aussichten haben, ihr erwünschtes Gewicht zu erreichen, die dazu bereit sind, akkurate Aufzeichnungen über ihre tägliche Kalorienzufuhr anzufertigen, als diejenigen, die nicht willens sind, eine solche Selbstbeobachtung durchzuführen. Dabei kann oft schon allein der Vorgang des Zählens und die Anfertigung

von Aufzeichnungen hinreichend sein, um eine bessere Selbstkontrolle der KlientInnen zu bewirken.

Aversive Vorstellungen
Die Geschichte der Technik, unangenehme Gedanken und Gefühle mit unerwünschtem, aber sich selbst verstärkendem Verhalten zu assoziieren, reicht weit zurück (beispielsweise bei Alkoholismus, sexuell abweichendem Verhalten oder übermäßigem Essen). Statt der Verwendung von Brechmitteln und Elektroschocks, um KlientInnen von dem unerwünschten Verhalten abzubringen, wurde in vielen Fällen der Einsatz von extrem unangenehmen mentalen Vorstellungen für ausreichend erachtet. Ein Klient mit Übergewicht, der normalerweise durch opulente Desserts oder jegliche Form von Essen verführt wird, das sein Diätplan eigentlich verbietet, könnte sich dann jedesmal vorstellen, daß jemand über den Kuchen, das Eis oder andere Nahrungsmittel, die besser vermieden werden sollten, erbrochen hat. Ein pädophiler Klient kann darauf konditioniert werden, sich auszumalen, wie seine Hände sich sofort in eiternde, offene Wundstellen verwandeln, sobald er ein Kind sexuell berührt. Diese Vorstellung kann weiterhin beinhalten, daß sich die Stellen schnell über seinen ganzen Körper ausbreiten, jedoch sofort verschwinden, wenn der Klient alle sexuellen Annäherungsversuche unterläßt.

Beziehungstraining
Der Anwendungsbereich des Beziehungstrainings überlappt sich teilweise mit dem *Kommunikationstraining* (siehe dort) und mit dem Einüben von *sozialen Fertigkeiten und Selbstbehauptungstraining* (siehe dort), aber es gibt auch dabei eine Reihe von separaten charakteristischen Elementen. Die Aufzählung, daß Freundschaften sich auf Teilnahme, Aufmerksamkeit, Mitgefühl, Betroffenheit, Selbstmitteilung, Nehmen und Geben, positive Verstärkung und gegenseitige Ergänzung gründen, während dagegen Machtspiele, Kraftmeierei, konkurrenzorientiertes Streben und Selbstverherrlichung Beziehungen eher untergraben und der Entwicklung von Nähe im Weg stehen, mag banal, wenn nicht sogar lächerlich erscheinen. Wenn man jedoch das Verhalten vieler Menschen ansieht, dann muß man sich immer wieder fragen, warum diese selbstverständlichen Wahrheiten dennoch so oft ignoriert werden, und warum Menschen, die diesen Faktoren keine Beachtung geschenkt haben, von ihrer dann daraus resultierenden sozialen Isolation überrascht sind. Bei einem Beziehungstraining werden sozial förderliche Umgangsformen identifiziert und diskutiert, die zu liebevollen Interaktionen hinführen, und die KlientInnen werden dazu angehalten, diese auch in die Tat umzusetzen. Das Erreichen dieser Ziele kann oft durch *Verhaltensproben* (siehe dort) unterstützt werden.

Bibliotherapie
Wenn ein Bild tausend Worte wert sein soll, dann kann ein gut gewähltes Buch unter Umständen mehr als ein Dutzend Sitzungen ersetzen. Es gibt viele ausgezeichnete Selbsthilfebücher, die dazu verwendet werden können, den Fortgang einer Therapie zu beschleunigen. Wenn ich KlientInnen ein Buch empfehle, dann bitte ich sie normalerweise, es sorgfältig zu lesen und sich diejenigen Punkte, die ihnen wichtig erscheinen, anzustreichen oder sich sogar in einem Notizbuch be-

stimmte Stellen zu exzerpieren, damit sie diese leichter verfügbar haben. In der nächsten Sitzung sollte ihre Lektüre diskutiert werden, damit für den Therapeuten bzw. die Therapeutin feststellbar ist, was für einen Eindruck das Buch hinterlassen hat und eventuelle Unklarheiten besprochen werden können. Dieses Vorgehen braucht sich natürlich durchaus nicht nur auf Selbsthilfebücher zu beschränken; KlientInnen, die gerne lesen, können von einer Vielfalt literarischer Quellen profitieren.

Biofeedback
Es gibt eine ganze Reihe von Verfahren, bei denen physiologische Funktionen des Menschen in bestimmten Bereichen systematisch aufgezeichnet und diese Informationen dann in - normalerweise visuelle oder akustische - Signale umgewandelt werden. Zweck des Biofeedbacks ist dabei, eine bestimmte erwünschte Veränderung in den autonomen oder physiologischen Funktionen zu bewirken. Betrachten wir beispielsweise einen Klienten, der unter schmerzhaften Verspannungen des Kiefers leidet. TherapeutInnen können dann Geräte einsetzen, welche ein elektromyographisches (EMG) Feedback geben. Dazu werden Elektroden an den Kiefermuskeln des Klienten befestigt, welche bereits geringste Kontraktionen registrieren, die dann amplifiziert und mit einem akustischen Signal verbunden werden. Das akustische Feedback ist jeweils von der Stärke der Muskelanspannung abhängig - je stärker die Anspannung, desto lauter auch der Ton. Der Klient kann auf diese Weise lernen, ein niedriges akustisches Niveau zu erzielen oder nach einiger Zeit den Ton sogar ganz zum Verstummen zu bringen. Mit Biofeedbackgeräten kann man die Hirnstromaktivität, die Herzfrequenz, die Spannungsreaktionen der Haut, die Hauttemperatur sowie einige andere physiologische Funktionen modifizieren.

Entspannungsübungen
Eine tiefe Muskelentspannung reicht im allgemeinen über das rein körperliche Behagen hinaus und ruft bei vielen Menschen beruhigende Gefühle hervor. Es sind zwei Hauptarten der Entspannung zu unterscheiden: die globale Relaxation und die differentielle Relaxation. Globale Relaxation wird erreicht, indem man sich auf ein bequemes Bett oder eine Couch legt, oder sich in einen großen Polstersessel setzt, der Kopf und Nacken unterstützt. (Es gibt verschiedene Arten des globalen Entspannungstrainings, aber eine der effektivsten ist die wechselseitige An- und Entspannung der jeweiligen größeren Muskelpartien - Stirn, Augen, Kiefer, Hals, Nakken, Schultern, Arme, Hände, Brust, obere Rückenpartie, untere Rückenpartie, Bauch, Hüften, Gesäß, Schenkel, Wadenmuskeln, bis hin zu den Fußsohlen. Im Handel werden diverse ausgezeichnete Entspannungskassetten angeboten, die von den KlientInnen zuhause eingesetzt werden können, um ihr Entspannungstraining zu verbessern.) Differentielle Relaxation bedeutet die bewußt herbeigeführte Entspannung derjenigen Muskeln, die während bestimmter Aktivitäten nicht benutzt werden. Im Stehen ist es beispielsweise möglich, die Gesichts- und Schultermuskulatur zu entspannen sowie die Arm-, Brust-, Bauch-, Gesäß- und Rückenmuskulatur. Einem Klienten fiel bei der Durchführung von differentieller Entspannung beispielsweise auf, daß er unnötigerweise beim Sitzen seine Kiefern-, Schulter- und Nackenmuskulatur anspannte sowie den Atem anhielt. Doch durch das bewußte

Lockern der verspannten Muskelpartien in Verbindung mit langsamer, rhythmischer Bauchatmung gelang es ihm recht gut, ein Gefühl der Gelassenheit zu erreichen.

Focusing
Beim Focusing handelt es sich um eine nach innen gerichtete Technik, die aus der Arbeit von Eugene Gendlin stammt. Wenn KlientInnen sich in einem ruhigen, entspannten Zustand befinden, werden sie dazu ermutigt, sich in eine kontemplative Stimmung zu versetzen und behutsam dazu gebracht, spontan auftauchende Gedanken und Empfindungen zu erforschen, bis sich im Brennpunkt der vollen auf Erfahrung beruhenden Aufmerksamkeit ein bestimmtes organisches Gefühl deutlich festsetzt. Nach einigen Minuten des intensiven Focusing werden die KlientInnen dann aufgefordert, etwas Neues aus ihren Empfindungen, Vorstellungen und Gefühlen herauszufiltern. Indem die Aufmerksamkeit dabei vom bloßen Reden und Nachdenken über Probleme auf spürbare körperliche Ausdrucksformen verlagert wird, ist es auf diese Art oft möglich, kognitive Blöcke zu umgehen, mit dem Ergebnis, daß dadurch wichtiges Material zu Tage gefördert werden kann. Focusingübungen können darüber hinaus in einigen Fällen auch einen Desensibilisierungseffekt erzielen.

Gedankenstopp
Ein einfacher, jedoch ausgesprochen effektiver Weg, bestimmte zwanghafte und unangenehme Gedanken zu bekämpfen, besteht einfach darin, immer wieder unhörbar "STOPP!" zu rufen. Manche KlientInnen stellen sich zusätzlich dazu auch riesige blinkende Neonschilder mit den Buchstaben "STOPP!" darauf vor. Wieder andere finden es nützlich, während sie "STOPP!" denken, noch zusätzlich ein Gummiband gegen das Handgelenk schnellen zu lassen. Ein Mann beispielsweise, der nachts vor lauter Angst, daß sein Haus abbrennen würde, nicht schlafen konnte, war deswegen jahrelang in einer herkömmlichen Therapie gewesen, ohne je einen Erfolg zu erreichen. Durch die Anwendung von Gedankenstopps konnte er diese Angst vor einer Katastrophe jedoch unter Kontrolle bekommen.

Gefühle erkennen
Bei den meisten KlientInnen scheinen zur Klärung ihrer Gefühle zwei verschiedene Prozesse erforderlich zu sein: zum einen die Festlegung von Definitionen und zum anderen die Erforschung der affektiven Bereiche. Menschen verwenden oft Begriffe, denen sie selbst ganz bestimmte eigentümliche Bedeutungen beimessen - wie z.B. Angst, Depressionen, Schuld, Wut usw. Ein Klient beispielsweise, der angab, "sehr deprimiert" zu sein, beschrieb auf die Frage nach seinen anderen Gefühlen, Empfindungen und Kognitionen dabei Begleiterscheinungen, die normalerweise eher mit "Ängsten" in Verbindung gebracht werden können. Er stritt es energisch ab, irgendeine Form von Trauer, Bekümmertheit oder Niedergeschlagenheit zu verspüren. Dabei wurde offensichtlich, daß der Begriff "Depression" bei ihm ein "erhöhtes Erregungsniveau" bedeutete. In den meisten Fällen jedoch geht es bei der Gefühlsidentifikation um eine Untersuchung der affektiven Bereiche der KlientInnen, wobei signifikante Gefühle identifiziert werden sollen, die unklar,

verdeckt oder fehlgeleitet sein können. Die verschiedenen Methoden der Gefühlsidentifikation gelten schon seit den Anfängen der traditionellen Psychotherapie als deren Hauptstützen.

Hypnose
Menschen, die in der Überzeugung eine Therapie anfangen, daß sie mit Hilfe einer Hypnose beträchtliche Fortschritte erzielen könnten, haben oft tiefsitzende sich selbst erfüllende Prophezeiungen, die in der Therapie berücksichtigt werden sollten. Für den Umgang mit solchen KlientInnen wird es hilfreich sein, verschiedene Methoden zur Herbeiführung eines Trancezustandes zu erlernen, um dann mühelos von dem einen in den anderen Zustand überzuleiten und dadurch die Erfolgsaussichten von verschiedenen KlientInnen verbessern zu können. Die meisten Techniken zur Induktion einer Hypnose beinhalten eine sensorische Fixierung (z.B. an einen bestimmten Punkt an der Decke zu starren), während man gleichzeitig monotonen Wiederholungen lauscht, wie beispielsweise "gelockert und entspannt", "schwer und schläfrig". Für eine Übersicht über klinisch relevante Berichte zur Anwendung der Hypnose möchte ich die LeserInnen auf Frankel und Zamansky (1978) sowie Dengrove (1976) verweisen.

Kommunikationstraining
Es ist eine oft gehörte Beschwerde, daß unsere Gesellschaft dem Individuum wenig Gelegenheiten bietet, zu lernen, wie man seinen Mitmenschen Gedanken und Gefühle mitteilen kann. Daraus resultiert dann oft Anomie und Entfremdung. Ein Kommunikationstraining, das in gegenteiliger Richtung wirken soll, besteht immer aus den beiden Faktoren *Sendefähigkeit* und *Empfangsfähigkeit*. Viele Menschen senden bei der Vermittlung ihrer Ideen und Gefühle Botschaften aus, die vage, mehrdeutig, widersprüchlich bzw. nur schwer verständlich sind. Um die *Sendefähigkeit* zu verbessern, kann man die KlientInnen über die Wichtigkeit von Augenkontakt, Stimmlage und Körperhaltung, die Verwendung von einfachen, konkreten Termini, das Vermeiden von Schuldzuweisungen und abwertenden Bemerkungen, offene statt manipulative Absichten sowie mitfühlende Aussagen instruieren. Eine gute Empfangsfähigkeit dagegen setzt aktives Zuhören, Bestätigung und Anerkennung sowie eine Belohnung des Senders bzw. der Senderin für den Kommunikationsakt voraus. Rollenspiele und *Verhaltensproben* (siehe dort) sind besonders dazu geeignet, die Entwicklung von kommunikativen Fähigkeiten zu begünstigen.

Kontingenzverträge
Dabei willigen die KlientInnen ein, bestimmte Verhaltensweisen zu verstärken, abzubauen oder aufrechtzuerhalten, was auch die ausdrückliche Kenntnis miteinschließt, daß aus einer Erfüllung der Vertragsbedingungen Gewinne resultieren, während eine Nichterfüllung negative (gewöhnlich selbst auferlegte) Konsequenzen zur Folge haben wird. Beispielsweise nahm sich eine übergewichtige Klientin vor, bei einer Abweichung von ihrem Ernährungsplan sich ohne ihre beiden falschen Vorderzähne in der Öffentlichkeit zu zeigen, wogegen sie sich für jeden Gewichtsverlust von 5 Pfund darauf freuen konnte, durch eine Massage und einen Saunabesuch verwöhnt zu werden.

Korrektur dysfunktionaler Überzeugungen
Es kommt oft vor, daß KlientInnen unangebrachte Haltungen in bezug auf die Gesellschaft, bestimmte Menschen oder sich selbst gegenüber einnehmen. Trotz unseres angeblich so aufgeklärten Zeitalters halten sich beispielsweise sexuelle Mythen mit erstaunlicher Hartnäckigkeit. Ein ganz integraler Bestandteil von Psychotherapie ist jedoch unter anderem auch die Versorgung mit Informationen. Psychotherapie als eine Anleitung zum Leben beinhaltet daher genauso, den KlientInnen *Fakten* anstelle von Mythen oder abergläubischen Überzeugungen zu vermitteln, damit diese den Anforderungen des täglichen Lebens besser gerecht werden können. Dabei wäre es wünschenswert, wenn die Mehrzahl der TherapeutInnen selbst mit den dazu notwendigen Fakten und einem gewissen Realitätsbewußtsein ausgerüstet wären. *Bibliotherapie* (siehe dort) kann hier oft eine wichtige Komponente sein, durch die sich dysfunktionale Überzeugungen korrigieren lassen.

Leerer Stuhl
Typischerweise sitzt bei dieser Technik der Klient bzw. die Klientin einem leeren Stuhl gegenüber und stellt sich vor, daß eine wichtige Bezugsperson darauf Platz genommen hat (Elternteil, Geschwister, Verwandte, FreundIn, ArbeitgeberIn oder sogar das eigene alter ego). Bei der imaginierten Person kann es sich auch um jemanden handeln, der bzw. die schon tot ist, oder jemanden aus der Zukunft, wie z.B. eine zukünftige Partnerin oder ein zukünftiger Partner. Die KlientInnen beginnen damit, die imaginären InhaberInnen des Platzes anzuklagen, anzugreifen, ihnen zu vergeben oder etwas von ihnen zu fordern. Danach wechselt der Klient bzw. die Klientin selbst auf den leeren Stuhl und verwandelt sich in die andere Person. Daraufhin sind seine/ihre Bemerkungen an den anderen Stuhl gerichtet, auf dem er bzw. sie vorher selbst gesessen hatte, so als ob zwischen diesen beiden ein richtiges Gespräch stattfinden würde. Danach wechselt der Klient bzw. die Klientin noch einmal den Stuhl, wird wieder sie/er selbst und führt den Dialog weiter. Dieser Wechsel der Stühle und damit der Rollen des Selbst und der Bezugsperson findet dann so lange seine Fortsetzung, bis sich irgendeine Form der Lösung abzeichnet. Die TherapeutInnen können während des Ausübens beider Rollen Hinweise anbieten: "Erzählen Sie ihm von dem Tag, an dem Sie weinend im Schlafzimmer standen." "Bitten Sie sie, Ihnen genau zu sagen, was sie sich als Antwort von Ihnen gewünscht hätte." "Glauben Sie, daß sie jetzt gerade die Wahrheit sagt?" "Warum weisen Sie ihn nicht darauf hin, daß er an diesem Punkt von mindestens drei irrationalen Annahmen ausgeht?" Ein solches Vorgehen kann den TherapeutInnen einige wichtige diagnostische Einsichten verschaffen und wird zudem noch von einer Reihe therapeutischer Effekte begleitet. Dies bezieht sich insbesondere auf die Möglichkeit, den KlientInnen zu einer Anerkennung des Standpunktes der jeweils anderen Person zu verhelfen.

Meditation
Er gibt zahlreiche meditative Techniken, wobei die gebräuchlichste darin besteht, sich hinzusetzen, zu entspannen, langsam die Augen zu schließen und sich innerlich immer wieder einen Laut (auch als Mantra bekannt) zu wiederholen. Dazu werden oft Begriffe aus dem Sanskrit verwendet. Für alle praktischen Zwecke jedoch ist es

ausreichend, beim Einatmen einfach das Wort "ein" zu denken sowie beim Ausatmen das Wort "aus" und dies ständig zu wiederholen. Einige KlientInnen haben berichtet, daß die Ausübung von Meditation ihre starke Anspannung zu mildern vermag, dazu beiträgt, ihren hohen Blutdruck zu senken und ihnen zu einer gelasseneren und heitereren Perspektive verhilft. Im Gegensatz zu jenen Fachleuten, die der Meinung sind, daß man Meditation am besten zweimal täglich 20 Minuten lang praktizieren solle, sind wir zu dem Ergebnis gekommen, daß manche KlientInnen auch von wesentlich kürzeren Zeitspannen profitieren können. Einige konnten sogar aus einer Art Minimalmeditation, die mehrfach am Tag jeweils zwei bis drei Minuten lang durchgeführt wurde, erhebliche Gewinne erzielen.

Modellernen
Grundsätzlich handelt es sich beim Modellernen um beobachtendes Lernen. Dabei fungieren die TherapeutInnen als Modell oder übernehmen eine Vorbildrolle für ein bestimmtes Verhalten, das von den jeweiligen KlientInnen dann imitiert werden soll. Beispielsweise kann eine Therapeutin bzw. ein Therapeut einen Klienten dazu auffordern, mit ihr oder ihm in einen Laden zu gehen, um diese zu beobachten, wie sie beispielsweise fehlerhafte Ware mit Hilfe von sozial kompetenten Verhaltensweisen reklamieren. Einige Menschen (vor allem in der Gruppentherapie) sprechen auch besser auf Modell- oder Imitationslernen innerhalb ihrer Bezugsgruppe an.

Nichtverstärkung
Viele Probleme werden durch die Anteilnahme (soziale Verstärkung) von anderen Menschen aufrechterhalten. Indem solches Verhalten nicht gezeigt wird und es weder Belohnungen noch Bestätigung gibt, können TherapeutInnen oder auch andere Menschen im sozialen Umfeld des Klienten bzw. der Klientin den Abbau der auf diese Weise gestützten problematischen Verhaltensweisen fördern. Angestrebte Verhaltensweisen sollten dabei belohnt, unerwünschte jedoch nicht beachtet werden. Mit dieser grundsätzlichen Erkenntnis kann auch die essentielle Bedeutung von *positiver Verstärkung* (siehe dort) und *Nichtverstärkung* als zwei Grundmechanismen des Lernens und der Gewohnheitsbildung umschrieben werden.

Paradoxe Strategien
In der Psychotherapie werden zahllose paradoxe Interventionen eingesetzt. Die am meisten verbreiteten sind die Symptomverschreibung (z.B. wird ein zwanghafter Klient dazu aufgefordert, seine kontrollierenden und ritualisierten Verhaltensweisen auszuweiten) und das Verbieten einer erwünschten Reaktion (z.B. wird ein Mann mit Erektionsschwierigkeiten dazu aufgefordert, sich zwar auf das Vorspiel einzulassen, jedoch keinen Geschlechtsverkehr zu haben, bis er dazu die ausdrückliche Genehmigung des Therapeuten bzw. der Therapeutin erhält). Obwohl gegenteilige Anweisungen gegeben wurden, kann der zwanghafte Klient unter Umständen seine extremen Verhaltensweisen abschwächen, und der sexuell funktionsgestörte Mann kann sich möglicherweise wieder auf Geschlechtsverkehr einlassen. Es sind seitens der TherapeutInnen allerdings beträchtliche klinische Fähigkeiten erforderlich, um zu erkennen, wann KlientInnen zu störenden Verhaltensweisen

aufgefordert oder ermutigt werden sollten; wann von erwünschten Verhaltensweisen abgeraten werden sollte; und wann Reaktionen überspitzt oder verzerrt werden sollten, um das erwünschte Ergebnis zu erzielen.

Positive Verstärkung
Die Beobachtung, daß Verhalten oft eine Funktion aus seinen Konsequenzen ist, weist auf die grundsätzliche Tatsache hin, daß angenehme oder mit einer Belohnung verbundene (positiv verstärkte) Stimuli eine Reaktion verstärken werden. In der Psychotherapie wird positive Verstärkung im allgemeinen als ein sozialer Faktor behandelt, der sich in Form von Lob, Anerkennung und Ermutigung äußern kann. Auch gegenständliche Objekte wie Lebensmittel und finanzielle Belohnungen können als positive Verstärkungen eingesetzt werden, vor allem bei der Behandlung von Kindern und Jugendlichen. Darüber hinaus ist der Einsatz von Gutscheinen, die in der Folge dann gegen verschiedene andere Verstärkungen eingetauscht werden können, eine oft angewandte Methode.

Positive Vorstellungen
Aus der Vorstellung irgendeiner angenehmen Szene, ganz gleich ob sie real oder imaginär, vergangen, gegenwärtig oder auf die Zukunft bezogen sein mag, können oft therapeutische Gewinne erzielt werden. Positive Vorstellungen spielen beim Reduzieren von Spannungen, beim Blockieren von Ängsten und bei der direkten Verstärkung der Genußfähigkeit eine wichtige Rolle. Der Macht von positiven mentalen Vorstellungen bei der Behandlung von physischen Schmerzen wird dabei in jüngster Zeit immer mehr Aufmerksamkeit geschenkt. Positive Vorstellungen können bei der Bewältigung von Schmerzen helfen, optimistische Gefühle auslösen und auch beim Überwinden von Langeweile von Nutzen sein (Lazarus, 1978a; Singer & Switzer, 1980).

Präventivwirkungsvorstellungen
Abgesehen von der Unterstützung der KlientInnen bei der Lösung ihrer gegenwärtigen Probleme, kann es auch wichtig sein, sie auf Veränderungen, die wahrscheinlich in den kommenden Monaten und Jahren auf sie zukommen werden, vorzubereiten. Viele Menschen werden von Ereignissen in ihrem Leben völlig überrascht, die an sich jedoch leicht vorauszusehen gewesen wären. Die Fragen, die man sich dabei immer stellen sollte, lauten: Welches sind die vorherrschenden Bedingungen im Arbeits- und Privatleben der jeweiligen KlientInnen? Welche Veränderungen werden hierbei aller Wahrscheinlichkeit nach eintreten? (Bei jungverheirateten Paaren ist beispielsweise die Wahrscheinlichkeit hoch, daß sie Eltern werden könnten; Paare im mittleren Alter könnten sich bald einem "leeren Nest" gegenüber sehen; manche Angestellte könnten befördert und/oder an einen anderen Ort versetzt werden; andere könnten dabei übergangen werden oder sogar dazu gezwungen sein, in Rente zu gehen.) Indem man sich einen Überblick über diejenigen Veränderungen verschafft, die dabei aller Wahrscheinlichkeit nach eintreten könnten und indem man die KlientInnen ermutigt, sich vorzustellen, wie sie mit diesen Veränderungen werden umgehen können, wird die Akzeptanz des Unver-

meidlichen bei einem Klienten bzw. einer Klientin gefördert. Beim Einsatz solcher "emotionalen Feuerwehrübungen" hat sich auch eine Tendenz zu geringeren Rückfallquoten bei den KlientInnen gezeigt.

Problemlösefertigkeiten
Die meisten Situationen, in denen Probleme gelöst werden müssen, erfordern ein gewisses logisches Vorgehen sowie einen in sich konsistenten oder systematischen Fortschritt. Dabei ist es oft unmöglich, zu Lösungen zu kommen, ohne daß vorher plausible Hypothesen aufgestellt werden, die dann durch das Sammeln von relevanten Daten entweder bestätigt oder aber angezweifelt werden können. KlientInnen, die diese einfachen, aber wichtigen Prinzipien bei der Lösung ihrer vorhandenen Probleme nicht anwenden, neigen dazu, sich überrascht oder überwältigt zu fühlen. Da die meisten Menschen versuchen, den Verlauf der Ereignisse, von denen ihr Leben bestimmt wird, einigermaßen unter Kontrolle zu bekommen und ihn vorhersagen zu können, werden sie bei der Bewältigung verschiedener Situationen mehr Erfolg haben, wenn sie sich an die allgemeinen Grundsätze wissenschaftlicher Methodik halten, anstatt sich auf Mysterien und Zufälle zu verlassen. Durch *Modellernen* (siehe dort), Problemlösetraining und exemplarische Lösungsmöglichkeiten können TherapeutInnen ihre KlientInnen befähigen, den schwierigen Prozeß der Problemlösung mit Hilfe von wissenschaftlichen Erkenntnissen anzugehen.

Schrittweise sexuelle Annäherung
Männern und Frauen mit sexuellen Ängsten wird im allgemeinen dazu geraten, sich auf sinnliche und sexuelle Spiele nur so lange einzulassen, wie die angenehmen Gefühle dabei überwiegen. Auf keinen Fall sollte bei ihnen der Punkt überschritten werden, ab dem ihre Angstgefühle auftreten. Indem dafür gesorgt ist, daß die sinnlichen Genüsse ihre Ängste überwiegen, wird es den KlientInnen eher ermöglicht, bei jeder amourösen Begegnung ein höheres Erregungsniveau zu erreichen. Während sich die Ängste Schritt für Schritt zurückbilden, werden so auch höhere Grade der Intimität möglich, was dann schließlich in der Erfahrung ungehemmter und vollständiger sexueller Erlebnisfreude gipfeln kann.

Schwellentraining
Schwellentraining hat sich inzwischen zu einer allgemein gebräuchlichen Technik bei der Behandlung von vorzeitiger oder zu schneller Ejakulation entwickelt. Dabei wird der Penis des Mannes manuell von der Partnerin stimuliert. Sobald er das Gefühl hat, daß sich der Orgasmus ankündigt, sagt er "stopp" und/oder entfernt ihre Hand, bis diese Empfindung sich wieder gelegt hat. Danach wird die Stimulation wieder aufgenommen und vom Mann jeweils erneut unterbrochen, sobald die präorgasmische Empfindung wieder einsetzt. Indem diese Start-stopp-Technik fortgesetzt wird, kann die Ejakulation oft über immer länger werdende Intervalle hinausgezögert werden. Der nächste Schritt besteht dann im Gebrauch einer einfachen Creme oder eines anderen Gleitmittels, woraufhin der Vorgang mit dem feuchten Penis wiederholt wird. Nach etwa zehn Übungssitzungen über einen Zeitraum von zwei bis drei Wochen hinweg sind viele Männer dann bereits dazu in der Lage, den Penis in die Vagina einzuführen und ihn sofort wieder zurückzuziehen, sobald

sie das Gefühl haben, kurz vor der Ejakulation zu stehen. Wenn diese Empfindung dann wieder nachläßt, kann der Penis erneut in die Vagina eingeführt und der Geschlechtsverkehr fortgesetzt werden, woraufhin der Mann sich wieder kurz vor dem Orgasmus zurückzieht und der Vorgang abermals wiederholt wird. Diese Technik ermöglicht es vielen Männern, innerhalb von nur ein paar Wochen die Ejakulation auch über einen längeren Zeitraum hinweg hinauszögern zu können.

Selbstinstruktionstraining

Es ist in der Vergangenheit ausreichend dokumentiert worden, daß unser Denken und unsere Vorstellungen einen starken Einfluß darauf haben, wie wir uns fühlen und was wir tun. Unsere Wahrnehmungen, Bewertungen und Erwartungen beeinflussen entscheidend die Prozesse der Selbstregulation. Die zahlreichen Arbeiten von Albert Ellis und die experimentellen Studien Meichenbaums (1977) haben gezeigt, daß sich bei vielen Menschen hinter ihrem Versagen oder ihren ängstlichen Reaktionen negative Selbstaussagen verbergen, wobei der gezielte Einsatz von positiven, förderlichen Selbstaussagen eine erfolgreichere Bewältigung von Problemen begünstigt. Beispielsweise kann einem Klient oder einer Klientin zur Bewältigung einer bevorstehenden angstbeladenen Situation die nachstehende Selbstinstruktionsfolge vermittelt werden: "Ich werde mir einen Plan aufstellen, was ich zu tun habe, anstatt mir nur darüber Sorgen zu machen. Ich werde Schritt für Schritt lernen, mit der Situation umzugehen. Wenn ich dabei Angst bekomme, dann werde ich eine Pause machen und ein paarmal tief Luft holen. Ich muß dabei auch gar nicht alle Ängste überwinden, ich muß nur lernen, mit ihnen umzugehen. Ich werde mich auf das konzentrieren, was dabei zu tun ist. Wenn ich meine Vorstellungen unter Kontrolle habe, dann habe ich auch meine Ängste besser im Griff. Bei jedem Üben wird es ein wenig besser werden". Durch die direkte Beeinflussung der KlientInnen bezüglich der Veränderungen, die sie mit diesen Selbstaussagen bewirken wollen, kann oft ein wichtiges Glied der Kette negativer Gefühle und Empfindungen - Angst, Wut, Schmerz, Schuld - durchbrochen werden.

Soziale Fertigkeiten und Training sozialer Kompetenz

Manche Menschen müssen erst lernen, sich für ihre persönlichen Rechte einzusetzen und ihre Gedanken, Gefühle und Überzeugungen auf eine direkte, ehrliche und angemessene Art und Weise auszudrücken ohne dabei die Rechte von anderen Menschen zu verletzen. Die Grundsätze sozial kompetenten Verhaltens können dabei auf vier spezifische Reaktionsmuster reduziert werden: die Fähigkeit, "nein" sagen zu können; die Fähigkeit, jemanden um einen Gefallen bitten und Forderungen stellen zu können; die Fähigkeit, positive und negative Gefühle auszudrücken; die Fähigkeit, Gespräche beginnen, fortsetzen und beenden zu können. *Verhaltensproben* (siehe dort) und *Modellernen* (siehe dort) sind zwei der hauptsächlich angewandten Techniken, um KlientInnen bei der Entwicklung und Einübung sozialer Fähigkeiten und sozial kompetenter Reaktionen behilflich zu sein. Dabei sollte auch betont werden, daß das Training sozialer Fertigkeiten neben sozial kompetenten Verhaltensweisen im Hinblick auf die Artikulation von Wutgefühlen auch die offene Übermittlung von Gefühlen der Liebe, Anerkennung, Zuneigung und anderen positiven Empfindungen beinhaltet.

Steigerungstechnik
Viele Menschen machen sich unangemessene Sorgen um bevorstehende Ereignisse - eine öffentliche Rede, ein Vorstellungsgespräch, eine Partyeinladung, die erste Verabredung, usw. Die Steigerungstechnik besteht darin, sich das Schlimmste auszumalen, was in einer Situation überhaupt passieren könnte und sich dann vorzustellen, wie damit umzugehen sei - und dabei sogar den übelsten Ausgang überleben zu können. Nachdem die KlientInnen in der Phantasie auch mit dem unwahrscheinlichsten Schrecken fertiggeworden sind, bilden sich die ursprünglichen Ängste oft zurück. Wenn die wirkliche Situation danach entstehen sollte, wird sie zumindest weniger bedrohlich sein. In schwierigen Fällen kann es im Rahmen dieser Technik auch erforderlich werden, die potenzierenden Effekte des *Selbstinstruktionstrainings* (siehe dort) und andere Strategien zur Unterstützung einzusetzen.

Stimuluskontrolle
Das Vorhandensein gewisser Stimuli erhöht oft die Häufigkeit von bestimmten Verhaltensweisen. Das Vorhandensein von verführerischen Lebensmitteln wird z.B. die Häufigkeit der Nahrungsaufnahme heraufsetzen. Jemand, der abnehmen will, kann daher eine Stimuluskontrolle ausüben, indem Naschereien und Süßigkeiten gar nicht erst ins Haus gebracht werden, während eine Person, die das Rauchen einschränken möchte, vielleicht nur beim Vorhandensein bestimmter, festgelegter Stimuli raucht (z.B. nur wenn sie auf einem bestimmten Stuhl sitzt, sich an einem bestimmten Ort aufhält oder ausschließlich wenn ein bestimmter Aschenbecher dasteht). Diejenigen KlientInnen, die durch eine Stimuluskontrolle die Häufigkeit bestimmter Verhaltensweisen heraufsetzen wollen, können für ausreichend Hinweise in ihrem Umfeld sorgen, welche die gewünschten Reaktionen auslösen. Ein Student beispielsweise, der öfter lernen möchte, kann sich seinen Schreibtisch so einrichten, daß nur noch möglichst wenige ablenkende Stimuli vorhanden sind. Darüber hinaus sollte er sich nur an den Schreibtisch setzen, wenn er auch wirklich lernen will und nicht, wenn er Musik hören oder sich mit seinen FreundInnen unterhalten möchte. Auf diese Weise kann die Art der Schreibtischbenutzung die Stimulusbedingungen für das Lernen bestimmen.

Systematische Expositionstherapie
Die Weigerung, emotionale Risiken einzugehen und die Vermeidung angsterregender oder unangenehmer Situationen sind zwei der häufigsten Charakteristika von Individuen mit ängstlichen Störungen. Bei der Expositionsbehandlung werden die KlientInnen dazu ermutigt, sich schrittweise den von ihnen gefürchteten Situationen zu stellen. Je den persönlichen Wünschen und Bedürfnissen entsprechend ist es TherapeutInnen oder paraprofessionellen HelferInnen möglich, sie auch in realen Situationen zu begleiten. Eingangs können bei den KlientInnen auch *Zielgerichtete Verhaltensproben oder Einüben von Coping-Strategien* (siehe dort) eingesetzt werden, um die darauffolgenden Exkursionen in unangenehme Situationen in vivo zu erleichtern. Darüber hinaus sind auch noch viele andere Techniken einsetzbar, die im wesentlichen auf Nichtvermeidung oder ein systematisches -sich-der-Situation-aussetzen hinzielen - *Modellernen, positive Vorstellungen, differentielle Relaxation* und *Selbstinstruktionstraining.*

Tracking
Hierbei handelt es sich um eine sorgfältige Untersuchung der "Zündfolge" der verschiedenen Modalitäten. Beispielsweise neigen einige KlientInnen dazu, negative Gefühle hervorzurufen, indem sie sich zuerst mit katastrophisierenden Ideen (Kognitionen) befassen, gefolgt von unangenehmen mentalen Bildern (Vorstellungen), die zu Spannungen und Herzrhythmusstörungen (Empfindungen) führen, welche dann schließlich in Vermeidung oder Rückzug gipfeln (Verhalten). Andere folgen dabei einer anderen Sequenz, und manchmal kann auch bei ein und derselben Klientin zu verschiedenen Zeitpunkten eine unterschiedliche Zündfolge einsetzen. Bei der Tracking-Erfassung werden die KlientInnen dazu aufgefordert, gezielt und sorgfältig auf diejenigen Stimuli und Ereignisse zu achten, die ihren negativen emotionalen Reaktionen vorausgehen bzw. sie begleiten (siehe auch Kapitel 5).

Training zum Fokussieren von Empfindungen
Das Training zum Fokussieren von Empfindungen, von Masters und Johnson (1970) so benannt, bezieht sich eher auf das sinnliche als auf das sexuelle Genußempfinden von Paaren. Es besteht aus taktilen Stimulationen - Massage, Berührungen, Streicheln - von jeglichem Körperteil, an dem der bzw. die Empfangende dies als angenehm empfindet, mit Ausnahme der Genitalien und der weiblichen Brust. Dabei soll "sexuelle" Stimulation immer vermieden werden. Übungen zum Fokussieren von Empfindungen werden normalerweise bei sexuell dysfunktionalen Paaren eingesetzt, um bei diesen Zusammengehörigkeit, Intimität, Genußfähigkeit und Nähe zu fördern, ohne dabei in irgendeiner Form Druck auszuüben oder Erwartungen an die sexuelle Leistungsfähigkeit zu stellen. Das Paar beeinflußt seine Erfahrungen beim Fokussieren von Empfindungen selbst, je nach den beidseitigen Wünschen.

Verhaltensproben
Menschen, die in bestimmten Situationen nicht dazu fähig sind, sich angemessen zu verhalten oder die mit bestimmten Interaktionen einfach nicht umgehen können, haben die Möglichkeit, diese zu üben, genauso wie SchauspielerInnen imstande sind, eine Rolle zu lernen. Nehmen wir beispielsweise einen Mann, der sich zwar zu einer Gehaltserhöhung berechtigt fühlt, aber die Sprache verliert, wenn er seinen Arbeitgeber damit konfrontieren will. Gewöhnlich wird ein Therapeut bzw. eine Therapeutin eine Verhaltensprobe damit beginnen lassen, daß er bzw. sie die Rolle des Arbeitgebers übernimmt, während der Klient eine Gehaltserhöhung auf die Art und Weise verlangt, wie er es in einer wirklichen Begegnung auch tun würde. Dieser Dialog sollte möglichst aufgezeichnet werden (Videoaufnahmen bieten sich hierzu besonders gut an), damit Klient und TherapeutIn zusammen das Abgespielte analysieren können. Danach können die Rollen getauscht werden - der Klient spielt den Arbeitgeber, während der Therapeut bzw. die Therapeutin eine Gehaltserhöhung verlangt. Diese Aufnahmen werden erneut kritisch betrachtet, woraufhin der Klient wieder die ursprüngliche Rolle übernimmt, solange, bis sowohl er als auch der Therapeut bzw. die Therapeutin mit seinem Auftritt zufrieden sind. In diesem Stadium kann der Klient schließlich dazu ermutigt werden, seine Fähigkeiten in einer realen Situation auszuprobieren.

Zeitlich begrenzte Kommunikation
Diese Technik wird hauptsächlich zur Behandlung von Unstimmigkeiten in der Ehe eingesetzt. Dabei wird das Paar instruiert, sich an mindestens drei verschiedenen Terminen pro Woche für ein einstündiges verordnetes Gespräch zu verabreden. Sie können eine Münze werfen, um zu entscheiden, wer den Dialog eröffnen soll - wer redet und wer zuhört. Danach wird ein Wecker auf ein Fünf-Minuten-Intervall eingestellt, innerhalb dessen der oder die Sprechende über alles reden kann, was ihm bzw. ihr gefällt. Der bzw. die Zuhörende darf dabei nicht unterbrechen; es ist zwar erlaubt, sich zur Vorbereitung auf die Antwort Notizen zu machen, aber es darf nicht gesprochen werden, bis die fünf Minuten vergangen sind und das Weckersignal ertönt. An diesem Punkt muß der oder die Sprechende sofort mit Reden aufhören, egal, was gerade gesagt wurde. Daraufhin wird der Wecker für weitere fünf Minuten gestellt, wobei der bzw. die ursprünglich Zuhörende nun unter denselben Bedingungen wie zuvor sprechen darf. Beiden PartnerInnen stehen also jeweils sechs Fünf-Minuten-Intervalle zur Verfügung, in denen sie reden können, und sechs, in denen sie den Ausführungen des Partners bzw. der Partnerin zuhören sollen. Am Ende jeder Stunde soll das Paar sich dann in den Arm nehmen und jegliche weitere Diskussion der angesprochenen Themenbereiche bis zum nächsten angesetzten Gespräch unterlassen. Diejenigen, die sich dabei an die Regeln der zeitlich begrenzten Kommunikation gehalten haben, betrachteten diese als ein effektives Mittel, um durchschnittlich innerhalb von zwei bis drei Wochen eine gleichberechtigtere Ebene des Verständnisses und der Kommunikation zu erzielen. Einige Paare hatten jedoch auch Schwierigkeiten, sich auf diese einstündigen Sitzungen einzulassen; in diesen Fällen kann der zeitliche Rahmen dann auf die jeweilige Situation abgestimmt werden.

Zeitprojektionen (vorwärts oder rückwärts)
KlientInnen mit einem lebhaften Vorstellungsvermögen können sich ohne weiteres ein Bild in den Kopf rufen, bei dem sie sich in einer anderen Zeit befinden. Für manche KlientInnen kann es zudem auch eine große Erleichterung bedeuten, sich mit vergangenen Ereignissen auseinanderzusetzen. Indem sie sich mehrere Monate in die Zukunft hineinversetzen und sich vorstellen, wie sie ihr Alltagsleben um mehr und mehr lohnende Ereignisse bereichern können, erfahren viele depressive Menschen eine Verminderung ihrer negativen Affekte. Ideenreichen und versierten KlinikerInnen werden dabei viele Möglichkeiten in den Sinn kommen, wie sie mit dafür empfänglichen KlientInnen "Reisen durch die Zeit" durchführen können.

Zielgerichtete Verhaltensproben oder Einüben von Coping-Strategien
Die meisten Menschen neigen dazu, sich bevorstehende Ereignisse in ihrem Kopf bildlich vorzustellen. Bei einem therapeutischen Einsatz von Vorstellungen angestrebter Verhaltensweisen handelt es sich jedoch um eine absichtliche und gründliche Visualisierung der einzelnen Schritte dieses Prozesses. Dies geschieht nach dem Grundsatz, daß durch eine intendierte Vorstellung des Umgangs mit einer Situation auch ein Transfer dieses Umgangs auf die tatsächlichen Verhältnisse erreicht werden kann. Den KlientInnen wird dabei gesagt, daß "etwas, was sie in ihrer Vorstellung geübt haben, auch einen Einfluß auf die tatsächliche Situation

haben wird". Anstatt sich also vorzustellen, wie sie schwierige Situationen voller Selbstbewußtsein meistern (höchstwahrscheinlich ein unrealistisches Ziel), werden die KlientInnen dazu angehalten, sich vorzustellen, wie sie in derartigen Situationen zwar unsicher sind, jedoch dann auch mit dieser Unsicherheit umzugehen lernen. Beispielsweise wollte eine Frau mit einer starken Aversion gegen Krankenhäuser einen kranken Freund besuchen. Nachdem sie sich die Umgebung im Krankenhaus lebhaft vor Augen geführt hatte, zusammen mit allen damit verbundenen negativen Gefühlen dieser Situation gegenüber, machte sie sich auch eine Vorstellung davon, wie sie damit gut zurechtkommen würde. Daraus behielt sie das Gefühl zurück, ihren Freund unterstützt zu haben, und diese realistische Erwartung befähigte sie später dazu, die reale Situation mit einem Minimum an Unbehagen zu erleben.

Anhang 3

Fragebogen zur Zufriedenheit in der Ehe/Partnerschaft

10	9	8	7	6	5	4	3	2	1	0
Zufrieden				Teilweise ja Teilweise nein					Unzufrieden	

Schreiben Sie nach jeder Frage die Zahl auf, die Ihren gegenwärtigen Gefühlen gegenüber Ihrer Partnerschaft oder Ihrem Partner bzw. Ihrer Partnerin am nächsten kommt.

Ich bin:	
Zufrieden damit, wieviel wir miteinander reden.	
Zufrieden mit unseren gemeinsamen Freunden.	
Zufrieden mit unserem Sexualleben.	
Einverstanden mit dem Kontingent an Zeit, die Du oder wir bei der Arbeit und zu Hause verbringen.	
Einverstanden mit der Art und Weise, wie wir mit Geld umgehen.	
Zufrieden mit Dir als Vater/Mutter unserer Kinder. (Wenn Sie keine haben, sind Sie zufrieden mit Ihren beiderseitigen Plänen, sie zu haben oder nicht?)	
Der Meinung, daß Du „auf meiner Seite" bist.	
Zufrieden mit unserer gemeinsamen Freizeit (z.B. Sport, Urlaub, Ausgehen).	
Im wesentlichen einverstanden mit Deinen Lebensanschauungen (Werten, Einstellungen, religiösen Überzeugungen, politischen Anschauungen, etc.).	
Generell zufrieden mit der Art und Weise, wie Du mit den Mitgliedern Deiner Familie (Eltern, Geschwister, etc.) umgehst.	
Zufrieden mit der Art und Weise, wie Du mit den Mitgliedern meiner Familie (meinen Eltern, Geschwistern, etc.) umgehst.	
Im allgemeinen zufrieden mit Deinen Gewohnheiten, Deinem Verhalten und Deiner gesamten Erscheinung.	

Addieren Sie bitte nun Ihre Gesamtpunktzahl. Eine Punktzahl von 84 und darüber bedeutet, daß Sie eine SEHR GUTE Partnerschaft haben. Eine Punktzahl zwischen 72 und 83 deutet auf ZUFRIEDENSTELLENDE bis GUTE Gefühle und Interaktionen in ihrer Partnerschaft hin. Punktzahlen unter 60 sprechen für ein NIEDRIGES Niveau an Zufriedenheit in Ihrer Partnerschaft.

Literaturverzeichnis

Adler, A. (1963). Individual psychology. In G.B. Levitas (Ed.), *The world of psychology*. New York: Braziller. Dt.: Die Individualpsychologie. Scientia, 16, 74-87, 1914.

Agras, W.S., Kazdin, A.E. & Wilson, G.T. (1979). *Behavior therapy: Toward an applied clinical science*. San Francisco: W.H.Freeman.

Alberti, R.E. & Emmons, M.L. (1978). *Your perfect right* (3rd ed.). San Luis Obispo, Ca.: Impact publishers. Dt.: Ich behaupte mich selbst. Frankfurt: Fachbuchhandlung für Psychologie, 1977.

Alexander, F. (1932).*The medical value of psychoanalysis*. New York: Norton.

Alexander, F. (1950). *Psychosomatic medicine*. New York: Norton.

Allport, G.W. (1937). *Personality: A psychological interpretation*. London: Constable.

Argyris, C. (1968). Conditions for competence acquisition and therapy. *Journal of Applied Behavioral Science*, 4, 147-177.

Arlow, J.A. (1979). Psychoanalysis. In R.J.Corsini (Ed.), *Current psychotherapies* (2nd ed.). Itasca, Ill.: Peacock.

Azrin, N.H., Naster, B.J. & Jones, R. (1973). A rapid learning-based procedure for marital counseling. *Behaviour Research and Therapy*, 11, 365-382.

Azrin, N.H. & Nunn, R.G. (1977). *Habit control in a day*. New York: Simon & Schuster.

Bair, S.L. & Levenberg, S.B. (1979). A multimodal behavioral approach to the treatment and management of essential hypertension. *Psychotherapy: Theory, Research & Practice*, 16, 310-315.

Bandler, R. & Grinder, J. (1975). *The structure of magic: A book about language and therapy* (Vol. I). Palo Alto, Ca.: Science and Behavior Books.

Bandler, R. & Grinder, J. (1976). *The structure of magic: A book about communication and change* (Vol. II). Palo Alto, Ca.: Science and Behavior Books.

Bandura, A. (1969). *Principles of behavior modification*. New York: Holt, Rinehart & Winston.

Bandura, A. (1974). Behavior theory and the models of man. *American Psychologist*, 29, 859-869. Dt.: Bandura u.a. Lernen am Modell. Stuttgart: Klett, 1976.

Bandura, A. (1977). *Social learning theory*. Englewood Cliffs, N.J: Prentice-Hall.

Bandura, A. (1978). The self-esteem in reciprocal determinism. *American Psychologist*, 33, 344-358.

Barlow, D.H., Abel, G.G., Blanchard, E.B., Bristow, A.R. & Young, L.D. (1977). A heterosocial skills behavior checklist for males. *Behavior Therapy*, 8, 229-239.

Beck, A.T. (1976). *Cognitive therapy and the emotional disorders*. New York: International Universities Press. Dt.: Wahrnehmung der Wirklichkeit und Neurose. München: Pfeiffer, 1979.

Benson, H. (1975). *The relaxation response*. New York: Morrow.

Bergin, A.E. & Lambert, M.J. (1978). The evaluation of therapeutic outcomes. In S.L. Garfield & A.E. Bergin (Eds.), *Handbook of psychotherapy and behavior change* (2nd ed.). New York, Wiley.

Berne, E. (1961). *Transactional analysis in psychotherapy*. New York: Grove Press.

Berne, E. (1972). *What do you say after you say hello?* New York: Grove Press. Dt.: Was sagen Sie, nachdem Sie "Guten Tag" gesagt haben? München: Kindler, 1975.

Birk, L. (1970). Behavior therapy - integration with dynamic psychiatry. *Behavior Therapy*, 1, 522-526.

Bloomfield, H., Cain, M. & Jaffe, D. (1975). *TM: Discovering inner energy and overcoming stress*. New York: Delacorte Press.

Breunlin, D.C. (1980). Multimodal behavioral treatment of a child's eliminative disturbance. *Psychotherapy: Theory, Research & Practice*, 17, 17-23.

Brewer, W.F. (1974). There is no convincing evidence for operant and classical conditioning in adult humans. In W.B. Werner & D.S. Palermo (Eds.), *Cognition and the symbolic processes*. New York: Halstead Press.

Brody, S. (1961). Simultaneous psychotherapy of married couples. In J. Masserman (Ed.). *Current psychiatric therapies*. New York: Grune & Stratton.

Brunell, L.F. (1978). A multimodal treatment for a mental hospital: Designing specific treatments for specific problems. *Professional Psychology*, November 1978, 570-579.

Brunell, L.F. & Young, W.T. (Eds., 1981), *A multimodal handbook for a mental hospital: Designing specific treatments for specific problems*. New York: Springer.

Carrington, P. (1977). *Freedom in meditation*. New York: Doubleday.

Carter, R.D. & Thomas, E.J.(1973). A case application of a signal system (SGM) to the assessment and modification of selected problems of marital communication. *Behavior Therapy*, 4, 629-645.

Ciminero, A.R., Calhoun, K.S. & Adams, H.E. (1977). *Handbook of behavioral assessment*. New York: Wiley.

Colby, K.M. (1962). Discussion of papers on therapist's contribution. In H.H. Strupp & L. Luborsky (Eds.), *Research in psychotherapy* (Vol. II). Washington, D.C.: American Psychological Association.

Cone, J.D. (1978). The behavioral assessment grid (BAS): A conceptual framework and a taxonomy. *Behavior Therapy*, 9, 882-888.

Cooper, A.J. (1978). Treatments of male potency: The present status. In J. Lopiccolo & L. Lopiccolo (Eds.), *Handbook of sex therapy*. New York: Plenum Press.

Dengrove, E. (1967). Behavior therapy of the sexual disorders. *Journal of Sex Research*, 3, 49-61.

Dengrove, E. (1971). Behavior therapy of impotence. *Journal of Sex Research*, 7, 177-183.

Dengrove, E. (Ed., 1976). *Hypnosis and behavior therapy*. Springfield, Ill.: Charles G. Thomas.

Dunner, D.L. & Fieve, R.R. (1978). the lithium ion: Its impact on diagnostic practice. In H.S. Akiskal & W.L. Webb (Eds.), *Psychiatric diagnosis: Exploration of biological predictors*. New York: Spectrum Publications.

Edwards, S.S. (1978). Multimodal therapy with children: A case analysis of insect phobia. *Elementary School Guidance and Counseling*, 13, 23-29.

Eisler, R.M., Hersen, M., Miller, P.M. & Blanchard, E.B. (1975). Situational determinants of assertive behaviors. *Journal of Consulting and Clinical Psychology*, 29, 295-299.

Ellis, A. (1962). *Reason and emotion in psychotherapy*. New York: Lyle Stuart. Dt.: Die Rational-emotive Therapie. Das innere Selbstgespräch bei seelischen Problemen und seine Veränderung. München: Pfeiffer, 1977b.

Ellis, A. (1972). *The sensous person: Critique and corrections*. Secaucus, N.J.: Lyle Stuart.

Ellis, A. (1975). *How to live with a neurotic* (2nd. ed.). New York: Crown.

Ellis, A. (1977a). The basic clinical theory of rational-emotive therapy. In A. Ellis & R. Grieger (Eds.), *Handbook of rational-emotive therapy*. New York: Springer. Dt.: Praxis der Rational-emotiven Therapie. München: Urban & Schwarzenberg, 1979.

Ellis, A. (1977b). *How to live with and without anger*. New York: Readers Digest Press.

Ellis, A. (1977c). Psychotherapy and the value of a human being. In A. Ellis & R. Grieger (Eds.), *Handbook of rational-emotive therapy*. New York: Springer. Dt.: Praxis der Rational-emotiven Therapie. München: Urban & Schwarzenberg, 1979.

Ellis, A. & Grieger, R. (1977). *Handbook of rational-emotive therapy*. New York: Springer. Dt.: Praxis der Rational-emotiven Therapie. München: Urban & Schwarzenberg, 1979.

Erickson, M.H. (1953). Therapy of a psychosomatic headache. *Journal of Clincal and Experimental Hypnosis*, 1, 2-6.

Eysenck, H.J. (1970). A mish-mash of theories. International Journal of Psychiatry, 9, 140-146.

Fay, A. (1976). The drug modality. In A.A. Lazarus (Ed.), *Multimodal behavior therapy*. New York: Springer. Dt.: Multimodale Verhaltenstherapie. Frankfurt: Fachbuchhandlung für Psychologie, 1978.

Fay, A. (1978). *Making things better by making them worse*. New York: Hawthorn.

Fay, A. (1980). *The invisible diet*. New York: Manor Books.

Fay, A. & Lazarus, A.A. (1981). Multimodal therapy and the problems of depression. In J.F. Clarkin & H. Glaser (Eds.), *Depression: Behavioral and directive treatment strategies*. New York: Garland Press.

Feather, B.W. & Rhoads, J.M. (1972). Psychodynamic behavior therapy: I Theory and rationale. *Archives of General Psychiatry*, 26, 496-502.

Fensterheim, H. & Baer, J. (1975). *Don't say yes when you want to say no*. New York: McKay. Dt.: Sag nicht ja, wenn Du nein sagen willst. München: Mosaik Verlag 1982.

Fensterheim, H. & Kanter, J.S. (1980). The behavioral approach to sexual disorders. In B. Wolman & J. Money (Eds.), *Handbook of human sexuality*. Englewood Cliffs, N.J.: Prentice-Hall.

Ferrise, F. Persönliche Mitteilung, 1980.

Foa, E.B & Goldstein, A. (1978). Continous exposure and complete response prevention in the treatment of obsessive-compulsive neurosis. *Behavior Therapy*, 9, 821-829.

Frank, J.D. (1970). Psychotherapists need theories. *International Journal of Psychiatry*, 9, 146-149.

Frank, J.D., Hoehn-Saric, R., Imber, S.D., Liberman, B.L. &Stone, A.R. (1978). *Effective ingredients of successful psychotherapy*. New York: Brunner/Mazel.

Frankel, F.H. & Zamansky, H.S. (Eds., 1978). *Hypnosis at its bicentennial: Selected papers*. New York: Plenum.

Frankl, V.E. (1960). Paradoxical intention: A logotherapeutic technique. *American Journal of Psychotherapy*, 14, 520-535.

Frankl, V.E. (1978). *The unheard cry for meaning*. New York: Simon & Schuster.

Franks, C.M. & Wilson, G.T. (1980). *Annual review of behavior therapy: Theory and practice*. New York: Brunner/Mazel.

Freedman, A.M., Kaplan, H.I. & Sadock, B.J. (1980). *Comprehensive textbook of psychiatry*. Baltimore: Williams & Wilkins.

Fromm, E. (1976). *To have or to be?* New York: Harper & Row. Dt.: Haben oder Sein?

Galin, D. (1974). Implications for psychiatry of left and right cerebral specialization. *Archives of General Psychiatry*, 31, 572-583.

Gardner, R. (1970). *The boys and girls book about divorce*. New York: Bantam.

Garson, E.B. *The application of positive imagery in the maintenance of smoking reduction following broad-spectrum treatment*. Unpublished Ph.D. dissertation, Rutgers University.

Gerler, E.R. (1977). The "BASIC ID" in career education. *The Vocational Guidance Quarterly*, 25, 238-244.

Gerler, E.R. (1978a). The school counselor and multimodal education. *The School Counselor*, January, 166-171.

Gerler, E.R. (1978b). Counselor-teacher collaboration in a multimodal reading program. *Elementary School Guidance and Counseling*, 13, 64-67.

Gerler, E.R. (1979). Preventing the delusion of uniqueness: Multimodal education in mainstream classrooms. *The Elementary School Journal*, September, 35-40.

Gerler, E.R. & Keat, D.B. (1977). Multimodal Education: Treating the "BASIC ID" of the elementary classroom. *The Humanist Educator*, 15, 148-154.

Goldfried, M.R. & Davidson, G.C. (1976). *Clinical behavior therapy*. New York: Holt, Rhinehart & Winston.

Goldman, L. (1976). A revolution in counseling research. *Journal of Counseling Psychology*, 23, 543-552.

Goldstein, A.P. (1971). *Psychotherapeutic attraction*. New York: Pergamon Press.

Goldstein, A.P. (1975). Relationship-enhancement methods. In F.H. Kanfer & A.P. Goldstein (Eds.), *Helping people change*. New York, Pergamon Press.

Golembiewski, R.T. & Blumberg, A. (Eds., 1977). *Sensitivity training and the laboratory approach* (3rd ed.). Itasca, Ill.: Peacock.

Green, B.J. (1978). HELPING children of divorce: A multimodal approach. *Elementary School Guidance and Counseling*, 13, 31-45.

Guerney, B.G. (1977). *Relationship enhancement: Skill training programs for therapy, problem prevention and enrichment*. San Francisco: Jossey-Bass.

Gurman, A.S. (1973). The effects and effectiveness of marital therapy: A review of outcome research. *Family Process*, 12, 145-170.

Haley, J. (1963). Marriage therapy. *Archives of General Psychiatry*, 8, 213-234.

Haley, J. (1973). *Uncommon therapy*. New York: Norton. Dt.: Die Psychotherapie Milton H. Ericksons. München: Pfeiffer, 1987.

Haley, J. (1976). *Problem solving therapy*. San Francisco: Jossey-Bass.

Haley, J. (1980). *Leaving home: The therapy of disturbed young people*. New York: McGraw-Hill.

Halleck, S.L. (1978). *The treatment of emotional disorders*. New York: Jason Aronson.

Hammond, D.C. & Stanfield, K. (1977). *Multidimensional psychotherapy*. Champaign, Ill.: Institute for Personality and Ability Testing.

Hart, C., Pogrebin, L.C., Rogers, M. & Thomas, M. (1974). *Free to be you and me*. New York: McGraw-Hill.

Hartman, W.E. & Fithian, M.A. (1974). *Treatment of sexual dysfunction.* New York: Jason Aronson.

Hayakawa, S.I. (1964). *Language in thought and action.* New York: Harcourt, Brace & World.

Haynes, S.N. & Wilson, C.C. (1979). *Behavioral assessment.* San Francisco: Jossey-Bass.

Herink, R. (Ed., 1980). *The psychotherapy handbook.* New York: New American Library.

Hersen, M. & Bellack, A.S. (1976). *Behavioral assessment: A practical handbook.* New York: Pergamon Press.

Hersen, M. & Bellack, A.S. (1977). Assessment of social skills. In A.R. Ciminero, K.S. Calhoun & H.E. Adams (Eds.), *Handbook for behavioral assessment.* New York: Wiley.

Horney, K. (1950). *Neurosis and human growth.* New York: Norton.

Jackson, D.D. (1965). Family rules - marital quid pro quo. *Archives of General Psychiatry,* 12, 589-594.

Janov, A. (1972). *The primary revolution: Toward a real world.* New York: Simon & Schuster.

Jourard, S.M. (1971). *The transparent self* (rev. ed.). New York: Van Nostrand Reinhold.

Judah, R.D. (1978). Multimodal parent training. *Elementary School Guidance and Counseling,* 13, 46-54.

Kanfer, F.H. (1971). The maintenance of behavior by self-generated stimuli and reinforcement. In A. Jacobs & L. Sachs (Eds.), *The psychology of private events.* New York: Academic Press.

Kanfer, F.H. & Saslow, G. (1969). Behavioral diagnosis. In C.M. Franks (Ed.), *Behavior therapy: Appraisal and status.* New York: McGraw-Hill. Dt. in: Schulte, D. (Hrsg.): Diagnostik in der Verhaltenstherapie. München: Urban & Schwarzenberg, 1974.

Kazdin, A.E. & Wilson, G.T. (1978). *Evaluation of behavior therapy: Issues, evidence and research strategies.* Cambridge, Mass.: Ballinger.

Keat, D.B. (1976a). Multimodal counseling with children: Treating the BASIC ID. *Pennsylvania Personnel and Guidance Association Journal,* 4, 21-25.

Keat, D.B. (1976b). Multimodal therapy with children: Two case histories. In A.A. Lazarus (Ed.), *Multimodal behavior therapy.* New York: Springer. Dt.: Multimodale Verhaltenstherapie. Frankfurt: Fachbuchhandlung für Psychologie, 1978.

Keat, D.B. (1979). *Multimodal therapy with children.* New York: Pergamon Press.

Kimura, D. (1973). The asymmetry of the human brain. *Scientific American,* 228, 70-78.

Knox, D. (1973). Behavior contracts in marriage counseling. *Journal of Family Counseling,* 1, 22-28.

Koch, S. (1980). Psychology and ist human clientele: Beneficiaries or victims? In R.A. Kasschau & F.S. Kessel (Eds.), *Psychology and society: In search of symbiosis.* New York: Wiley.

Korzybski, A. (1933). Science and sanity. Lancaster, Pa.: Science Press.

Kressel, K. & Deutsch, M. (1977). Divorce therapy: An in-depth survey of therapists' views. *Family Process,* 16, 413-443.

Kwee, M.G.T. (1978). Gedragstherapie en neurotische depressie. In J.W. Orlemans, W. B. Brinkman, W.P. Haaijman & E.J. Zwaan (Eds.). *Handboek voor gedragstherapie.* Deventer: Van Loghum.

Kwee, M.G.T. (1979). Over de ontwikkeling van een multimodale strategie van assessment en therapie. *Tijdschrift voor Psychotherapie*, 5, 172-188.

Kwee, M.G.T. & de Waal, W. (1975). Multimodale gedragstherapie, toegepast bij een chronische agorafobie: Verslag van een intensieve behandeling. *Tijdschrift voor Psychotherapie*, 1, 221-229.

Lange, A.J. & Jakubowski, P. (1976). *Responsible assertive behavior*. Champaign, Ill.: Research Press.

Lazarus, A.A. (1958). New methods in psychotherapy: A case study. *South African Medical Journal*, 32, 660-664.

Lazarus, A.A. (1961). Group therapy of phobic disorders by systematic desensitization. *Journal of Abnormal and Social Psychology*, 63, 505-510.

Lazarus, A.A. (1963). The treatment of chronic frigidity by systematic desensitization. Journal of Nervous and Mental Disease, 136, 272-278.

Lazarus, A.A. (1965a). Towards the understanding and effective treatment of alcoholism. *South African Medical Journal*, 39, 736-741.

Lazarus, A.A. (1965b). The treatment of a sexually inadequate man. In L.P. Ullman & L. Krasner (Eds.), *Case studies in behavior modification* New York: Holt, Rinehart & Winston.

Lazarus, A.A. (1966). Broad spectrum behavior therapy and the treatment of agoraphobia. *Behaviour Research and Therapy*, 4, 95-97.

Lazarus, A.A. (1967). In support of technical eclecticism. *Psychological Reports*, 21, 415-416.

Lazarus, A.A. (1968a). Behavior therapy in groups. In G.M. Gazda (Ed.), *Basic approaches to group psychotherapy and group counseling*. Springfield, Ill.: Charles C. Thomas.

Lazarus, A.A. (1968b). Learning theory and the treatment of depression. *Behaviour Research and Therapy*, 6, 83-89.

Lazarus, A.A. (1971). Behavior therapy and beyond. New York: McGraw-Hill. Dt.: Verhaltenstherapie im Übergang. München, Basel: Ernst Reinhardt, 1978.

Lazarus, A.A. (1973a). "Hypnosis" as a facilitator in behavior therapy. *International Journal of Clinical and Experimental Hypnosis*, 21, 25-31.

Lazarus, A.A. (1973b). Multimodal behavior therapy: Treating the BASIC ID. *Journal of Nervous and Mental Disease*, 156, 404-411.

Lazarus, A.A. (1974). Understanding and modifying aggression in behavioral groups. In A. Jacobs & W. Spradlin (Eds.), *The group as agent of change*. New York: Behavioral Publications.

Lazarus, A.A. (1975a). Group therapy and the "BASIC ID". In C.M. Franks & G.T. Wilson (Eds.), *Annual Review of Behavior Therapy*, 3, 721-732.

Lazarus, A.A. (1975b). Multimodal behavior therapy in groups. In G.M.Gazda (Ed.), *Basic approaches to group psychotherapy and group counseling* (2nd ed.). Springfield, Ill.: Charles C. Thomas.

Lazarus, A.A. (1976a). *Multimodal behavior therapy*. New York: Springer. Dt.: Multimodale Verhaltenstherapie. Frankfurt: Fachbuchhandlung für Psychologie, 1978.

Lazarus, A.A. (1976b). Psychiatric problems precipitated by transcendental meditation. *Psychological Reports*, 39, 601-602.

Lazarus, A.A. (1978a). *In the mind's eye*. New York: Rawson.

Lazarus, A.A. (1978b). Multimodal behavior therapy. Part 3. In E. Shostrom (Ed.), *Three approaches to psychotherapy II* (Three 16mm films or ¾'' video cassettes). Orange, Ca.: Psychological Films.

Lazarus, A.A. (1980a). Can sex be diminished by love? In A.Arkoff (Ed.), *Psychology and personal growth* (2nd ed.). Boston: Allyn & Bacon.

Lazarus, A.A. (1980b). Psychological treatment of dyspareunia. In A.R. Leiblum & L.A. Pervin (Eds.), *Principles and practice of sex therapy*. New York: Guilford Press.

Lazarus, A.A. (1981). Divorce counseling or marriage therapy? A therapeutic option. *Journal of Marital and Family Therapy*.

Lazarus, A.A. & Abramovitz, A. (1962). The use of "emotive imagery" in the treatment of children's phobias. *Journal of Mental Science*, 108, 191-195.

Lazarus, A.A. & Fay, A. (1977). *I can if I want to*. New York: Morrow. (Paperback, Warner Books, 1977). Dt.: Ich kann, wenn ich will. Stuttgart: Klett-Cotta, 1979.

Lazarus, A.A. & Nieves, L. (1980). Assertiveness training in multimodal therapy framework. *Comprehensive Psychotherapy*, 1, 39-46.

Lazarus, R.S. (1968). Emotions and adaptation: Conceptual and empirical relations. In W.J. Arnold (Ed.), *Nebraska symposium on motivation*. Lincoln: University of Nebraska Press.

Lazarus, R.S. & Opton, E.M. (1966). The study of psychological stress: A summary of theoretical formulations and experimental findings. In C.D. Spielberger (Ed.), *Anxiety and behavior*. New York: Academic Press.

Lazarus, R.S., Kanner, A.D. & Folkman, S. (1980). Emotions: A cognitive-phenomenological analysis. In R. Plutchik & H. Kellerman (Eds.), *Emotion: Theory, research and experience*. New York: Academic Press.

Lazarus, R.S., Speisman, J.D., Mordkoff, A.M. & Davison, L.A. (1962). A laboratory study of psychological stress produced by a motion picture film. *Psychological Monographs*, 76, (Whole No. 553).

Leiblum, S.R. & Pervin, L.A. (1980). Introduction: The development of sex therapy from a sociocultural perspective. In S.R. Leiblum & L.A. Pervin (Eds.), *Principles and practice of sex therapy*. New York, Guilford Press.

Liberman, R.P., Wheeler, E. & Snaders, N. (1976). Behavioral therapy for marital disharmony: An educational approach. *Journal of Marriage and Family Counseling*, 2, 383-395.

Lief, H.I. (1980). Foreword. In S.R. Leiblum and L.A. Pervin (Eds.), *Principles and practice of sex therapy*. New York: Guilford Press.

Lobitz, W.C. & LoPiccolo, J. (1972). New methods in the behavioral treatment of sexual dysfunction. *Journal of Behavior Therapy and Experimental Psychiatry*, 3, 265-271.

LoPiccolo, J. & LoPiccolo, L. (Eds., 1978), *Handbook of sex therapy*. New York: Plenum Press.

Lum, L.C. (1976). The syndrome of habitual chronic hyperventilation. In O. Hill (Ed.), *Modern trends in psychosomatic medicine*, Vol. III. Boston: Butterworths.

McReynolds, W.T. & Paulson, B.K. (1976). Stimulus control as the behavioral basis of weight loss procedures. In G.J. Williams, S. Martin & J. Foreyt (Eds.), *Obesity: Behavioral approaches to dietary management*. New York: Brunner/Mazel.

Mahoney, M. J. (1974). *Cognition and behavior modification*. Cambridge, Mass.: Ballinger. Dt.: Kognitive Verhaltenstherapie. München: Pfeiffer 1977.

Marmor, J. (1971). Dynamic psychotherapy and behavior therapy. *Archives of General Psychiatry*, 24, 22-28.

Marmor, J. & Woods, S.M. (Eds., 1980). *The interface between psychodynamic and behavioral therapies*. New York: Plenum.

Mash, E.J. & Terdal, L.G. (1976). *Behavior therapy assessment*. New York: Springer. Dt.: Kompendium der verhaltenstherapeutischen Diagnostik. Frankfurt: Fachbuchhandlung für Psychologie, 1980.

Masters, W.H. & Johnson, V.E. (1970). *Human sexual inadequacy*. Boston: Little Brown.

Meador, B.D. & Rogers, C.R. (1979). Person-centered therapy. In R.J. Corsins (Ed.), *Current psychotherapies* (2nd ed.). Itasca, Ill.: Peacock.

Meichenbaum, D. (1977). *Cognitive-behavior modification*. New York: Plenum. Dt.: Kognitive Verhaltensmodifikation. München: Urban & Schwarzenberg, 1979.

Messer, S.B. & Winokur, M. (1980). Some limits to the integration of psychoanalytic and behavior therapy. *American Psychologist*, 9, 818-827.

Minuchin, S. (1974). *Families and family therapy*. Cambridge, Mass.: Harvard University Press.

Mischel, W. (1973). Towards a cognitive social learning reconceptualization of personality. *Psychological Review*, 80, 252-283.

Mittleman, B. (1948). The concurrent analysis of marital couples. *Psychoanalytic Quarterly*, 17, 182-197.

Moreno, J. L. (1958). *Psychodrama*. New York: Beacon House.

Murphy, G. (1969). Psychology in the year 2000. *American Psychologist*, 24, 523-530.

Nathan, P.E. (1976). Alcoholism. In H. Leitenberg (Ed.), *Handbook of behavior modification and behavior therapy*. Englewood Cliffs, N.J.: Prentice Hall.

Nathan, P.E. & Harris, S.L. (1980). *Psychopathology and society* (2nd ed.). New York: McGraw-Hill.

Nay, W.R. (1979). Multimethod clinical assessment. New York: Gardner Press.

Nieves, L. (1978a). *College achievement through self-help*. Princeton, N.J.: Educational Testing Service.

Nieves, L. (1978b). *The minority college student experience: A case for the use of self-control*. Princeton, N.J.: Educational Testing Service.

O'Keefe, E.J. & Castaldo, C. (1980). A multimodal approach to treatment in a child care agency. *Psychological Reports*, 47, 250.

O'Leary, K.D. & O'Leary, S.G. (Eds., 1972). *Classroom management*. New York: Pergamon Press.

O'Leary, S.G. & O'Leary, K.D. (1976). Behavior modification in the school. In H. Leitenberg (Ed.), *Handbook of behavior modification and behavior therapy*. Englewood Cliffs, N.J.: Prentice Hall.

O'Leary, K.D. & Turkewitz, H. (1978). Marital therapy from a behavioral perspective. In T.J. Paolino & B.S. McCrady (Eds.),*Marriage and marital therapy*. New York: Brunner/Mazel.

Orne, M.T. & Wender, P.H. (1968). Anticipatory socialization for psychotherapy. *American Journal of Psychiatry*, 124, 88-98.

Palazzoli M.S., Cecchin, G., Prata, G. & Boscolo, L. (1978). *Paradox and counterparadox*. New York: Jason Aronson.

Paul, G.L. (1967). Strategy of outcome research in psychotherapy. *Journal of Consulting Psychology*, 31, 109-118.

Pearl, C. & Guarnaccia, V. (1976). Multimodal therapy and mental retardation. In A.A. Lazarus (Ed.), *Multimodal behavior therapy*. New York: Springer. Dt.: Multimodale Verhaltenstherapie. Frankfurt: Fachbuchhandlung für Psychologie, 1978.

Peterson, D.R. (1977). A functional approach to the study of person-person interactions. In D. Magnusson & N.S. Endler (Eds.), *Personality at the crossroads: Current issues in interactional psychology*. Hillsdale, N.J.: Lawrence Erlbaum Associates.

Peterson, D.R. (1979). Assessing interpersonal relationships by means of interaction records. *Behavioral Assessment*, 1, 221-236.

Plutchik, R. (1980). *Emotion: A psychoevolutionary synthesis*. New York: Harper & Row.

Popler, K. (1977). Agoraphobia: Indications for the application of the multimodal behavioral conceptualization. *The Journal of Nervous and Mental Disease*, 164, 97-101.

Postman, N. (1976). *Crazy talk, stupid talk*. New York: Delta.

Prochaska, J. & Prochaska, J. (1978). Twentieth century trends in marriage and marital therapy. In T.J. Paolino & B.S. McCrady (Eds.), *Marriage and marital therapy*. New York: Brunner/Mazel.

Rabkin, R. (1977). *Strategic psychotherapy*. New York: Basic Books.

Rachman, S.J. (1978). An anatomy of obsessions. *Behavioral Analysis and Modification*, 2, 253-278.

Rausch, H.L. (1974). Research, practice and accountability. *American Psychologist*, 29, 678-681.

Redd, W.H., Porterfield, A.L. & Anderson, B.L. (1979). *Behavior modification: Behavioral approaches to human problems*. New York: Random House.

Reid, W.H. (1980). *Basic intensive psychotherapy*. New York: Brunner/Mazel.

Richard, J.T. (1978). Multimodal therapy: An integrating model for behavioral medicine. *Psychological Reports*, 42, 635-639.

Rimm, D.C. & Masters, J.C. (1979). *Behavior therapy: Techniques and empirical findings* (2nd ed.). New York: Academic Press.

Roberts, T.K., Jackson, L.J. & Phelps, R. (1980). Lazarus' multimodal therapy model applied in an institutional setting. *Professional Psychology*, February, 150-156.

Rogers, C.R. (1959). A theory of therapy, personality, and interpersonal relationships, as developed in the client-centered framework. In S. Koch (Ed.), *Psychology: A study of a science* (Vol. III). New York: McGraw-Hill. Dt.: Eine Therorie der Psychotherapie, der Persönlichkeit und der zwischenmenschlichen Beziehungen. Köln: GwG, 1987.

Rogers, C.R. (1965). Client-centered therapy, Film No. 1. In E. Shostrom (Ed.), *Three approaches to psychotherapy*. (Three 16mm color motion pictures). Orange, Ca.: Psychological Films.

Rogers, C.R. (1978). Client-centered therapy, Part 1. In E. Shostrom (Ed.), *Three approaches to psychotherapy* II.(Three 16mm films or ¾'' videocassettes). Orange, Ca.: Psychological Films.

Rosen, R.C. & Kopel, S.A. (1978). Role of penile tumescence measurement in the behavioral treatment of sexual deviation: Issues of validity. *Journal of Consulting and Clinical Psychology*, 46, 1519-1521.

Rosen, R.D. (1977). *Psychobabble*. New York: Atheneum.

Ross, A.O. (1974). *Psychological disorders of children: A behavioral approach to theory, research and therapy*. New York: McGraw-Hill.

Rotter, J.B. (1966). Generalized expectancies for internal versus external control of reinforcement. *Psychological Monographs*, 80 (Whole No. 609).

Sager, C.J. (1976). *Marriage contracts and couple therapy*. New York: Brunner/Mazel.

Salter, A. (1949). *Conditioned reflex therapy*. New York: Farrar, Straus.

Satir, V. (1965). Conjoint marital therapy. In B.C. Greene (Ed.), *The psychotherapy of marital disharmony*. New York: The Free Press.

Schaefer, C.E. & Millman, H.L. (1977). *Therapies for children: A handbook of effective treatments for problem behaviors*. San Francisco: Jossey-Bass.

Schwartz, G.E. (1978). Psychobiological foundations of psychotherapy and behavior change. In Garfield & A.E. Bergin (Eds.), *Handbook of psychotherapy and behavior change* (2nd ed.). New York: Wiley.

Seligman, M.E.P. (1972). *Biological boundaries of learning*. New York: Appleton-Century-Crofts.

Semans, J.H. (1956). Premature ejaculation: A new approach. *Southern Medical Journal*, 49, 353-361.

Shelton, J.L. & Ackerman, J.M. (1974). *Homework in counseling and psychotherapy*. Springfield, Ill.: Charles C. Thomas.

Shevrin, H. & Dickman, S. (1980). The psychological unconscious: A necessary assumption for all psychological theory? *American Psychologist*, 35, 421-434.

Singer, J.L. (1974). *Imagery and daydream methods in psychotherapy and behavior modification*. New York: Academic Press.

Singer, J.L. & Switzer, E. (1980). *Mind play*. Englewood Cliffs, N.J.: Prentice Hall.

Sperry, R.W., Gazzaniga, M.S. & Bogen, J.E. (1969). Interhemispheric relationships: The neocortical commissures; syndromes of hemisphere disconnection. In P.J. Vinken & G.W. Bruyn (Eds.), *Handbook of clinical neurology* (Vol. 4). Amsterdam: North-Holland.

Steinglass, P. (1978). The conceptualization of marriage from a systems theory perspective. In T.J. Paolino & B.S. McCrady (Eds.), *Marriage and marital therapy*. New York: Brunner/Mazel.

Strupp, H.H., Hadley, S.W. & Gomes-Schwartz, B. (1977). *Psychotherapy for better or worse: The problem of negative effects*. New York: Jason Aronson.

Stuart, R.B. (1969). Operant-interpersonal treatment for marital discord. *Journal of Consulting and Clinical Psychology*, 33, 675-682.

Stuart, R.B. (1976). An operant interpersonal program for couples. In D.H.L. Olson (Ed.), *Treating relationships*. Lake Mills, Iowa: Graphic Publishing Co.

Stuart, R.B. (1980). *Helping couples change*. New York: Guilford Press.

Szasz, T. (1980). *Sex by prescription*. New York: Anchor Press.

Thoreson, C.E. (Ed., 1980). *The behavior therapist*. Monterey, Ca.: Brooks/Cole.

Thoreson, C.E. & Mahoney, M.J. (1974). *Behavioral self-control*. New York: Holt.

Tollison, C.D. & Adams, H.E. (1979). *Sexual disorders: Treatment, theory, research*. New York: Gardner Press.

Ullman, L.P. & Krasner, L. (1975). *A psychological approach to abnormal behavior* (2nd ed.). Englewood Cliffs, N.J.: Prentice Hall.

Wachtel, P.L. (1977). *Psychoanalysis and behavior therapy: Toward an integration*. New York: Basic Books.

Wachtel, P.L. (1980). Investigation and ist discontents: Some constraints on progress in psychological research. *American Psychologist*, 35, 399-408.

Wahler, R.G. (1975). Some structural aspects of deviant child behavior. *Journal of Applied Behavior Analysis*, 8, 27-42.

Wahler, R.G. (1976). Deviant child behavior within the family: Developmental speculations and behavior change strategies. In H. Leitenberg (Ed.), *Handbook of behavior modification and behavior therapy*. Englewood Cliffs, N.J.: Prentice Hall.

Walen, S.R., Hauserman, N.M. & Lavin, P.J. (1977). *Clinical guide to behavior therapy*. Baltimore: Williams and Wilkins.

Watson, D.L. & Tharp, R.G. (1972). *Self-directed behavior: Self-modificationfor personal adjustment*. Monterey, Ca.: Brooks/Cole.

Watzlawick, P. (1978). *The language of change: Elements of therapeutic communication*. New York: Basic Books.

Watzlawick, P., Weakland, J. & Fisch, R. (1974). *Change: Principles of problem formation and problem resolution*. New York: Norton, 1974.

Weiss, R.L. (1978). The conceptualization of marriage from a behavioral perspective. In T.J. Paolino & B.S. Mc.Grady (Eds.),*Marriage and marital therapy*. New York: Brunner/Mazel.

Weiss, R.L., Hops, H. & Patterson, G.R. (1973). A framework fo conceptualizing marital conflict: A technology for altering it, some data for evaluating it. In L.A. Hamerlynck, L.C. Handy & E.J. Mash (Eds.), *Behavior change: Methodology, concepts and practice*. Champaign, Ill.: Research Press.

Whitehorn, J.C. & Betz, B.J. (1960). Further studies of the doctor as a crucial variable in the outcome of treatment with schizophrenic patients. *American J. of Psychiatry*, 117, 215-223.

Wilson, G.T. (1978). The importance of being theoretical: A commentary on Bandura's "Self-efficacy: Towards a unifying theory of behavioral change." *Advances in Behaviour Research and Therapy*, 1, 217-230.

Wilson, G.T. (1979). Behavioral treatment of obesity: Maintenance strategies and long-term efficacy. In P.O. Sjödén, S. Bates & W.S. Dockens III (Eds.), *Trends in behavior therapy*. New York: Academic Press.

Wilson, G.T. (1980). Toward specifying the "nonspecific" factors in behavior therapy: A social learning analysis. In M.J. Mahoney (Ed.),*Psychotherapy process*. New York: Plenum.

Wilson, G.T. & O'Leary, K.D. (1980). *Principles of behavior therapy*. Englewood Cliffs, N.J.: Prentice Hall.

Wolpe, J. & Lazarus, A.A. (1966). *Behavior therapy techniques*. Oxford: Pergamon Press.

Woody, R.H. (1971). *Psychobehavioral counseling and therapy: Integrating behavioral and insight techniques*. New York: Appleton-Century-Crofts.

Woolfolk, R.L. (1976). A multimodal perspective on emotion. In A.A. Lazarus (Ed.), *Multimodal behavior therapy*. New York: Springer. Dt.: Multimodale Verhaltenstherapie. Frankfurt: Fachbuchhandlung für Psychologie, 1978.

Yokley, J.M. & McCarthy, B. (1980). Multimodal behavior therapy: Use of professional and paraprofessional resources. *Psychotherapy: Theory, Research and Practice*, 17, 10-16.

Zilbergeld, B. (1978). Male sexuality. New York: Bantam. Dt.: Männliche Sexualität. Tübingen: dgvt-Verlag, 1983.

Zilbergeld, B. & Evans, M. (1980). The inadequacy of Masters and Johnson. *Psychology Today*, 14, 29-43.

Ausführliches Inhaltsverzeichnis

Bernie Zilbergeld

DIE NEUE SEXUALITÄT DER MÄNNER

Nach dem übereinstimmenden Urteil von vielen Fachleuten ist dies der aktuellste und beste Ratgeber für alle - ganz gleich ob Mann oder Frau, jung oder alt, mit Beziehung oder ohne -, die ihre Sexualität besser kennenlernen und genießen wollen.

Es ist *das* Buch über den Mann der neunziger Jahre und enthält alles, was man(n) über sich und seine Sexualität wissen sollte.

1994, fest gebunden, Schutzumschlag, 640 Seiten, DM 39,-
ISBN 3-87159-099-1

Aus dem Inhalt:

J.K. Zeig (Hrsg.)

PSYCHOTHERAPIE

Entwicklungslinien und Geschichte

Das Buch präsentiert in einzigartiger Weise die Summe der Erkenntnisse und Entwicklungen der gegenwärtigen Psychotherapie, dargestellt von 27 der prominentesten führenden Theoretiker- bzw. PraktikerInnen.

1991, fest gebunden, Schutzumschlag, 672 Seiten, DM 64,-
ISBN 3-922686-97-4

Aus dem Inhalt:

Beachten Sie bitte auch diese...

Arbeitsgruppe „Frauen gegen sexuelle Übergriffe und Machtmißbrauch in Therapie und Beratung“, Oldenburg: (Hrsg.)

Übergriffe und Machtmißbrauch in psychosozialen Arbeitsfeldern

Phänomene - Strukturen - Hintergründe

Das Thema „sexuelle Übergriffe“ wurde bisher in Deutschland fast ausschließlich auf den therapeutischen Bereich bezogen diskutiert. Überall da, wo Abhängigkeiten bestehen, ist die Gefahr der Ausbeutung nicht nur durch PsychotherapeutInnen, sondern auch durch in anderen Zusammenhängen Beratende, Helfende oder Lehrende vorhanden.
Daher bietet der vorliegende Sammelband neben einer zusammenfassenden Übersicht über die Diskussion zum Thema Übergriffe in Therapien auch einen Überblick über eine Reihe weiterer, bisher vernachlässigter Arbeitsfelder. Darüber hinaus wird die Verantwortlichkeit der Professionellen unter verschiedenen Gesichtspunkten beleuchtet.

Forum 27, 1995, 290 Seiten, DM 38,-
ISBN 3-87159-127-0

Aus dem Inhalt:

1: Übergriffe in Therapie und Beratung
Roswitha Burgard: Sexuelle Übergriffe und Machtmißbrauch in Therapie und Beratung
Christa Schulte: Therapierisiken für Frauen
Claudia Heyne: Grenzverletzungen in Therapie und Beratung
Elisabeth Pahl: Umgang mit Macht und Abhängigkeit in Therapie und Beratung
Monika Becker-Fischer: Was hilft, das Trauma zu verarbeiten?

2: Institutionen und ihr Umgang mit dem Thema Übergriffe und Grenzverletzungen
Irmgard Vogt: Sanft und verschleiert ist die Gewalt
Hanna Harms: Sexuelle Diskriminierung und Gewalt gegen Frauen an der Hochschule
Beate Blättner: Abhängigkeit und Autonomie
Ute Sonntag: Früh übt sich...
Steffen Fliegel: Sexuelle Übergriffe in der Therapie

3: Verantwortlichkeiten als Professionelle
Ebba Ache: Beratung von betroffenen Frauen
Ulla López-Frank: Zur Verantwortlichkeit von SupervisorInnen
Christian Spoden: Gefährliche Verwandtschaft
Jörg Fegert: Professionelle HelferInnen in der Arbeit mit sexuell mißbrauchten Kindern
Monika Bormann, Manuela Sieg: Über den Mißbrauch mit dem Mißbrauch mit dem Mißbrauch
Jutta Haering-Lehn, Hannelore Schubert: Anstelle eines Nachwortes: Ein Anfang ohne Ende - Praxisbeispiel AG Oldenburg

Die Forum-Reihe auf einen Blick:

5 **B. Zilbergeld: MÄNNLICHE SEXUALITÄT - Was (nicht) alle schon immer über Männer wußten**
1983, 28. Auflage 1994, 276 Seiten, DM 29,- , ISBN 3-922686-64-8

10 **A. Franke, J.Jost (Hrsg.): DAS GLEICHE IST NICHT DASSELBE - Zur subkutanen Diskriminierung von Frauen**
1985, 3. Auflage 1991, 124 Seiten, DM 15,80 , ISBN 3-922686-74-5

11 **DGVT (Hrsg.): VERHALTENSTHERAPIE: THEORIEN UND METHODEN - Ein Lehrbuch**
1986, 6. Auflage 1994, 306 Seiten, DM 34,- , ISBN 3-922686-76-1

14 **J. Bergold, U. Flick (Hrsg.): EIN-SICHTEN - Zugänge zur Sicht des Subjekts mittels qualitativer Forschung**
1987, 2. Auflage 1990, 274 Seiten, DM 38,- , ISBN 3-922686-85-0

15 **I. Beerlage, E.-M. Fehre (Hrsg.): PRAXISFORSCHUNG - Zwischen Intuition und Institution**
1989, 220 Seiten, DM 32,- , ISBN 3-922686-91-5

16 **T. Wilson, C.M. Franks, P.C. Kendall, J.P. Foreyt: VERHALTENSTHERAPIE IM ÜBERBLICK - Theorie und Praxis; Band 11**
1989, 2. Auflage 1991, 546 Seiten, DM 38,- , ISBN 3-922686-92-3

17 **Chr. Schulze (Hrsg.): GYNÄKOPSYCHOLOGIE**
1990, 2. Auflage 1992, 220 Seiten, DM 32,- , ISBN 3-87159-000-2

18 **M. Beck, G. Brückner, H.-U. Thiel (Hrsg.): PSYCHOSOZIALE BERATUNG - Klient/inn/en - Helfer/innen - Institutionen**
1991, 263 Seiten, DM 36,- , ISBN 3-87159-118-1

19 **I. Vogt, M. Bormann (Hrsg.): FRAUEN - KÖRPER - Lust und Last**
1992, 2. Auflage 1994, 280 Seiten, DM 38,- , ISBN 3-87159-119-X

20 **A. Franke, M. Broda (Hrsg.): PSYCHOSOMATISCHE GESUNDHEIT - Versuch einer Abkehr vom Pathogenese-Konzept**
1993, 186 Seiten, DM 34,- , ISBN 3-87159-120-3

21 **E.Arnold, U. Sonntag (Hrsg.):ETHISCHE ASPEKTE DER PSYCHOSOZIALEN ARBEIT - Beiträge zur Diskussion**
1994, 248 Seiten, DM 38,- , ISBN 3-87159-121-1

22 **A.-R. Laireiter, G. Elke (Hrsg.): SELBSTERFAHRUNG IN DER VERHALTENSTHERAPIE - Konzepte und praktische Erfahrungen**
1994, 310 Seiten, DM 48,- , ISBN 3-87159-122-X

23 **F. Caspar (Hrsg.): PSYCHOTHERAPEUTISCHE PROBLEMANALYSE**
1995, 270 Seiten, DM 38,- , ISBN 3-87159-123-8

24 **B. Fritzsche, K. Fromm, E. Giese, W. Imbruck, U. Jostock, W. Nutt: WENN DER BERG NICHT ZUM PROPHETEN KOMMT... - Beiträge zur aufsuchenden psychosozialen Arbeit mit Einzelnen & Familien**
1994, 288 Seiten, DM 39,- , ISBN 3-87159-124-6

25 **A.A. Lazarus: PRAXIS DER MULTIMODALEN THERAPIE**
1995, 280 Seiten, DM 38,- , ISBN 3-87159-125-4

27 **AG "Frauen gegen sexuelle Übergriffe und Machtmißbrauch in Therapie und Beratung" (Hrsg.): ÜBERGRIFFE UND MACHTMISSBRAUCH IN PSYCHOSOZIALEN ARBEITSFELDERN - Phänomene - Strukturen - Hintergründe**
1995, 300 Seiten, DM 38,- , ISBN 3-87159-127-0